18

DAS ANDERE

QUINQUILHARIAS E RECORDAÇÕES

Quinquilharias e recordações
Pamiątkowe Rupiecie
© Anna Bikont e Joanna Szczęsna, 2012
© Editora Âyiné, 2ª edição, 2020
Esta tradução foi publicada em acordo com Społeczny Instytut Wydawniczy Znak Sp. z o.o., Cracóvia, Polônia.

Tradução: Eneida Favre
Edição e projeto gráfico: Luísa Rabello
Preparação: Silvia Massimini Felix
Revisão: Ana Martini, Andrea Stahel
Revisão técnica: Piotr Kilanoswski
Capa: Julia Geiser
ISBN: 978-85-92649-64-7

Editora Âyiné
Belo Horizonte, Veneza
Direção editorial: Pedro Fonseca
Assistência editorial: Érika Nogueira Vieira, Luísa Rabello
Produção editorial: André Bezamat, Rita Davis
Conselho editorial: Lucas Mendes de Freitas, Simone Cristoforetti, Zuane Fabbris
Praça Carlos Chagas, 49 – 2º andar
30170-140 Belo Horizonte – MG
+55 31 3291-4164
www.ayine.com.br
info@ayine.com.br

This book has been published with the support of the ©POLAND Translation Program.
Este livro foi publicado com o apoio do ©POLAND Translation Program.

ANNA BIKONT E JOANNA SZCZĘSNA

QUINQUILHARIAS E RECORDAÇÕES

Biografia de Wisława Szymborska

Tradução de Eneida Favre

Âyiné

SUMÁRIO

Capítulo 1

Retrato interior, retrato exterior 11

Capítulo 2

O pai, a mãe e os parentes próximos e distantes 23

Capítulo 3

Três gerações da família Szymborski,

o amor por Zakopane e a herança do talento 41

Capítulo 4

A infância, os duendes e os romances de terror 53

Capítulo 5

A cidade de Cracóvia ocupada e os primeiros poemas 79

Capítulo 6

A estreia pós-guerra e o jornalismo poético 91

Capítulo 7

O casal no prédio dos literatos da rua Krupnicza 107

Capítulo 8

O degelo, ou seja, «tempo de tomar a própria cabeça nas mãos» 133

Capítulo 9

Quinze anos no *Życie Literackie* 149

Capítulo 10

Na gaveta, na PRL, na esfera terrestre 173

Capítulo 11

Leituras não obrigatórias, ou seja, dar um mergulho na era mesozoica 187

Capítulo 12

A poeta em viagem, ou seja, na cidade de Samokov, só chuva 205

Capítulo 13

Saída da catedral, ou seja, como fazer uma escalada até o início do poema 233

Capítulo 14

Com Kornel Filipowicz nas pescarias, colhendo cogumelos e na vida 263

Capítulo 15

Quinquilharias e recordações, amigos e sonhos 293

Capítulo 16

Os anos 1980 e o discreto elogio da conspiração 325

Capítulo 17

Sobre os tradutores e as traduções, ou seja, cada poema é um problema 347

Capítulo 18

Últimos instantes antes do Nobel 369

Capítulo 19

Em Estocolmo, fumando com o rei 387

Capítulo 20

A primeira poeta e seu primeiro secretário 407

Capítulo 21

Dois ganhadores do Nobel na mesma Cracóvia 441

Capítulo 22

Sobre a morte sem exagero e os poemas inacabados 463

Caderno de imagens 485

Bibliografia pessoal 527

Cronologia 533

Agradecimentos 551

Notas de fim 553

Créditos das imagens 557

CAPÍTULO 1

Retrato interior, retrato exterior

Wisława Szymborska não gostava de intromissões, mesmo que elas fossem do além. Nunca quis ter uma «biografia exterior». Sempre considerou que tudo o que havia para dizer sobre si mesma estava em seus poemas. Quando os jornalistas a cercaram após a concessão do Prêmio Nobel, ouviram da laureada que ela não gostava de responder a perguntas relacionadas à sua vida pessoal nem compreendia as pessoas que viviam fazendo confidências. Que recursos internos lhes restam? Em muitas ocasiões, repetia que falar em público sobre si mesmo levava à pobreza interior.

«Fazer confidências publicamente é uma perda da própria alma. É preciso guardar algo para si mesmo. Não se pode espalhar tudo por aí assim.»

«Ao contrário da moda agora vigente, não considero que todos os momentos vividos juntos sejam apropriados para venda. Afinal, apenas a metade deles é de minha propriedade. Além disso, ainda estou convencida de que minha lembrança das pessoas próximas não se encontra, até o momento, encerrada em seu formato definitivo. Muitas vezes falo com elas em pensamentos e nessas conversas surgem novas perguntas e novas respostas.»

«O que posso dizer é apenas um pouco sobre mim, e isso de forma bastante impessoal, mas peço que entendam que todo o resto, pouco e ao mesmo tempo muito, é assunto privado, meu, seu, dele... Algo como arquivos particulares. Ou seja, nada para ser contado.» «Com certeza sei de coisas ruins a meu respeito, eu me reprovo a respeito de muitas coisas. Não estou de forma alguma satisfeita comigo mesma e com minha vida, pelo menos com alguns dos seus episódios. Mas é muito pessoal, não consigo falar sobre isso em público. Isso é algo que empobrece interiormente. Tento — ao menos em parte — transpor certas vivências aos poemas. Às vezes funciona, às vezes não. Mas falar sobre elas diretamente não é meu papel.»

Ela nos disse: «Sou uma pessoa muito antiquada, que tem freios e resistências para falar de si mesma. Ou talvez, pelo contrário, eu seja vanguardista. Quem sabe na próxima era passe essa moda de se desnudar em público?».

A poeta Urszula Kozioł[1] nos disse que suas conversas com Szymborska muitas vezes se iniciavam com a frase: «E agora vou lhe contar toda a minha vida». Era uma espécie de brincadeira particular, um sinal de que sua amizade não se baseava em confidências recíprocas.

Antes de ganhar o Prêmio Nobel, ou seja, em seus primeiros 73 anos de vida, Szymborska não deu mais do que dez entrevistas, em sua maioria curtas. E, mesmo assim, não havia nelas muitas informações que pudessem saciar a fome de um biógrafo: Szymborska não informava os fatos nem se lembrava das datas. Não era de admirar que seu currículo oficial nos dicionários e enciclopédias fosse mais do que modesto.

---

1   Urszula Kozioł (1931-): escritora polonesa, poeta, colunista e autora de peças teatrais para crianças e jovens. [Esta e todas as outras notas de rodapé foram acrescentadas a esta edição pela tradutora.]

RETRATO INTERIOR, RETRATO EXTERIOR

No começo dos anos 1990, o poeta e professor de polonística Edward Balcerzan[2] passou a juntar material para um livro sobre Szymborska e se dirigiu a ela solicitando que o ajudasse a estabelecer uma cronologia simples dos fatos. Garantiu que não procurava nenhuma informação de caráter íntimo ou pessoal, mas dados do tipo: quando viajou ao exterior pela primeira vez ou quando a colaboração com certo jornal se iniciou e terminou. Szymborska, à medida que ele insistia, tornava-se cada vez mais arredia e finalmente esclareceu: «Já que o senhor leu meus poemas, o senhor deveria saber a opinião que tenho sobre esse tipo de pergunta».

Balcerzan não terminou o livro, embora tenha, por fim, conseguido da poeta as especificações necessárias para a cronologia de sua vida e criações literárias. Ele as procurou para nós entre seus papéis — sem êxito. A propósito, em 1995, ele passou inteiramente para o lado de Szymborska e, no discurso laudatório por ocasião da concessão à poeta de seu doutorado *honoris causa* na Universidade Adam Mickiewicz, esclareceu que qualquer um que lesse «Escrevendo um currículo» «já não teria paz em nenhum departamento pessoal».

É preciso fazer o requerimento,
e ao requerimento juntar o currículo.

Não importa a extensão da vida,
o currículo deve ser curto.

Exige-se concisão e seleção dos fatos;
paisagens convertidas em endereços
e lembranças instáveis em datas imóveis.

---

2   Edward Balcerzan (1937-): professor universitário polonês, crítico literário, teórico da literatura, tradutor, poeta e prosador.

De todos os amores, basta o conjugal,
e dos filhos, apenas os nascidos.

Importa mais quem o conhece do que quem você conhece.

Viagens, só aquelas para o exterior.

Filiado a quê, mas não por quê.

Condecorações, mas sem os motivos.

Escreva como se consigo nunca falasse
E de si mesmo passasse longe.

Guarde silêncio sobre cães, gatos e pássaros,
quinquilharias e recordações, amigos e sonhos.

«Escrevendo um currículo», *Gente na ponte*, 1986[i]

Quando começamos a escrever este livro — sua primeira versão foi publicada em 1997 —, demos início à nossa busca por detalhes biográficos lendo as *Lektury nadobowiązkowe* [Leituras não obrigatórias], que são crônicas sobre livros escritas por Szymborska com certa regularidade, por mais de trinta anos, primeiro para o jornal *Życie Literackie* [Vida literária], depois para o *Pismo* [Escrito] e o *Odra* [Rio Oder] e, finalmente, para a *Gazeta Wyborcza* [Gazeta eleitoral]. Sua leitura nos trouxe muitas informações inesperadas sobre a autora, seus gostos, convicções e hábitos.

E, assim, podemos dizer que Wisława Szymborska admira a pintura de Vermeer de Delft, não tolera jogar Monopoly, não gosta de barulho, não acha desprezível assistir a filmes de terror, gosta de visitar museus arqueológicos, não imagina como alguém consegue não ter em sua biblioteca *As aventuras do sr. Pickwik*, de Dickens, adora Michel de Montaigne, acompanha com prazer o diário de Samuel Pepys, não tem nenhuma queda por Napoleão, aprecia o detalhismo, não considera que os provérbios

RETRATO INTERIOR, RETRATO EXTERIOR 15

sejam a sabedoria das nações, acha o cúmulo do charme e da sem-ce-rimônia o aracnídeo ácaro vermelho, escreve reclinada; é uma amante dos índices, notas de rodapé, citações, links, referências, índices remissivos e bibliografias; de vez em quando vai à ópera, é calorosa em relação a pássaros, cães, gatos e à natureza em geral e insiste que somos filhos únicos no cosmos. Além disso, apaixonou-se um dia por Bohun[3] e por Sherlock Holmes; entre seus diretores prediletos estava Federico Fellini, era uma entusiasta de Ella Fitzgerald, para a qual até quis escrever certa vez um poema, mas acabou sendo uma crônica de jornal (aliás, por fim, surgiu também um poema, mas isso já no século XXI). E também adorava Jonathan Swift, Mark Twain e Thomas Mann, o único escritor que homenageou explicitamente num poema. Entre suas leituras juvenis, listou em primeiro lugar *A montanha mágica* e reconhecia sua existência como uma espécie de milagre pelo qual, no entanto, louvava a evolução.

Já é bom ela permitir cenas tão faustosas
como um ornitorrinco amamentando os filhotes.
Poderia se opor — e quem de nós descobriria
que foi roubado?

Mas o melhor é que
lhe escapou o instante em que surgiu um mamífero
com a mão prodigiosamente emplumada com uma Waterman.

«Thomas Mann», *Muito divertido*, 1967[ii]

---

3 Jurko Bohun: era um cossaco, personagem de *Ogniem i mieczem*, primeiro volume da trilogia de Henryk Sienkiewicz (1846-1916), escritor polonês que ganhou o Prêmio Nobel de Literatura de 1905. No Brasil, a obra foi publicada pela editora Record, em 2004, com o título *A ferro e fogo*, com tradução de Tomasz Barcinski.

Apesar de podermos saber muitas coisas pelas *Leituras não obrigatórias* e pelos poemas, as lacunas em sua biografia só começaram a desaparecer, na verdade, graças ao que nos contavam os conhecidos e amigos de vários períodos de sua vida (tivemos o prazer de conhecer mais de cem deles). Surgiram imagens do passado preservadas em velhas fotografias. Szymborska se revelou para nós como autora de limeriques e de cartões-postais feitos, com esmero, com a técnica da colagem, que eram enviados no lugar das cartas. Neles, atletas se retesavam, anjinhos e fantasmas voavam, bailarinas dançavam, gatos se espreguiçavam e a já inclinada torre de Pisa se curvou até o chão. Às vezes aparecia algum tema de sua poesia, por exemplo macacos ou toda uma série de homens de Neandertal fazendo-se perguntas existenciais, algumas vezes numa clara alusão ao destinatário. O poeta e tradutor Stanisław Barańczak,[4] após a publicação de sua antologia revisada dos clássicos — *Deus, a tromba e a pátria* [5] —, recebeu da poeta um elefante com os dizeres «Vê-se logo que é polonês», e Andrzej Koszyk [nome que poderia ser traduzido como André Cesto], diretor de filmes documentais da Alemanha, recebeu uma colagem com um fantasminha rezando e abaixo a inscrição «Cesto do desassossego».

Construída com fragmentos, anedotas e imagens, a biografia se tornava cada vez mais rica, cada vez havia mais fatos, acontecimentos e até mesmo datas. Faltava apenas a voz da própria poeta, que, se não

---

4   Stanisław Barańczak (1946-2014): poeta polonês, crítico literário, tradutor, emigrou em 1981 para os Estados Unidos, onde lecionou na Universidade Harvard.

5   *Bóg, trąba i ojczyzna: słoń a sprawa polska oczami poetów od Reja do Rymkiewicza* [Deus, a tromba e a pátria: O elefante e o caso da Polônia aos olhos dos poetas desde Rej até Rymkiewicz], de Stanisław Barańczak, publicado na Polônia em janeiro de 1995 pela editora Znak.

RETRATO INTERIOR, RETRATO EXTERIOR 17

disse «não» ao pedido de um encontro — decerto porque quem escreveu nossa carta de recomendação foi Jacek Kuroń[6] —, também não se apressou a marcar uma data.

Somente em janeiro de 1997, quando publicamos os fragmentos prontos da primeira edição deste livro na *Gazeta Wyborcza*, com nossa reconstituição de sua árvore genealógica e fotografias, que ela desconhecia, de seus pais, ela telefonou.

«É uma sensação terrível», ouvimos, «ler sobre si mesma, mas, como as senhoras já se empenharam tanto, então está bem, vamos 'detalhar'. E as senhoras espremeram mesmo minhas *Leituras não obrigatórias* até a última gota!»

Quando marcou conosco, no começo de 1997, demonstrou muita paciência e generosidade em responder às diversas e minuciosas perguntas. Corrigiu alguns erros, fez acréscimos e melhorias. De fato, fez uma revisão, principalmente sob o ponto de vista da preocupação em não magoar ninguém. Fez também um comentário geral sobre o que escrevemos.

«Percebi que toda essa minha história é desprovida de dramaticidade. Assim como se eu vivesse a vida de uma borboleta, como se a vida apenas me acariciasse a cabeça. Esse é meu retrato exterior. Mas de onde vem essa imagem? Será que sou realmente assim? Tive uma vida basicamente feliz, entretanto houve muitas mortes nela, muitas incertezas. Mas é claro que sobre os assuntos pessoais eu não quero falar, e também não gostaria que os outros falassem. Depois da minha morte é outra coisa. Mostro para as pessoas uma face diferente, e por isso me retratam pelo lado anedótico, como uma pessoa alegre, que não faz mais nada além de inventar jogos e brincadeiras. E é culpa

---

6   Jacek Kuroń (1934-2004): polonês, líder político opositor da República Popular Polonesa comunista, ministro do Trabalho e da Política Social e também deputado.

minha que as pessoas me vejam assim. Trabalhei muito tempo para conseguir essa imagem. Porque, quando tenho crises fortes, grandes preocupações, aí não procuro as pessoas, para não mostrar minha cara soturna.»

«Pode-se supor», dizia ela, «que eu sofra de uma dupla personalidade peculiar. Sou de um jeito quando estou com pessoas que considero amáveis e completamente de outro quando fico sozinha. Soturna, sofrida, ressentida comigo mesma. E com a convicção nada alegre de que, às vezes, a poesia talvez consiga fazer companhia às pessoas no sofrimento, mas não consegue impedi-lo.»

Esse tema de «manter as aparências» também aparece nos poemas.

Sei como ajeitar meu semblante
Pra ninguém ver a tristeza constante.

«Para a infeliz no amor», *Nowa Kultura*, 20 de junho de 1954[7]

Ou:

Ó não! Ó não! Chegou a má hora.
Não se pode perder a pose agora!

«Coloratura», *Sal*, 1962

---

7 É de responsabilidade da tradutora o texto em português dos excertos dos poemas de Szymborska ainda inéditos no Brasil até a data da conclusão deste trabalho. Para as traduções já publicadas em livro no Brasil, os créditos se encontram nas notas de fim.

RETRATO INTERIOR, RETRATO EXTERIOR 19

O professor e redator Włodzimierz Maciąg,[8] com o qual trabalhou por mais de um quarto de século na redação do semanário *Życie Literackie*, contou-nos que ela nunca tinha sido extrovertida, sempre se controlava, escondia-se atrás dos véus das boas maneiras: «Ela traz em si algo de aristocrático. Acredita que as emoções não devem ser exteriorizadas. Isso é resultado da genética junto com a educação».

Sua amiga, a professora de polonística Teresa Walas,[9] também considerava que Szymborska devia trazer de casa a necessidade de não manifestar as emoções: «Se eu tivesse de atribuir a Wisława alguma época, eu a colocaria no século XVIII, na cultura francesa, mas sem a depravação da época. Um espírito classicista no estilo de Corneille. Sem tripas e sem lágrimas. Ela é muito saudável mentalmente. Quem a criou foi o pai idoso, que queria ter um filho, e suponho que talvez ele a tratasse como se trata um rapaz: não berre nem choramingue».

Adam Zagajewski[10] a via da mesma forma: «Algumas vezes me parecia, por um momento, que ela tinha saído de algum dos salões da Paris do século XVIII. Como se sabe, nesses salões predominavam as mulheres. Wisława apreciava o Iluminismo e a razão; em nossa cultura impregnada da febre romântica, ela representava outros valores, outras temperaturas. Havia nela a elegância nos gestos, nos movimentos, nas palavras, nos versos. Acho que ela simplesmente apreciava a forma e não suportava o caos. E seu excepcional senso de humor era também um tanto iluminista».

---

8 Włodzimierz Maciąg (1925-2012): professor polonês de ciências humanas e também historiador da literatura, crítico literário e escritor.

9 Teresa Walas (1944-): linguista polonesa, teórica e historiadora da literatura, crítica literária e também professora da Universidade Jaguielônica, em Cracóvia.

10 Adam Zagajewski (1945-): poeta, tradutor, ensaísta e novelista polonês, detentor de vários prêmios literários e várias vezes candidato ao Prêmio Nobel.

QUINQUILHARIAS E RECORDAÇÕES

O poeta Artur Międzyrzecki[11] nos disse: «Wisława é uma pessoa de uma discrição natural, para a qual algo como o postulado do 'recato dos sentimentos', proclamado com tanto entusiasmo por nossos colegas da avant-garde, deveria parecer constrangedoramente grosseiro. Recato dos sentimentos? Essa é a própria condição poética de Wisława». No entanto, a poeta uniu a esse recato a incrível intensidade dos sentimentos.

Minha sombra qual bufão atrás da rainha.
Quando a rainha da cadeira se levanta,
o bufão se eriça e na parede se planta
e bate no teto a cabeça idiotinha.
[...]
O simplório tomou para si o gestual,
o páthos e também toda sua torpeza,
tudo aquilo que pesa e causa fraqueza
— a coroa, o cetro e o manto real.

Meus braços, ah, ficarão bem leves,
ah, a cabeça leve como nunca esteve,
ó rei, na hora da nossa separação,
ó rei, onde o trem parte na estação.

Ó rei, então é o bufão que nessa hora,
ó rei, deitará nos trilhos sem demora.

«Sombra», *Sal*, 1962

---

11 Artur Międzyrzecki (1922-96): poeta polonês, tradutor de literatura francesa e anglo--saxã, letrista e ativista social e político.

Das *Leituras não obrigatórias*, sabemos que Szymborska admirava Chopin (que «fazia confidências raramente, porque sua alma era muito valente»), assim como Chaplin e sua moderação na descrição dos tormentos criativos: «O artista nunca traz na sua natureza um excesso de despreocupação. [...] A taciturnidade de Chaplin sobre as dores do parto muito me impressiona».

Também foi um modelo para ela a sra. Roland, vítima da Revolução Francesa; suas memórias escritas na prisão, enquanto esperava pelo cadafalso, nas quais tranquilamente descreve sua infância e juventude, «são sem dúvida a imagem da vitoriosa luta diária que a autora tinha de travar com sua própria fraqueza, os tormentos da prisão e o medo mortal. Nelas, o que as palavras expressavam não era o mais importante, mas aquilo que não expressavam. Aquilo que a autora estritamente coibiu, apenas para se manter firme até o fim».

Szymborska escrevia com apreço sobre a esposa de Thomas Mann, Katia, que em suas memórias se revelava uma viúva leal, que cuidava bastante para não ultrapassar os limites da franqueza estabelecidos por seu marido: «Conhecia com certeza as confidências de outras senhoras — a esposa de Tolstói, a de Dostoiévski e a de Conrad — e apenas disse concisamente: Nada a declarar».

E, ao contrário, opinou sem apreço a respeito das memórias de Mia Farrow sobre sua convivência com Woody Allen: «Admito que esperava mais classe por parte dela».

Seria então de admirar que, quando a poeta contou num poema sobre seu amor pueril, ela tenha tido a sensação de estar traindo «a menininha que foi um dia»?

Conto como
se apaixonou por um estudante,
quer dizer, queria
que ele a olhasse.

[...]
Era melhor que você voltasse
para o lugar de onde veio.
Não lhe devo nada,
uma mulher comum
que só sabe
quando
trair um segredo alheio.

«Riso», *Muito divertido*, 1967[iii]

Durante nossas conversas, ficou claro que conhecíamos melhor sua «biografia exterior» do que ela mesma. Sua memória extraía do passado alguma imagem isolada, um pequeno detalhe, uma diminuta particularidade. Não nos contava «toda a sua vida». Da «biografia interior» mostrava somente o tanto que queria. Às vezes repetia: «minha memória logo joga fora essas coisas» ou «isso é assunto para depois da minha morte».

E num certo momento nos contou a seguinte história: «Um dia vi num filme de Buñuel uma cena peculiar. Fernando Rey, o ator predileto de Buñuel, sempre de barbicha, sempre levemente lascivo, vai pela rua, e na quina de um muro está sentada uma velhinha de cabelos grisalhos soltos. Segura um bastidor nas mãos, no qual está esticado um trapo encharcado de lavagem. Dando risadas com o sorriso desdentado, borda lírios naquele trapo com uma maravilhosa linha de seda. 'Eis uma cena que justifica a existência do cinema', eu dizia para os amigos. Depois esse filme foi mostrado na televisão. Olho, Rey vai pela rua, não tem velhinha alguma, é uma mulher bastante jovem que estende nos braços um véu de noiva. Por isso estou avisando: de boa-fé posso contar coisas que não aconteceram».

CAPÍTULO 2

O pai, a mãe e os parentes próximos e distantes

Tudo começou assim. Fortes vendavais derrubaram milhares de abetos em Zakopane, nas propriedades do conde Władysław Zamoyski, que se estendiam até Bukowina e Kuźnice. Seu administrador, Wincenty Szymborski, teve de quebrar a cabeça para resolver como remover os escombros e transportar as árvores tombadas para a serraria. A guerra que mais tarde seria chamada de Primeira Guerra Mundial já durava três anos, e ele enfrentava grandes problemas com a força de trabalho. Lamentou-se em carta para o procurador-geral do conde: «De fato temos sessenta prisioneiros (moscovitas), mas esse é um tipo de trabalhador problemático, sobretudo porque eles querem comer demais, e está difícil arranjar alimentos, [...] e também, por não haver sapatos suficientes, não querem ir para o trabalho». Por outro lado, «por causa do pasto insuficiente», também «não compensa manter de maneira alguma» os cavalos. E inesperadamente concluiu: «Por causa de todos esses problemas, perdi a cabeça e... me casei».

Cerca de oitenta anos mais tarde, Wisława Szymborska escreveria:

Por pouco
a minha mãe não se casou
com o senhor Zbigniew B. de Zduńska Wola,
E se tivessem tido uma filha — não seria eu.
[...]
Por pouco
o meu pai nesse mesmo tempo não se casou
com a senhorita Jadwiga R. de Zakopane.
E se tivessem tido uma filha — não seria eu.
[...]
Talvez as duas até se encontrassem
na mesma escola e na mesma sala.
Mas sem afinidades,
sem nenhum parentesco,
e longe uma da outra na foto da turma.

«Ausência», *Dois pontos*, 2005[iv]

Por causa das atividades da guerra, a chancelaria do príncipe Kazimierz Lubomirski se refugiou em Kuźnice, nas cercanias de Zakopane. E foi justamente lá que Anna Maria Rottermund, «uma robusta senhorita» que trabalhava na chancelaria, caiu nas vistas de Wincenty Szymborski.

«A mocinha acha que depois da guerra não haverá mais homens, portanto decidiu se casar com um homem mais velho apenas para não virar uma solteirona», o próprio Szymborski explicou ainda na carta a decisão de Anna Maria. «Pois bem, já que aquilo que a mulher quer é o que o Senhor Deus também quer, então, em 17 de fevereiro [1917] me casei. O dote, obviamente, eu não quis receber.»

O noivo tinha 47 anos e a noiva, 28. Não parecia ser um grande amor, mas, afinal, assim como anos mais tarde sua filha escreveria:

O PAI, A MÃE E OS PARENTES PRÓXIMOS E DISTANTES   25

Crianças perfeitas nascem sem sua ajuda.
Nunca conseguiria povoar a terra,
pois raramente acontece.

«Um amor feliz», *Todo o caso*, 1972[v]

A cerimônia de casamento e a festa tiveram lugar na casa paroquial
em Szaflary, onde o tio paterno da noiva, Maurycy Rottermund, era
pároco. Ele conhecia o noivo por causa da atividade conjunta no Partido
da Democracia Nacional.[1]

O futuro pai da poeta se dirigiu para Zakopane por medo da tuberculose, da qual faleceu sua mãe Stanisława (em solteira, Psarska).
Estabeleceu-se lá no início dos anos 1890 e logo se adaptou; também
logo travou conhecimento com o conde Władysław Zamoyski, proprietário dos aldeamentos em Zakopane, comprados por ele para tirá-los
das «mãos estrangeiras».

Em 1888, quando o território de Zakopane foi adquirido numa licitação pelo vice-prefeito de Nowy Targ e também proprietário da fábrica de
papel local, Jakub Goldfinger, a opinião pública polonesa imediatamente
soou o alarme de que «o judeu vai pôr abaixo as florestas», o que levaria
a uma catástrofe, que hoje diríamos: ecológica. A transação foi então
invalidada e um ano depois Zakopane foi novamente posta à venda.
O jornal de Varsóvia *Słowo* [Palavra] publicou a descrição da licitação,

---

1   Democracia Nacional: em polonês *Narodowa Demokracja* [ND, pronunciado en-dé], de
    onde se originou a denominação *endecja*, que designava o movimento político nacio-
    nalista polonês criado em 1886, cujo programa se baseava na defesa do nacionalismo,
    priorizando a luta pela independência e o fortalecimento da identidade nacional,
    tendo como algumas de suas formulações iniciais a luta contra a germanização da
    Polônia, o antissemitismo e o agnosticismo.

cujo autor era K. Dobrzański, pseudônimo sob o qual se escondia o assíduo hóspede de Zakopane naqueles tempos, Henryk Sienkiewicz.[2] O procurador do conde foi instruído a seguir aumentando o preço em um centavo. Então Goldfinger também aumentava a proposta em um centavo. Foi eliminado no montante de 460 002 zlótis e dois centavos... Zakopane e as terras adjacentes — o território do atual Parque Nacional dos Tatra — passaram para a propriedade do conde Zamoyski.

«Se há dez anos eu não tivesse vindo para Zakopane», escreveu numa carta o conde Zamoyski, relembrando aquela licitação, «nas mais altas montanhas polonesas estaria assentado um judeu alemão, e de lá ele cuspiria na Polônia. Talvez Zakopane se tornasse uma pequena Szczawnica, uma Jerusalém galiciana. Endividei-me até as orelhas para arrancar das garras judias esse recanto único de nosso país. Paguei tanto, que as pessoas mais chegadas me declararam louco [...]. Encontrei tudo nas patas de judeus, as fábricas, as florestas, funcionários na administração provincial, no comércio, nas tabernas [...]. Os judeus chefiavam a província despoticamente e o estaroste beijava a pata de uma judia velha.»

O estado de suas propriedades recém-adquiridas também não era dos melhores (Sienkiewicz: «Centenas de acres de capoeiras no pousio e nelas os restos de toras apodrecidas»), e ali ainda era preciso atender às expectativas patrióticas. Era necessário um administrador eficiente e enérgico. Em 1904, o conde confiou essa função a Wincenty Szymborski. Para o escriturário, que desde 1892 trabalhava na administração dos bens do conde, era uma grande promoção. A partir de então, praticamente todo investimento em Zakopane — a igreja, a escola, o Museu

---

2 Henryk Sienkiewicz (1846-1916): um dos mais queridos e aclamados escritores poloneses, ganhou o Prêmio Nobel de Literatura de 1905.

O PAI, A MÃE E OS PARENTES PRÓXIMOS E DISTANTES 27

dos Tatra, a usina elétrica, a hospedaria, o sistema de abastecimento de água, a ferrovia Chabówka-Zakopane — contaria com a ajuda generosa do conde e com o trabalho duro de seu administrador.

A primeira carta preservada de Szymborski para Zamoyski, datada de 28 de março de 1901, diz respeito à compra de trilhos, parafusos e pregos para a construção de uma ferrovia até a usina elétrica projetada, que com o passar do tempo deveria abastecer Zakopane. Encontramos a carta no castelo de Kórnik ao lado de centenas de outras endereçadas ao conde Zamoyski ou a seu plenipotenciário e também diretor da biblioteca de Kórnik, o dr. Zygmunt Celichowski.

Szymborski, escrupulosa e minuciosamente, informava ao conde tudo o que acontecia em suas propriedades: sobre o reflorestamento das encostas desnudadas de suas árvores pelos proprietários anteriores, sobre o *halny*,[3] que derrubou 15 mil abetos, sobre o funcionamento da fábrica de papel e da serraria, sobre os problemas com os trabalhadores, sobre o financiamento da Oficina de Trabalho Doméstico das Mulheres, fundada pela mãe do conde e esposa do general Zamoyski (sua supervisora, Julia Zaleska, viria a ser a madrinha de Wisława).

Por trás das informações secas e concretas, é possível perceber as ideias que norteiam os passos de Szymborski, compartilhadas por ele e seu empregador. O patriotismo dos poloneses, tão próximo ideologicamente da Democracia Nacional, estava impregnado de antissemitismo — esse era o caso de Zamoyski e Szymborski.

Por ordem de Zamoyski, Szymborski conduziu a construção da estrada pavimentada com cascalho de Zakopane até Morskie Oko e Kościelisko,

---

3   O vento chamado *halny* é característico das montanhas do sul da Polônia e da Eslováquia. É um vento tempestuoso, quente e seco que sopra das cristas das montanhas em direção aos vales, podendo causar desabamento de árvores e construções e também avalanches.

para que a comunicação entre Spisz e Orawa fosse feita pela região de Podhale. A ideia era que «a população polaca do território húngaro, por contatos mais frequentes com os poloneses da terra nativa, percebesse com mais rapidez sua própria polonidade». Por outro lado, a fundação de uma fábrica de água gasosa, a obtenção da *propinacja*, ou seja, da autorização para vender bebidas alcoólicas, a organização da Sociedade do Comércio, que seria intermediária na concessão de crédito barato para os industriais poloneses, e a construção da Casa de Comércio Bazar Polonês — tudo isso faria concorrência ao comércio dirigido pelos judeus. E assim foi feito. Num dado momento, Szymborski escreveu ao conde que os judeus de Zakopane levaram uma queixa contra ele ao rabino milagreiro de Bobowa, «pedindo conselho sobre a guerra contra a Administração do Patrimônio, que tem a intenção de destruí-los».

Quando o magnata Christian Hohenlohe Öhringen comprou as propriedades de Jaworzyna, que eram terras vizinhas às de Zamoyski, reacendeu-se a disputa entre o Império Austríaco e o Reino da Hungria, que já durava quase um século, sobre quem seria o dono de Morskie Oko. Szymborski se envolveu nesse conflito, que era, de fato, sobre a demarcação da linha de fronteira nos Montes Tatra, para que — em caso de reconquista da independência — Morskie Oko ficasse com a Polônia.

O príncipe Hohenlohe mandou retirar a placa galiciana que demarcava a fronteira e plantou no território de disputa uma casa da guarda florestal com gendarmes húngaros. Szymborski, por meio de pessoas de sua confiança, ficava sabendo de todos os seus passos e os informava a Zamoyski. Finalmente, em 1902, os deputados poloneses do Parlamento galiciano do país conseguiram convocar um tribunal conciliatório em Graz, com os suíços no papel de árbitros. Szymborski recebeu um relatório em primeira mão do amigo Medard Kozłowski, parlamentar que foi até lá como observador. Difícil imaginar que Szymborski não tenha participado das manifestações patrióticas dos montanheses, que acompanharam a inspeção local realizada por ordem do tribunal. Com certeza,

O PAI, A MÃE E OS PARENTES PRÓXIMOS E DISTANTES

depois do processo ganho, também entoou junto com os moradores de Zakopane: «A Polônia não tombou,/ Viva o clã polaco./ Justa causa se tomou/ Nosso é Morskie Oko».[4] Ele participou intensamente da vida de Zakopane. Em 1909, assinou a declaração de criação do Serviço de Resgate Voluntário dos Montes Tatra. Um ano depois, tornou-se membro da Companhia Florestal da Galícia. Juntou-se também à construção da pista de trenó. E não deixou de lado a política. Tornou-se ativista da Democracia Nacional ainda antes da Primeira Guerra. Devia conhecer Dmowski,[5] que, desde que se estabeleceu em Cracóvia, em 1900, vinha às conferências em Zakopane.

Há uma fotografia de Wincenty Szymborski com os colegas do partido: Medard Kozłowski, posteriormente prefeito de Zakopane e deputado no Parlamento, e Franciszek Kosiński, comerciante, presidente da Sociedade de Comércio de Zakopane. A foto que encontramos na Biblioteca de Kórnik data de junho de 1911. Szymborski, vestido com bombachas (mas de paletó, colete e gravata) e também botinas amarradas com cordões, boas para o alpinismo, subiu em algum morro e posou para a fotografia.

No período de 1892-1922, quando Wincenty Szymborski trabalhou para o conde Zamoyski, Zakopane estava impregnada da Polônia artístico-científica. Entretanto, nas correspondências familiares não ficou gravado nem quem ele conhecia nem com quem se encontrava. Com

---

4 Em polonês: «*Jeszcze Polska nie zginęła,/ Wiwat plemię lasze,/ Słuszna sprawa górę wzięła,/ Morskie Oko nasze*». Com letra de Ludwik Solski e calcada na melodia do hino polonês, o Mazurek Dąbrowskiego, «a canção era entoada após a decisão do tribunal sobre o pertencimento de Morskie Oko à Galícia, em 1902».

5 Roman Dmowski (1864-1939): político e estadista polonês, cofundador da Democracia Nacional, por seu papel na restauração da independência da Polônia foi considerado um dos políticos poloneses mais importantes do século XX.

30 QUINQUILHARIAS E RECORDAÇÕES

certeza, devia manter contato com Jan Kasprowicz,[6] que, na época da Primeira Guerra, era o comissário que controlava o racionamento de pão em Zakopane, ou Kazimierz Przerwa-Tetmajer,[7] que fez propaganda a favor das Legiões de Piłsudski.[8] Em Zakopane, para onde os poloneses surpreendidos pela guerra acorreram de todas as partições da Polônia[9], houve a convergência dos mais diversos tipos de empreendimentos patriótico-militares. Continuaram o costume, que se iniciou na atmosfera de relativa liberdade política dos anos 1890, de celebrar com entusiasmo as mais diversas festas nacionais: a irrupção do levante, a proclamação da Constituição de maio ou o aniversário dos três grandes poetas do Romantismo: Adam Mickiewicz, Juliusz Słowacki e Zygmunt Krasiński. O conde apoiava todos os projetos a favor da independência, e, para a sua realização, lá estava seu administrador. Szymborski teve de lidar com os enormes problemas que se associavam à administração dos bens nos tempos de privações da guerra e às dificuldades no

6　Jan Kasprowicz (1860-1926): dramaturgo, poeta, tradutor, crítico literário polonês, representante do movimento literário *Młoda Polska* [Jovem Polônia], considerado um dos mais importantes poetas da literatura polonesa.

7　Kazimierz Przerwa-Tetmajer (1865-1940): poeta, escritor, dramaturgo polonês, representante do movimento literário *Młoda Polska* [Jovem Polônia], envolveu-se na disputa entre a Polônia e a antiga Tchecoslováquia sobre as fronteiras nas Montanhas Tatra.

8　Józef Klemens Piłsudski (1867-1935): militar, grande estadista polonês, tornou-se a partir da Primeira Guerra Mundial a figura mais influente na política nacional, tendo sido o primeiro chefe de Estado depois da reconquista da soberania polonesa em 1918. Em 1914, organizou as Legiões Polonesas, força militar criada na Galícia com o intuito de combater os exércitos da Rússia Imperial. Considerado o maior responsável pela criação da Segunda República Polonesa, em 1918.

9　Durante 123 anos, de 1795 a 1918, a Polônia permaneceu inexistente como Estado soberano, tendo sido repartida entre os poderes da Rússia, da Áustria e da Prússia.

O PAI, A MÃE E OS PARENTES PRÓXIMOS E DISTANTES 31

recrutamento de força de trabalho. Deve ter cortado um dobrado para proteger do confisco as posses do conde — Zamoyski residia em Paris e era, de fato, um cidadão da França, país que estava em guerra com os austro-húngaros.

Sobre as atividades do pai em Zakopane, Szymborska não sabia muito. Paradoxalmente, sabia mais sobre o avô, Antoni Szymborski, que morreu mais de quarenta anos antes que ela nascesse. Na casa da família preservou-se seu livro de memórias escrito nos anos da velhice. Sua irmã o achou numa pequena valise guardada num armariozinho no alto de uma parede em sua casa, quando fazia a arrumação depois da morte da mãe.

O avô Antoni nasceu em 1831, como filho póstumo — seu pai, que também se chamava Antoni, tombou na batalha de Grochów. Quem o criou foi a mãe, e foi ela que, querendo educar sexualmente o filho, levou-o a Varsóvia em seu 16º aniversário e o conduziu a um hospital de doenças venéreas.

«Embora tenha presenciado lá visões horríveis, não desanimou das mulheres», contou-nos Szymborska.

São muitas em suas memórias. Escreveu, por exemplo, como «deu um belisquinho na bochecha» de uma moça que servia num botequim. Vejam só. Dava nelas «um belisquinho na bochecha». Gostava de mulheres.

Ele tinha dezessete anos quando veio a Primavera dos Povos[10] e

---

10 Em polonês, *Wiosna Ludów*: uma série de revoluções ocorridas em países da Europa entre 1848 e 1849, que apresentavam caráter liberal, democrático, nacionalista e socialista, geradas pela crise econômica que então grassava no continente europeu. A revolução teve início na França, deixando como saldo a abolição definitiva da monarquia naquele país, e se propagou principalmente pela Áustria, Alemanha, Hungria e Itália, além da Dinamarca e da Polônia, na qual era marcante o caráter independentista.

32 QUINQUILHARIAS E RECORDAÇÕES

fugiu de casa para participar da Revolta de Poznań.[11] O general Bem[12] lhe entregou suas divisas de oficial na campanha húngara. Depois Antoni Szymborski vagou por toda a Europa — Alemanha, Itália, Suíça, França e Espanha — e até pela América, chegando à Califórnia tomada pela febre do ouro. Depois do retorno para a Polônia, queria se estabelecer (adquiriu até uma estarostia em Opoczno), mas logo estourou a Revolta de Janeiro,[13] então largou tudo para estar à frente do destacamento de insurgentes.

No centenário da revolta, longos fragmentos das memórias de Antoni Szymborski foram publicados no jornal *Życie Literackie*. Devia ser um contador de histórias nada mau, porque suas descrições sobre o destino dos insurgentes são objetivas e cheias de saborosos detalhes. Mas não escrevia apenas sobre as batalhas e escaramuças, dedicou bastante espaço também para a «anarquia polonesa». «Comitês arbitrários criados além da conta, muita intriga em atividade, exploração ainda maior dos crédulos. O dinheiro nacional vai com mais frequência para a farra. Minha estadia em Cracóvia me preparou de tal forma, que eu

11 A Revolta se iniciou durante a Primavera dos Povos na cidade de Poznań, situada na voivodia da Grande Polônia, contra os prussianos. Tinha caráter nacionalista e demandava a retirada das forças militares da Prússia e o retorno da autonomia administrativa da Polônia na área da partição pertencente à Prússia.

12 Józef Bem (1794-1850): general, engenheiro e estrategista de guerra polonês que também tinha o título de paxá concedido pelo Império Otomano. Ao longo da vida lutou em várias batalhas dentro e fora do território polonês, inclusive na Revolução Húngara de 1848, sendo considerado um herói naquele país. Converteu-se ao Islã, tendo adotado o nome Murad Pasha. Foi governador de Aleppo, para onde fugiu depois de ser gravemente ferido na Batalha de Temesvár, na Romênia, em 1849.

13 Em polonês, *Powstanie styczniowe*: eclodiu no dia 22 de janeiro de 1863, nas terras polonesas dominadas pelo Império Russo.

O PAI, A MÃE E OS PARENTES PRÓXIMOS E DISTANTES   33

sentia que era melhor morrer do que observar crimes ou ouvir mentiras. Três vezes foi enviado dinheiro para as armas e três vezes os prussianos levaram baús vazios. Vêm-me à cabeça atos semelhantes a esse, disputas e brigas nos comitês, que dão horror só de lembrar, e não quero fazer sujeira aqui com minhas descrições. A infeliz nação polonesa, vivendo já há um século sem liberdade, não conseguiu obter a noção de sua própria dignidade. O anarquismo ainda continua.»

A poeta na época não informou que o autor das memórias era seu próprio avô (ao texto foi agregada apenas a anotação de que provinha de um arquivo privado) e que ela mesma as preparara para a publicação. «É um precursor de Apollinaire», brincava. «Escrevia sem vírgulas ou pontos. Trocava as letras dos sobrenomes. Diante das descrições de paisagens ou cidades, era inapto como uma criança. 'Cheguei a Florença, cidade grande, limpa.' Sobre outras cidades também só tinha isso a dizer, que eram grandes e limpas.»

Provavelmente, se não fosse pela neta ganhadora do Nobel, as memórias na íntegra nunca teriam visto a luz do dia. As *Tempestuosas reviravoltas do destino. Memórias de 1831-1881* foram publicadas no ano 2000, quando a poeta finalmente foi persuadida pelo editor-chefe da editora Znak, Jerzy Illg.[14] Descobriu-se, no entanto, que ela tinha exagerado um pouco ao caracterizar o estilo do avô, pois Antoni Szymborski escreveu, sobre uma determinada cidade, que era «grande e limpa», sobre outra, que era «verde e linda», enquanto sobre outra, ainda, que era «bonita, comprida e estreita».

Depois do colapso da revolta, Antoni Szymborski ficou preso por mais de dois anos no Pavilhão X da Cidadela de Varsóvia. Proferiram-lhe até a sentença de morte por enforcamento, mas depois, por

---

14 Jerzy Illg (1950-): filólogo polonês, jornalista, crítico literário, editor-chefe da editora Znak.

algum milagre, escapou da forca. Já tinha chegado aos quarenta quando conheceu sua futura esposa, Stanisława, que ficou órfã de Erazm Psarski depois da Revolta de Janeiro. Casaram-se em 1868 e dois anos depois nasceu-lhes o filho Wincenty. O casamento não deu certo, e, um dia, a sogra simplesmente chegou num tílburi e levou a filha e o pequeno Wincenty, então com seis anos de idade, para morarem com ela no vilarejo de Czartki. «Ela era conhecida pela energia, intrigas e fofocas», recorda o genro sobre ela. «Ela achava o máximo fazer todos brigarem entre si. Assim eu também me tornei sua vítima. Nunca permitiu que entrássemos em acordo e jurou na nossa frente, ajoelhando-se diante das imagens dos santos, que ia nos separar, e assim o fez.»

«Na fotografia, vovô Antoni é um louro bonito de bigode dourado, mas talvez como marido não fosse lá grande coisa, e, por isso, a gordíssima bisavó levou consigo a filha e o neto», Wisława Szymborska se esforçava em compreender o conflito familiar de mais de cem anos antes.

Teceu suposições de que o avô, depois de anos de uma vida errante de solteiro, com certeza não suportou bem a coerção das obrigações diárias. Além disso, não tinha sentimentos familiares bem desenvolvidos, porque só uma vez se lembrou da mãe e das irmãs, as quais não fazia questão de procurar depois de sua volta do exterior. E, além do mais — Szymborska continuava a soltar as rédeas da imaginação —, como era um contador de histórias de nascença, gostava de ter sempre novos ouvintes, e na certa, «em vez de cuidar das terras, passava o tempo nas propriedades da vizinhança».

A poeta gostaria muito de conhecer também as razões da outra parte, no entanto o diariozinho da avó Stanisława, que estava naquele pequeno armário, naquela mesma valise que as memórias de seu marido, abarcava exclusivamente os anos de solteira («Escreveu-o aos dezesseis anos — e honestamente falando: eu, na idade dela, não conseguiria escrever de modo tão claro e despretensioso», aludiu a isso nas *Leituras não*

O PAI, A MÃE E OS PARENTES PRÓXIMOS E DISTANTES 35

obrigatórias). Não sabemos se Stanisława o continuou também depois de casada. De qualquer forma, foram preservadas menos de vinte páginas. «Alguém arrancou o resto. Quem foi — não se sabe. Posso apenas imaginar que essas páginas arrancadas se referiam ao noivado e ao casamento com meu avô», disse Szymborska depois da publicação do diário dele.

Não teve chance de conhecer pessoalmente os avós por parte de pai; ambos morreram bem antes de seu nascimento, ainda no século XIX. «Vovô se casou tarde e gerou seu descendente tarde. E meu pai, por sua vez, se casou mais tarde ainda. Estatisticamente falando, duas gerações foram puladas ali. Provavelmente os dois senhores gostassem de levar vida de solteiro pelo maior tempo possível», explicou na conversa com Illg.

Com os Rottermund foi diferente. Durante toda a infância, ela ia para Bochnia durante as férias, para a casa da avó Karolina (em solteira, Kubas), e visitava-a também quando adulta, pois a avó viveu até 1948. Não mencionava o avô Jan, que trabalhava como condutor na ferrovia; então, é possível que ele tenha morrido bem antes. No entanto, contava sobre seu irmão mais novo, Maurycy, pároco em Szaflary, cuja casa ela também visitava nas férias. As crianças da família o chamavam de «vovô». Lembrou que ele gostava de bater papo com todos e era adorado pelos paroquianos.

Maurycy terminou a Academia Teológica e até fez faculdade em Roma (dos seis irmãos, apenas ele e o mais velho Julian, químico, conseguiram ter educação superior). Por causa de algumas insubordinações, não fez, no entanto, carreira eclesiástica, e, em 1902, chegou à paróquia de Szaflary, onde permaneceu até sua morte. Józefina, sua irmã solteira mais velha, cuidava da casa para ele. Assim, na paróquia de Szaflary se realizavam todos os encontros familiares, batizados e casamentos.

Os avós de Szymborska tiveram ainda quatro filhos além de Anna, mãe de Wisława Szymborska e conhecida na família como Andzia.

«Os meninos, ou na infância, ou no início da mocidade, morreram de tuberculose, e minha mãe sobreviveu», disse-nos a poeta. «Vovó nunca supero a perda prematura desses filhos. Apenas um deles, Tadeusz, viveu até a idade que lhe permitiu gerar um filho. É meu primo Jaś, médico, com quem eu me encontrava na infância e mocidade nas férias na casa da vovó. Ele teve dois filhos, Tadeusz e Jerzy, também médicos.» «Quando somos crianças, tudo o que aconteceu antes nos parece um passado distante», continuou. «Quando os pais vivem, não estamos ainda preparados para fazer perguntas. E, quando amadurecemos e estamos prontos, eles já se foram. O que fica depois deles são os álbuns de fotografias nos quais não sabemos quem é quem. Mamãe, na verdade, me dizia isso, mas naquela época o assunto não me interessava muito. As fotografias nos álbuns deveriam ser legendadas. Eu reconheço as avós e os avôs, mas o resto dos familiares já não reconheço.»

Talvez tenha sido da contemplação do álbum de família que nasceu este poema:

Ninguém na família nunca morreu de amor.
O que passou, passou, mas nada que alimente um mito.
Romeus tísicos? Julietas diftéricas?
Alguns até atingiram uma idade senil.
Nenhuma vítima de falta de resposta
a uma carta manchada de lágrimas!
[...]
Nunca ninguém sufocou num armário estiloso
porque o marido da amante voltou de repente!
Nenhuma mantilha, babado ou fita
nunca impediu ninguém de aparecer na foto.
E nunca na alma o Bosch infernal!
E nunca com uma pistola pelo quintal!
[...]
Mesmo esta de coque extático
e olheiras fundas como depois de uma folia

se foi em meio a uma grande hemorragia
mas não para ti, dançarino, e não com pena.
Talvez alguém muito antes do daguerreótipo —
mas destes no álbum, nenhum, que eu tenha sabido.
As tristezas se desfaziam em risos, corriam os dias
e eles consolados sumiam-se de gripe.

«Álbum», *Muito divertido*, 1967[vi]

Questionada se a avó Szymborska «se foi em meio a uma grande hemorragia», a poeta respondeu que sim, que a avó morreu de tuberculose, mas na fotografia do álbum não há nenhum coque. Quando Tadeusz Rottermund leu o poema da tia-prima, logo considerou que ele devia ser sobre os Rottermund, porque era na família deles que a tuberculose fazia uma colheita abundante.

No corredor do apartamento de Szymborska, na rua Chocimska, acima dos macaquinhos de pelúcia, está pendurada uma antiga litografia — o retrato de Edward Rottermund. No entanto, a própria Szymborska não sabia muito sobre os antepassados Rottermund.

«Alguém uma vez me fez cópias dos documentos de um tal Rottermund, um despenseiro em Klecza Górna», ela nos disse. «Nem sei se esse sobrenome é teutônico ou holandês. Foram os alemães, no tempo da ocupação, que pela primeira vez olharam com atenção para os papéis da nossa família. A segunda vez que examinaram com desconfiança o nome de solteira da minha mãe foi em 1968. E a terceira vez, quando ganhei o Nobel.»[15]

---

15 Refere-se ao fato de que o sobrenome de solteira da mãe pudesse ser de origem judaica e por isso ser visto com desconfiança tanto pelos alemães na Segunda Guerra quanto pelos soviéticos em 1968 e pela mídia em geral depois da conquista do Prêmio Nobel.

Quem mais nos contou sobre a história da família pelo lado materno foi Andrzej Rottermund, há muitos anos diretor do Castelo Real em Varsóvia. Juntava documentos, conhecia a genealogia da linhagem desde o século XVI, quando o imperador Fernando I da Áustria lhe concedeu um brasão de nobreza. Sua avó Janina Rottermund tinha sido prima e amiga da mãe de Szymborska. Morreu um pouco depois do casamento, durante o nascimento do filho. Quando o menino ficou também órfão de pai, os tios o adotaram, e, por isso, voltou a ter o nome de solteira de sua mãe.

Andrzej Rottermund conhecia também a história do outro ramo da família, não originário de Zawadka, mas de Klecza. E é exatamente dessa linhagem que provém Edward Rottermund, conspirador no Levante de Novembro, que na noite de 29 para 30 de novembro de 1830, participante de um grupo de cadetes, correu para o Palácio Belweder para assassinar o príncipe Konstanty. E ainda seu primo, também insurgente, que depois emigrou para a Bélgica, onde constituiu o exército do recém-formado país.

O tataravô de Wisława Szymborska, Józef Rottermund, era proprietário das terras de Zawadka, perto de Wadowice. Seu filho Antoni, ou seja, o trisavô, foi oficial no então Ducado de Varsóvia e figurava nos livros já como cidadão de Cracóvia, e não como um senhorio. Por sua vez, seu filho Józef Antoni, ou seja, o bisavô de Wisława, foi — tal como seu bisavô pelo lado paterno — um insurgente do Levante de Novembro.

Quando anos atrás entregamos nas mãos de Wisława Szymborska sua árvore genealógica, que reproduzimos, ela a olhou com interesse e até com uma diligência que — conhecendo sua poesia — de maneira alguma esperávamos.

Sou quem sou.
Inconcebível acaso
como todos os acasos.

O PAI, A MÃE E OS PARENTES PRÓXIMOS E DISTANTES

Fossem outros
os meus antepassados
e de outro ninho
eu voaria
ou de sob outro tronco
coberta de escamas eu rastejaria.
[...]
Poderia ter sido alguém
muito menos individual.
Alguém do formigueiro, do cardume, zunindo no enxame,
uma fatia de paisagem fustigada pelo vento.
[...]
Poderia ser eu mesma — mas sem o espanto,
e isso significaria
alguém totalmente diferente.

«Entre muitos», *Instante*, 2002[vii]

Na verdade, sempre lhe interessaram os antepassados bem mais distantes.

Nem sei direito onde deixei minhas garras,
quem veste meu traje de pelo, quem habita minha casca.
Morreram meus irmãos quando rastejei para a terra,
e somente certo ossinho celebra em mim esse aniversário.
Eu saía da minha pele, desbaratava vértebras e pernas,
perdia a cabeça muitas e muitas vezes.
Faz muito que fechei meu terceiro olho para isso tudo
Lavei as barbatanas, sacudi os galhos.

«Discurso na seção de achados e perdidos», *Todo o caso*, 1972[viii]

Ao fazer a resenha do livro *Wenus epoki lodowej* [Vênus da era do gelo], de Rudolf Drössler, Szymborska escreveu que o livro «fortalece a descrença na existência de abismos sem fundo — entre gerações, épocas, culturas, entre o intelecto do homem de hoje e o intelecto de um ser humano de alguns milhares ou mesmo de dezenas de milhares de anos». E confessou que, embora «alguns vejam o Homem de Neandertal num beco sem saída da evolução», ela se sente aparentada e considera-o seu legítimo antepassado.

CAPÍTULO 3

Três gerações da família Szymborski, o amor por Zakopane e a herança do talento

Na fotografia amadora de 13 de outubro de 1918, conservada no Museu dos Montes Tatra, é possível distinguir apenas a figura de ombros largos de Stefan Żeromski,[1] que se eleva acima da multidão. Está em pé sobre um pódio e discursa. Mas em algum lugar perto dele certamente devia estar Wincenty Szymborski, que entrou como representante do Partido da Democracia Nacional (*endecja*) para o Conselho Nacional. Na plateia do cinema Sokół, o agrupamento de cidadãos — quinhentos participantes — escolheu Żeromski como presidente da assembleia, e um dos vice-presidentes escolhidos foi Wincenty Szymborski. Foi então acolhida a resolução: «Consideramo-nos a partir de agora cidadãos da Polônia livre, independente e unificada», e foi conclamado o governo local da República de Zakopane, para o qual entrou Szymborski.

---

1   Stefan Żeromski (1864-1925): famoso escritor polonês do início do século XX, que gostava de abordar temas sobre a problemática social. Era conhecido como «a consciência da literatura polonesa».

A República de Zakopane existiu por 33 dias, até a hora da proclamação da independência da Polônia. Żeromski mais tarde resumiu esse episódio de sua vida: «Confiaram-me quase uma ditadura em Zakopane e nos vales adjacentes. Exerci aquela função memorável, divertida e elevada durante onze dias, enquanto a mamãe Áustria desmoronava em escombros. Tomei o juramento solene do exército, da polícia, dos espiões, do município e dos Correios e Telégrafos em lealdade ao novo Estado, e até liderei uma guerra pela reconquista dos vilarejos de Głodówka e Sucha Góra da invasão tcheca». Será que Szymborski se acercou com maior solenidade do cargo por ele exercido? Infelizmente suas cartas dos anos da guerra para Zamoyski, enviadas para Paris por caminhos tortuosos via Suíça, não voltaram com o conde em 1919 para a Polônia. Com certeza, como ativista do Partido Democrático Nacional — foi por um curto período presidente da Administração Distrital em Nowy Targ —, estava orgulhoso das fortes influências da *endecja* naquela incipiente República.

«Meu pai era filho daquela primeira *endecja*, que era um agrupamento democrático, e, mais tarde, nos anos 1930, quando começaram as tendências fascistas e as propensões terroristas entre os jovens, ele se afastou do partido, já não ia às reuniões», disse Szymborska.

O conde, que durante os anos de colaboração com Szymborski tinha as melhores relações com ele, depois da volta para a Polônia cercou-se de novas pessoas e, de bom grado, deu ouvidos a diversas sugestões. O administrador de muitos anos, um homem decidido, que possuía sua própria opinião, coisa de que os patrões não costumavam gostar, caiu em desgraça, e em sua correspondência surge um tom completamente novo. E assim, em 1921, Szymborski escreveu para o conde:

«Para o projeto de V.A. de venda das locomóveis e privação de luz para o município, não posso arriscar meu nome nem também meu envolvimento nesse assunto, o qual seria melhor V.A. confiar a outra pessoa. Poderia, é claro, citar muitos argumentos contra esses pontos

TRÊS GERAÇÕES DA FAMÍLIA SZYMBORSKI 43

de vista, no entanto isso seria prejudicial para meus nervos, exaustos depois de tantos anos de serviço para V.A.»

Embora durante anos tenham se correspondido exclusivamente sobre questões objetivas, agora Szymborski sentia a necessidade de se referir a certas opiniões que circulavam em alguns lugares, e que em seu parecer o prejudicavam:

«Refuto a calúnia de que todas as minhas posses eu devo à generosidade e magnanimidade de V.A. É verdade que fiz uso de um crédito de 45 mil coroas na compra do pensionato *Maryja*, mas simultaneamente usei um crédito do Exmo. Sr. Tabcom, porque, deliberadamente, não quis me endividar com uma grande soma com V.A. Durante a guerra, também usufruí da proteção do velho Sieczka, que me concedeu 200 mil coroas de crédito na Companhia de Financiamento. Graças a tal especulação, tenho na velhice um teto sobre a cabeça e acho que não terei de ir para um abrigo de pobres. Parece-me também ainda que é mérito meu não ter desperdiçado aquela pequena soma que recebi da família, e vivendo frugalmente consegui aumentá-la. Todo esse assunto, assim como afinal qualquer fofoca, não vale uma pitada de rapé, no entanto o menciono apenas para tranquilizar o Departamento em sua invídia absolutamente não cristã e protegê-lo do pecado da inveja. Agradeço cordialmente a V.A. por ter demonstrado bondade para comigo [...]. Eu mesmo conheço meus defeitos e sei que podem me apontar mais de uma falha. No geral, entretanto, tive até aqui uma boa mão para os negócios e posso dizer confiante que contribuí significativamente para o aumento do patrimônio de V.A. Não sei se fui um sábio conselheiro para V.A., mas posso garantir que fui sempre um conselheiro honesto. Mais de uma vez tolerei vossa irritabilidade, frequentemente em nada justificada. Nunca fui um bajulador que assentia só para ganhar vossa satisfação. Passei por muitos momentos difíceis para conciliar V.A. com a comunidade e tive de engolir muitas pílulas amargas nessas ocasiões [...]. Não adulava à vista de todos, como frequentemente faziam as pessoas que rodeavam V.A. Parece-me que escrevo meu próprio obituário! Talvez cedo demais.»

Será que escrevendo essa carta aos 51 anos de idade ele já tinha lido as memórias de seu pai, já que em sua introdução salientou que a escrevia pensando nele? Lá, Antoni Szymborski apelava ao filho, que então tinha quase dez anos, que se lembrasse de que «a riqueza sempre terá poder e sempre irá governar o mundo», e que «aquele que alcançou a riqueza não olha para o que precisa de ajuda», e ainda que dirigisse a própria vida de uma forma diferente da que ele mesmo dirigiu a sua. «Siga um caminho que evite uma posição desprezível», advertiu, querendo poupar o filho dos dissabores que lhe couberam quando, após a perda da estarostia e depois do fracasso com o arrendamento, tornou-se um feitor postado num nível bem mais baixo na hierarquia social. Especialmente para «a educação do filho», desenvolveu a «teoria do feitor» — «um indivíduo cheio de plaquinhas, argolas, ganchos, cordas, lona e buracos».

«O feitor deveria se postar no vestíbulo ou na antessala e fazer uma reverência, deveria olhar e perceber o humor do senhor, da senhora, das filhas, das tias, das agregadas, das roupeiras, das camareiras e cozinheiras, porque toda essa gente pode dar opinião e exigir polidez. Todos têm o direito de criticar, dizer alguma coisa e meter o malho.» O feitor deveria elegantemente se curvar com chiquê, não se sentar de lado, abaixar os olhos, sorrir das piadas, assentir com o ilogismo — que Deus o livre de esquecer alguma coisa —, ver tudo, escutar tudo, tudo relatar, e, como prêmio pela boa conduta, por uma graça particular, mandam dispor uma cadeirinha junto à porta para que se sente, e, quando não há o lucro esperado e estimado, o feitor é o culpado e precisa diminuir seu salário. Ele não se curvou adequadamente, ele ficou ereto, ele não olhou, ele se expressou mal, ele fez sei lá o quê: — Pro inferno, é preciso mandá-lo embora.»

Na maneira cheia de verve e humor sarcástico com a qual o avô Szymborski descrevia sua «humilhação vergonhosa» e o «tratamento desrespeitoso» para com sua pessoa, manifesta-se um bom estilo. Wincenty Szymborski não aproveitou os conselhos do pai. Na verdade, após terminar o ginásio em Kalisz, ingressou na Faculdade de Agricultura, mas, depois do falecimento da avó Natalia Psarska (em solteira, Białoskórka), que o criou depois que a filha morreu, precisou desistir dos estudos e arranjar uma fonte de renda. Não sabemos se ele considerava humilhante sua posição de administrador dos bens de Zamoyski. Szymborska, no entanto, nos disse que o pai não se sentia injustiçado e que na casa deles sempre houve o culto a Zamoyski.

Depois do casamento, seus pais foram morar numa pequena casa nas montanhas de Kuźnice. Lá, em dezembro de 1917, veio ao mundo sua filha mais velha, Maria Nawoja (as colegas de Wisława se lembravam de como ela brincava dizendo que a irmã era «a senhorita de mais alto nascimento na Polônia»).

Wincenty Szymborski, em 30 de janeiro de 1920, escreveu para Zygmunt Celichowski: «Eu já ia vender minha casa em Zakopane, mas tive medo de que pudesse passar para as mãos de judeus, então desisti das negociações [...]. Aqui têm acontecido coisas terríveis, porque os montanheses estão vendendo continuamente suas terras não só para os seus, mas também para os judeus».

Em algum momento na metade de 1922, Wincenty Szymborski começou a adoecer. Os médicos afirmaram que era o coração («Eu tive um ataque de dor no coração», «os ataques, no entanto, não estão se repetindo, incomoda apenas a dormência das mãos e das pernas»), e decidiram que não era bom para ele permanecer nas montanhas («O dr. M. diz que 50% da causa da doença é a permanência em Zakopane, que ele aconselha deixar incondicionalmente»). De Iwonicz, onde se tratava, escreveu: «O mais difícil e insuportável é se abster do fumo; só me é permitido fumar cinco cigarros por dia».

O conde Zamoyski transferiu seu administrador para Kórnik em janeiro de 1923, para pôr em ordem os assuntos financeiros de seus haveres em Kórnik. A esposa continuou em Kuźnice com a filhinha Nawoja. Já estava então grávida de Wisława e decerto o marido não quis expô-la aos incômodos de uma mudança durante o inverno. «Viajei de Zakopane para Kórnik na barriga da mamãe», disse Szymborska.

Lá nasceu, em 2 de julho de 1923. Deram-lhe o nome de Maria Wisława Anna. «Tive muitas babás, porque eu berrava muito e nenhuma aguentava», ela nos disse. «Nasci nervosa. Talvez seja porque, quando minha mãe estava grávida, meu pai ficou muito doente. Talvez eu tenha assumido a ansiedade dela a respeito da pessoa querida. Não conseguia adormecer enquanto meu pai não chegasse.»

Meio século depois de seu nascimento, Wisława Szymborska foi visitar o castelo e a biblioteca durante uma visita a Kórnik. Ela gostou do museu: «Era aquela misturada de coisas. A porcelana lá é modesta, não tem pedrarias. Os Zamoyski economizavam até para fazer os retratos. Era uma espécie de patriotismo austero».

No entanto, não viu a correspondência do pai reunida no museu de Kórnik. Então, não leu a carta do ano de 1923, na qual o pai escreveu para o diretor da Administração das Florestas de Poznań para negociar uma candidatura ao cargo de guarda-florestal, informando-o, na ocasião, de que: «Tivemos uma filha, uma senhorita muito robusta», acrescentando que contava com o filho do diretor para ser seu futuro genro.

Uma cópia dessa carta foi enviada mais tarde à poeta por Jerzy Noskowiak, da Associação Cultural de Kórnik e diretor da Casa da Criança Órfã de Bnin.

«Szymborska respondeu», disse-nos Noskowiak, «que agradecia muito pela carta de seu pai 'com aquela novidade que já tinha perdido um pouco de seu frescor'.»

TRÊS GERAÇÕES DA FAMÍLIA SZYMBORSKI 47

Quando estava em Poznań, em 1992, também visitou Kórnik e depois comentou: «É incrível estar assim de repente em frente à casa na qual se veio ao mundo. Poucos da minha geração têm uma casa assim, rodeada de árvores que cresciam quando ainda nem tínhamos nascido».

Ao receber em 1995 o doutorado *honoris causa* na Universidade Adam Mickiewicz, disse: «Eu nasci na terra da Grande Polônia. E, aqui nesta terra, todas as vezes redescubro minhas primeiras paisagens percebidas na vida. Aqui estava (e ainda está, embora menor) meu primeiro lago, meu primeiro bosque, minha primeira campina e as nuvens. E isso permanece na memória da forma mais profunda e nela está protegido como um segredo que dá felicidade».

O casal Szymborski e as filhas moravam em frente ao parque, na casa que ficava na divisa entre Kórnik e Bnin (e por isso, mais tarde, ambas as localidades reclamavam o direito de ser o local de nascimento de Szymborska). Kórnik apenas uma vez aparece na poesia de Szymborska, e, além de tudo, em sueco.

Para o nascimento de uma criança
o mundo nunca está pronto.
[...]
Não sabemos em que pessoas confiar em Nínive,
quais serão as condições do príncipe cardeal,
que nomes ainda estão nas gavetas de Beria.[2]
[...]

---

2 Lavrentiy Pavlovich Beria (1899-1953): político soviético e um dos mais temidos chefes do Comissariado que controlava as ações do serviço secreto [NKVD] na Polônia. Foi autor de diversos crimes de guerra, tendo comandado o Massacre de Katyń, no qual mais de 22 mil oficiais e intelectuais poloneses foram assassinados. Foi executado pelos soviéticos como traidor.

Aproxima-se a hora de acender os fogos.
Convoquemos por telegrama a vovó de Zabierzów,
Desatemos os nós das correias da iurta.

«A história iniciada», *Gente na ponte*, 1986

Como traduzir *zawezwijmy depeszą babcię z Zabierzowa* [convoquemos por telegrama a vovó de Zabierzów]? Leonard Neuger, professor de eslavística da Universidade de Estocolmo, aconselhou o tradutor Anders Bodegård[3] a usar o nome de qualquer localidade sueca, porque afinal a convocação da vovó significava certeza de que o parto teria sucesso. Entretanto, em sueco, aquele nome difícil de falar — Zabierzów — era mais capaz de produzir «um pânico de pronunciação». Mas, quando Bodegård mencionou isso a Szymborska, ela propôs que, nesse caso, a vovó viria de Kórnik.

Kazimierz Krawiarz, bioquímico no Instituto de Dendrologia PAN, em Kórnik, historiador amador que coletava material para a biografia de Wincenty Szymborski, disse-nos que Szymborski foi o idealizador do Instituto; leu sobre a existência de uma instituição assim nos Estados Unidos e sugeriu a Zamoyski a ideia da criação de um instituto que estudasse as árvores.

Na opinião dele, a poeta herdou seu talento do pai. Quando lhe disse isso, ela apenas deu uma gargalhada.

«Mas eu queria dizer», explicou-nos Krawiarz, «que sua escrupulosidade poética, sua precisão nas palavras correspondem ao modo

---

3 Karl Vilhelm Anders Bodegård (1944-): tradutor sueco de literatura francesa e polonesa, especialista em línguas eslavas, responsável por popularizar a literatura polonesa na Escandinávia. Szymborska afirmava que, sem suas traduções, ela não teria recebido o Nobel.

como seu pai administrava os bens: ele escrevia cartas, não queria dizer que o pai dela também escrevesse poemas, embora eu conheça um dos seus panegíricos publicado no periódico *Mucha* [A mosca] depois da morte de Zamoyski: 'Enfim, antes que a póstuma sombra te envolvesse,/ A amplitude de teus bens à Pátria ofereceste,/ Kórnik e Zakopane./ Hoje quando no túmulo já estás deitado,/ Será que se lembra de ti o país tão amado?'.»

Pareceu-nos, depois da leitura das memórias de Antoni Szymborski, que certo talento literário aparecia na família Szymborski já na geração anterior. Tomemos a descrição da festa da indulgência no mosteiro dos Camaldolenses, em Bielany: «Diversos carrosséis, balanços girando, oscilando e manivelados, inúmeros malabaristas, acrobatas, sortistas, videntes, aparelhos planetários, músicas militares e civis, pífanos, realejos, clarinetas, harmônicas, gente tocando gaitas de fole, violões e trombetas...» — afinal, esse método de densa e intensiva enumeração podemos encontrar igualmente tanto na poesia quanto na prosa de Szymborska.

Em Kórnik, os Szymborski não esquentaram o lugar por muito tempo. Quando o conde Zamoyski faleceu em 1924 e o patrimônio de Zakopane passou, de acordo com sua vontade, para as posses do Tesouro Nacional, foi criada a Fundação de Kórnik, onde já não havia lugar para Wincenty Szymborski. Então, ele se aposentou com a idade de 56 anos. A Fundação lhe garantia até o fim da vida o pagamento de trezentos zlótis por mês, o que era uma pensão bem razoável.

Quando contamos a Szymborska que a Fundação de Kórnik não cumpria com as obrigações para com seu pai, que atrasava os pagamentos e que, por fim, cortou sua aposentadoria pela metade, a poeta disse que esses não eram assuntos que os pais discutissem na frente das crianças. Talvez com os adultos, sim. Mas, quando tinham convidados, as crianças ficavam com a babá e eram chamadas apenas na hora da sobremesa.

Szymborski concordou em ter a pensão reduzida e a partir de 1931 já recebia apenas 150 zlótis por mês. Faleceu em Cracóvia, no dia 9 de setembro de 1936, de ataque cardíaco, um pouco depois de a Fundação ter parado totalmente de lhe pagar (a viúva ganhou da Fundação de Kórnik uma indenização num processo que durou vários anos). Wisława tinha então treze anos.

Apesar de os pais terem deixado Zakopane antes de seu nascimento, Wisława tinha um grande apego à região de Podhale. A partir do ano de 1952, quando se tornou membro da União dos Literatos Poloneses, ia regularmente a Zakopane todos os outonos. Ficava na Casa do Trabalho Criativo Astoria, na estrada para Biały. Lá se iniciaram muitas de suas amizades e relacionamentos.

Numa das mesas na sala de jantar, encontravam-se a cada temporada as duas poetas, Wisława Szymborska e Maria Kalota-Szymańska,[4] o jornalista Michał Radgowski e o engenheiro Michał Rymsza, dono de uma loja de aparelhos radiofônicos em Varsóvia.

«Nós quatro gostávamos do mês de outubro em Zakopane», relembra Michał Rymsza. «Já não havia as multidões e o verão ainda vagava pelas montanhas.»

Faziam caminhadas juntos até os vales do Biały, Chochołowska e Kościeliska.

De vez em quando, Rymsza os levava de carro em passeios para Zawoja, Szczawnica, perto de Babia Góra, ou para a Eslováquia.

«Mas Wisława gostava também de passeios solitários», disse Maria Kalota-Szymańska. «Quando queria refletir sobre alguma coisa, preferia estar só.»

Quando saía da Astoria para o lado de Kuźnice, depois de vencer algumas centenas de metros, passava pela sede do Parque Nacional

---

4   Maria Kalota-Szymańska (1926-2011): poeta e cronista polonesa.

TRÊS GERAÇÕES DA FAMÍLIA SZYMBORSKI · 51

dos Tatra, ou seja, a antiga propriedade do patrão de seu pai, o conde Władysław Zamoyski. Depois de caminhar mais algumas centenas de metros morro acima, encontrava-se diante de um restaurante em Kuźnice. Achava-se, então, na casinha construída no lugar onde um dia moraram seus pais. Sabia que lá tinha nascido sua irmã mais velha, Nawoja, e ela mesma tinha sido concebida ali.

Se fosse para o lado contrário, depois de chegar à rua Krupówki, passava pela casa murada no estilo de Zakopane, construída no início do século XX pela Sociedade do Comércio — o presidente era o amigo de seu pai Franciszek Kosiński —, assim como pela casa de comércio destinada a ser o Bazar Polonês, com uma série de lojas modernas, desde uma mercearia, passando por uma loja de moda até uma joalheria. Depois se alocou ali a Oficina de Exposições Artísticas, onde várias vezes o filho de Franciszek, Jan Kosiński, expôs seus quadros pintados em vidro. Indo em frente, descendo a rua Krupówki, chegava-se à rua Kościeliska. Ali na esquina ficava antigamente uma propriedade de seu pai, o pensionato de madeira Maryja. Contudo, ela não sabia qual casa exatamente pertenceu a seu pai na rua Krupówki.

Lembrava-se de Franciszek Kosiński da infância. Ia a Zakopane para a sua vila Stefania, na rua Chramcówki.

«Como ele era meu padrinho, convidava-me junto com minha irmã nas férias», contou ao *Semanário de Podhale*. «Tínhamos de dormir na sala. Nas paredes havia quadros de Malczewski, Fałat e muitos de Kossak. Na época da Primeira Guerra, Kosiński ajudava os artistas e não queria nada por aquilo, então ganhava quadros deles. Graças a isso os artistas tinham o que comer e ele juntou uma coleção maravilhosa.» Ela manteve contato com Kosiński até a morte dele, em 1950. Ele tinha amizade com a mãe dela e a visitava em Cracóvia.

«Ele sabia que eu publicava no *Dziennik Polski* [Diário Polonês]», ela nos contou, «e perguntou se não publicaríamos suas memórias sobre Vladimir Ilitch. Por que não? Eu na época amava Lênin, e Kosiński sabia escrever bem, escrevia lindas cartas. Na estadia seguinte em Cracóvia, veio até nós e leu um artigo sobre como Lênin tinha escolhido um lustre em sua loja. Aquilo era bom, e então eu disse que com certeza iriam publicar. E naquele momento ele disse: 'Ah, que nada', e guardou o texto no bolso. Depois não voltou mais ao assunto.»

Szymborska nunca esteve com o pai em Zakopane. Contudo se lembrava da história de que, no verão, ele diariamente nadava em Morskie Oko — era um excelente nadador. Uma vez teve cãibra e conseguiu chegar à margem com dificuldade. Mas, quer queira, quer não, o tempo todo ela seguiu as pegadas do pai, seu primeiro mecenas. Era ele que na infância pagava vinte centavos por versinhos ocasionais e exigia que fossem engraçados — nada de confidências, nada de lamentos.

CAPÍTULO 4

A infância, os duendes e os romances de terror

Ichna, Ichnusia — durante toda a infância, escola primária e ginásio, era assim que a família, as colegas e os professores chamavam Wisława, que, na verdade, tinha como primeiro nome Maria, e daí Marychna e Ichna. Quando Wincenty Szymborski se aposentou e a família se transferiu para Toruń, ela contava três anos incompletos. E por isso o pai sempre tinha tempo para ela. Lia para ela, passeava com ela, respondia às suas perguntas. Ela se lembra dele inclinado sobre um livro, estudando a enciclopédia, observando o atlas — sua paixão era a geografia. Sabia de cor todo o «Pan Tadeusz».[1] Ela mesma, quando estudante, às vezes consultava algum verbete na enciclopédia e depois perguntava ao pai sobre ele. Nunca aconteceu de ele não saber alguma coisa.

A correspondência de Wincenty Szymborski para a Fundação de Kórnik tinha como endereço do remetente: Toruń, Mostowa, nº 18. Porém, quando anos depois Wisława Szymborska e Maria

---

1   «Pan Tadeusz» [O Senhor Tadeu], de Adam Mickiewicz (1798-1855), é o mais conhecido poema épico polonês, publicado pela primeira vez em Paris, em 1834.

Kalota-Szymańska, que morava em Toruń, estavam andando pela rua Mostowa, não conseguiram encontrar a casa na qual Wisława passou parte de sua infância. Disse-nos que nenhuma janelinha se abriu em sua memória. Lembrava-se apenas da igreja à qual ia com os pais para a missa e das balaustradas de madeira no quintal da casa onde morava. Mas já não existiam essas balaustradas na Mostowa. A família foi fotografada num parque antes de deixar Toruń. Em primeiro plano, Wincenty Szymborski, um homem robusto de bastos bigodes grisalhos. Wisława e Nawoja estão sentadas num enorme balanço em forma de barco. Do outro lado do balanço — Anna Maria Szymborska. A fotografia desfocada e superexposta não se prestou para a reprodução.

A data da saída da família de Toruń se repete em várias fontes como sendo 1931 ou mesmo 1932. Mas a irmã da poeta, que verificou o livro de registro de residentes, afirmou que a mudança para Cracóvia se deu ainda no ano de 1929 (a mesma informação resulta dos censos eleitorais, nos quais o casal Szymborski figura nos anos de 1925 a 1929).

Em Cracóvia, eles viviam no centro da cidade, perto do leito da ferrovia, na rua Radziwiłłowska, num elegante casarão de 1896.

«Os negócios de meu pai estavam indo de tal forma que cada vez ele perdia mais», disse-nos a poeta. «Ele não tinha cabeça para aquilo.»

Aparentemente as maiores perdas que sofreu foram nas ações da fábrica de açúcar em Toruń. Comprou-as em 1928, e logo depois veio a crise e as ações já não valiam nada.

«Comprava alguma coisa e depois vendia com prejuízo», continuou Szymborska. «Assim, pelo dinheiro recebido por duas casas em Toruń, comprou o casarão na rua Radziwiłłowska.»

Os Szymborski destinaram para si uma divisão de seis cômodos que ocupava todo o primeiro andar. Quartos grandes e altos, estuque no teto, móveis antigos, tapetes, um piano — uma residência típica de pessoas provenientes da esfera da *intelligentsia* e nobreza rural. Não havia banheiro, mas na cozinha ficava a banheira. As meninas ocupavam um quarto, sua babá morava no quarto de empregada, para o qual se subia pelas escadas que ficavam no vestíbulo. Quando perguntada sobre os primeiros anos da infância, Szymborska nos disse: «Não é verdade que a criança tenha a maior das imaginações. A imaginação cresce com a pessoa. Apenas certas experiências, como a dor e o sofrimento, abrem-na para novas dimensões. A criança não fica pensando em depois se lembrar de alguma coisa, se admirar, porque aquilo passa num instante. Não dá valor à maravilha que é a existência de algo. Quando criança, eu não era tão fascinada pelo mundo como sou hoje.»

No entanto, escreveu um poema que é um peã em homenagem à imaginação e à fascinação infantil pelo mundo.

É verdade, é difícil flagrar o mundo em sua alteridade.
[...]
Mesmo no livro de contos de fadas aberto de repente,
a princesa na ilustração sempre consegue se sentar.

Eles sentem em mim o forasteiro — suspira o Mestre —
não querem aceitar um estranho na brincadeira.

Desde quando tudo aquilo que existe
tem de existir apenas de uma maneira,
numa situação horrível, sem ter saída de si mesmo,
sem pausa e sem alteração? Num humilde daqui — até ali?

A mosca na arapuca para mosca? O rato na armadilha de rato?
O cão que nunca é solto da corrente oculta?

O fogo que não consegue fazer coisa diferente,
sem ser queimar pela segunda vez o confiante dedo do Mestre?
[...]
NÃO — grita o Mestre — e bate no chão com todas as pernas
de que dispõe — com tal desespero imenso,
que não bastariam aqui nem as seis pernas do besouro.

«Entrevista com uma criança», *Todo o caso*, 1972

Da mesma forma, seus poemas tardios tangiam as emoções da infância.

Lembro bem daquele medo na infância.
Evitava as poças
sobretudo as novas depois da chuva.
Afinal uma delas podia não ter fundo
mesmo se parecendo com as outras.

«Poça d'água», *Instante*, 2002[ix]

«Há muito tempo eu tinha isso registrado em meu caderno de notas e pensava em escrever sobre o assunto», disse-nos. «Eu sempre contornava as poças, tinha medo de, em algum momento, cair numa delas para sempre. Esse era um verdadeiro medo da minha infância.»

Teve uma infância feliz — ela sempre dizia isso — porque os pais conversavam com ela e liam contos de fada para ela. Descrevia-se como uma pequena terrorista obrigando todos à sua volta a lerem. Com gosto voltava a falar das leituras da infância em suas crônicas. E assim ficamos sabendo que considerava o conto «O krasnoludkach i sierotce Marysi» [Os duendes e a

A INFÂNCIA, OS DUENDES E OS ROMANCES DE TERROR 57

órfã Mariazinha][2] «uma obra-prima de sentimentalismo e humor», encantava-se com «O quebra-nozes», de E. T. A. Hoffmann, admirava Andersen por seus *Contos*, nos quais ele teve a coragem de tratar as crianças com seriedade e dar um final triste às histórias, e ela ficou tocada de tal maneira com o conto sobre o príncipe encantado, que, um dia, começou, com «vão heroísmo», a beijar os sapos apanhados no jardim. Tinha sempre uma relação particularmente intensa com os duendes. «Quando éramos crianças, não tínhamos nem um pouco de simpatia por versinhos sobre bonequinhos de neve e espantalhozinhos», respondeu ao autor que tinha mandado seus poemas para crianças para o jornal *Życie Literackie*. «Também não nos interessava o que a tampa disse para a panelinha e o que a panelinha respondeu para ela. O que nos divertia, entretanto, eram as aventuras de pessoas bizarras (e os duendes eram os prediletos) e as histórias com as quais poderíamos sentir medo de verdade ou rir com vontade. Até hoje essa nossa preferência não mudou.»

De fato, voltava aos duendes nas mais diversas ocasiões. Quando, ao ler o livro *Olbrzymy i karły w świecie zwierząt* [Gigantes e anões do mundo animal],[3] ficou sabendo da relação entre as dimensões corporais e suas funções vitais (quanto menor é o animal, mais rápido é o metabolismo, mais rápidos a respiração e o pulso e maior a voracidade), comentou assim: «Até agora, eu estava convencida de que o caráter fantástico dos liliputianos de Swift residia simplesmente no fato de eles não existirem, e eles não existem porque não existem. Agora preciso me acostumar com a ideia de que eles não existem porque são absolutamente impossíveis

---

2 *O krasnoludkach i sierotce Marysi* [Os duendes e a órfã Mariazinha]: conto escrito por Maria Stanisława Konopnicka (1842-1910): poeta, novelista, crítica literária e tradutora polonesa que escreveu vários contos muito populares para crianças.

3 *Olbrzymy i karły w świecie zwierząt* [Gigantes e anões do mundo animal]: livro escrito pelo zoólogo holandês Everhard Johannes Slijper (1907-68).

de existir. É uma grande diferença, um golpe mortal na própria ideia de duendes». Confortava-a o fato de que, nessa situação, o voraz duende Podziomek do conto de Konopnicka era, em termos relativos, o mais plausível dos duendes.

Katarzyna Zimmerer, moradora do bairro Salwator, em Cracóvia, durante alguns anos redatora do periódico *Salwator i Świat* [Salwator e o mundo], escreveu uma crônica contando sobre as aventuras que vivia com os duendes quando sua filha era pequena. «Sempre enviava minhas revistinhas para a sra. Wisława», contou-nos, «porque eu sabia que ela gostava. 'Tomara que sejam sempre publicadas', ela me escreveu uma vez. Talvez eu não devesse me vangloriar, mas como não se vangloriar de uma coisa assim? Após o término de uma edição, eu sempre ficava feliz, e ainda uma alegria adicional — um cartãozinho de dona Wisława, dizendo que lhe agradava a relação benevolente do periódico *Salwator* para com os duendes, com os quais, afinal, ela mesma tinha problemas. Vários deles moravam na sua casa, mas ela não levava nenhuma vantagem por isso. Se bem me lembro, um era dado a beber demais, o outro se afiliou a um partido nacional-católico e os restantes, ainda não totalmente decadentes, em vez de ajudá-la a escrever poemas, escreviam por conta própria e publicavam com o nome dela.»

Quando já estava muito crescida para as histórias de duendes, lia Júlio Verne. Buscava seus livros com prazer mesmo quando adulta, pois «suas fantasias não se desatualizam». «Nas figuras que de modo tão singularmente imaginativo ilustram os romances de Verne, tudo é listrado: a Terra é listrada, a lua é listrada, o mar é listrado, listradas são as velas dos navios que voam sob as nuvens, listradas são as retortas das quais se extraem nuvens de uma fumaça sinistra, listrados são os protetores que aquecem as orelhas do descobridor do vulcão do Polo Norte. Quando aprendi na escola que no polo não há nenhum vulcão, recebi a notícia com desgosto.»

A INFÂNCIA, OS DUENDES E OS ROMANCES DE TERROR

A essa simpatia infantil pelos desenhos com listras, dedicou até um verso no poema «Możliwości» [Possibilidades]: «Prefiro as velhas ilustrações listradas».

Fomos informadas por Szymborska que ela fez a primeira série escolar com os pais em casa, tanto que, em 1930, foi direto para a segunda série da escola primária Józefa Joteyko, na rua Podwale. Era uma escola de elite e, como se tratava de uma escola preparatória para o curso de formação de professoras, gozava de excelente reputação. Frequentavam-na meninas de famílias abastadas. Na classe de Wisława estava a filha de Władysław Belina-Prażmowski, o criador da cavalaria das Legiões Polonesas da Primeira Guerra Mundial e, depois, prefeito de Cracóvia, e a filha do general Smorawiński (mais tarde assassinado em Katyń).

Das *Leituras não obrigatórias*, onde também se achavam lembranças da escola, ficamos sabendo que a poeta não gostava de geometria (listando os nomes de Pitágoras, Tales, Euclides, Arquimedes e Apolônio, escreveu: «já não tenho mais ressentimento dessas pessoas, o trauma escolar de certa forma já passou»), entretanto gostava de colecionar conhecimentos inúteis, às vezes não prestava atenção nas aulas e, em lugar do honrado protozoário conhecido por todos os alunos e que parece uma sapatilha, o *Paramecium*, ela preferia pensar em outra coisa. «Antigamente eu o considerava um chato, que eu não sabia por que tinha de desenhar no caderno. A forma como ele se reproduzia ainda não me parecia admirável. Ele se divide, e daí? Para mim era uma questão muito mais interessante e inescrutável se minha amiga Małgosia S. e eu conseguiríamos dar um jeito de entrar no 'drama de sensualidade e dever' proibido para menores que estava passando no cinema Uciecha. Apenas depois de muito tempo é que o *Paramecium* reclamou seu lugar de direito em minha imaginação. Mas que ideias a natureza tinha nos primórdios! Criava algo que vive, mas que nem se reproduz como deve nem morre obrigatoriamente.»

60 QUINQUILHARIAS E RECORDAÇÕES

O cinema Uciecha, na rua Starowiślna, foi fechado somente na Terceira República Polonesa.[4] Małgosia S., então amiga de banco de escola, é Małgorzata Stanisławska — depois que casou, Szerchowa —, filha do professor Jan Stanisławski, autor do *Grande dicionário polonês-inglês*, a qual dividia com Ichna o amor pelo cinema. O primeiro filme que lhes causou euforia foi a comédia musical *Kongres tańczy* [em alemão: *Der Kongress tanzt*; em português: *O congresso se diverte*], com Lilian Harvey. As meninas corriam para ver os filmes proibidos para a sua idade (contudo, no *Mata Hari* não conseguiram entrar). Viram *Marrocos* e *O anjo azul*, ficaram admiradas com Greta Garbo e Marlene Dietrich. Usavam roupas de adultas para conseguirem entrar na sessão. Seus ídolos eram Errol Flynn, Gary Cooper e Tyrone Power. Recortavam suas fotos da revista *Kino* [Cinema].

Ela e as amigas brincavam de estúdio cinematográfico. Tinham uns dez, doze anos, mas sabiam que caía bem ter um pseudônimo artístico. Małgosia era Diana Valjean e Wisława era Trina de Ponton. Tirou seu pseudônimo da boneca que ganhara no Natal «às quatro e quarenta e cinco» (*trzy na piątą*, em polonês antigo, depois simplificado por ela para *tri na pątą*) e Nawoja, que aprendia francês, deu a sonoridade francesa ao nome — Trina de Ponton. Trina se casa com o sr. De Wallon, isto é, a colega Danusia[5], à qual sempre atribuíam o papel masculino. Melodramas, romance, diversas combinações de triângulos amorosos — todas as histórias se passavam nas mais altas esferas sociais.

«Adorávamos o Castelo de Wawel, que antes era muito mais acessível do que hoje», contou Danuta Michałowska, mais tarde cofundadora

---

4 Terceira República Polonesa [III Rzeczpospolita Polska/III RP]: é a atual denominação oficial da Polônia, adotada em 1989, quando, diante do colapso do regime comunista, o país iniciou sua migração para um Estado totalmente democrático.

5 Diminutivo de Danuta.

A INFÂNCIA, OS DUENDES E OS ROMANCES DE TERROR

e atriz do Teatr Rapsodyczny [Teatro Rapsódico] e professora da Szkoła Teatralna [Escola de Teatro] cracoviana. «Podíamos brincar no patiozinho de Stefan Batory, no jardim, onde hoje estão as escavações arqueológicas. Os arredores do Wawel eram completamente diferentes: corríamos por entre os pequenos prediozinhos judaicos colados aos muros, que depois foram demolidos, por entre as violetas que floresciam na primavera, as prímulas e os tussilagos amarelos.»

Trinta anos depois, quando Szymborska estava na Dinamarca com uma delegação de escritores, visitou Elsinor e concluiu que não tinha comparação com o Wawel. Contou a Aleksander Ziemny[6] que, estando pronta para se admirar, se decepcionou um pouco com Elsinor, que Shakespeare, por direito da imaginação, preencheu com o drama de Hamlet. «Situado junto a um turbulento estreito, o castelo real foi construído pelos mestres renascentistas de uma tacada só, sistemática e metodicamente, enquanto nosso pequeno Wawel passou por várias reviravoltas ao longo dos séculos, ora crescendo, ora se encolhendo, desabrochando e perdendo seus brotos laterais, desde os tempos dos romanos.»

Além do Wawel, os cenários de suas brincadeiras eram o parque de Jordan, o morro de Kościuszko, os jardins do Planty e o parque Błonia. Se o clima não ajudava, as cenas cinematográficas eram representadas no apartamento dos Stanisławski ou na casa de Szymborska. As meninas se fantasiavam com criações feitas com as cortinas de renda, e, debaixo do piano, ficava a entrada para as masmorras.

«Eu queria ser uma estrela de cinema», confessou a poeta numa conversa depois de ganhar o Nobel. «Brincava com as amigas de sermos vampes. Depois veio a guerra e não havia tempo para sonhos bobos.»

---

6 Aleksander Ziemny (Aleksander Ryszard Keiner) (1924-2009): poeta polonês, prosador, jornalista e tradutor do inglês.

Um pouco da atmosfera dessas brincadeiras infantis de antes da guerra encontra-se em seu poema:

Menininhas
magras e descrentes
de que as sardas sumirão das bochechas,
[...]
diante do prato,
diante do livro,
da frente do espelho
sucede serem raptadas para Troia.

Nos grandes vestiários de um pestanejar
se transformam em formosas Helenas.
[...]
Os morenos dos filmes,
os irmãos das colegas
o professor de desenho
ah, todos tombarão por elas.

«Um instante em Troia», *Sal*, 1972[x]

A escola tinha uma propriedade em Kasina Wielka, onde as alunas passavam algumas semanas por ano — hoje seria certamente chamada de «escola verde».

«Num certo domingo, o irmão de treze anos de uma das colegas veio de visita e todas se apaixonaram por ele», conta Danuta Michałowska. «Calmo, bonito, bem-educado. Nós o obrigamos a brincar de índio, fizemos dele prisioneiro, amarramo-lo a uma árvore e o deixamos lá. De noite conversávamos sobre quem o amava mais. Małgosia, como prova da força do seu amor, enfiou a ponta da tesoura no joelho. Tínhamos uma imaginação muito fértil em relação às aventuras amorosas. Há um poema de Wisława que imediatamente me fez lembrar quando tínhamos dez, doze anos.»

A menina que fui —
conheço-a, é claro.
Tenho umas fotos
de sua vida breve.
Sinto certa pena
de alguns versinhos.
Lembro-me de alguns eventos.

Mas
para que este que está aqui comigo
ria e me abrace,
recordo só uma historinha:
o amor de infância
daquela feinha.

Conto como
se apaixonou por um estudante,
quer dizer, queria
que ele a olhasse.

Conto como
correu em sua direção
com uma bandagem na testa sã
para que, ó, pelo menos perguntasse
o que aconteceu.

«Riso», *Muito divertido*, 1967[xi]

No filme do documentarista sueco Lars Helander, Szymborska contou sobre o menino que se apaixonou por ela: «Acho que eu tinha uns doze anos e aquele menino era talvez um ou dois anos mais velho. Ficava o tempo todo de pé sob minhas janelas, me seguia com os olhos e de longe me acompanhava no caminho para a escola. Às vezes tinha coragem de chegar perto de mim e dizer algumas palavras. Infelizmente era um amor não correspondido, e para mim era muito triste que ele tivesse um problema assim. Esforcei-me para evitá-lo, porque eu tinha pena dele. Até que recebi uma carta dele e deixei de ter pena. Ele escreveu assim: 'Amo-te além da vida. Por ti eu conquistaria as mais altas montanhas, navegaria nas águas mais profundas, lutaria com tigres. Amanhã estarei embaixo da tua janela, se o tempo melhorar'».

Certo dia, Wisława foi com a turma a uma exposição sobre prevenção do alcoolismo. Ela preservou o acontecimento num artigo sobre o livro de Irena Landau, *Polak statystyczny* [O polonês mediano], como seu primeiro encontro com a estatística. «Havia lá uns gráficos e números dos quais, obviamente, não me recordo. Todavia, lembro-me muito bem de um modelo muito colorido, feito de gesso, do fígado de um beberrão. Era um amontoado de gente em volta daquele fígado. Mas o que mais nos fascinava era a tabela na qual, a cada dois minutos, se acendia uma luzinha vermelha. E a legenda esclarecia que exatamente a cada dois minutos morre no mundo uma pessoa por causa do álcool. Ficamos como que paralisadas. Uma de nós, que já tinha um relógio de verdade, verificava atentamente a regularidade da luzinha. Porém quem se saiu melhor foi Zosia W. Persignou-se e começou a rezar a oração pelos defuntos.»

As colegas lembravam que a exposição foi no internato do padre Kuznowicz, na rua Skarbowa, e Zosia W. é Zosia Wojciechowska, magra, com longas tranças, muito religiosa, como todas elas naqueles tempos.

A INFÂNCIA, OS DUENDES E OS ROMANCES DE TERROR   65

Zosia e a exposição ficaram guardadas na memória de Szymborska por toda a vida. A estatística, no entanto, como ela mesma escreveu, nunca mais lhe causou emoções tão incisivas. Mas, uma vez, uma pessoa amiga pegou-a na redação lendo o *Anuário estatístico*. Szymborska ficou surpresa com a surpresa dela. Disse que é preciso ler de tudo.

De cem pessoas

as que sabem tudo melhor
— cinquenta e duas;

inseguras de cada passo
— quase todo o resto;
[...]
inofensivas quando sozinhas,
selvagens na multidão
— mais da metade com certeza;

cruéis,
quando as circunstâncias as obrigam
— isso é melhor nem saber
mesmo que por aproximação;
[...]
mortais
— cem em cem.
Número que até hoje não sofreu alteração.

«Contribuição para a estatística», *Instante*, 2002

O que mais podemos ficar sabendo ainda das *Leituras não obrigatórias* sobre Wisława — não mais uma criança e ainda não uma moça?

O livro de Roman Brandstaetter *Ja jestem Żyd z Wesela* [Eu sou o judeu de *As bodas*][7] evocava lembranças da infância, quando durante algumas semanas aparecia no apartamento na rua Radziwiłłowska a Rachela do drama de Wyspiański, ou seja, Pepa Singer, filha do estalajadeiro de Bronowice. Pepa trabalhava como enfermeira, e Wisława lembra quando ela chegava «magrelinha, baixa, com pincenê no nariz, de penteado austero e cabelos grisalhos» para dar injeções em sua mãe, que estava doente, e aproveitava para bater papo com seus pais. Wisława não gostava muito dessas visitas, porque Rachela perguntava sobre a escola e as lições. «Eu estava naquela idade em que não suportamos tal tipo de pergunta, por isso, em mais de uma visita de dona Rachela, eu ficava esperando num lugar trancado por dentro com ferrolho. Hoje, lamento ter feito isso e sinto um desejo imenso, embora excessivamente tardio, de responder a todas as perguntas da respeitável dona Rachela. Mesmo aquelas mais difíceis — quanto é sete vezes oito e em que ano foi a batalha de Chocim.»

Wisława tinha oito ou nove anos quando lhe caiu nas mãos um romance de terror. Não se lembrava do título, talvez porque, lido por gerações seguidas de mocinhas adolescentes, o exemplar não tivesse nem capa nem página de rosto. Lembrava-se, entretanto, da alegria com a qual devorou o livro e do desespero porque a coisa toda se aproximava do fim. Então resolveu escrever seu próprio romance. Recordou-se disso ao escrever com simpatia sobre o livro *O italiano ou O confessionário dos penitentes negros*, de Ann Radcliffe: «Pus-me a trabalhar naquilo com energia,

---

7   Roman Brandstaetter (1906-87): escritor, dramaturgo e tradutor polonês de origem judaica, que em 1972 publicou o conto *Ja jestem Żyd z Wesela* [Eu sou o judeu de *As bodas*], referindo-se ao personagem judeu, mencionado no parágrafo acima, da peça teatral *Wesele* do grande dramaturgo, pintor e poeta polonês Stanisław Wyspiański (1869-1907). O judeu do drama e sua filha Rachela foram inspirados no estalajadeiro de Bronowice chamado Hirsz Singer e sua filha Pepa Singer.

A INFÂNCIA, OS DUENDES E OS ROMANCES DE TERROR   67

apontei o lápis e abri um caderno novo. Não precisava ficar pensando num nome para a heroína, já o tinha pronto. De alguma revista eu me lembrava de uma pintura com a legenda '*Idylla w ogrodzie*' [Idílio no jardim]. Lá estava um casal de apaixonados contra um fundo de roseiras, mas eu tinha entendido que Idylla era o nome da moça. Então, a primeira frase do romance soava assim: 'Idylla, de olhos castanhos, já desde o alvorecer mirava o *orizonte*, do qual saiu o carteiro com uma carta do seu noivo'. Depois, imediatamente se iniciava a ação vívida. Alguém se aproximou sorrateiramente por trás de Idylla e pressionou seu ombro com sua manzorra horrível. Aqui, infelizmente, por razões desconhecidas, o texto se interrompia. E, então, nunca vou saber o que aconteceria depois».

Suas amigas de escola recordam outras leituras compartilhadas: *Anne de Green Gables*, de Lucy Maud Montgomery, e *Uskrzydloną przygodę* [A aventura alada], de Irena Szczepańska[8] — conto cuja ação se desenvolvia num pensionato de moças. Disseram que todas escreviam versinhos, mas que apenas Wisława tinha talento para os desenhos: «Desenhava os cenários apresentados em nossos roteiros, e suas estrelas cinematográficas eram muito sedutoras».

Os pais de Wisława frequentemente levavam a filha à escola e também acompanhavam a turma nos passeios. Quando Małgosia Stanisławska viu pela primeira vez o pai de Ichna, um senhor idoso de bengala, pensou que era seu avô.

«Eram os anos 1930, uma época de transição, a explosão do Modernismo», contou-nos Danuta Michałowska. «Minha avó ainda usava jabôs e espartilhos, mas muitas mulheres jovens, como minha mãe, já andavam de vestidos nos joelhos, com cinto nos quadris. A sra. Szymborska ficava no meio. Sempre com um chapéu à moda antiga.»

---

8 Irena Szczepańska (1908-64): escritora polonesa, autora de livros principalmente dirigidos a meninas adolescentes.

68 QUINQUILHARIAS E RECORDAÇÕES

No outono de 1935, Wisława foi para o Ginásio das Irmãs Ursulinas, na rua Starowiślna. Da mesma forma como na escola primária, também lá havia muitas meninas de famílias abastadas. Krysia Potocka ia para a escola num tílburi aparelhado com um par de cavalos. Anna Ćećkiewicz, filha de um conhecido clínico, o dr. Marian Ćećkiewicz (trabalhava ainda nos anos 1980, com a idade de cem anos), chegava num carro Opel Olimpia, mas o pai a deixava na rua Kopernik e o último trecho da rua ela vencia a pé.

O tempo passado nas ursulinas era bem lembrado pelas colegas da classe de Wisława: Iza Wieluńska (depois Michalska), Irena Dyńska (depois Ptak), Anna Ćećkiewicz (depois Godzicka). Esta última se lembrou de que o sr. Szymborski ainda levava Wisława para a escola durante o primeiro ano. As freiras falavam que ele parecia um verdadeiro aristocrata.

No dia a dia, o uniforme do Ginásio das Irmãs Ursulinas tinha gola de marinheiro azul-marinho com três listras brancas, e o de gala — gola branca com listras azul-marinho. Na manga, um emblema azul-celeste. A saia — azul-marinho plissada. A boina — com o símbolo «U». No inverno eram obrigatórios os casacos azul-marinho. O uniforme era usado também depois da escola e só era retirado nas férias. A intenção era que isso fosse um costume democrático: todas as meninas teriam de estar vestidas da mesma forma, nenhuma poderia se diferenciar pela riqueza. Mas os tecidos usados nos uniformes tinham muita diferença.

«O pior de tudo eram os uniformes de ginástica», contou-nos Wisława Szymborska. «Duas partes: túnica com elástico na cintura, com fendas laterais e calças cinza abaixo dos joelhos. A ideia era não deixar que se vissem os joelhos a cada exercício. Todas nós sofríamos por causa daqueles trajes.»

A escola era bastante moderna para aqueles tempos: corredores amplos, oficinas bem equipadas, uma grande sala de ginástica e elevador. E no jardim — a Gruta de Nossa Senhora, uma estátua de Cristo, árvores frutíferas e um enorme pé de magnólia. Depois da guerra, a

A INFÂNCIA, OS DUENDES E OS ROMANCES DE TERROR

Academia de Música tomou o lugar da escola das ursulinas. Depois de 1989, a Academia foi transferida para o prédio do antigo Comitê Regional do Partido Operário Unificado Polonês[9] e as ursulinas voltaram para seu lugar. O pé de magnólia ainda floresce no jardim.

Antes do início das aulas, como em todas as escolas, as meninas faziam uma oração. «A religião na escola não era muito opressiva», disse Szymborska. «Antes que começassem as dúvidas, houve aquele período em que eu era muito religiosa. Hoje, ouve-se dizer que essa perda de fé levou ao caminho para o comunismo. Em meu caso, uma coisa não teve nada a ver com a outra. E também minha crise religiosa não nasceu por saber que párocos dormem com domésticas. As fontes de minhas dúvidas se basearam em premissas racionais.»

Mas o que foi que o Isaac fez?
seu padre me diga.
Quebrou a vidraça do vizinho?
Rasgou a calça nova que usava
quando pulou a cerca de ripa?
Roubou um lápis?
Enxotou as galinhas?
Colou na prova?

Os adultos que durmam
um sono tolo assim,
esta noite

---

9   Partido Operário Unificado Polonês [Polska Zjednoczona Partia Robotnicza — PZPR]: partido comunista de ideologia marxista-leninista, que governou a Polônia de 1948 a 1989 com mão de ferro e poderes ditatoriais.

eu preciso vigiar até a aurora.
A noite se cala,
mas se cala contra mim,
escura
como o fervor de Abraão.
[...]
Antigos feitos se quiser
Deus pode ressuscitar.
Por isso gelada de medo
cubro a cabeça com o cobertor.

«Noite», *Chamando por Yeti*, 1957[xii]

«Eu, absolutamente, não concordo com o pensamento de Dostoiévski de que, se Deus não existe, tudo é permitido», disse depois Szymborska. «É um pensamento abominável. Afinal, existe uma ética secular que veio nascendo da dor durante muitos séculos e que, é claro, deve muito ao decálogo. A fé não precisa estar incluída no dogma. Ninguém é inteiramente descrente.»

Nos tempos do ginásio, lia Anatole France, por isso — como escreveu anos depois — se encontrou com ele no inferno.

Chamo por ti, mestre Anatole:
Eras tu, era o teu sábio escrito!
Deixa que junto de ti me apoie.
Nos círculos piores do inferno fritos,
que nossa sina comum nos console!

E, tendo trocado um mútuo olhar,
caímos no riso com vontade,
e o riso as grandes rodas faz girar

*e o saco inflado da eternidade
explode.*

*Foi antes das oito da matinada,
indo para a escola meditando,
castanheiras na senda arborizada,
o emblema azul no braço mostrando,
seguia a mortal abaixo assinada.*

«Encontro», *Chamando por Yeti*, 1957

«Nunca nos mostravam nem nos diziam o que estava no índex escolar», disseram as colegas de escola de Wisława. «No entanto, essas proibições eram aplicadas.»

«Nos tempos do ginásio, Anatole France estava entre meus escritores preferidos», relembra Szymborska. «Eu pegava os livros num serviço de aluguel de livros, não os pegava na biblioteca da escola. Eu lia muito, embora somente prosa. Eu achava que todos os escritores que eu lia eram defuntos, e daqueles que não vivem há muito tempo. Com a idade de catorze anos, já tinha lido tudo de Dostoiévski, entretanto, mais tarde, foi preciso ler mais uma vez.»

«Prefiro Dickens a Dostoiévski», escreveu no poema «Możliwości» [Possibilidades]. Charles Dickens, como dizia, ela lia desde sempre. Tinha começado com *As aventuras do sr. Pickwik*, ao qual sempre voltava quando uma gripe a mantinha na cama.

«Em nossa escola, o amor a Deus, à família e à pátria era obrigatório», disse Anna Godzicka. «Em 1939, iniciamos uma coleta de dinheiro para aviões de guerra.»

DEIXE DE IR UMA VEZ AO CINEMA, CONTRIBUA PARA A FABRICAÇÃO DE UM AVIÃO, DEIXE DE IR UMA VEZ À CONFEITARIA, ECONOMIZE PARA UM AVIÃO — inscrições com esses conteúdos ficavam penduradas na escola.

72
QUINQUILHARIAS E RECORDAÇÕES

A generosidade das alunas e de seus pais teve efeito: em 18 de junho de 1939, no parque Błonia, aconteceu a grande cerimônia da entrega em mãos, ao marechal Rydz-Śmigły, de um avião para o transporte de feridos, feita pela escola das ursulinas. O avião foi abençoado pelo arcebispo Adam Sapieha.

A escola das ursulinas era cara e exclusiva; a mensalidade chegava a quarenta zlótis (entretanto para as meninas pobres havia um desconto na mensalidade, passeios gratuitos e até ajuda financeira). Também Nawoja se formou ali. Os Szymborski davam muita importância à esmerada educação das filhas.

«Maria Traczewska, a futura cotradutora de *José e seus irmãos*, de Thomas Mann, nos ensinava história», relembrou Szymborska. «A professora de polonês, a sempre sorridente irmã Teodozja, dava-me 'muito bem' nas redações, e, na ortografia, 'insuficiente'.»

Suas colegas de classe também se lembravam da irmã Teodozja, uma admiradora de Cracóvia e da poesia da *Młoda Polska* [Jovem Polônia].[10]

Queixando-se da educação do pré-guerra, Szymborska escreveu no semanário *Życie Literackie* que a leitura de poesia em sua classe terminou com Wyspiański, e que os nomes de Tadeusz Peiper[11] e Julian Przyboś[12] apareceram nas lições de polonês apenas uma vez, quando foram lidos fragmentos de seus poemas retirados do contexto.

---

10 *Młoda Polska* [Jovem Polônia]: vertente do Modernismo polonês do final do século XIX até a Primeira Guerra Mundial, criado em oposição às ideias do Positivismo, tendo influenciado a literatura, a música e as artes visuais.

11 Tadeusz Peiper (1891-1969): poeta polonês de origem judaica, também crítico literário, ensaísta, escritor, fundador e redator da revista *Zwrotnica* [agulha de ferrovia que permite que o trem ou bonde mude de trilhos]. Fazia parte do movimento literário Awangarda Krakowska [Vanguarda de Cracóvia].

12 Julian Przyboś (1901-70): poeta, ensaísta e tradutor polonês. Fazia parte do movimento literário Awangarda Krakowska [Vanguarda de Cracóvia].

A INFÂNCIA, OS DUENDES E OS ROMANCES DE TERROR   73

Nas ursulinas, ensinavam-se às meninas história da arte e canto com a leitura das notas. Havia aulas de francês e quatro horas de latim por semana. Quem ensinava era a irmã Konstantyna e Aleksandra Mianowska, que não quis falar conosco a respeito «daquela senhora que ganhou o Nobel», pois ainda estava magoada com ela por causa dos poemas do tempo stalinista. Disse apenas que Szymborska em nada se distinguia das outras.

Daquilo que Szymborska escreveu sobre a literatura clássica nas *Leituras não obrigatórias*, pode-se deduzir que o latim no ginásio devia ser de bom nível. «Não sou uma latinista», declarou, ao escrever sobre o livro *Łacina na co dzień* [O latim de cada dia], de Czesław Jędraszko (1892-1984), «mas logo de cara me vem à cabeça um punhado de frases populares esquecidas pelo dicionário.»

A educação escolar, os conhecimentos escolares e o tédio escolar foram elaborados de diversas maneiras em seus poemas. O professor Edward Balcerzan escreveu que «a escola do mundo» nos poemas de Szymborska amiúde costumava ser a escola no sentido estrito da palavra. A decoreba das tabuadas de multiplicação, o exercício de caligrafia, a obviedade do livro didático ou da redação, a língua dos exercícios nas aulas — tudo pode se tornar material de um poema. Às vezes uma conversa comum começa em seu poema a relembrar a arguição no quadro-negro. Às vezes a aula de gramática sobrepõe-se à aula de história.

Quem? o quê? *O Rei Alexandre* com quem? com quê? *com a espada corta* quem? o quê? *o nó górdio.*
Isso não passava pela cabeça de quem? de quê? *de ninguém*
[...]
Chega. O rei espiou por detrás do penacho,
monta e cavalga na estrada com despacho.
E atrás dele, no trombão das trombetas, no tamborilar dos tamborzinhos,

quem? o quê? *um exército formado* de quem? de quê? *de nozinhos* para quem? para quê? *para a luta.*

«Lição», *Sal*, 1962[13]

É assim o meu sonho sobre os exames finais:
sentados no parapeito dois macacos acorrentados,
[...]
A prova é de história da humanidade.
Gaguejo e tropeço.

«Dois macacos de Bruegel», *Chamando por Yeti*, 1957[xiii]

Depois das aulas, as meninas iam para a confeitaria Splendide comer chocolates. Voltando para casa, passavam primeiro pela rua Potocki (hoje Westerplatte), ao longo dos jardins do Planty, e depois pela rua Kopernik. Wisława era a que virava primeiro, na rua Radziwiłłowska, e depois o grupo ia diminuindo aos poucos. Parte das meninas ficava no pensionato.

«Nós, as pensionistas, não encontrávamos rapazes de jeito nenhum, com exceção dos jovens redatores do jornal *Ilustrowany Kurier Codzienny* [Correio Diário Ilustrado], situado na casa em frente, que saíam para o telhado e acenavam para nós», contava Irena Dyńska-Ptak. «Não nos preparavam para a vida.»

Nos tempos em que Wisława ia ao ginásio, a situação material da família não era das melhores. A poeta lembra que havia alguns

---

13 As perguntas do poema são usadas no ensino da língua polonesa para que os alunos reconheçam qual declinação usar em cada caso. Infelizmente, em português, não há como reproduzir exatamente esse aspecto particular da língua polonesa.

A INFÂNCIA, OS DUENDES E OS ROMANCES DE TERROR 75

problemas financeiros, a renda de aluguel dos apartamentos do casarão não era grande e a aposentadoria do pai com frequência atrasava.

«Não eram os tempos de Kórnik», relembra Szymborska, «quando meus pais viviam num nível completamente diferente.»

Contudo, ela não relacionou a morte do pai — morreu de um ataque cardíaco em setembro de 1936 — aos problemas financeiros e à insegurança na vida familiar.

Quando perguntamos por que, em suas lembranças da infância, o pai está muito mais presente do que a mãe, respondeu: «Meu pai é que era de conversar, e com a mamãe a gente crescia, tinha o pescoço limpo e trocava as meias. Mamãe não era fascinante. Era corajosa, batia-se com a vida, que principalmente durante a guerra se tornou muito dura. Tinha duas filhas senhoritas, as quais eram muitas vezes visitadas por alguém que ficava esperando embaixo da janela. Ela ficava na defensiva com nossos rapazes. Mas com a idade se tornou dócil e compreensiva».

O diretor de cinema Lars Helander nos disse que existe um relato da poeta sobre os pais no material não aproveitado de seu filme documentário. Diz lá que amava a mãe de um modo normal, mas o pai — com um amor quase histérico.

A sra. Anna Szymborska morreu em 1960, depois de 24 anos de viuvez. Alguns anos após sua morte, a poeta escreveu um poema que Julian Przyboś chamou de «obra-prima do relato sobre os sonhos».

A memória finalmente tem o que procurava.
A mãe me apareceu, revelou-se para mim meu pai.
[...]
Apenas agora posso contar
por quantos sonhos vagaram, de quantos tumultos
puxei-os de baixo das rodas,
em quantas agonias e por quantos braços meus desfaleceram.
[...]

E aí, finalmente.
Numa certa noite comum,
de uma sexta normal para o sábado,
eles, de repente, me chegaram do jeito que eu os queria.
[...]
No fundo da imagem todas as possibilidades se apagaram,
aos acasos faltava a forma necessária.
Somente eles alumiavam lindos, pois semelhantes.
Apareceram-me por um tempo longo, longo e feliz.

«A memória finalmente», *Muito divertido*, 1967

As colegas de escola de Szymborska contaram que todas se dispersaram em diversas direções depois da guerra e que apenas bem mais tarde recomeçaram a se encontrar, no final dos anos 1960. Os sabás das bruxas — como os chamava Szymborska — ocorriam a cada dois meses, cada vez na casa de uma das «mocinhas». Uma vinha de Wodzisław Śląski, a outra de Kluczbork. Não se lembram de quando Wisława se juntou a elas. Nos encontros não era permitido — sob pena de receber uma multa — falar sobre política ou doenças. Mas, uma vez, uma delas antecipadamente pôs o dinheiro sobre a mesa e, indulgente consigo mesma, contou sobre os padecimentos de toda a sua família.

No arquivo das ursulinas de Cracóvia, a crônica escolar era registrada nos anais escolares sob o número 262. O caderno de formato A4 encapado com papel de embrulho contém fotografias coletivas, desenhos escolares de Wisława e redações das alunas; entre elas, escrita com tinta verde, uma redação do ano escolar de 1938-39. Tema proposto: «Projeto de discurso em homenagem a qualquer coisa».

«Homem ideal!», escreveu Wisława, aluna da turma IV b. «Tens sempre o cabelo repartido com perfeição, os bigodinhos penteados e as unhas polidas. Limpas os dentes com pasta Kalodont e no café da

A INFÂNCIA, OS DUENDES E OS ROMANCES DE TERROR   77

manhã bebes uma colherinha de Ovomaltine. Não jogas na loteria e não apoias instituições duvidosas.

Tens cada segundo do teu dia planejado e provavelmente não há circunstância que te tire do equilíbrio, pois tudo acontece contigo como num relógio. [...] Duas vezes por ano vais ao dentista e todo ano ao médico, fazes ginástica sob o comando do rádio. És incansável na audição de palestras econômicas transmitidas com sucesso por todas as rádios polonesas e nunca ainda aconteceu de dormires durante a audição de um concerto da Filarmônica de Varsóvia.

Homem ideal! Que a terra te seja leve.»

CAPÍTULO 5

A cidade de Cracóvia ocupada e os primeiros poemas

Logo no segundo dia da guerra, da janela da residência na rua Radziwiłłowska, a jovem Wisława de dezesseis anos viu carroças camponesas se arrastando pelas ruas e dentro delas soldados feridos deitados, cheios de bandagens ensanguentadas. Relembrando aquela imagem, contou que tinha então uma sensação estranha, como se outra pessoa dentro dela já tivesse observado aquelas cenas muitas vezes.

«Eu não sabia como explicar aquilo racionalmente, ou talvez soubesse, mas a cena aludia a uma esfera da qual eu não me ocupava. [...] Algo em mim disse: 'Ora essa, de novo!'», falou para a câmera de Lars Helander.

«Uma carroça forrada com palha, o sangue escorrendo pelas bandagens, pois bem, essas imagens podiam ser vistas em todas as nossas rebeliões nacionais», ela nos disse.

No começo da guerra, Witold Celichowski, filho do amigo de seu pai, o dr. Celichowski, procurador do conde Zamoyski, ficou escondido na casa dela. Como ele foi o primeiro voivoda de Poznań na Polônia livre, encontrava-se na lista dos que deveriam ser presos. Depois, quando parte dos aposentos da casa da rua Radziwiłłowska foi ocupada por alemães, ele não podia mais se esconder lá.

No começo, a escola das irmãs ursulinas na rua Starowiślna tinha um funcionamento bastante normal. Só foi fechada em 20 de novembro de 1939. «Eu não gostava de ir à escola, porque isso significava submeter-se aos rigores da vida coletiva», disse-nos Szymborska. «Mas naquele dia eu voltei para casa chorando. Tinha a sensação de que algo havia terminado e de que nunca mais seria do jeito que fora.»

As irmãs ursulinas rapidamente organizaram turmas clandestinas. Wisława se encontrava numa dessas turmas com suas colegas de classe: Janka Krzyworzeka-Witkowska, Krystyna Górska-Wendorf e Renia Miętta-Mikołajewicz. Na maior parte das vezes, as aulas aconteciam na pequena casa de Renia, no terreno da propriedade dos Potocki, em Olsza, onde seu pai trabalhava como administrador. As aulas ocorriam a cada dois dias, e a cada vez uma só matéria, para que viesse um só professor. Na mesa, para disfarçar, punham cartas de baralho. Frequentemente as lições de francês e latim eram dadas pelas irmãs no terreno do convento. O ensino abrangia todas as disciplinas pertencentes ao programa, com exceção de canto, desenho, trabalhos manuais e ginástica. Na primavera de 1941, Wisława e suas colegas passaram no exame final do ensino médio, com prova escrita de polonês, matemática e francês e prova oral de polonês, francês, latim e história.

Teresa Miętta-Mikołajewicz mantinha um diário durante a guerra e escreveu nele sobre uma aventura que um dia aconteceu com Wisława a caminho das aulas clandestinas: «Era o começo da primavera, ou melhor, um pouco antes da primavera», descreveu-nos em carta. «Na época do degelo, o caminho até nossa casa era cheio de dificuldades. Naquela tarde, Ichna estava com pressa de ir para casa e saiu sozinha, sem esperar pelo resto das colegas. Dos dois lados da estrada havia valas profundas cheias de água e com a superfície congelada. Ela pisou e o gelo se quebrou sob seus pés».

As colegas preservaram o poema «Topielec» [Afogado], no qual ela descreve que se afoga, que sua boina escolar sobe na água e que depito as irmãzinhas e as colegas vão ao seu enterro. Assim datado: Cracóvia-Olsza, 20 de fevereiro de 1942.

> *Ah, quem vai cantar e superar plenamente*
> *Essa pressa sinistra que a morte consente?*
> [...]
> *Madre Josefa suas pupilas lidera lesto,*
> *Bandos de alunas em uniformes modestos,*
>
> *O vozerio se eleva, alegre é a parola,*
> *O enterro é de manhã, então não tem escola.*
> [...]
> *Ichna se foi, restou a tumba da menina*
> *Chore sua morte, conte a todos sua sina.*

As colegas também preservaram seu poema «Nihil novi sub sole» [Nada de novo sob o sol].

> *Nada aqui é novo, tudo já aconteceu,*
> *O sol também nasce como sempre nasceu.*
> [...]
> *A grande guerra também não é exceção,*
> *Caim matou Abel e originou o padrão...*
>
> *E todos os povos — se vivem na Terra —*
> *Se defrontam. E até hoje fazem guerra.*
> [...]
> *Sempre alguém morre, nasce sempre alguém,*
> *Sempre reclamando à escola vai também.*

Constantemente, por um trabalho errado,
Em casa ou na escola o aluno é surrado...

O conteúdo é canhestro, no entanto dá a impressão de que esse versinho escolar é como se fosse um treino para um dos principais temas da obra de Szymborska, podendo ser comparado a uma escala com a qual o futuro músico se exercita. Mais de meio século depois, a poeta retornou às palavras do Eclesiastes em seu discurso no Nobel: «Nada de novo sob o sol — assim escreveste, Eclesiastes. Mas tu mesmo nasceste novo sob o sol».[xiv]

Ela nos contou que, durante a guerra, a situação material de sua família decaiu muito. A mãe assava bolos para ganhar dinheiro e vendia várias coisas da casa, como quadros e tapeçarias, e ela e a irmã também se esforçavam para complementar a renda.

Como sabiam que Wisława tinha talento para o desenho, Jan Stanisławski, por intermédio de sua filha Małgosia, propôs-lhe fazer ilustrações para o livro *First steps in English*. Ele dava aulas de inglês para as turmas clandestinas, tinha muitos alunos e seu manual havia passado por tantas leituras que não prestava mais para o uso. Com a ajuda de editores amigos seus, fez uma nova edição clandestina. Mais tarde, usou-o ainda por um bom tempo depois da guerra. Nawoja e o marido, por sua vez, ganhavam dinheiro fabricando botinas, que vendiam entre os conhecidos.

«Tinham uma sola flexível e a parte da frente e a de trás eram amarradas com cordões», contou-nos Małgorzata Szerchowa (em solteira, Stanisławska), que andava com essas botinas no tempo da guerra. «Um sapateiro fazia os canos de acordo com o molde de Nawoja.»

Ao recordar o casamento de sua irmã durante a guerra, contou-nos que o noivo tinha apenas um par decente de sapatos, mas que já estava precisando ter as solas reforçadas: «Quando se ajoelhou diante do altar, vi na sola o preço escrito com giz branco pelo sapateiro».

A CIDADE DE CRACÓVIA OCUPADA E OS PRIMEIROS POEMAS 83

Num certo dia de 1943, Wisława começou a trabalhar como funcionária da ferrovia, a fim de evitar ser deportada para trabalhar.

«No verão de 1943, só se saía na rua em caso de necessidade», relembrou Witold Zechenter[1] nas páginas do jornal *Życie Literackie* vinte anos mais tarde. «Evitavam-se a cafeteria, os bancos do Planty e ficar zanzando desnecessariamente. Acabara o mito da Cracóvia tranquila. Foi talvez o pior ano, tratando-se das batidas policiais nas ruas, das revistas e perseguições.»

Essa, é claro, é a lembrança de um morador do «lado ariano» da cidade, porque em nenhum momento a cidade era segura e tranquila para os judeus cracovianos durante a ocupação. No verão de 1943, a maioria deles foi assassinada ou levada prisioneira para os campos de extermínio.

Perguntamos a Szymborska se, durante a ocupação, ela tinha contato com judeus.

«Lembro-me deles retirando a neve das ruas com aqueles distintivos nas mangas», ela disse. «Também me lembro de um casal de judeus do nosso casarão, que, bem no início da guerra, trouxe suas coisas de valor para mamãe guardar. Mamãe passou toda a ocupação nervosa, pensando se não seríamos despejados, e o que ela então faria com aquilo. Os dois sobreviveram, ele morreu logo depois da guerra e ela, enquanto viveu, vinha aos meus saraus literários.»

Talvez lá tenha escutado Szymborska lendo este poema:

Vão pelo país em vagões selados
os nomes transportados,

---

1 Witold Zechenter (1904-78): poeta polonês, prosador, jornalista, autor de livros para crianças, autor de letras musicais, tradutor, radialista, conhecido como parodista e criador de epigramas irônicos e satíricos.

84 QUINQUILHARIAS E RECORDAÇÕES

mas para onde vão assim,
será que a viagem terá fim,
não sei, não direi, não perguntem.

O nome Natan esmurra a parede,
o nome Isaque canta louco de fome
o nome Sara pede água para o nome
Aarão, que morre de sede.
[...]

Sim, é assim, segue pelos trilhos o trem.
Sim, é assim. O transporte dos gritos de ninguém.
Sim, é assim. Desperta na noite escuto
sim, é assim, o surdo martelar do silêncio.

«Ainda», *Chamando por Yeti*, 1957[xv]

Mas, em sua memória da guerra, para dizer a verdade, não há
judeus. Sobre isso escreveu Artur Sandauer:[2] «No impactante poema
sobre a deportação dos judeus, [Szymborska] descreve não o acontecimento em si mesmo, mas seu desconhecimento sobre ele, uma
reflexão noturna de uma polonesa contemporânea que se esforça para
recordar qualquer coisa sobre essa nação, da qual restaram na sua
memória apenas nomes».

Tadeusz Kwiatkowski, criador de um dos teatros clandestinos de
Cracóvia, descreveu-nos que em 1942 ou 1943 fez uma visita a Witold
Kałka. O futuro diretor da Filarmônica Nacional (depois da guerra

---

2   Artur Sandauer (1913-89): crítico literário polonês de origem judaica, também ensaísta,
     tradutor e professor da Universidade de Varsóvia.

A CIDADE DE CRACÓVIA OCUPADA E OS PRIMEIROS POEMAS

mudou seu sobrenome para Rowicki) estava sentado ao piano. Ao seu lado estava uma senhorita jovem e magra. «Era Wisława Szymborska. Witek apresentou-a a mim e mencionou que ela escrevia belas canções. Dei uma olhada nas letras que ela me permitiu olhar. Eram leves, engraçadas e cheias de uma poética picante. Lembro até hoje do seu humor, gostei delas.»

Naquela época, ela também experimentava criações mais sérias. Escrevia contos sobre a temática da ocupação (um deles ela publicou, depois da guerra, num suplemento especial estudantil), que, no entanto, ela própria desclassificou, e, quando por ocasião de uma mudança os encontrou anos depois numa pasta, reconheceu, com razão, que lhe pareciam horríveis. Assim também os poemas que não sobreviveram à prova do tempo. Alguns de seus versos publicados na imprensa depois da guerra levam a data de 1944, mas nenhum deles foi publicado em livro.

«A guerra reforçou a crise religiosa pela qual eu já estava passando antes», disse-nos. «Apresentavam-se, então, perguntas do tipo: como Deus pode permitir tudo isso que está acontecendo?»

Szymborska falava raramente sobre as experiências da guerra. Urszula Kozioł lembrava uma de suas histórias — sobre o medo. Era um dia lindo de primavera, o fim da guerra estava se aproximando e já não havia alemães em Cracóvia. Wisława foi a pé com uma amiga para uma localidade de veraneio perto de Cracóvia. Lá, afastaram-se dos edifícios, entraram num bosque e subitamente se encontraram no meio de um acampamento de soldados soviéticos. Já não podiam voltar atrás e tiveram de passar pelo acampamento com o coração na mão. E passaram — como se fossem invisíveis.

Em certa ocasião, Szymborska mencionou que o rapaz pelo qual havia se apaixonado no início da guerra morrera no campo de trabalhos forçados de Prokocim. Em outra, que seu primo Roman Plenkiewicz, filho de tia Julia, morreu no Levante de Varsóvia. Contou-nos sobre seu namorado, que foi mandado numa missão em Vílnius pelo Exército Nacional [AK]:[3] «Era 1943, talvez 1944. Depois não chegou mais nenhuma carta. Eu me informava, procurava, mas nunca consegui descobrir nenhuma pista».

Meu tombado, meu voltado ao pó, meu terra,
depois de assumir a figura que está na fotografia:
com a sombra de uma folha no rosto, com uma concha do mar na mão,
parte para o meu sonho.
[...]
Surge no lado de dentro das minhas pálpebras,
naquele absolutamente único mundo acessível a ele.
Bate-lhe o coração transpassado.
Desprende-se dos cabelos o primeiro vento.
[...]
Nós nos aproximamos. Não sei se chorando
e não sei se sorrindo. Apenas mais um passo
e escutaremos juntos tua concha do mar,
e nela, que chiado de incontáveis orquestras,
e nela, que marcha nupcial a nossa.

«Sonho», *Sal*, 1962

Szymborska não celebrava em seus versos — nem logo depois da guerra, nem mais tarde — o etos do heroísmo. Mesmo quando

---

3   AK: *Armia Krajowa* [Exército Nacional]. Foi o mais importante movimento de resistência polonesa durante a ocupação da Polônia na Segunda Guerra Mundial. Sua intenção era libertar a Polônia das forças alemãs (nazistas) e russas (comunistas) que ocuparam o país.

A CIDADE DE CRACÓVIA OCUPADA E OS PRIMEIROS POEMAS 87

relembrava a tradição independentista da família, ela o fazia entre parênteses, como se quisesse se distanciar deles:

Ninguém na família nunca morreu de amor.
[...]
(Faleceram de bala na cabeça, mas por outros motivos
e em macas de campanhas.)

«Álbum», *Muito divertido*, 1967[xvi]

Perguntamos a Szymborska como era possível que ela, que pertencia à geração da guerra por causa de sua data de nascimento, tendo alcançado a maturidade durante a ocupação, tão raramente se utilizasse dessa experiência. Respondeu que é difícil haver proporções justas na poesia e que a maioria de seus poemas daquele tempo ela lançou no cesto de lixo: «Eu nunca me igualaria aqui a Różewicz[4] ou Herbert.[5] Na poesia deles, o pensamento sobre os que pereceram está permanentemente presente. Lendo seus poemas, compreendi que expressaram suas experiências de uma maneira inigualável e eu não conseguiria acrescentar nada àquilo».

4 Tadeusz Różewicz (1921-2014): poeta, escritor e dramaturgo polonês, militou nas fileiras clandestinas do Exército Nacional [AK] durante a Segunda Grande Guerra. Fez parte do movimento cultural da Nova Vanguarda de Cracóvia, sendo que sua peça teatral *Kartoteka* é tida como o primeiro exemplo de teatro do absurdo da literatura polonesa.

5 Zbigniew Herbert (1924-98): premiado poeta, ensaísta e dramaturgo polonês, já foi traduzido em mais de 35 idiomas. Formado em economia, direito e filosofia, possuidor de uma notável cultura clássica, foi criador de um personagem, o Senhor Cogito, que perpassa grande parte de sua obra e que, apesar de fictício, foi construído em bases autobiográficas. Sua obra de caráter universal se identifica, com profunda sensibilidade, com a condição humana e seu sofrimento.

Na segunda metade de janeiro de 1945, Cracóvia foi libertada pelo exército do marechal Konev, e, na cidade faminta de eventos culturais, imediatamente foi organizada uma manhã poética, à qual, é claro, Szymborska também acorreu. Uma multidão compacta de moradores lotou o auditório sem aquecimento do Teatro Velho, na praça Szczepański. Todas as cadeiras e as passagens entre elas foram ocupadas. O público se aglomerava no foyer e nas escadas. As pessoas não tiravam os casacos, as peles, os gorros, os cachecóis e sopravam nas mãos geladas. No ar, o vapor da respiração. Primeiro, Tadeusz Breza e Stanisław Dygat falaram sobre a vida literária em Varsóvia durante a ocupação. Depois leram seus poemas: Czesław Miłosz,[6] Julian Przyboś, Stanisław Piętak, Adam Ważyk,[7] Jerzy Zagórski[8] e Witold Zechenter. Atores recitaram poemas daqueles que estavam ausentes de Cracóvia: Mieczysław Jastrun e Stanisław Jerzy Lec, e também de Adam Włodek,[9] que não veio para o palco porque

6   Czesław Miłosz (1911-2004): considerado um dos maiores poetas poloneses, agraciado com o Prêmio Nobel de literatura em 1980, foi também ensaísta, tradutor, prosador, especialista em história da literatura e diplomata. Em 1951, pediu asilo político na França e passou a colaborar com a revista da imigração polonesa em Paris, *Kultura*. A partir de 1960, trabalhou como professor de línguas e literaturas eslavas na Universidade de Berkeley, nos Estados Unidos. Só um ano depois de receber o Prêmio Nobel é que sua obra passou a ser oficialmente publicada na Polônia, apesar de ainda em parte censurada. Voltou definitivamente para a Polônia apenas em 1993.

7   Adam Ważyk (Włodek Wagman) (1905-82): poeta polonês de origem judaica, prosador, ensaísta, tradutor.

8   Jerzy Zagórski (1907-84): poeta, ensaísta e tradutor polonês, cofundador do grupo poético de Vílnius chamado Żagary, que postulava o engajamento social da literatura.

9   Adam Włodek (1922-86): poeta polonês, redator e tradutor, foi marido de Wisława Szymborska.

A CIDADE DE CRACÓVIA OCUPADA E OS PRIMEIROS POEMAS 89

teve um ataque de fobia do palco. Cada apresentação terminava com uma explosão de aplausos, e, no final, os espectadores invadiram o palco para abraçar os escritores e lhes entregar flores.

Szymborska observava tudo timidamente de longe. Poucos anos depois, casou-se com aquele que teve o ataque de fobia do palco. E meio século depois fez amizade com Czesław Miłosz, cuja declamação foi a que mais a impressionou naquele dia.

CAPÍTULO 6

A estreia pós-guerra e o jornalismo poético

No rastro do Exército Vermelho, apareceu em Cracóvia o poeta Adam Ważyk, num uniforme de capitão e com as procurações apropriadas do governo de Lublin. Tomou pessoalmente das mãos dos soldados soviéticos estacionados na cidade o prédio na rua Krupnicza nº 22, e designou-o para as necessidades dos escritores, que começavam a chegar, de todas as partes do país, à Cracóvia libertada e pouco destruída pela guerra. Decretou também a publicação de um jornal. Logo depois foi criado um suplemento semanal do *Dziennik Polski* [Diário polonês] chamado *Walka* [A luta], cuja redação foi confiada ao fervoroso comunista Adam Włodek. E assim, exatamente no dia 14 de março de 1945, surgiu pela primeira vez o nome de Wisława Szymborska na imprensa.

Włodek, em seu livro de memórias, intitulado *Nasz łup wojenny* [Nosso despojo de guerra] — na verdade, pegou o título emprestado de um poema de Szymborska —, assim escreveu sobre a juvenília que ela levou à redação: «Os poemas não se distinguiam por nada excepcional e, além disso, eram simplesmente fracos. Tão fracos que não víamos possibilidade de aproveitar nenhum deles. Por outro lado, não podíamos entrar em contato com a autora, já que ela não apareceu de novo e também não deixou o endereço depois daquela única visita à redação do *Dziennik*».

Entretanto, um dos redatores do *Dziennik Polski*, Witold Zechenter, aparentemente enxergou alguma coisa nos poemas da «versejadora iniciante», porque teimou em publicar ao menos um deles. Diante do argumento de que eram «compridos como uma solitária», propôs cortar um pouco aqui, reduzir um pouco ali, mas publicar algum fragmento. E assim aconteceu: das duas folhas inteiras de papel batidas à máquina foi cortada a metade, e ao poema mais curto que restou depois dessa cirurgia deram o título de «Szukam słowa» [Procuro uma palavra].

> *Pego palavras comuns, dos dicionários as roubo,*
> *meço, peso e examino —*
> *Nenhuma*
> *me satisfaz.*
> [...]
> *Quero aquela palavra que*
> *esteja embebida em sangue,*
> *que, como muros da execução,*
> *possa guardar em si cada sepultura coletiva.*
> [...]
> *É impotente nossa língua,*
> *Seus sons nus — pobres.*

«Procuro uma palavra», *Dziennik Polski*, 14 de março de 1945

Depois de sua publicação, a autora apareceu na redação. «Imagino que sou eu que vou receber o honorário desse poema de vocês, não é?», perguntou.

«Naquela época, Zechenter era o único homem que não me intimidava», disse-nos. «Antes de eu aparecer na redação do *Dziennik*

Polski, não conhecia ninguém que pudesse me dizer se meus poemas valiam alguma coisa.»

Dez anos depois, no número de aniversário do *Dziennik Polski*, relembrava que em torno do suplemento *Walka* se agrupou a juventude de Cracóvia que dava seus primeiros passos na profissão de escritor, que aquele tinha sido seu primeiro ambiente literário e que justamente lá, pela primeira vez, começou a pensar a sério sobre o ofício de poeta: «Não sei como teria sido de verdade, mas até hoje estou convencida de que, se aquela minha primeira tentativa tivesse terminado em fracasso, eu nunca mais me atreveria a mostrar meus poemas a ninguém uma segunda vez».

A mesma coisa, quase com as mesmas palavras, ela repetiu quarenta anos mais tarde: «Se meus primeiros poemas tivessem sido rejeitados, talvez eu ainda tentasse a prosa, mas, se aquele meu primeiro poema fraquinho não tivesse sido aceito, então provavelmente eu desistiria da poesia. Pelo menos naquela época eu tinha aquela impressão. Vou uma primeira vez, e, se não aceitarem, será a última vez».

No suplemento *Walka*, cuja existência terminou já em julho de 1945, Szymborska publicou ainda quatro poemas, todos sobre a temática da guerra e da ocupação. Apenas um deles ela reconheceu que tinha valor para ser publicado em livro, e abriu-nos o tomo de *Wierszy wybrane* [Antologia poética], editado quase vinte anos depois pelo PIW — Państwowy Instytut Wydawniczy [Instituto Editorial Nacional].

Antes sabíamos o mundo de cor e salteado
— era tão pequeno, que cabia no aperto de duas mãos,
tão fácil, que dava para descrever num sorriso,
tão comum, como na oração o eco das antigas verdades.
[...]
A história não nos saudou com a fanfarra da vitória;
— jogou nos olhos a areia suja.

Diante de nós havia caminhos longos e sem saída,
poços envenenados, pão amargo.

Nosso despojo de guerra é o conhecimento do mundo
— é tão grande, que cabe no aperto de duas mãos,
tão difícil, que dá para descrever num sorriso,
tão estranho, como na oração o eco das antigas verdades.

***, *Dziennik Polski*, 2 de maio de 1945

Na época, Szymborska também estava preparando os desenhos do livrinho para crianças escrito por Adam Włodek, *Mruczek w butach* [Rom-rom, o gatinho de botas].

Quando *Walka* deixou de ser editado, os jovens poetas reunidos em torno de Włodek começaram a escrever no quinzenário *Świetlica Krakowska* [Sala recreativa de Cracóvia], publicado pelo Ministério da Informação e Propaganda. Lá Szymborska conseguiu trabalho como secretária de redação e também lá publicava poemas e minirresenhas teatrais, nas quais já ecoava o tom que conhecemos de suas futuras crônicas sobre livros. E assim, falando sobre *O doente imaginário*, de Molière, escreveu que era difícil achar uma peça na qual Molière não satirizasse a medicina e os médicos que lhe eram contemporâneos, e que aquelas suas pilhérias desempenharam importante papel social: «Molière, com suas piadas sobre sangrias, salvou uma quantidade maior de pessoas do que Jenner com a invenção da vacina da varíola».

No inverno de 1946, os jovens cracovianos foram para Varsóvia para um encontro de jovens escritores e estudiosos. Logo depois, no quinzenário *Pokolenie* [Geração] apareceram dois poemas de Szymborska: «Miejsce na pomnik» [Um lugar para o monumento] e «Ulica Polna» [Rua do campo], colheita da viagem a Varsóvia, então

A ESTREIA PÓS-GUERRA E O JORNALISMO POÉTICO

assentada sobre ruínas. Jacek Bocheński[1] se lembra dela naquele congresso como uma moça muito bonita: «Nós, os jovens poetas e escritores da geração pós-guerra, conhecemo-nos exatamente naquele encontro. Na época ainda em nada nos distinguíamos. Éramos uma pirralhada boba e imprudente. Simplesmente páginas em branco prontas para serem escritas».

Logo depois da guerra, Szymborska começou a estudar na Universidade Jaguielônica [Uniwersytet Jagielloński], primeiro na polonística por um ano e depois na sociologia por dois anos. «Não terminei a faculdade», disse-nos. «Em 1947, a sociologia se tornou mortalmente maçante, afinal tudo era o marxismo que tinha de esclarecer. Interrompi os estudos, porque então precisava ganhar a vida.»

Quando publicou no *Dziennik Literacki* [Diário literário] o poema «Niedziela w szkole» [Domingo na escola] («No armário está o globo ocioso —/ objeto do dia vindouro —/ e a ave, de quem a serragem/ tirou o coração assustado»), choveram muitas cartas de leitores para a redação, que a atacavam pelo fato de escrever de modo incompreensível (o que, naquele caso em particular, era justificável). O ataque foi frontal e ideológico: se Szymborska (e também Przyboś, Jastrun ou Różewicz) escrevesse como Maiakovski, «o pastor do Cazaquistão ou o lenhador de Koma», não teriam de quebrar a cabeça sobre o que ela quis dizer com aquilo, e poderiam «enriquecer seu intelecto e sua consciência de classe». Desenvolveu-se a partir daí a discussão «Que poesia é hoje necessária?», que foi resumida assim por Adam Włodek: «A literatura, como acertadamente formulou um dia Josef Stálin, tem de ser proletária no conteúdo e nacional na forma».

Szymborska mais tarde admitiu que, na verdade, o poema era «pretensioso, de uma maneira artificialmente complicada, rebuscada»,

---

1 Jacek Bocheński (1926-): prosador e jornalista polonês, ativista anticomunista.

e acrescentou que, por causa daquela onda de críticas, deixou de escrever poesia por quase dois anos.

Contudo, naquela época, estava preparando para publicação seu livrinho de estreia. Segundo Włodek, estava previsto para ele o título tosco de *Wiersze* [Poemas]. O crítico Tadeusz Drewnowski achou que deveria ser intitulado *Szycie sztandaru* [Costurando o estandarte]. A confirmação desse fato se encontra também numa pasta conservada na biblioteca da União dos Literatos Poloneses [Związek Literatów Polskich] em Varsóvia. «Para o ano de 1950», Szymborska relatou na enquete, «devo terminar o livrinho de poemas líricos sobre a temática da guerra e da época contemporânea *Szycie sztandaru*.»

O livrinho nunca foi publicado. Evidentemente, os poemas que se encontravam nele não cumpriram as exigências do realismo socialista, que foram dispostas para a literatura em 1949, no Encontro de Escritores, em Szczecin. Contudo, Szymborska logo se adaptou a elas. Ingressou no partido, ia às reuniões com os eleitores falar sobre o programa da Frente Nacional e se apresentava nos saraus literários nas fábricas.

Nós lhe perguntamos como calhou de ela, uma senhorita de boa família, ter aderido à nova realidade.

«Ainda no tempo da guerra, topei com uma associação de jovens esquerdistas», respondeu. «Estavam sinceramente convencidos de que o comunismo seria a única saída para a Polônia. Graças a eles, comecei a pensar sobre as questões sociais. Na época, pouco se sabia sobre o que os bolcheviques faziam. É tolice falar assim, mas, quando se é alguém politicamente inexperiente, muita coisa depende do tipo de pessoas que se encontra no caminho.»

«A senhora não foi prejudicada por sua origem, por seu pai ter sido locador num casarão antes da guerra?», perguntamos a ela.

«Nunca tive problemas por causa disso, embora não tenha escondido quem havia sido meu pai. Talvez porque fosse Cracóvia. Quem se ocupava da aceitação no partido era Adam Polewka,[2] e ele pegava quem podia. Ele me seduziu. Cada um tem o demônio que merece.»

No início de 1951, surgiu em Cracóvia a nova publicação *Życie Literackie* (o anteriormente extinto *Odrodzenie* [Renascimento]), que — de acordo com as orientações do Comitê Central do Partido Operário Unificado Polonês — precisava «incluir a literatura na luta para cumprir o plano de seis anos». Henryk Markiewicz, primeiro redator-chefe do *Życie Literackie*, que foi logo substituído por Władysław Machejek,[3] lembra-se de Szymborska como colega de trabalho principiante. «Eu não tinha muito contato com ela, porque naquela época ela executava várias tarefas editoriais menores.»

No entanto, já no primeiro número do novo periódico, foi publicado um poema de Szymborska:

Corações, não batam por medo.
Batam por ira! Batam por ira!
Corações, não batam por medo!
Batam por justificada ira.
Abrem-se os portões da prisão
e lá vem livre o assassino.

«Canto sobre o criminoso de guerra», *Por isso vivemos*, 1952

Os temas da «União Soviética amante da paz» e dos «criminosos e fomentadores da guerra do mundo capitalista» retornavam tanto

---

2   Adam Polewka (1903-56): jornalista, escritor e tradutor polonês, ativista de esquerda e político.

3   Władysław Machejek (1920-91), escritor polonês, jornalista e deputado em quatro mandatos durante o período da PRL comunista.

nos poemas de Szymborska daquele tempo quanto em seus artigos no *Życie Literackie*. A luta pela paz era um estratagema propagandista, cujo uso deu lucros excepcionais aos comunistas. Arthur Koestler, escritor inglês, um daqueles contagiados pelo comunismo e que foi um dos primeiros a perceber a verdade, assim descreveu a virada dos anos 1940 para a década de 1950: «Era uma época do movimento mundial pela defesa da paz, que conseguiu — sob o estandarte da pomba de Picasso — convencer milhões de pessoas de que a paz no mundo só poderia ser instaurada com a ajuda da cortina de ferro, dos campos minados e dos arames farpados».

Jan Józef Szczepański,[4] escritor que trabalhava no *Tygodnik Powszechny* [Semanário Universal], lembrava-se de Szymborska no desfile de 1º de maio de 1951, na frente do qual iam os construtores da cidade industrial de Nowa Huta. «Diante da tribuna de honra montada na frente da Biblioteca Jaguielônica, desfilavam os escritores, e, entre eles, Wisława Szymborska. Jovem, bonita e radiante. Lá nos conhecemos. Lembro-me, porque aquela foi a única vez na vida em que participei do desfile de 1º de maio — não consegui me esquivar.»

Para o número de fevereiro de 1952, a redação do *Życie Literackie* encomendou aos poetas comentários para o projeto da nova Constituição que estava justamente em preparação. Julian Tuwim[5] e outros poetas se exprimiram todos em prosa. Somente Szymborska fez a lição de casa em versos:

---

4   Jan Józef Szczepański (1919-2003): escritor polonês, repórter, ensaísta, roteirista e tradutor, montanhista e viajante. Ocupou o cargo de presidente da União dos Literatos Poloneses e da Associação dos Escritores Poloneses.

5   Julian Tuwim (1894-1953): poeta polonês de origem judaica, escritor, tradutor, letrista, autor de vaudeviles e libretos de operetas, foi um dos mais populares poetas do entreguerras, tendo participado do grupo poético *Skamander*.

Comparem com sagacidade
minha juventude e a vossa. Sim,
é como após grave enfermidade
pela vez primeira entrar no jardim.

«Quando a velha operária se acerca do berço da Constituição
do Povo para relembrar», *Por isso vivemos*, 1952

Seu livro de estreia aconteceu em pleno stalinismo. No livrinho
publicado em 1952, os títulos dos poemas falam por si sós: «Żołnierz
radziecki w dniach wyzwolenia do dzieci polskich mówił tak» [O soldado
soviético nos dias da libertação falou assim para as crianças polonesas],
«Młodzieży budującej Nową Hutę» [Para a juventude que constrói Nowa
Huta], «Lenin» [Lênin], «Robotnik nasz mówi o imperialistach» [Nosso
operário fala sobre os imperialistas], «Do matki amerykańskiej» [A uma
mãe americana].

Além de um poema consideravelmente reduzido, não foi aproveitado nenhum de seus poemas mais antigos. Adam Włodek, que conhecia
muito bem os trabalhos juvenis e inéditos de Szymborska e a totalidade
do conteúdo de sua gaveta poética — não apenas por ser seu marido,
mas sobretudo porque ela confiava em seu instinto poético e lhe dava
tudo para ler —, percebeu que, durante anos, ela usava os poemas mais
antigos, da época da guerra e de logo depois da guerra, como matéria-prima para novos poemas mais aprimorados. Aliás, ele tinha uma
opinião muito melhor do que a própria autora sobre seus contos «muito
bons» dos tempos da guerra («prosa eficiente do ponto de vista estritamente composicional e também psicologicamente comprovada»).

Sobre o livro de estreia, o poeta e crítico literário Jacek Łukasiewicz
escreveu que «os jovens soldados do Exército Nacional que tomba-
ram foram substituídos pelos heróis de Stalingrado e os libertadores de
Cracóvia, e a guerra nele evocada é a guerra da Coreia».

Arrancaram os olhos do menino. Arrancaram.
Porque eram olhos raivosos e puxados.
— Que os dias lhe sejam como as noites — riram
e o coronel riu-se mais alto, demasiado,
o algoz um punhado de dólares recebia,
depois, de sua testa, os cabelos afastava,
para ver como o menino desaparecia
e como à sua volta com as mãos olhava.
Em maio, no ano de quarenta e cinco,
despedi-me do ódio por demais cedo
acomodando-o nas lembranças com afinco
do tempo de violência, desgraça e medo.
Hoje estou pronta para ele novamente.
É e será seu ardor para mim necessário.
E devo esse ódio a você igualmente,
coronel, vergonhoso bufão cruciário.

«Da Coreia», *Por isso vivemos*, 1952

Com base naquele livrinho, Szymborska foi aceita na União dos Literatos Poloneses.

Quando, em janeiro de 1953, Adam Włodek foi trabalhar na Wydawnictwo Literackie [Editora Literária], Szymborska assumiu o cargo dele na direção da seção de poesia do *Życie Literackie*. A notícia da morte de Stálin a encontrou naquele posto.

Precisava encomendar poemas para um número especial: da primeira à última página, somente Stálin. Nesse mesmo período, o *Tygodnik Powszechny* se opunha à censura, que exigia que todos os periódicos publicassem um texto fúnebre assinado pela redação. Como resultado, o *Tygodnik* foi retirado do grupo que o editava e transferido para o Instytut Wydawniczy PAX [Instituto Editorial PAX], que colaborava com os governantes.

A ESTREIA PÓS-GUERRA E O JORNALISMO POÉTICO

Szymborska se despediu de Stálin em versos. «Escrevi-o com toda a sinceridade, o que não dá para se entender hoje em dia», ela nos disse.

Toca a aguda campainha, nos ouvidos soa.
Quem está aí? Que notícia traz cedo tocando?
Não quero saber. Ainda devo estar sonhando.
Não abro a porta, não quero ver essa pessoa.
[...]
Enquanto as primeiras palavras não pronunciam,
a falta de certeza é esperança, companheiros...
Calam. Sabem, não quero ouvir nada agoureiro,
Preciso entender pelas cabeças que se inclinam.

Que comando dás a nós, os guardiões,
quarto perfil na bandeira da revolução?
— Sob o estandarte firmar a proteção!
Fortalecer a guarda em todos os portões!

Eis o Partido — da humanidade, visão.
Eis o Partido — força popular e consciência.
Que toda a Sua vida seja reminiscência.
O Partido Dele rastela a escuridão.

«Aquele dia», *Perguntas que me faço*, 1954

Como parte de suas obrigações editoriais, escrevia também sinopses engajadas da imprensa para o *Życie Literackie*. Escreveu uma reportagem e dois editoriais — para o Primeiro de Maio e para o Ano-Novo.

Embora no segundo livrinho publicado em 1954, *Pytania zadawane sobie* [Perguntas que me faço], estivessem criações tão programadas ideologicamente como em «Wstępującemu do Partii» [Àquele que ingressa no Partido], alguns poemas, em especial as líricas de amor, até hoje não envelheceram.

Havia uma chave e de repente não há chave.
Como vamos entrar em casa?
Talvez alguém ache a chave perdida,
Veja — e que serventia tem pra ele?
Vai, joga pro alto e pega com a mão,
Como um pedaço de sucata de ferro.

Com o amor que tenho por você,
Se a mesma coisa acontecesse,
Não apenas para nós: para o mundo inteiro
Aos poucos desvaneceria esse amor.

«A chave», *Perguntas que me faço*, 1954

A própria autora — severa em relação à sua poesia inicial politicamente engajada —, depois de 1956, considerou alguns dos poemas desse livro como dignos de reedição. Entre eles, fechando o volume, estava «Gawęda o miłości ziemi ojczystej» [Narrativa sobre o amor à pátria], que se tornou um dos poemas mais vezes reeditados e que foi introduzido nos livros didáticos. Abria o livreto um poema quase tão frequentemente reproduzido:

Ciente do meu caminho, mais que um pássaro migrador
— escrevo-te esta carta, meu pai, castelão.
[...]
Vejo a residência da família
Cercada de guirlandas de bordos.

A ESTREIA PÓS-GUERRA E O JORNALISMO POÉTICO · 103

[...]
Quereis a liberdade — sim,
mas apenas para vós.
Em sua porta trancada
bateis os anéis de sinete,
E o povo — que o povo espere
na escravidão em silêncio.

«Carta de Edward Dembowski a seu pai», *Perguntas que me faço*, 1954

Edward Dembowski — filósofo, ensaísta, crítico literário, conspirador, ativista radical do movimento independentista nas terras ocupadas pelos austríacos, onde, em 1846, tentou fomentar um levante — ia à frente de uma marcha de camponeses revoltados, quando uma bala austríaca o acertou. Mal tinha então completado 24 anos. Era conhecido como «o castelão vermelho», porque, sendo o futuro herdeiro de grandes propriedades, queria lutar não apenas para libertar a Polônia dos governantes das ocupações, mas também para alforriar os camponeses. Será que, ao escrever esse poema, Szymborska pensou que ela também, tornando-se paladina da classe trabalhadora, tinha abandonado sua própria classe social e se apartado da tradição familiar?

«Não, de jeito algum. Depois das transições pessoais e históricas, achava que esse poema era demagógico e desagradável. Aí, muitos anos mais tarde, Adam Michnik[6] apareceu na minha casa para pegar minha assinatura no abaixo-assinado contra as mudanças na Constituição — assim tive o prazer de conhecê-lo — e ele me disse que aquele era um de seus poemas prediletos. Fiquei pasma de que ele se lembrasse dele.»

6 Adam Michnik (1946-): historiador polonês, dissidente comunista, ensaísta, jornalista, editor-chefe da *Gazeta Wyborcza*.

104 QUINQUILHARIAS E RECORDAÇÕES

Perguntamos a ela sobre a reação da família a respeito de seu engajamento político.

«Mamãe estava muito desgostosa. Mas ela não era um gênio em política, não sabia conversar sobre isso comigo. Instintivamente sabia que o comunismo não era bom. No entanto, tolerava o que eu fazia. Suponho que, se meu pai estivesse vivo, ele não teria aceitado aquilo. Eu, na época, considerava que o comunismo era a salvação para a Polônia e a humanidade. E tinha certeza de que eu é que tinha razão. Algumas pessoas tentaram me dissuadir, mas eu dizia para mim mesma que sabia tudo melhor do que os outros.»

Numa outra ocasião, contou-nos em que circunstâncias se plantaram nela as primeiras sementes da dúvida: «Marian Promiński, um senhor de idade, um conhecido escritor que flertou um pouco comigo, quando eu era então uma jovem poeta iniciante, um dia me perguntou: 'E a senhorita tem certeza de que está do lado bom?'».

Marian Promiński tinha vindo de Lwów (atualmente Lviv em ucraniano) para Cracóvia, então, com certeza, sabia muito sobre os soviéticos.

«Isso pode ter sido em 1952», disse-nos Szymborska. «Na época, não abalou minha fé, já que mais tarde escrevi um poema sobre Stálin, mas aquilo a minou, e acho que foi a partir daquela pergunta que começou minha saída. Antes, nunca ninguém tinha me falado que talvez eu estivesse indo pelo caminho errado.»

Em 1954, Szymborska obteve o Prêmio Literário da Cidade de Cracóvia. Em 1955, foi nomeada para o Prêmio Nacional e ganhou uma distinção.

Será que se distinguia de alguma forma dos jovens adeptos da nova fé? Ludwik Flaszen, na época ainda um dos crentes, embora logo depois tivesse caído em si, achava que sim. Escreveu, na linguagem daquele tempo, na resenha de *Dlatego Żyjemy* [Por isso vivemos]: «Não há nele nem os pesos irrealistas das poetisas burguesas e da compreensão burguesa do mundo, nem o desgrenhamento oratório dos primeiros pioneiros da poesia socialista. É puro, claro e uniforme. É maduro».

A ESTREIA PÓS-GUERRA E O JORNALISMO POÉTICO 105

Houve também aqueles que depois defenderam os valores artísticos daqueles poemas. Por exemplo, Maciej Słomczyński.[7] «Wisława, sob a ótica formal, apresentava-se bem acima daquela horrível mediocridade. Até na Rádio Europa Livre, nos anos 1950, certo crítico disse que naquele mar de nojeira da ideologia comunista havia Szymborska, que tinha ótimas metáforas e assonâncias. Nunca foi uma vate emblemática, a que ia à frente das multidões, porque era muito boa para isso. Não tinha regalias, não tirava os primeiros lugares. Apartou-se do cenário comunista no que concernia ao ofício. Mesmo quando escreveu aquelas bobagens sobre Stálin, o resultado saiu bom.»

«O poema sobre Stálin não foi de modo algum tão ruim assim», disse Tadeusz Nyczek,[8] crítico literário de uma geração mais nova que a dela. «Tinha uma construção semelhante a alguns dos poemas posteriores de Szymborska: a dúvida pela ausência.»

Jan Błoński[9] escreveu que, «nos anos da poesia agitadora, seus versos tinham certa firmeza, concentração e lógica. No cenário da época, os poemas de Szymborska podiam ser lidos sem uma antipatia particular. Mas é claro que não suportaram a prova do tempo».

Conhecido por sua pena afiada, Artur Sandauer (autor do livro *Dla każdego coś przykrego* [Para cada um, algo desagradável]), o qual disse

---

7   Maciej Słomczyński (1920-98): tradutor e escritor polonês de romances policiais, traduziu toda a obra de Shakespeare e escrevia sob o pseudônimo de Joe Alex.

8   Tadeusz Nyczek (1946-): crítico literário, teatral e de artes plásticas polonês. Entre outras publicações, escrevia também para o jornal *Życie Literackie*.

9   Jan Błoński (1931-2009): renomado ensaísta, tradutor, professor da Universidade Jaguielônica, historiador de literatura polonesa e crítico literário, escreveu, em 1987, o famoso ensaio «Biedni Polacy patrzą na getto» [Pobres poloneses olham para o gueto], o qual deu início a um aprofundado debate público sobre o silêncio reinante na Polônia sob domínio soviético a respeito do Extermínio.

que a obra de Szymborska era perfeita, não estava de acordo nesse ponto: «De fato, os poemas dos seus dois livros de estreia não se distinguem em nada no panorama da produção contemporânea. Na verdade, são bem mais fracos, na medida em que a imitação da voz retumbante dos Maiakovskis ou Broniewskis[10] soa mais engraçada na interpretação feminina. Difícil existirem palavras mais falsas do que as pronunciadas pelo sargento Zaitsev, comandante do pelotão de artilharia pesada em Stalingrado, no poema que dá título à coletânea».

No coração o resto da vida,
só dá para uma palavra,
difícil pra terra levar,
comigo palavras não ditas,
camaradas já estou no fim,
não enunciarei um discurso,
peço, me aceitem no partido,
eu quero morrer comunista.

«Por isso vivemos», *Por isso vivemos*, 1952

Naquele tempo, assim como mais tarde, Szymborska não escrevia muito, por isso também sua produção do realismo socialista é insignificante: algumas dezenas de textos propagandistas, algumas dezenas de poemas, um depoimento sobre sua própria criação trazendo um título forte: «Devo ao Partido a completa compreensão da verdade».

---

10 Władysław Broniewski (1897-1962): poeta polonês socialista, representante da poesia revolucionária, foi também tradutor.

CAPÍTULO 7

O casal no prédio dos literatos da rua Krupnicza

Wisława Szymborska deixou a casa da família na rua Radziwiłłowska em abril de 1948. Depois do casamento com Adam Włodek, mudou-se para o quarto de seu marido no sótão na segunda ala da rua Krupnicza nº 22, nos chamados «aposentos[1] dos escritores».

O noivo, embora fosse apenas um ano mais velho do que Szymborska, ocupava uma posição completamente diversa da dela. No tempo da guerra, ligado à clandestinidade comunista, redator da *Biblioteki Poetów* [Biblioteca dos poetas] e participante da vida literária conspiradora, já era conhecido no meio literário.

«O casamento aconteceu sem pompa, convidamos os colegas para um café e uma taça de vinho na cafeteria; não tínhamos dinheiro», contou-nos a poeta. «Adam tinha seu quarto cheio de livros e uma cama de

---

1 Em polonês, *czworaki*: eram originalmente moradias divididas em quatro cômodos com entradas independentes, que serviam de residência para a criadagem das casas mais abastadas. O prédio da rua Krupnicza nº 22 abrigava apenas escritores, numa tentativa de implementar um controle mais eficaz sobre eles pelo governo comunista.

campanha dobrável. À noite, por volta das onze horas, no dia do nosso casamento, ouvimos batidas na porta. Na soleira estava Tadeusz Peiper de pijama. Perguntou a Adam: 'Boa noite, colega, recebi uma visita de Lublin, será que o senhor poderia me emprestar alguma coisa onde se pudesse dormir?'. 'Claro, que sim', Adam respondeu. E assim passamos a ser talvez o único casal de recém-casados no mundo de quem levaram a única cama na noite de núpcias.»

Szymborska já frequentava a Krupnicza antes, não só em visitas ao futuro marido, mas também todas as sextas-feiras nos encontros de autores do Círculo de Jovens. De lá, lembra-se dela Hanna Jedlicka (naquele tempo, Piekarska) como autora do conto «Le deszczu» [algo como «La chuvá»] e de uma sátira em um ato, cuja ação se passava entre os emigrantes em Londres (quando um soldado se declarou para uma virgem polonesa, ela teve um ataque de soluços).

Quando Szymborska se mudou para a rua Krupnicza, a casa de número 22, onde estavam aquarteladas depois da guerra algumas dezenas de escritores, poetas e tradutores, já era uma lenda. Foi lá que Jerzy Andrzejewski[2] escreveu *Popiół i diament* [Cinzas e diamantes] (publicado concomitantemente em capítulos no periódico *Odrodzenie* como *Zaraz po wojnie* [Logo depois da guerra]. Lá, Konstanty Gałczyński escreveu *Kolczyki Izoldy* [Os brincos de Isolda] e *Zaczarowana dorożka* [A carruagem encantada]; Jerzy Szaniawski, *Dwa teatry* [Dois teatros]; Kazimierz Brandys, um romance sobre sua infância, *Drewniany koń* [O cavalo de madeira]. Moravam lá também

---

2   Jerzy Andrzejewski (1909-83): prosador, jornalista, roteirista polonês, militante da oposição democrática durante o regime comunista, também atuou como deputado no Parlamento. Foi cofundador do Comitê de Defesa dos Trabalhadores (KOR). Um de seus romances mais famosos é *Popiół i diament* [Cinzas e diamantes], que foi adaptado para o cinema pelo famoso cineasta polonês Andrzej Wajda (1926-2016), em 1958.

as viúvas de conhecidos escritores, como Jadwiga Unrog (mulher de Witkacy) e Antonina Brzozowska (mulher de Stanisław Brzozowski).[3] Para alguns deles, era só uma parada antes da volta para Varsóvia, outros passaram muitos anos na Krupnicza.

«Os mais talentosos ou empreendedores fugiram», conta-nos Joanna Ronikier.[4] «Lembro que visitava minha amiga de infância Kira Gałczyńska em Varsóvia e era como um abismo entre nossa vida de favela e seu novo apartamento de Varsóvia.»

Joanna Ronikier, então uma menininha, morava na Krupnicza com a mãe, Hanna Mortkowicz-Olczakowa,[5] e a lendária avó, Janina Mortkowicz,[6] que, antes da guerra, dirigia com o marido uma editora que publicava o melhor da literatura polonesa. Anos depois, no *Tygodnik Powszechny*, Joanna descreveria o apartamento coletivo de quatro cômodos, que era compartilhado com inquilinos estranhos: «Tantas pessoas diferentes, reunidas por acaso, condenadas a uma contínua e irritante proximidade, passando constantemente umas pelas outras no corredor estreito. Cada uma com sua própria história aterrorizante da ocupação. Será que basta a força para começar a vida

---

3 Konstanty Ildefons Gałczyński (1905-53): poeta e escritor de minidramas bem-humorados e satíricos; Jerzy Szaniawski (1886-1970): dramaturgo, escritor e membro da Academia Polonesa de Literatura; Kazimierz Brandys (1916-2000): escritor e roteirista; Stanisław Ignacy Witkiewicz (1885-1939): notável escritor, pintor, fotógrafo, dramaturgo e filósofo; Stanisław Brzozowski (1878-1911): filósofo, escritor, jornalista e crítico teatral e literário.

4 Joanna Olczak-Ronikier (1934-): premiada escritora e roteirista de origem judaica.

5 Hanna Mortkowicz-Olczakowa (1905-68): escritora e poeta polonesa de origem judaica.

6 Janina Mortkowicz (1875-1960): escritora, tradutora, livreira e editora polonesa de origem judaica.

de novo quando temos medo? Será que se consegue dar sentido à vida quando em desespero? Exaustão física e psíquica, falta de elementos básicos da existência: roupas, sapatos, medicamentos, dinheiro. Havia motivos suficientes para que essa coexistência pudesse se transformar num inferno». Mas, felizmente, não se transformou. «Será que apenas para mim aqueles anos magros do pós-guerra parecem idílicos?», escreveu. O jovem Tadeusz Różewicz recebeu um quartinho mínimo com vista para a lixeira, da qual sempre transbordavam montes de lixo fedorento — conforme descreve Joanna Ronikier —, e recriou seus humores depressivos relacionados com aquele lugar e aquele tempo da seguinte maneira: «Tudo acabou de uma vez por todas, não importa o que eu faça, eu estou morto. Quem vai falar aqui de novo sobre música? Quem vai falar sobre poesia? Quem vai falar sobre o belo? Quem é que vai conversar sobre o ser humano? Quem vai se atrever a falar sobre o ser humano? Que tolice, que comédia. Mortos, estou com vocês. Que bom».

Na memória de Szymborska se fixou sobretudo o frio terrível reinante em seu sótão. Foi com alívio que se transferiram para o primeiro andar, para o apartamento que tinha sido de Konstanty Ildefons Gałczyński. O novo local se dividia em dois cômodos, sendo que no menor deles a parede havia sido decorada pelo inquilino anterior com frases em latim e um grande e radiante sol amarelo. Quando reformaram o apartamento, certificaram-se de que o pintor não pintasse aquela parede. Os escritos e os desenhos só foram apagados pelo inquilino seguinte.

A Casa dos Literatos era composta do prédio da frente e duas alas laterais. No térreo, na parte da frente, ficava o refeitório, usado tanto pelos moradores quanto pelos escritores da cidade. O salão, que lembrava uma cervejaria bávara, com mesas e cadeiras pesadas envernizadas de marrom, servia igualmente como um salão de eventos da União dos Literatos. Lá se davam as reuniões, os festejos e os espetáculos artísticos, os saraus literários e, todos os sábados, as noites dançantes.

O CASAL NO PRÉDIO DOS LITERATOS DA RUA KRUPNICZA

Joanna Ronikier: «A casa, no tempo da guerra, foi tomada pelos alemães e transformada em moradia para os funcionários rasos do governo geral, e então acabaram com as cozinhas e a maioria dos banheiros. Nosso fogão a gás, no qual fervíamos água, ficava no banheiro. Todos tinham de comer no refeitório. A maldição da minha infância era que, depois da escola, eu nunca conseguia contar alguma coisa para minha mãe ou para a vovó. Nós nos encontrávamos no almoço e eu pensava: 'Tomara que ninguém sente perto', e logo alguém se sentava. Ou era Gałczyński, ou a viúva de Witkacy,[7] ou Alina Świderska,[8] a extraordinária tradutora do italiano. Mamãe dizia: 'Escute que coisa interessante a dona Alina está contando: que ela estava indo às aulas de dança com Wyspiański, mas que não gostava de fazer par com ele, porque Staś[9] pisava nos pés dela'».

Autor das memórias da Krupnicza, Tadeusz Kwiatkowski[10] escreveu que nas paredes do banheiro ao lado do refeitório florescia a criatividade poética, e anotou alguns exemplos: «Pra todos aqui a mijadinha sai da própria torneirinha»;[11] «Quando a latrina sofrer alguma avaria, despeje

---

7   Stanisław Ignacy Witkiewicz, mais conhecido como Witkacy (1885-1939): conceituadíssimo escritor, pintor, filósofo, dramaturgo e fotógrafo polonês. Gostava de pintar sob o efeito de drogas como a cocaína ou o éter. Suicidou-se depois de ter sido informado da invasão da Polônia pelo exército da União Soviética, no início da Segunda Guerra Mundial.

8   Alina Świderska (1875-1963): escritora e tradutora polonesa, traduziu, entre outros, *A divina comédia*, de Dante Alighieri.

9   Staś é um dos diminutivos de Stanisław e se refere aqui a Stanisław Wyspiański (1869-1907), grande dramaturgo, pintor e poeta polonês.

10   Tadeusz Kwiatkowski, cujo pseudônimo era Noël Randon (1920-2007): prosador, satírico, roteirista e autor de textos cênicos.

11   No original polonês: «Tutaj każdy sobie siurka ze swojego Jalu Kurka». Traduzindo literalmente: «Aqui cada um mija de seu próprio Jalu Kurek». Jalu Kurek era o pseudônimo

água dos versos de Artur Maria».[12] Adam Polewka, autor de bate-papos radiofônicos dirigidos aos cracovianos sobre seu provincianismo, pensamento pequeno-burguês, reacionarismo, fanatismo religioso e beatice, solicitou que repintassem o banheiro e, em seguida, sentou-se no refeitório para observar quem entrava no reservado. Mesmo assim, não conseguiu pegar no flagra o autor do dístico: «Ei, Polewka, o Sławoj[13] não queira imitar,/ e diante da latrina não vá se plantar». Anos depois, Ludwik Flaszen[14] admitiu sua autoria.

«Não me recordo de Wisława aparecer nas danças e diversões. Ela era meio difícil para sair. Na época, fiz amizade com ela, e essa

---

de Franciszek Kurek (1904-83), poeta e prosador polonês, membro do movimento cultural da Vanguarda de Cracóvia. Note-se que o sobrenome Kurek, nesse contexto, significa «torneira», e o autor da frase jocosa faz uma brincadeira com o poeta.

12 Artur Maria Swinarski (1900-65): poeta polonês, dramaturgo, satírico e artista plástico. No original, a anedota utiliza a expressão «lać wodę», que significa «despejar água», mas que, aplicada a obras literárias, tem o significado aproximado de «encher linguiça», ou seja, escrever de forma prolixa e sem ir direto ao ponto ou trazendo pouco conteúdo.

13 O dístico tem caráter humorístico para os poloneses por fazer referência a Felicjan Sławoj Składkowski (1885-1962), médico e militar, último primeiro-ministro da Polônia antes da Segunda Grande Guerra, que, muito preocupado com a higiene no interior do país, ordenou a construção de «casinhas», ou seja, de reservados com vaso sanitário, construídos do lado de fora das casas, em todas as vilas polonesas. Como resultado, os poloneses apelidaram essas «casinhas» de sławojki. O traço humorístico também está presente na rima criada pelo autor, que modificou a forma imperativa do verbo wystawać [estar, permanecer, ficar], que seria wystawaj, para wystawoj, a fim de rimar com Sławoj e imitar o dialeto camponês.

14 Ludwik Flaszen (1930-): crítico teatral, escritor, ensaísta, teatrólogo e diretor de cinema polonês, de origem judaica, trabalhou como colaborador de Jerzy Grotowski (1933-99), um dos mais importantes teatrólogos poloneses do século XX.

O CASAL NO PRÉDIO DOS LITERATOS DA RUA KRUPNICZA

amizade durou anos», contou-nos Aniela Kott, conhecida pela família e amigos como Lalutka. «Batíamos uma na porta da outra. Havia muitas piadas, amizade e um eterno empréstimo de farinha de trigo ou açúcar. Alguns se gostavam muito, outros menos, mas todos se tratavam pelo nome. Só tratávamos de 'senhor' Jerzy Szaniawski e o professor Artur Górski.[15] Até Stefan Kisielewski[16] chamava Adam Polewka de 'você', embora o tenha atacado não só na imprensa, mas também na escadaria do prédio. Polewka era louco pelo partido e, como estava no conselho da União dos Literatos, certo dia proibiu Kisielewski de utilizar o refeitório, como castigo por ter chamado Stálin de idiota.»

Polewka, logo depois da guerra, ocupou o cargo de chefe do Departamento de Propaganda na administração provincial. Logo, alguém que estivesse na redação do *Tygodnik Powszechny* se tornava seu inimigo ideológico. No entanto, quando foi convocado um tribunal de pares da União dos Literatos Poloneses, no qual postulavam a expulsão de Kisielewski da união, foi justamente ele — como lembrou e escreveu Kisielewski — que se esforçou em defendê-lo. A explicação dada por Kisiel, de que não tinha considerado Stálin um burro, porque afinal de contas foi ele que ganhou a guerra, e que, no máximo, teria dito que Stálin escreveu algo burro, foi interpretada por Polewka como uma autocrítica e ele propôs uma pena de suspensão. E assim aconteceu. Aliás, para os tempos do stalinismo, esse foi um belo *fair play*, provavelmente impensável em outro lugar fora de Cracóvia.

---

15 Artur Górski (1870-1959): escritor e crítico literário polonês, usava o pseudônimo de Quasímodo.

16 Stefan Kisielewski (1911-91), também conhecido como Kisiel: escritor, jornalista, compositor, crítico musical, pedagogo, político polonês e anticomunista declarado.

Blaga Dimitrova,[17] tradutora para o búlgaro, que visitava Szymborska na Krupnicza, lembrava-se dela como «uma moça delicada que gentilmente se esquivava das conversas sobre os então temas grandiloquentes onipresentes: a nova vida, a nova literatura, a nova construção e, em geral, tudo o que era novo». Szymborska não participava das disputas daquela época sobre Maiakovski nem contava sobre seus sofrimentos durante o período da ocupação nazista — o que a distinguia dos outros. «Nos poemas, pagava tributo àquela época — tributo de uma fé ingênua, uma temática geral de tom didático», escreveu mais tarde Dimitrova. Contudo, na privacidade, era igualmente reservada, como em toda a sua vida posterior, «como se nem tivesse um currículo, como se saísse da névoa pairando sobre o rio, cujo nome carrega,[18] e se dirigisse para um futuro de lonjuras ainda mais nebulosas».

«Tínhamos um quarto de frente avantajado, só que a cozinha era junto com o banheiro, e vinha sempre o cheiro de repolho azedo cozido do refeitório», contaram-nos Teresa e Jerzy Korczak,[19] moradores por muitos anos da casa na Krupnicza. «Antes de cada feriado de 1º de maio, Polewka vinha aqui e se dirigia a nós simplesmente por 'vocês', mandava que fizéssemos pombas da paz de papel e pendurava as bandeiras nas janelas.»

Os Korczak se lembram de Gałczyński bêbado e gritando: «nem vocês nem eu estaremos vivos, só vão sobrar essas cooperativas de

---

17   Blaga Nikolova Dimitrova (1922-2003): poeta, escritora e tradutora búlgara.

18   O nome Wisława é composto a partir do nome do maior rio da Polônia, o rio Wisła [Vístula].

19   Jerzy Korczak (1927-): professor universitário, prosador e satírico polonês de família de judeus assimilados.

merda», e Stanisław Skoneczny, tenente do Exército do Povo [AL],[20] da resistência comunista polonesa, que costumava visitar os vizinhos, colocava a pistola na mesa e depois lia para eles seu poema épico «Pleban z Chodla» [O vigário de Chodel], de duzentas páginas.

«Num determinado dia da semana, fazíamos o que chamávamos de casa aberta», relembra Szymborska no livro de memórias dedicado a Włodek e publicado em 2000, *Godzina dla Adama* [Hora para Adam]. «Quem quisesse poderia passar por lá. Realizavam-se diversos concursos, jogos literários e declamações de poesia. Uma pessoa que frequentemente visitava nossa casa era Henryk Frist, queria conseguir um trabalho de jornalista, mas acabou viajando logo para Israel. Naquela época, os questionários anexados aos pedidos de emprego eram muito detalhados, e pairava sobre eles o espírito da vigilância classista: o que o pai fazia antes da guerra, o que o pai fazia durante a guerra, o que o pai fazia agora. Henryk respondeu a primeira pergunta assim: dirigia a editora Salão dos Pintores Poloneses, em Cracóvia, na rua Floriańska. A segunda: encontrava-se na União Soviética, onde morreu. A terceira: continua morto. E assim acabaram-se as perspectivas de emprego.»

«Primeiro, íamos para o apartamento de Adam e Wisława na sexta à noite», relembra Andrzej Klominek.[21] «Nada daqueles excessos boêmios, normalmente havia apenas chá. Apesar disso, os convidados ficavam tanto tempo que essas longas ocupações noturnas do apartamento começaram a ficar cansativas para os anfitriões. Transferiram os

---

20 O Exército do Povo [Armia Ludowa — AL] era uma organização militar comunista clandestina formada por integrantes do Partido dos Trabalhadores Poloneses, com atuação durante a Segunda Guerra Mundial, com o intuito de combater a ocupação nazista.

21 Andrzej Klominek (1920-2009): advogado, jornalista, redator-chefe do jornal *Dziennik Polski* e colaborador da lendária revista semanal humorística *Przekrój*.

encontros para domingo ao meio-dia; convidavam para o meio-dia e já se sabia que às duas eles sairiam para o almoço de domingo. [...] A atração absolutamente especial dos encontros no apartamento de Wisława e Adam eram os espetáculos parateatrais de Sławomir Mrożek[22] e Leszek Herdegen.[23] A princípio, eles eram alunos do liceu, depois um deles se tornou jornalista iniciante (Sławek Mrożek) e o outro, estudante da escola de atores (Leszek). [...] Não sei se foi ideia do próprio Adam, mas, de qualquer forma, um dia ele declarou que, já que os reacionários compunham versinhos antinacionalistas e antissocialistas nos banheiros, então era necessário responder àquilo com uma contrapropaganda apropriada. Durante algum tempo, os convidados de Wisława e Adam se divertiam que nem crianças com a composição de contrapoeminhas de banheiro. Eu conseguiria repetir ainda alguns anti-imperialistas, mas para publicação só serviam os anticlericais: 'rechace as batinas das latrinas'.»

Wanda Klominek, esposa de Andrzej Klominek, lembrava-se de um dos moradores, que não apreciava o andamento das coisas na Krupnicza. Dizia: «Como assim, sorrir para todo mundo? E onde fica a luta de classes?». Wanda passava no apartamento dos Włodek, na Krupnicza, todos os domingos. Passavam o tempo com Maciej Słomczyński, sua esposa da época, Lidia Zamkow, com Leszek Herdegen e Sławomir Mrożek representando as mais variadas encenações. Uma vez Słomczyński se conectou a um alto-falante (conhecido como «ladrador» e que fazia então o papel de rádio) que pertencia a um vizinho, um escritor camponês, e deu a informação — ouvida pelo vizinho — de que lhe tinham outorgado um prêmio por sua obra literária.

---

22 Sławomir Mrożek (1930-2013): renomado dramaturgo, escritor satírico e cartunista polonês, suas famosas peças foram escritas no estilo do Teatro do Absurdo, retratando situações grotescas que muito incomodavam a censura comunista.

23 Leszek Herdegen (1929-80): ator polonês de cinema, teatro e televisão.

O CASAL NO PRÉDIO DOS LITERATOS DA RUA KRUPNICZA 117

«Por dois anos fomos vizinhos de porta de Wisława», contou-nos Maciej Słomczyński. «Quietinha, embora bem risonha. Lembro-me dela como a moça de roupão que lia literatura francesa e era intelectualmente autossuficiente. A pressão sobre os jovens era sistemática, lá embaixo na sala da União aconteciam inúmeros treinamentos ideológicos. E nós fazíamos jogos de representação.»

Outro morador da Krupnicza naquela época, Eugeniusz Halpern, recorda que Szymborska era uma anfitriã muito amável e que no apartamento dela as pessoas se divertiam com encenações da vida cotidiana. «Mrożek, na época, tinha o apelido de Schyłkowiec [Decadente], era magro como um graveto e interpretava o proletário, e eu interpretava o capitalista de cartola.»

É dessas brincadeiras que provêm as fotos do marido de Szymborska, que se encontram em suas coleções: Włodek vestido de mulher, com peruca, colar no pescoço e decote nas costas. Włodek vestido de pastor. Włodek como burguês — de chapéu-coco e com um bigode desenhado.

«Nada então indicava», disse Korczak, «que, dentre os moradores da Krupnicza, justamente Szymborska e Mrożek se tornariam tão notáveis. Se Mrożek se diferenciava em alguma coisa, era na sua escrupulosidade. Tinha anotados, por exemplo, todos os botecos que estavam de plantão no domingo. Se Wisława se diferenciava em alguma coisa, era na sua beleza. Era uma moça linda, sem nenhuma sombra da frivolidade feminina. Sabíamos que era talentosa, mas ainda não dava para ver esse brilho nela.»

Słomczyński, que tinha anotados em seus papéis centenas de limeriques, na virada dos anos 1940 para os 1950, desenterrou da memória o início de um deles: «De uma poeta de Kórnik, companheiros,/ Era ídolo o maioral dos mineiros»... Mas não lembrava o resto.

«Os limeriques anotados vagaram por aí em algumas pastas. Algumas vezes eu quis queimá-los, imaginando o que pensariam os filhos e os netos vasculhando meus papéis póstumos», escreveu anos depois. «Mas não os queimei. Eles guardam muitas lembranças. Eu destruiria o último resquício daqueles simpósios íntimos na rua Krupnicza, onde qualquer um poderia dizer um nome geográfico e algum voluntário responderia com um limerique em alguns segundos. Nenhum dos participantes daqueles encontros está vivo. De nós, sobraram apenas dois: eu e certa jovenzinha, linda moça, que com moderação bebericava vodca e caía na gargalhada ouvindo os textos, com os quais se enrubesceria qualquer canalha recidivista.»

«Embora Wisława nunca tivesse ouvido falar de limeriques, ela logo se tornou minha mais brilhante aluna. Eu sempre lhe dizia que o limerique, além de no primeiro verso ter sempre o nome de uma localidade e ter o arranjo das rimas a-a-b-b-a, era também ligeiramente obsceno», acrescentou Słomczyński.

Szymborska se referia a Słomczyński como seu mestre, para o qual bastavam duas voltas pela sala e o limerique estava pronto: «De um mergulhador de Pequim/ um tubarão comeu o pau-marfim./ E embora ele lesse Mao/ Não lhe cresceu o pao/ E virou um fêmeo manequim».

A mais talentosa das alunas produziu a partir daquela época dezenas de limeriques. Aqui está um dos primeiros, publicado em 1994, na revista bimestral *Dekada Literacka* [Década Literária].

Um militante chamado Mao
na China aprontou muito mao.
Nele nunca metia o pao
o submisso «Jeminjipao»,
com medo de virar mingao.[24]

---

24 Tradução de Piotr Kilanowski e Eneida Favre.

«Difícil hoje reproduzir aquele clima, mas, depois da guerra, estávamos sedentos de contatos interpessoais. Era uma alegria o fato de termos sobrevivido», disse Tadeusz Kwiatkowski, que naquele tempo era secretário da União dos Literatos. «Vivíamos num aquário. Não percebíamos que ali pertinho, na prisão da rua Montelupi, as autoridades mantinham presos os soldados do Exército Nacional. No início escarnecíamos dos modelos soviéticos, mas, com o correr do tempo, sem percebermos, os colegas e eu começamos a sucumbir à pressão dos editores e redatores. Para a convenção dos delegados da União dos Literatos vinham escritores soviéticos que bradavam da tribuna sobre a estética marxista e, à noite, nos banquetes na Krupnicza, davam a entender que só sob aquela condição permitiram que viessem.»

Quando conversamos com os moradores da Krupnicza sobre os anos 1940 e 1950, não relembravam seu engajamento político de então; no entanto, invocavam nostalgicamente historinhas completamente diferentes e lúdicas de sua vida daquela época e repetiam com frequência as mesmas anedotas. Por exemplo, quando os engraçadinhos locais tiraram os moradores da cama na pálida luz da madrugada e os mandaram para a estação sob o pretexto de que deveriam receber uma delegação de escritores estrangeiros, os ativistas do partido informaram que chegariam escritores soviéticos, e o resto — que chegariam franceses.

Essa dissonância entre a brincadeira que rolava no interior do prédio e a realidade dos tempos imediatamente pós-guerra e, mais tarde, stalinistas, que eles tentaram invalidar e domesticar com o riso, tornou-se tema do ensaio de Marta Wyka[25] «Dom literacki jako imago mundi. Wokół krakowskiego epizodu Czesława Miłosza» [A Casa dos Escritores como imagem do mundo. Sobre o episódio de Czesław Miłosz em Cracóvia].

---

25 Marta Wyka (1938-): nascida na Polônia, é crítica literária e historiadora da literatura.

«O estilo entreguerras da vida literária num grupo divertido, com frequência absurdo, aqueles 'jogos e brincadeiras', [...] aquela 'não seriedade' do ambiente não se invalidou absolutamente logo depois da guerra», escreveu Wyka. «A vida social da Casa, relembrada durante anos por seus participantes, demonstra como era forte o estilo cômico do passado e como tentaram continuá-lo, embora — pode assim parecer — não houvesse nada do que rir. No entanto, havia... A poética do espetáculo humorístico pré-guerra continua, embora aquele humor e riso fossem já apenas uma relíquia de épocas passadas.»

O texto de Wyka é um peã em honra da inteligência e perspicácia de Miłosz. Ao sair da Polônia, ele também deixou a casa da Krupnicza (a bem da verdade, apenas simbolicamente, porque aquele mesmo Ważyk que conseguiu para os escritores o prédio na Krupnicza lhe arranjou um apartamento independente em outro lugar), deixou os jogos e as brincadeiras. Repugnavam-no. Não queria fingir. Preferia participar da tragédia do que da tragifarsa. Anos depois, comentou seu poema «Dziecię Europy» [Filho da Europa], escrito em Washington: «Esse meu poema expressava mais ou menos o sentimento de horror e repugnância por tudo, pelo mundo inteiro, devido à quantidade de mentiras que havia então, nos tempos do pós-guerra».

Wyka, em sua interpretação, associa diretamente esse poema à Krupnicza, mas, é claro, à Krupnicza entendida como *imago mundi*: «Parece que no contexto da história da Casa descrita, [esse poema] cabe não da pior forma possível, embora seja um duelo amargo com ela».

Depois do dia da mentira, vamos nos juntar numa boa roda,
Batendo-se nas coxas de tanto rir,
   [quando alguém relembrar as nossas ações.
[...]

Nós, os últimos que sabemos do cinismo haurir alegria.
Os últimos, cuja astúcia não está longe do desespero.
Já está nascendo uma geração mortalmente séria,
Que leva ao pé da letra o que aceitávamos rindo.

Miłosz escreveu isso em 1946, quando muitos escritores queriam ter esperança, queriam acreditar que a versão polonesa do comunismo teria caráter um pouco mais humano e um pouco mais polonês. Desde 1948, quando a junção do PPS [Partido Socialista Polonês] com o PPR [Partido dos Trabalhadores Poloneses] no único PZPR [Partido Operário Unificado Polonês] praticamente liquidou o resto do pluralismo partidário, nada mais justificava tais ilusões. E na Krupnicza ainda se divertiam. E, se houve mesmo medo, então esse medo foi sufocado pelo riso.

Szymborska escreveu sobre seu marido na época: «Ele era, naqueles primeiros anos, um comunista ardoroso, convencido, assim como a maioria de nossa geração de escritores, de que aquela era uma ideologia que possuía a receita para a felicidade da humanidade. Todos nós desperdiçávamos nossa imaginação (nos melhores anos para o desenvolvimento de um escritor) produzindo vários panfletos de propaganda, embora não tivéssemos na época a sensação de que estávamos destruindo alguma coisa dentro de nós. Pensávamos que estávamos fazendo aquilo que era necessário, e, ao mesmo tempo, nas conversas e opiniões sobre poesia, Adam nunca usou de critérios ideológicos. É claro que todos nós adorávamos Maiakovski, mas também Apollinaire». Era assim que Andrzej Klominek se lembrava do engajamento de Adam Włodek: «Lembro-me da sua reação diante do pesar desesperador de alguém que percebeu que determinada bela obra de estetismo refinado, durante o tempo de nossa vida, nunca seria reeditada. É uma pena, respondeu, em nossa época não há lugar para nada que desmantele e enfraqueça, não é tempo para isso. Algum dia, os outros que virão depois de nós poderão experimentar o puro estetismo, mas isso não nos é permitido».

Wisława Szymborska e Adam Włodek entraram para o partido juntos, em abril de 1950. «Ambos publicavam nas mesmas revistas, às vezes seus trabalhos eram dispostos na mesma página», escreveu Anna Zarzycka no livro a respeito da obra incipiente de Szymborska, citando os poemas do casal sobre uma excursão que fizeram juntos ao canteiro de obras da construção de Nowa Huta.

«Para nós orgulho e alegria e honra e força/ que de coração a coração o País dos Conselhos nos envia/ o projeto, as máquinas e a matéria-
-prima. Que transplantada de Magnitogorsk/ de Kuźnieck — Nowa Huta está de pé», escreveu Włodek, e sua esposa o acompanhou:

A classe com má lembrança — sumindo.
Lembrança mais fiel escolhemos:
— a mesma como um livro se abrindo
naqueles lugares que mais lemos.
Para, por e de você, mocidade,
Começa a biografia da cidade.

«Para a juventude que constrói Nowa Huta», *Por isso vivemos*, 1952

No documento depositado na União dos Literatos Poloneses, Szymborska informou que estava trabalhando — junto com Maciej Słomczyński e Adam Włodek — num livro a respeito de Nowa Huta e numa coletânea de poemas «sobre o tema do Plano de Seis Anos». (Nenhum desses livros foi publicado.) Isso foi depois da fatídica convenção em Szczecin que arruinou tudo o que havia até então de independente na literatura. Agora todos deveriam fazer sua própria norma literária de acordo com o modelo do realismo socialista e, ainda depois, ficar horas sentados em reuniões onde grassavam a autocrítica e a denúncia.

O salão na Krupnicza servia então não só para os felizes chás dançantes; ademais, no apogeu do stalinismo, nem sempre e nem todos estavam propensos ao riso. Então, em 8 de fevereiro de 1953, reunidos no refeitório, na Krupnicza, os escritores assinaram uma resolução contra os clérigos condenados numa farsa jurídica dos membros da Cúria de Cracóvia, apoiando uma condenação pesada, inclusive com pena de morte. «Expressamos nossa absoluta condenação aos traidores da pátria que, tirando vantagem dos seus postos eclesiásticos e influência sobre parte dos jovens reunidos na Associação Católica da Juventude, agiram como inimigos perante a nação e a pátria popular e — por dinheiro americano — exerceram espionagem e subversão.»

Jan Błoński, que tinha 22 anos na época e era colaborador do semanário *Życie Literackie* e da revista *Przekrój*, comentou anos depois que seu sobrenome se encontrava entre os signatários: «Depois de lido o texto da resolução, não havia a pergunta 'quem é a favor'. Só perguntavam 'quem é contra?'. Ninguém tinha coragem de responder. [...] Se afirmam que foram 53 pessoas, isso significa que todos os membros que faziam parte da União dos Literatos em Cracóvia assinaram. Não tenho certeza, mas talvez tenham assinado até pelos ausentes. É claro que, da mesma forma que ninguém na época teve coragem de protestar contra a repressão, também nenhum dos que tiveram seus nomes assinados contra a vontade ousou exigir a retirada da assinatura».

Błoński foi o único dos signatários sobreviventes daquela época que concordou em conversar com o jornalista da *Gazeta Wyborcza*, Wojciech Czuchnowski.

Abaixo da resolução que condenava os clérigos, encontravam-se as assinaturas de todos os frequentadores da casa de Włodek, inclusive dos anfitriões. Pode-se julgar por aquilo que escreviam na época que não tiveram os mesmos problemas que Błoński com a assinatura da carta. Sławomir Mrożek condenou os acusados no *Dziennik Polski*, Andrzej

124 QUINQUILHARIAS E RECORDAÇÕES

Klominek na *Przekrój* (Obywatele Watykanu/ Cidadãos do Vaticano) e Maciej Słomczyński no *Życie Literackie* (Waszyngton — Watykan — Kuria/ Washington — Vaticano — Cúria).

Aqui está uma amostra do estilo de Słomczyński retirada do texto que ocupou a primeira página do jornal: «A juventude criada pelo padre Lelito[26] assassinava feridos, roubava fábricas e junto com ele enviava informações de espionagem. O cardeal em pessoa enviava a Roma os relatórios da inteligência e lá recolhia os dólares».

No salão de espetáculos junto à Fábrica Szadkowski, em Cracóvia, Słomczyński ouviu seus depoimentos e autoincriminações, forçados pelos muitos meses de tortura durante a investigação.

Mais tarde, tradutor de Shakespeare e Joyce e também autor de best-sellers policiais escritos sob o pseudônimo de Joe Alex, Słomczyński era naquela época um colaborador secreto do UB[27] [Departamento de Segurança]. O *Dziennik Polski*, de Cracóvia, escreveu sobre isso no ano de 2007, logo depois de sua morte. Isso também foi tema biográfico do filme *Maciej Słomczyński*, do ciclo «Errata do biografii» [Errata da biografia], exibido na televisão naquele mesmo ano.

Maciej Słomczyński foi recrutado em dezembro de 1952 como contato confidencial — isto é, informante de categoria inferior.

---

26 Józef Lelito (1915-78) foi um padre da Igreja Católica acusado, sem provas, pelos governantes comunistas stalinistas de espionagem a favor dos Estados Unidos. Junto com outros padres e leigos, foi brutalmente torturado e primeiramente condenado à morte, em 1953. Meses depois a pena foi trocada para prisão perpétua. Em 1963, o processo penal foi suspenso, e, em 1992, bem depois de sua morte, a decisão do primeiro julgamento foi anulada.

27 O UB — Urząd Bezpieczeństwa [Departamento de Segurança] congregava os órgãos de segurança do Estado durante o período stalinista (1944-56), incluindo a polícia secreta que mantinha uma rede de informantes.

Tornou-se TW — Tajny Wpółpracownik [colaborador secreto] — em 29 de janeiro de 1953, ou seja, logo depois do processo da Cúria. Adotou o pseudônimo de «Włodek». Sobre a sinceridade de suas intenções, testemunharia o modo como relatou o processo na Cúria de Cracóvia, sobre o qual escreveu para o *Życie Literackie* e para o jornal soviético *Litieraturnaja Gazieta* — foi assim que o apresentou em seu relatório um tenente do UB.

«A fonte alega que tem a impressão de que no porão de Kisielewski existe algum esconderijo. O supracitado baseia-se no fato de que ele possui um porão muito bem protegido e, em segundo lugar, de que há algumas semanas vem escutando certos murmúrios e estalidos lá embaixo no porão entre meia-noite e duas da manhã» (denúncia de «Włodek» de 15 de julho de 1953).

No *Dziennik Polski* e no filme também citaram outra pessoa da Krupnicza que, por sua vez, denunciava Słomczyński para o Departamento Provincial de Segurança Pública. A denúncia era clara, assinada com nome e sobrenome. Oito páginas datilografadas, em 8 de janeiro de 1953, assinadas por Adam Włodek, escritor, membro do PZPR, «morador em Cracóvia, Krupnicza nº 22».

«A declaração que faço abaixo resulta da consciência de vigilância partidária e cívica. Os fatos relatados são pressupostos — e não afirmações. Não se trata de uma acusação, mas de uma solicitação de vossa atenção. As informações dizem respeito à pessoa de Maciej Słomczyński. [...] Elas provêm da observação e de conversas realizadas com M. Słomczyński por mim, por minha esposa Wisława Szymborska-Włodkowa (também membro do partido e escritora), assim como por Sławomir Mrożek (candidato do partido e escritor). [...] O companheiro Sławomir Mrożek não está informado de que faço esta declaração [...]. As seguintes suposições também me ocorrem: a) que pesam contra Maciej Słomczyński algumas sérias transgressões da época da ocupação [...], b) que chegou à Polônia com tarefas específicas, no entanto deixou de lado o trabalho secreto —

ou por medo, ou talvez convencido da legitimidade de nossos fundamentos políticos [...], c) que Maciej Słomczyński pode estar associado com a inteligência anglo-saxônica desde que voltou ao país. [...]

«De uma semana para cá, percebe-se um expressivo desânimo em Maciej Słomczyński. Dia após dia, vai desaparecendo sua antiga alegria. Associo isso com a descoberta da rede de espionagem WiN.[28] [...] Essas são, é claro, impressões muito sutis, cujo sentido mais preciso e nuances serão mais facilmente esclarecidos numa conversa direta.»

Nessa mesma carta, Włodek faz menção à sua carta de um mês antes para o Departamento de Segurança, na qual dava detalhes referentes ao «incidente com Kisielewski», que ofendeu o companheiro Stálin. Ele escreve que, a bem da verdade, ele e Słomczyński levaram o caso de Kisielewski para o foro público, mas Słomczyński depois não o apoiou mais (Tadeusz Kwiatkowski, em suas lembranças sobre a Krupnicza, escreveu sobre dois jovens escritores, W. e S., que apresentaram uma queixa contra Kisielewski ao Comitê Provincial do Partido Operário Unificado Polonês. Na época, ocultou-os sob essas iniciais). Włodek também afirma que, na reunião da organização da célula de base do partido, acusou Słomczyński de ter escrito uma coisa no currículo oficial e de lhe ter dito outra coisa em particular.

«Ele estava com muito medo de ser preso», informou o *ubek*[29] que conduzia Słomczyński.

«É um texto fora do comum, mesmo com base naquilo que publicava então», disse, no filme, Małgorzata Słomczyńska-Pierzchalska, sobre a reportagem de seu pai a respeito do processo da Cúria de Cracóvia.

---

28 WiN — Wolność i Niezawisłość [Liberdade e Autonomia]: foi uma organização anticomunista civil-militar polonesa fundada em 2 de setembro de 1945, em Varsóvia.

29 Ubek — Termo coloquial, também usado pejorativamente, para se referir aos funcionários do UB — Departamento de Segurança na Polônia comunista.

«É difícil encontrar outra explicação que não seja a de ter sido uma chantagem, de ele ter se sentido sem saída.»

Devia ter medo. Tinha motivos para isso. Tudo em seu currículo testemunhava contra ele: a ascendência (filho de um inglês com uma americana, depois um padrasto polonês o adotou), uma página honrosa de participação no Exército Nacional, a prisão no presídio da rua Pawiak, de onde ele conseguiu sair e, passando por muitas dificuldades, encontrar um jeito de ir para o Ocidente, o trabalho de tradutor numa unidade do Exército americano e, finalmente, o retorno da Europa Ocidental para a Polônia, por sua livre vontade, no ano de 1946. O protagonista ideal para um processo disciplinar (naquele tempo, em tais processos era aplicada a pena de morte).

Na União Soviética, com um currículo desses, naqueles tempos, teria poucas chances de sobreviver, se é que houvesse alguma.

A filha: «Acho que ele fez de tudo para conseguir sair daquela situação».

Dos documentos do Serviço de Segurança [SB]: «No outono de 1953, depois da ida de sua mulher, o informante seguiu para Gdańsk, e então o contato foi interrompido. Solicito a eliminação do informante 'Włodek' da rede ativa da inteligência».

Em 1957, Słomczyński escreveu um esboço de uma novela de acerto de contas, *Cassiopeia*, que foi publicada somente depois de sua morte. É o ano de 1956, os tanques soviéticos se aproximam de Varsóvia e o jovem escritor enceta um diálogo imaginário com o oficial que o recrutou para o serviço secreto: «Durante os últimos anos eu constantemente me desprezava. Eu podia convencer até minha esposa que não — até mesmo me convencer. Mas, bem lá no fundo, aquela coisinha, aquela fagulha, aquela farpa sob a pálpebra da alma».

Quando o Serviço de Segurança tentou novamente recrutá-lo nos anos 1970, negou-se firmemente, e por isso passou a ficar sob vigilância, inclusive com escuta telefônica.

Adam Włodek logo deixou de ser um stalinista convicto. Em 1957, deixou o partido. Durante quase vinte anos atuou como tutor do Círculo de Jovens na divisão da União dos Literatos Poloneses de Cracóvia, e, quando depois da devolução da carteirinha do partido não pôde mais manter uma função oficial, continuou se ocupando dos jovens escritores, sem poupar tempo ou atenção para com eles. Sua casa estava sempre aberta para eles e muitos se lembram dele com gratidão.

Szymborska se separou de Adam Włodek em 1954. Karl Dedecius,[30] seu tradutor alemão, descreveu como a conheceu em meados dos anos 1950: «Ainda continuava sofrendo por causa do relacionamento fracassado com um escritor e ideólogo local, entre as encruzilhadas e descaminhos daquele sentimento juvenil dos primeiros anos do pós-guerra. Isso transparece nos poemas 'Zakochani' [Apaixonados], 'Nic dwa razy' [Nada duas vezes] e 'Buffo' [Ópera bufa]».

Primeiro passará o nosso amor,
depois cem, duzentos anos,
depois nos encontraremos de novo:

um casal de comediantes,
os favoritos do público,
vai nos representar no teatro.

---

30 Karl Dedecius (1921-2016): alemão, nascido na Polônia, onde morou até o início da guerra, quando foi convocado para o serviço no exército alemão. Foi ferido em combate e feito prisioneiro pelos russos, quando então aprendeu russo. Foi professor universitário, tradutor de literatura polonesa e russa para o alemão, ensaísta e teórico da tradução. Popularizou a obra de Szymborska na língua alemã.

Uma pequena farsa com canções,
um pouco de dança, muito riso,
uma boa comédia de costumes
e aplausos.

«Ópera bufa», *Chamando por Yeti*, 1957 [xvii]

«Uma vez ousei perguntar a Wisława Szymborska o que as mulheres viam em Adam. Sem dúvida não era nenhum Adônis, a baixa estatura contribuía para uma figura pesada, não tinha carro nem dinheiro [...], nada que atraísse as mulheres», escreveu Jacek Baluch.[31] Ela lhe respondeu: «Adam era um homem extraordinariamente espontâneo no seu modo de ser, não fingia, e, da mesma forma, uma mulher não precisava simular nada perto dele». E isso dava uma sensação de tranquilidade e segurança.

Szymborska escreveu: «Ficamos casados menos de seis anos, de 1948 a 1954, separamo-nos de comum acordo, sem queixas mútuas, mas isso é dizer pouco. Nós nos separamos como amigos».

A poeta não era exageradamente sociável na vida coletiva do prédio na Krupnicza, no entanto às vezes ia às festas no refeitório. Lembra-se de que compareceu à recepção por ocasião da aposentadoria de dona Lola («Ela discursou tão bonito que eu mesma não conseguiria fazer igual», ela nos disse).

Dona Lola, ou seja, Karolina Surówka, tinha na Krupnicza a função de mensageira, arrumadeira e zeladora, acendia os aquecedores a carvão para os escritores e trazia vodca dos locais ilegais de fabricação.

---

31 Jacek Baluch (1940-): professor universitário, humanista, linguista, estudioso de línguas eslavas e tradutor polonês. Foi preso durante o período do estado de sítio por apoiar o sindicato Solidariedade.

Bronisław Maj,[32] que morava na Krupnicza nos anos 1980 e conhecia dona Lola, graças a isso pôde dublar sua voz no filme documental de Henryk Urbanek sobre a Casa dos Escritores e, às vezes, ainda representa o monólogo de dona Lola («Como convivi com a literatura e a arte»). Encarnando sua personagem no espetáculo humorístico chamado *Pisarze do piórka* [Escritores, peguem suas penas], que comemorava o aniversário de quarenta anos da editora Znak, fez da atendente do guarda-volumes uma personagem cult, símbolo daquele lugar e daqueles tempos («Nunca chegou a ser tão intrometida a ponto de ler os livros dos escritores seus conhecidos», ele nos disse).

«Era feia como a noite, mas fazia sucesso com os homens», contou Szymborska. «Tinha bom humor. Antigamente, nas escadinhas debaixo do seu apartamento, ficavam os adoradores. Quando se escutavam os sons de violão, já se sabia que algum deles tinha voltado da prisão ou recebera uma licença.»

Depois do divórcio, Szymborska ainda continuou morando no prédio da Krupnicza e Włodek conseguiu um apartamento de dois cômodos com cozinha em Nowa Huta. Logo se transferiu para uma quitinete de vinte metros quadrados no bairro Grzegórzki, porque não podia aceitar que seu conhecido se amontoasse ali com a esposa, a filha e a sogra; então trocou de lugar com ele. Włodek morou na rua Daszyńskiego nº 7 até o fim da vida.

«Lembro quando, uma vez, Maryna, a mulher de Jerzy Zagórski, me perguntou: 'Wisia,[33] onde você almoça?' Eu respondi que comia no refeitório da Krupnicza, porque era confortável, era só descer as escadas e já tinha meu almoço. E Maryna perguntou: 'Eles ainda continuam

---

32 Bronisław Maj (1953-): doutor em estudos humanísticos, escritor, poeta, tradutor, roteirista e ator polonês.

33 Wisia — um dos diminutivos de Wisława.

pondo meias dentro da panela quando cozinham o *bigos*?'».[34]

A própria Szymborska em nenhum lugar menciona o local onde morou por mais de quinze anos. Uma única vez, numa rubrica anônima no «Correio literário», no qual comentava os manuscritos enviados ao *Życie Literackie* pelos aspirantes ao papel de escritores, a Krupnicza apareceu sob o disfarce de um prédio submetido a uma reforma geral durante muitos anos. «Dezenas de operários da construção civil passam pela casa. Batem na porta e, quando se pergunta 'quem é?', não respondem 'o pedreiro' ou 'o oleiro', mas 'o cara dos canos', 'é pro problema do teto', 'vim pro aquecedor a carvão'. Que pena, porque a profissão de pedreiro tem uma tradição respeitável, e a profissão 'é pro problema do teto' não existe nem existirá.»

Ficamos sabendo por Szymborska que o refeitório da Krupnicza foi muito bem retratado por Adam Zagajewski em suas minicrônicas memoriais.

«Aqueles cheiros, os bate-papos, a comida, as cenouras, a imortal carne moída com beterrabas, a calda morna de ameixas. Ele leu isso em seu recital . Mais tarde, chamei sua atenção para uma coisa que ele não tinha percebido: que no copo sempre havia uma ameixa, mas dois caroços. De onde aquele outro caroço? Eis a questão.»

No capítulo «Nowy Mały Larousse» [O novo pequeno Larousse] de seu livro *Dwa miasta* [Duas cidades], Zagajewski menciona — além das beterrabas e da carne moída — a sopa de cogumelos aguada, a canja de galinha rala, os tristes pierogues e as costeletas de porco nanicas. «As Casas de Escritores», escreveu, «eram uma invenção dos soviéticos: aquartelar os escritores num só lugar facilitava o controle de suas

---

34 *Bigos* é um prato à base de carnes e repolho azedo, que quando cozido tem um cheiro forte e característico. Provavelmente a amiga de Szymborska brinca com o cheiro exalado do cozimento do *bigos*, como se fosse de meias com cheiro fétido pelo suor dos pés.

mentes, canetas e carteiras. Qualquer um que tenha lido sobre Bulgákov, Mandelstam ou Pasternak lembra com certeza das histórias sobre os prédios e apartamentos literários, sobre as casas nas quais se podiam contar mais máquinas de escrever do que fogões a gás.»

«A Krupnicza não era um lugar para ficar muito tempo», contou Szymborska. «Havia banheiros de uso comum nos corredores, para os quais todos tinham chave. Meu último apartamento tinha tanto mofo que peguei uma alergia grave. Todas as vezes que depois eu ia lá visitar alguém, sentia aquele cheiro bolorento de umidade. Um lugar pavoroso.»

Fomos até lá no inverno de 1996. O reboco do prédio sórdido estava caindo. Nas escadas sentia-se o cheiro de mofo. Parte da casa não tinha água. A tinta das janelas havia muito não existia. Os balcões do pátio se ligavam com as escadinhas contra incêndio, conhecidas como caracol. Somente por essas escadas enferrujadas e cobertas com gelo era possível chegar ao quartinho entulhado do primeiro andar, ocupado por dona Lola, que tinha então noventa anos, e que desde 1945 sempre havia morado lá. Tinha conhecido todos os que passaram pela Krupnicza. Mas dona Lola já não se lembrava de nada.

«Em torno da Krupnicza criou-se uma lenda, mas o lugar inteiro era soturno como um céu nublado», disse-nos Aleksander Ziemny.[35] «Havia muita fofoca maldosa. Os encontros enfadonhos duravam uma eternidade. Além dos escritores adaptados aos novos tempos, moravam lá também tradutoras solteironas que vinham para o refeitório usando jabôs de renda, não suportavam as batatas do caldeirão e invocavam a cozinheira de uma casa da nobreza. Uma vez, um senhor idoso de procedência aristocrática aproximou-se da mesinha e educadamente perguntou a Gałczyński: 'Como está a sopinha hoje, ilustre senhor?'. Konstanty Ildefons respondeu: 'Ruim pra caralho'. E assim era a Krupnicza.»

---

35 Aleksander Ziemny (1924-2009): poeta, jornalista, prosador e tradutor polonês.

CAPÍTULO 8

O degelo, ou seja,
«tempo de tomar a própria cabeça nas mãos»

Num dos filmes de Charles Chaplin há uma cena em que ele está fazendo a mala. Carlitos senta-se na mala, pula em cima dela, e, quando finalmente consegue fechá-la, ficam para fora umas partes das roupas de baixo, de um suspensório e um colarinho esmagado. Carlitos, então, pega uma tesoura e corta tudo o que ficou para fora. Wisława Szymborska se lembrava dessa cena e recordou-a num discurso que pronunciou em agosto de 1991, na Igreja de São Paulo, em Frankfurt, quando recebeu o Prêmio Goethe. «Assim acontece com a realidade que queremos forçosamente fazer caber na valise da ideologia.»

«A realidade mostra às vezes um lado tão caótico e tão assustadoramente incompreensível», ela disse, «que gostaríamos de nela detectar alguma ordem duradoura, nela efetuar a separação entre o que é importante e o que é insignificante, obsoleto e novo, aquilo que atrapalha e aquilo que ajuda. Essa é uma tentação perigosa, porque então entre o mundo e o progresso muitas vezes se intromete alguma teoria, alguma ideologia que promete organizar e esclarecer tudo. Existem escritores aqui no país que resistiram a essa tentação e preferiram acreditar no seu próprio instinto e consciência do que em qualquer mediador. Eu, infelizmente, sucumbi a essa tentação, o que testemunham minhas duas primeiras coletâneas de poemas.»

Foi assim que, pela primeira vez, ela falou publicamente sobre o assunto de seu engajamento com o comunismo. Talvez tenha reconhecido que um prêmio tão prestigioso fazia dela, quisesse ou não, uma pessoa pública, e isso exigia certas atitudes.

Também em 1991, confessou numa conversa com Wojciech Ligęza:[1] «Ora, se não fosse essa tristeza, esse sentimento de culpa, então talvez eu nem me arrependesse das experiências daqueles anos. Sem elas, eu nunca teria sabido de verdade o que é a crença numa razão única. E, aí, como é fácil não saber algo que não se quer saber. E a que malabarismos mentais podemos chegar no confronto com os argumentos alheios».

E ainda, naquele mesmo ano de 1991, numa conversa com o poeta Adam Michajłów: «Pertenço a uma geração que acreditava. Eu acreditava. E, quando deixei de acreditar, parei de escrever aqueles poemas. [...] Depois da guerra, parecia-nos que tudo o que estava acontecendo era melhor. Realmente não sabíamos de tudo. Em certo sentido, éramos muito tolos e ingênuos, mas também desprezávamos, por exemplo, as coisas materiais. Não pensávamos em nos darmos bem, em ter bons empregos. Isso pode soar engraçado, mas eu olhava com desdém para as minhas amigas trajando elegantes vestidos de baile — como é que pode! Estamos aqui lutando por um mundo melhor, como é que se pode pensar num vestido de baile? Nós nos caracterizávamos por uma grande abnegação, sonhávamos com coisas grandes, embora tudo aquilo estivesse recheado do que não queríamos saber [...]. Eu cumpri minha 'tarefa poética' com a convicção de que estava fazendo o certo. Essa foi a pior experiência da minha vida».

---

1 Wojciech Ligęza (1951-): historiador da literatura, ensaísta e crítico literário polonês.

O DEGELO, OU SEJA, «TEMPO DE TOMAR A PRÓPRIA CABEÇA NAS MÃOS»

Ainda em maio de 1955, Szymborska havia escrito para o *Życie Literackie* um editorial formal, no qual expressava sua gratidão para com o Exército Vermelho e o marechal Konev pela libertação de Cracóvia. Menos de um ano depois (dois meses antes dos incidentes de junho em Poznań),[2] foi publicado em *Przegląd Kulturalny* [Revisão Cultural] seu poema de retratação:

Tempo de tomar a cabeça nas mãos dizendo
a ela: Pobre Yorick, onde está sua ignorância,
sua confiança cega, sua inocência,
seu vaidarcerto, o equilíbrio do espírito
entre a verdade verificada e a não verificada?

Acreditei — traíram, seus nomes eles não merecem,
já que ervas daninhas zombam das ignotas covas
e os corvos caçoam e as nevascas escarnecem
mas eles, Yorick, eram testemunhas enganosas.

A eternidade dura para os mortos enquanto
com a memória lhes pagamos.
Moeda instável. Não há dia portanto
em que a eternidade não percamos.

Hoje sei mais sobre a eternidade:
alguém a pode dar e depois subtrair.

---

2   A revolta de Poznań, de 28 a 30 de junho de 1956, foi o primeiro dos grandes protestos de massa que ocorreram na Polônia contra o governo comunista. Cerca de 100 mil trabalhadores exigiam melhores condições de trabalho e foram contidos com grande violência, resultando em dezenas de mortos e feridos.

O chamado traidor, sem piedade,
junto com seu nome, há de sucumbir.
[...]

Vêm até nós. E afiados como um diamante
— as vidraças externamente polidas,
as janelinhas dos apartamentinhos aconchegantes,
os óculos cor-de-rosa, os cérebros
e corações de vidro, silenciosamente cortando.

«Reabilitação», *Chamando por Yeti*, 1957

A protagonista desse poema é absolutamente impiedosa consigo mesma, não busca justificativa em sua própria fé nem na ignorância, reconhece sua impotência e incapacidade para compensar os danos infligidos, de maneira que provoca arrepios gélidos na espinha. Escreve sobre os ferimentos na consciência e na memória, que nada pode curar (chama a si mesma de «Sísifo designado para o inferno da poesia»).

«Reabilitação» é provavelmente o poema mais trágico de toda a obra de Szymborska, já que nenhuma concepção poética, gracejo ou ironia, que, aliás, aparecem a partir deste livro como uma marca registrada peculiar da poeta, suavizam a pungência de sua mensagem.

Repenso o mundo, segunda edição,
segunda edição corrigida,
[...]
O tempo (capítulo dois)
tem direito de se meter
em tudo, coisa boa ou má.
Porém — ele que pulveriza montanhas

O DEGELO, OU SEJA, «TEMPO DE TOMAR A PRÓPRIA CABEÇA NAS MÃOS»   137

remove oceanos e está
presente na órbita das estrelas
não terá o menor poder
sobre os amantes, tão nus
tão abraçados, com o coração alvoroçado
como um pardal na mão pousado.

A velhice só é moral
na vida de um marginal.
Ah, então todos são jovens!
O sofrimento (capítulo três)
não insulta o corpo.
A morte
chega com o sono.
[...]

O mundo, só assim. Só assim
viver. E morrer só esse tanto.
E todo o resto — é como Bach
tocado por um instante
num serrote.

«Repenso o mundo», *Chamando por Yeti*, 1957 [xviii]

Poucos desses acertos de conta poéticos consigo mesma vieram a lume (ela os publicou por algum motivo no varsoviano *Przegląd Kulturalny* e não em seu periódico matriz, o *Życie Literackie*), mas cada um deles tinha seu peso específico: o primeiro, «Pogrzeb» [Funeral], inspirado na exumação e no novo sepultamento das cinzas de László Rajk, um comunista condenado à morte num julgamento de fachada em 1949 (a censura apagou o sobrenome do título, mas para o leitor daquela época o contexto era óbvio); o segundo, o poema intitulado «Przyjaciołom» [Aos amigos], amigos esses que, à semelhança da própria poeta, passaram por um curso intensivo de amadurecimento, mas, «no caminho da falsidade para a verdade, deixaram de ser jovens»; também o poema «Dwie małpy Bruegla» [Dois macacos de Bruegel], com seu início cult repetidamente evocado: «É assim meu grande sonho sobre os exames finais»;[xix] e finalmente um vivaz poeminha sem título, com um estilo rimático aparentemente simples, mas, na verdade, descrevendo um grave confronto com a história, diante do qual não há outra escapatória a não ser a morte:

> A história que segue morosa
> com trombetas não me deixa só.
> A cidade em que eu morava
> tem o nome de Jericó.
>
> Tomba de mim, desaba
> muro após muro ta-ra-rá
> Estou totalmente desnuda
> sob o uniforme do ar.
>
> Tocai trombetas em harmonia,
> com toda a capela ide tocar.
> Só a pele cairá um dia
> e os ossos vão me branquear.
>
> ***, Chamando por Yeti, 1957

O livro de Szymborska, logo após a publicação, tornou-se — como escreveu o crítico literário Stanisław Balbus[3] — «um dos mais importantes fatores contribuintes para a ressurreição da poesia polonesa depois de Outubro».[4]

No outono daquele mesmo ano, quando *Chamando por Yeti* foi publicado, a poeta e seus colegas escritores Sławomir Mrożek e Tadeusz Nowak[5] viajaram para Paris graças a uma bolsa de trabalho.

Um dia, já em janeiro de 1958, junto com Jan Józef Szczepański, entraram no trem de subúrbio na estação Saint-Lazare. Depois de 25 minutos estavam em Maisons-Laffitte. Ainda tinham de andar vinte minutos pela rua General Leclerc, que dava na avenida de Poissy. Lá, uma bela casa coberta com hera americana ficava num jardim no número 91. Na entrada, Jerzy Giedroyc[6] recebeu-os. Esse caminho para a revista

---

3   Stanisław Balbus (1942-): professor universitário emérito polonês, teórico da literatura, linguista e pesquisador de linguagem artística.

4   Referência ao curto período iniciado no mês de outubro de 1956, mês de importantes mudanças políticas na Polônia, chamado de «degelo de Gomułka», que trouxe, durante algum tempo, um abrandamento da censura e alguma revisão do passado stalinista.

5   Tadeusz Nowak (1930-91): poeta polonês e também prosador e tradutor de literatura russa e húngara, entre outras.

6   Jerzy Giedroyc (1906-2000): polonês, editor, jornalista, político e ativista da imigração polonesa, foi o criador do Instituto Literário, no âmbito do qual publicou a revista *Kultura* (ver nota seguinte), que teve a publicação interrompida depois de sua morte. Viveu na França a partir de 1947, trabalhando no Instituto Literário, cuja sede se encontrava na localidade de Maisons-Laffitte, perto de Paris. Seu nome constava da lista negra do governo comunista na Polônia, e, por isso, não podia ter seus escritos publicados no país. Morreu na França.

parisiense *Kultura*[7] foi trilhado antes deles por não mais do que algumas dezenas de pessoas da Polônia, mas depois deles vieram centenas.

«É claro que temíamos aquela visita», contou-nos Jan Józef Szczepański, «mas a curiosidade era mais forte. Eu, como apartidário, me arriscava menos; Mrożek e Nowak, na época, estavam politicamente marcados, Szymborska também ainda pertencia ao partido. Creio que desapontamos Giedroyc. Ele nos fez perguntas muito concretas: o que, quem, quando disse, o que está acontecendo no governo. Nenhum de nós conseguiu responder.»

Jerzy Giedroyc não se lembra de que a futura ganhadora do Prêmio Nobel o tenha visitado. «Em 1957», escreveu-nos, «uma enchente de escritores do nosso país esteve aqui.»

«Giedroyc pode não se lembrar», disse Szymborska, «mas eu me lembro muito bem daquela visita. Ele estava interessado exclusivamente em política. Lamento que Józef Czapski[8] não estivesse lá. Depois, nunca mais tive oportunidade de conhecê-lo.»

---

7   A revista *Kultura* era uma publicação mensal em língua polonesa, de grande prestígio e que alcançou excepcional importância para a cultura polonesa. Foi publicada entre 1947 e 2000, inicialmente em Roma, e, a partir de 1948, em Paris, pelo Instituto Literário, que constituía um centro cultural e político para a emigração polonesa depois da Segunda Guerra Mundial. *Kultura* publicou grandes nomes da literatura e crítica polonesas e de outros países. Contou com colaboradores como Czesław Miłosz, Wisława Szymborska, Maria Janion, Wojciech Karpiński, Jan Kott, Gustaw Herling-Grudziński, Witold Gombrowicz, Marek Hłasko, Zbigniew Herbert, Sławomir Mrożek, Józef Czapski, Konstanty Jeleński, Bogdan Czaykowski, Andrzej Bobkowski, Stanisław Barańczak, Zygmunt Bauman, Emil Cioran, Albert Camus, Thomas S. Eliot, George Orwell, Osip Mandelstam, Simone Weil, André Malraux e Jerzy Giedroyc, entre inúmeros outros.

8   Józef Czapski (1896-1993): pintor, escritor e soldado polonês, que conheceu as agruras das prisões soviéticas e escreveu sobre elas em sua autobiografia.

O DEGELO, OU SEJA, «TEMPO DE TOMAR A PRÓPRIA CABEÇA NAS MÃOS» 141

No outono de 1957, quando fecharam a *Po prostu* [Simplesmente], uma revista que preparou o terreno para o Outubro Polonês, Adam Włodek saiu do partido. Szymborska não seguiu seus passos, mas — como nos disse — a partir de 1956 já não escreveu nenhum poema do qual teria de se envergonhar e que depois não pudesse publicar.

«Na época havia um pensamento de que era necessário estar dentro e se empenhar em reparar o que estava errado. Eu estava pronta para cair fora antes, mas a gente esperava. Fico feliz, no entanto, que minha mãe tenha conseguido viver até depois do Outubro, quando comecei a pensar diferente.»

Quando depois do Outubro surgiu um tempo — segundo definição de Szymborska — «mais gentil para as almas reservadas», seus poemas começaram a se conformar mais à sua natureza. No livro seguinte, depois de *Chamando por Yeti*, já não há retratação, já não há política. É somente ela, única, distinta, particular.

No rio de Heráclito
eu peixe único, eu peixe separado
(ao menos do peixe árvore e do peixe pedra)
escrevo, em momentos isolados, pequenos peixes
de escamas tão fugazmente prateadas
que talvez a escuridão pisque de embaraço.

«No rio de Heráclito», *Sal*, 1962[xx]

Ela enviou esse livro a seu amigo e crítico Ryszard Matuszewski[9] com a dedicatória: «Por favor, aceite esses poemas que preenchem uma

---

9 Ryszard Matuszewski (1914-2010): ensaísta e crítico literário polonês, autor de livros escolares e tradutor, foi também chefe do departamento de poesia da editora Czytelnik.

grave lacuna entre Shakespeare e Hermenegilda Kociubińska».[10]

Ela nunca se importou com prêmios. «Eu ficava feliz, principalmente, porque não estava entre aqueles que ganhavam prêmios criados pelo Estado», contou-nos. «Sei que consideraram meu nome algumas vezes, mas sempre apareciam algumas autoridades que eram contra. Não sei seus sobrenomes, mas até hoje lhes sou grata.»

Em 1964, bem na metade do governo de Gomułka,[11] 34 escritores e eruditos emitiram um protesto contra a restrição na quantidade de papel para a impressão de livros e a exacerbação da censura. Quando a Radio Wolna Europa [Rádio Europa Livre] divulgou o conteúdo da carta, as autoridades desencadearam uma campanha propagandista histérica e organizaram uma ação de coleta de assinaturas contra.

«Nós, escritores abaixo assinados, expressamos nosso firme protesto contra a campanha organizada para desacreditar a República Popular da Polônia, perpetrada na imprensa ocidental e nas ondas da diversiva emissora Wolna Europa», escreveram os membros da União dos Literatos Poloneses. A ação tomou tal ímpeto que logo havia seiscentas assinaturas na carta antagonista — 60% dos sócios da União dos Literatos Poloneses. Sua carta foi publicada em colunas da imprensa diária. Ao lado dos nomes dos companheiros que foram

---

10 Hermenegilda Kociubińska era uma das principais personagens do *Teatrzyk Zielona Gęś* [Teatrinho Ganso Verde], uma série de esquetes humorísticos de estilo grotesco e absurdo escritos por Konstanty Ildefons Gałczyński entre os anos de 1946 e 1953. Kociubińska, apesar de já passada em anos, se autointitulava «uma jovem poeta polonesa», sendo a personificação do tipo feminino na literatura que era baseado «no suspiro e somente no suspiro».

11 Władysław Gomułka (1905-82): político comunista polonês que, de 1943 a 1971, atuou em vários cargos importantes no Partido Comunista e no governo. De 1956 a 1970, foi primeiro-secretário do Comitê Central do Partido Comunista.

O DEGELO, OU SEJA, «TEMPO DE TOMAR A PRÓPRIA CABEÇA NAS MÃOS»

delegados para lutar na frente literária figuravam igualmente nomes de bons escritores, como Julian Przyboś, Tadeusz Różewicz e Jarosław Marek Rymkiewicz. E também Wisława Szymborska.

Versões da carta de retaliação foram modificadas durante o processo de assinaturas e muitas vezes não se davam ao trabalho de notificar os signatários de que o texto tinha sido modificado. Então, calhou de alguém ter assinado a primeira versão e sua assinatura estar na última. A filial da ULP em Cracóvia apresentou sua própria correção da primeira declaração da carta antagonista, mas os nomes dos escritores de Cracóvia foram, mesmo assim, impressos abaixo do texto «nacional».

«É com grande surpresa», Wisława Szymborska escreveu para a direção da ULP, «que vi meu nome abaixo do texto de uma declaração que não assinei. Assinei outra versão. Se aconteceu de ela, por algum motivo, ter se tornado inapropriada, então era obrigação que me convencessem disso e não me pusessem diante de um fato consumado.»

Foi a última vez, então, que ficou do mesmo lado das autoridades.

Dois anos mais tarde, em 1966, Leszek Kołakowski,[12] desde 1956 um revisionista, símbolo de coragem e postura crítica, proferiu um discurso na Universidade de Varsóvia, no aniversário do Outubro Polonês, relembrando seus postulados: restauração da soberania do país, abolição dos absurdos na economia, garantia da liberdade de crítica e estabelecimento de associações, introdução do princípio de responsabilidade do governo perante a sociedade e abolição dos conteúdos doutrinários destrutivos na cultura.

---

12 Leszek Kołakowski (1927-2009): filósofo, ensaísta e jornalista polonês. Era, a princípio, um dos principais arautos da doutrina marxista da Polônia, mas, depois de seu famoso discurso citado nesta biografia, proibiram-no de publicar escritos na Polônia, o que o obrigou a emigrar e dar aulas em diversas universidades, tendo se estabelecido finalmente em Oxford.

Aquilo que se falava logo depois do abrandamento da euforia de outubro — mas somente entre amigos — pela primeira vez foi dito em público. As autoridades reagiram com a expulsão de Kołakowski do Partido (PZPR). Numa atitude de solidariedade, Szymborska devolveu a carteirinha de filiação partidária. «Depois eu me reprovava por ter demorado muito», disse-nos, «mas ao mesmo tempo me parabenizava de que, pelo menos, consegui fazê-lo no momento oportuno e não tive de viver os acontecimentos de 1968 como um membro do partido, mesmo que inativo.»

Entre os que anteriormente aumentaram as fileiras de apartidários no gesto de solidariedade a Kołakowski estavam Jacek Bocheński, Marian e Kazimierz Brandysowie, Tadeusz Konwicki, Igor Newerly, Julian Stryjkowski e Wiktor Woroszylski; no total, doze escritores. Szymborska foi a única pessoa que não era de Varsóvia que se uniu ao grupo.

Foram enviados dois telegramas a seu respeito pelo Comitê Provincial em Cracóvia para o companheiro Kraśko, do Comitê Central. «Um fato que também exige registro é a saída do Partido da conhecida poeta Wisława Szymborska, da organização dos Escritores em Cracóvia», lemos nos documentos do Departamento de Cultura do Comitê Central do PZPR. «Ela baseia sua decisão no tratamento excessivamente severo da direção do partido, segundo sua opinião, em relação a alguns escritores de Varsóvia. A organização do Partido junto à filial da União dos Literatos Poloneses em Cracóvia, numa reunião especial sobre esse assunto, emitiu uma opinião negativa referente ao passo dado por Szymborska.»

Kołakowski se lembra dos colegas e amigos que romperam com o partido por sua causa, mas, sobre Szymborska, ele ficou sabendo por nosso intermédio: «Acho que eu não estava ciente de que ela também tivesse deixado as fileiras do partido e, de certa forma, por minha causa».

O DEGELO, OU SEJA, «TEMPO DE TOMAR A PRÓPRIA CABEÇA NAS MÃOS»

Na República Popular da Polônia [sigla em polonês PRL],[13] a saída do partido era tratada pelas autoridades como uma declaração inequívoca de oposição ao sistema, e embora pudesse suceder que, entre os alguns milhões de membros do partido, uns e outros lamentassem sua entrada no PZPR, era raro que alguém realizasse um gesto tão radical quanto a devolução da carteirinha de filiação partidária.

Wisława Szymborska: «Quando saí do PZPR, um companheiro do partido perguntou: 'Como é que você vai fazer agora? Você vai ficar completamente sozinha'. Porém, se o assunto era solidão, então eu já a estava sentindo antes. Eu estava condenada a certo tipo de pessoas com as quais, no fim das contas, se conversava com cada vez menos sinceridade».

Ela tinha certeza de que iam demiti-la do trabalho, mas se tranquilizou quando fez as contas e viu que, se comesse apenas trigo sarraceno e bebesse leite fermentado, isso bastaria para que sua poupança durasse dois ou talvez até três anos.

Foi então, bem na metade dos anos 1960, que fez amizade com Ewa Lipska,[14] que era mais de vinte anos mais nova do que Wisława e que na época estava num relacionamento com Adam Włodek.

«Eu observava a linda amizade entre eles», contou-nos Lipska. «Não havia dia em que não se falassem. Quem ouvia primeiro alguma coisa no rádio já ligava para compartilhar a informação. Naquele tempo não tinha isso de todo mundo saber de tudo pela internet. Além do mais, eles gostavam de se provocar, não falavam logo, mandavam adivinhar

---

13 Em polonês, Polska Rzeczpospolita Ludowa ou PRL, que era a denominação oficial da Polônia entre os anos de 1952 e 1989, quando o país fazia parte da União Soviética (URSS). Por sua popularidade na Polônia, usaremos a sigla em polonês ao nos referir-mos à República Popular da Polônia nesta tradução.

14 Ewa Lipska (1945-): premiada poeta e colunista polonesa.

o que havia acontecido. Adam é uma pessoa muito importante na vida de Wisława e na minha. Tinha uma intuição genial, uma mente excepcional para a avaliação de poemas.»

Todos os que o conheceram como tutor do Círculo de Jovens da União dos Literatos Poloneses falam desse seu dom. «Adam sabia criar um clima incomum em torno da poesia e dos poetas, algo como um tipo de universidade poética peculiar», lembra-se Leszek A. Moczulski.[15] «Tinha um talento enorme, uma empatia excepcional, até mesmo a sabedoria de prognosticar — sabia em que territórios, estratos e sedimentos da poesia de cada um de nós, escritores, procurar as mais importantes palavras-chave ou brotos, dos quais poderiam se desenvolver criações interessantes e singulares.»

«Eu nunca mostrava a ninguém meus poemas, não me aconselhava com ninguém», disse-nos Szymborska. Com apenas uma exceção: Adam Włodek. Ele era sempre seu primeiro leitor atento.

«Aconteceu de meus maravilhosos colegas mais velhos derraparem», disse Ewa Lipska. «Depois me contaram que tipo de sedução foi aquela. Foram eles que me formaram, e graças às suas mutilações eu sou assim como sou. É uma grande sorte ser artista numa época em que a história não tem oportunidade de te testar. Minha geração lucrou com a experiência deles.»

«Se a pessoa quer acreditar, ela acredita e repele os argumentos em contrário», Szymborska nos explicou o mecanismo de sua cegueira ideológica. «No entanto, não lamento aquela experiência, embora ela tenha durado tempo demais. Mas, graças a ela, hoje eu compreendo certos estados emocionais, sei o que significa acreditar em algo tão fortemente a ponto de estar cego para argumentos e fatos.»

---

15   Leszek Aleksander Moczulski (1938-2017): poeta polonês, também autor de letras de canções famosas.

O DEGELO, OU SEJA, «TEMPO DE TOMAR A PRÓPRIA CABEÇA NAS MÃOS»

No final dos anos 1990, falando sobre seu afastamento da ideologia, repetiu isso mais uma vez, até com mais firmeza: «Não considero aqueles anos como completamente perdidos. Eles acabaram por me proteger para sempre de todas as doutrinas que libertam as pessoas da obrigação de ter o pensamento independente. Sei como é isso: perceber só aquilo que se deseja perceber, ouvir apenas aquilo que se deseja ouvir e suprimir eficazmente todas as dúvidas».

Essa transformação — de uma pessoa que tem certeza de sua opinião numa pessoa com dúvidas — foi confirmada num poema:

Prefiro-me gostando das pessoas
do que amando a humanidade.
[...]
Prefiro os moralistas
que nada me prometem.
[...]
Prefiro guardar certa reserva.
Prefiro o inferno do caos ao inferno da ordem.

«Possibilidades», *Gente na ponte*, 1986[xxi]

Falando sobre essa mudança, evocou o aforisma do genial humorista russo Arkady Avertchenko: «as pessoas se tornam burras por atacado e sábias a varejo», e acrescentou que o processo de emburrecimento ocorreu instantaneamente, mas atingir a razão foi um processo longo e sofrido.

Ela o descrevia assim: «Acho que começamos pelos argumentos. Eles nos eram colocados com insistência perante cada assunto duvidoso e moralmente obscuro. Sabíamos quem tinha começado a Guerra da Coreia, sabíamos por que a Polônia tinha rejeitado com asco o plano Marshall etc. Sabíamos perfeitamente por que os exércitos soviéticos não puderam vir em auxílio do Levante de Varsóvia, embora quisessem muito fazer isso, sabíamos por que vários ativistas até então admiráveis, de terça para quarta, se revelaram inimigos do povo. Causava preocupação, no entanto, que aqueles assuntos que exigiam uma explicação mais elaborada, em vez de minguarem, continuassem se multiplicando. Mas, fosse como fosse, não éramos cínicos e sonhávamos com fatos, cujo sentido se explicasse por si, sem malabarismos dialéticos. Aquilo começou a nos atormentar, depois torturar, depois enojar. Lembro-me de que já tínhamos recebido com revolta o comentário da propaganda sobre os chamados incidentes de Poznań. Também mais ou menos nessa mesma época, começamos a verificar a credibilidade dos argumentos utilizados em acontecimentos anteriores, começamos a pensar».

Talvez tenha sido essa a única vez em que Szymborska escreveu sobre si mesma no plural. «Nós» quer dizer ela e Adam Włodek — ela escreveu tudo isso em memória dele, mas «nós» significava também os jovens escritores e poetas de sua geração, aqueles que acreditaram.

Adam Zagajewski escreveu: «O mais importante é como se sai desse beco, e não como se chega a ele. Todos nós, sobretudo na tenra juventude, podemos cometer erros. E Wisława Szymborska deu a volta por cima de seu erro de uma forma notável. Em toda a sua obra posterior encontramos um eco sempre presente daquele erro. Era uma pessoa e uma escritora sedenta da verdade e da probidade intelectual, e isso, de ter errado na sua juventude, foi para ela não apenas uma pequena lição, como dizemos, mas também um grande aprendizado. Ela construiu sua obra da fase madura refletindo sobre aqueles anos, sobre aqueles poemas, os quais nunca quis republicar. E isso é para nós, com toda certeza, muito mais interessante e construtivo do que 'a Wisława Szymborska no início dos anos 1950'».

CAPÍTULO 9

Quinze anos no *Życie Literackie*

No inverno de 1955, foi publicada no *Życie Literackie* uma coluna de estreias poéticas sensacionais e postergadas: poemas de Miron Białoszewski,[1] Stanisław Czycz, Bohdan Drozdowski, Jerzy Harasymowicz e Zbigniew Herbert, com comentários de conhecidos poetas e críticos literários. Foi um dos acontecimentos mais importantes do degelo polonês. A chefe da seção de poesia, já havia quase três anos, era Wisława Szymborska, que em nossa conversa, no entanto, diminuía com modéstia seu papel: «Foi o Artur Sandauer que veio com essa ideia para a redação, eu apenas fui 'a favor'».

Ela ia à redação todo dia e ficava lá entre 11h e 14h30. Os colegas da redação diziam que Wisława era calada e raramente tomava a palavra nas reuniões editoriais. Como chefe da seção, cuidava para que bons nomes fossem publicados. Na exposição organizada depois do Nobel pela Universidade Jaguielônica, encontravam-se suas cartas com pedidos de poemas para Konstanty Ildefons Gałczyński e Julian Przyboś.

---

1 Miron Białoszewski (1922-83): poeta, escritor, dramaturgo e ator polonês. Seu livro mais famoso são suas memórias do Levante de Varsóvia.

Também se reportou a Jastrun, Iwaszkiewicz,[2] Różewicz e Zagórski, pediu traduções de Błok, Khlébnikov e Pasternak. Mas também tinha coração para os estreantes, como nos contou: «Sobretudo para aqueles que não eram excessivamente confiantes em si e que pelo menos se esforçavam para compreender o que eu queria dizer com isso. Não digo que se adequassem de imediato às minhas considerações. Lembro quando Ireneusz Iredyński apareceu pela primeira vez na redação.[3] Ficou de pé com as pernas abertas, com as mãos dentro dos bolsos, olhou para mim, e dava para ver o que ele pensava: 'E aí, sua idiota? O que me diz?'. Pois é, a maioria pensava como ele. Só que os poemas que ele trouxe naquele dia já tinham em si certa excelência. Depois nos encontramos algumas vezes, e, desde então, ele sempre se comportava amigavelmente».

A seção de poesia era visitada por multidões de estreantes. Alguns deles se lembraram da primeira visita à redação e da intimidação que sentiram diante de Szymborska. Adam Zagajewski nos contou: «Quando eu era um poeta jovem e inseguro, levei-lhe uns poemas e ela pegou um deles. Foi simpaticamente irônica». Leszek Moczulski não teve coragem de levar sozinho seus poemas, mas seu colega Wincenty Faber pegou versos de sua autoria e dos colegas do Clube Literário Interuniversitário e levou-os ao *Życie Literackie*. Szymborska lhes deu uma coluna inteira para uma estreia conjunta.

---

2   Jarosław Leon Iwaszkiewicz, pseudônimo Eleuter (1894-1980): poeta, prosador, ensaísta e tradutor polonês, foi cofundador do grupo literário Skamander, redator--chefe da revista literária *Twórczość*, presidente da União dos Literatos Poloneses durante 21 anos, diplomata e deputado. Ele e sua esposa foram homenageados com a medalha dos Justos entre as Nações.

3   Ireneusz Iredyński (1939-85): prosador, poeta, dramaturgo, roteirista e autor de letras de músicas e programas de rádio.

Certo dia, um professor de medicina, dr. Julian Aleksandrowicz, ligou para ela e disse que uma jovem poeta gravemente doente do coração estava internada no hospital onde ele trabalhava e que ela escrevia bons poemas. «Foi dessa maneira que conheci Halinka Poświatowska,[4] era um fenômeno, um dos mais belos rostos que jamais vi», disse-nos Szymborska. «Ela queria muito viver, queria dançar, se divertir e nada disso lhe era permitido. Até o amor era perigoso. Em 1965, encontrei-me com ela em Paris, Halina costumava andar pela cidade à noite. Lembro que ela me acompanhou até o ônibus, deu-me violetas e ficou ainda bastante tempo no ponto, cada vez mais pequenina ao longe.»

Quando logo depois, mal tendo completado 32 anos, Halina Poświatowska morreu, Szymborska lhe dedicou um poema. É a única dedicatória que encontramos em seus livros. Dedicatória, além disso, incomum, escrita no fim e não no começo do poema.

Em perigo, a holotúria se divide em duas:
com uma metade se entrega à voracidade do mundo,
com a outra foge.
[...]

No meio do corpo da holotúria se abre um abismo
com duas margens subitamente estranhas.

Em uma margem a morte, na outra a vida.
Aqui o desespero, lá o alento.
[...]

---

4   Halina Poświatowska (1935-67): poeta polonesa, escreveu sua autobiografia, publicada um pouco antes de sua morte precoce, e também contos, histórias infantis e dramas.

Também nós, é verdade, sabemos nos dividir.
Mas somente em corpo e sussurro interrompido.
Em corpo e poesia.

[...]

In memoriam Halina Poświatowska

«Autotomia», *Todo o caso*, 1972[xxii]

Em outra ocasião, apareceu na redação uma jovem que trazia uma tradução dos poemas de Marina Tsvetáeva;[5] não se apresentou, fez uma mesura e fugiu. Szymborska gostou das traduções, mas não podia publicá-las sem saber o nome da autora. Então, pediu a Stefan Otwinowski, colega da redação que também era tutor no Círculo de Jovens da União dos Literatos Poloneses, para que na reunião do Círculo perguntasse pelo nome dela e se a autora das traduções estava presente.

«Eu justamente estava naquele encontro», conta-nos Joanna Salamon,[6] médica de profissão, que traduziu os poemas de Tsvetáeva. «Comuniquei-me logo com Szymborska. Ela me perguntou se eu mesma escrevia poemas. Eu disse que somente para mim mesma. Ela me prometeu ajuda se eu quisesse publicar um livro. Naquela época, encontrar alguém assim, que se valia da própria opinião e não das conexões que tinha, era uma raridade. Graças a ela, minhas traduções foram incluídas na seleta de poesias de Tsvetáeva, na série de celofane do PIW.»[7]

---

5   Marina Ivánovna Tsvetáeva (1892-1941): escritora russa, conhecida como uma das mais importantes poetas russas do século XX.

6   Joanna Salamon (1932-2001): médica polonesa, poeta, tradutora do russo e do sérvio, historiadora e crítica de literatura.

7   A série de celofane [*seria celofanowa*] do PIW [Instituto Editorial do Estado] é uma

Uma vez, Stanisław Balbus, que também publicava lá, veio à redação e se deparou com esta cena. Deitado no chão da secretaria estava um homem enorme — era o redator Józef Maśliński, aliás, colega de Czesław Miłosz, em Vilna — e Szymborska pisava com a sapatilha em seu peito. «Senhora redatora», gritava Maśliński, «nunca mais eu vou trazer poemas.» Todo aquele circo era para assustar algum autor excepcionalmente insistente.

«Ela se sentava àquela mesma mesa desde 1958, quando a redação do *Życie Literackie* se transferiu para a rua Wiślna. Lembro-me dela sempre com um cigarro, enquanto escolhia os poemas», disse-nos Włodzimierz Maciąg. Parecia um pouco perdida entre as cartas, máquinas de escrever e papéis.

Seu colega de redação Zygmunt Greń nos contou que, uma vez, Jarosław Iwaszkiewicz enviou um poema manuscrito intitulado «Płowienie koni» [O desbotamento dos cavalos]. Szymborska ficou pensando se não se trataria, por acaso, de «pławienie koni» [O banho dos cavalos]. As conexões telefônicas automáticas não existiam na época, a conversa tinha de ser feita por meio da telefonista, era preciso esperar. Então, mandou um telegrama para Stawisko[8] e veio a resposta: «As feiticeiras e as poetas se banham, os cavalos desbotam». O poema foi publicado com o título: «O desbotamento dos cavalos». Quando contamos a Szymborska que nos livros de poesia de Iwaszkiewicz o poema, no entanto, figura com o título de «O banho dos cavalos», incrédula, ela pôs as mãos na cabeça.

---

das séries de livros mais famosas na Polônia publicada pelo PIW. Seu nome oficial era Biblioteca dos Poetas, mas, por causa das sobrecapas de papel celofane das primeiras edições, ficou popularmente conhecida como «série de celofane».

8 Stawisko: propriedade rural em Podkowa Leśna que pertenceu a Jarosław Iwaszkiewicz e sua esposa Anna. Em vida, o poeta recebia ali grandes nomes da literatura e da política polonesa. A casa foi transformada em museu.

«Essa não. O que é que eu fui aprontar?! Eu não entendi a piada devidamente.»

E acrescentou que Julian Przyboś também sempre trazia os poemas manuscritos, porque ele tinha desprezo pela máquina de escrever, então no número seguinte era necessário publicar uma correção, no caso de ela ter interpretado algo erroneamente.

A consciência de que em suas mãos estava a decisão de quais poemas seriam impressos imediatamente, quais poderiam esperar e quais seriam jogados no cesto de lixo devia lhe pesar um pouco. Quando, em 1963, Przyboś lhe propôs tornar-se a representante da comunidade cracoviana no Clube dos Poetas, ela recusou. Explicou que, primeiro, não servia para «estar na liderança» e que, segundo, justamente por causa de sua função no *Życie Literackie*, ela era para os colegas poetas um «aparelho repressivo», então não queria se tornar uma monopolista e também tomar a palavra, por exemplo, no caso dos recitais poéticos.

Em janeiro de 1961, por ocasião do décimo aniversário de sua criação, a redação recebeu a visita da equipe da Polska Kronika Filmowa [Crônica Cinematográfica Polonesa]. Seus espectadores puderam ver a poeta atrás de uma mesa repleta de papéis e ouvir em *off* a voz do narrador: «A seção de poesia no *Życie Literackie* é dirigida por Wisława Szymborska. São muitos os poemas aqui publicados, mas — aparentemente — na Polônia existem poetas para quilos e quilos de papel. O semanário se orgulha de não jogar nada no cesto de lixo. Lida com isso de outra maneira». Nesse momento há um corte e vemos a mesa do crítico literário Włodzimierz Maciąg, que pega nas mãos uma pilha de folhas datilografadas de sua mesa e as joga na lareira.

Deixando as brincadeiras de lado, chegavam tantas correspondências para o *Życie Literackie* que, no fim de 1960, a redação decidiu introduzir uma nova seção, com o nome de «Poczta literacka» [Correio literário], para responder aos autores que mandavam suas criações com a esperança de vê-las publicadas nas páginas do jornal. A seção era dirigida no anonimato, e, não de imediato, percebemos que quem respondia às cartas era Szymborska. Foi assim.

Ao lermos em antigos anuários as colunas de Szymborska do ciclo das *Leituras não obrigatórias* (nem todas foram publicadas em livros), envolvemo-nos de forma bem acidental na leitura da seção da última página — «Correio literário». Nas respostas inteligentes, engraçadas e irônicas dadas ali aos jovens aprendizes da palavra, encontramos o tom conhecido das *Leituras não obrigatórias*. Por exemplo, este fragmento: «Puseram-nos a devanear esses poeminhas graciosos e cheios de afetação cortês. Se tivéssemos um castelo rodeado de terras, a senhora exerceria o cargo de poetisa da corte, exaltaria o desgosto da pétala de rosa, na qual pousa uma mosquinha inoportuna, e nos teceria elogios por termos afugentado da encantadora florada, com nossos dedos sutis, aquela mondronga. É óbvio que o poeta que nos esfregasse na cara o envenenamento por *bigos* dos seus doze tios, naquela época, ficaria preso no calabouço por ser uma nulidade. E o mais estranho de tudo é que o poeminha sobre a rosa poderia ser uma obra-prima, enquanto o poema sobre os tios seria ruim... Sim, sim, as musas são amorais e cheias de caprichos. Às vezes favorecem as banalidades».

Quanto mais imergíamos na leitura, tanto mais encontrávamos provas de que a autora devia ser Szymborska. Aquele mesmo senso de humor, estilo, comparações e exemplos. Menções àqueles mesmos escritores — Mann, Montaigne (perguntada como se pronunciava corretamente o sobrenome dele, ela respondia: «Montêin, com acento na última sílaba e ajoelhando-se com um joelho só»), Pepys, Twain. Aquelas mesmas inquietações (por que tentam destituir da língua o honesto «carteiro» e substituí-lo por «entregador»?). De vez em quando, até formulações semelhantes. «Sonhamos, mas de forma tão descuidada, imprecisa» — assim Szymborska começava uma coluna sobre a vida cotidiana na Varsóvia do século XVIII. «Um poeta deveria sonhar com exatidão», instruía o redator do «Correio». O calendário exige uma correção cuidadosa, pois «o menor erro poderia perturbar as mentes. Dá até medo imaginar duas quartas-feiras numa semana» — escreveu a poeta nas *Leituras não obrigatórias*. O calendário sem uma correção cuidadosa, no qual «se encontrassem dois sábados numa semana, suplantaria em força lírica o poema enviado» — explicou o redator do «Correio literário». «Na verdade, não vale a pena morrer em tais condições» — confessou a poeta nas *Leituras não obrigatórias*. «Tais costumes dissuadem até da morte» — esclareceu o redator do «Correio». É verdade que no primeiro caso tratava-se do uso da abreviatura «mp. no mp.», que significa «morreu em paz no mês passado», e no segundo — sobre o costume de os discursos fúnebres serem lidos de um cartão, mas o resultado foi o mesmo: não há razão para se apressar com a morte.

No entanto, obtivemos a certeza somente depois de lermos esta resposta: «No mundo da sua poesia, senhor, crescem exclusivamente rosas, e os rouxinóis estão em galhos indefinidos. Há ainda as abelhas, se bem que escritas com 'li'. Não vamos considerar a grua, porque essa é de poço. Em resumo — um mundo pobre e pouco diversificado. Seria inútil procurar aqui plantas tão graciosas como o rabo-de-raposa-do-prado, a língua-cervina, o jarro-de-itália, o botão-de-prata e a cicuta. Não há pássaros lindíssimos como, por exemplo, o colhereiro, a viúva-do-paraíso, o pilriteiro, o tucaninho-de-nariz-amarelo e o pato-olho-de-ouro. E onde estão os inúmeros insetos, começando pela mosca-de-Hesse?». E não se trata aqui absolutamente de um estratagema consistindo numa enumeração que Szymborska utilizava muitas vezes, tanto em suas colunas quanto em seus poemas. Não se trata nem da própria visão do mundo e da natureza. Trata-se do pato-olho-de-ouro. Já tínhamos encontrado esse pato nas *Leituras não obrigatórias*, no artigo sobre o livro *Pássaros poloneses*, no qual Szymborska lamentou que, por algum motivo, os poetas não queriam pô-lo em suas obras. E essa foi a prova definitiva. Seria possível que, numa única redação, o pato-olho-de-ouro — apesar de ser um patinho excepcionalmente atraente — tivesse dois protetores?!

QUINZE ANOS NO *ŻYCIE LITERACKIE* 157

E, quando já estávamos completamente convencidas de que o redator anônimo do «Correio literário» era Szymborska, encontramos num número do ano de 1964 a frase: «Eu já tento há 48 anos», o que fez nossa certeza balançar, porque a idade não batia. Digamos que se pode mudar o sexo como camuflagem, mas envelhecer alguns anos? Felizmente, o professor Edward Balcerzan tinha acabado de voltar da cerimônia do Nobel, em Estocolmo, onde foi como convidado da laureada, e nos tranquilizou, pois aquela era exatamente uma das coisas que ele «esclareceu». A laureada redigiu o «Correio» alternadamente com Włodzimierz Maciąg. Para se diferenciarem, Maciąg usava a primeira pessoa do singular, e ela — *pluralis maiestatis*.

«O problema é que», esclareceu-nos mais tarde Szymborska, «eu era a única mulher na redação. Se eu usasse o singular — 'eu li', 'eu percebi'[9] —, logo seria reconhecida.»

«No começo separávamos o que era para ela e o que era para mim», contou Włodzimierz Maciąg, «depois pegávamos o que viesse pela frente. Eu dirigi essa seção até meados dos anos 1970. Wisława a largou antes. A brincadeira com o trabalho no 'Correio' durou talvez um ano, depois virou rotina.»

Mas, nas respostas de Szymborska, nunca deu para perceber essa rotina.

«Lamentamos responder constantemente: imaturo, banal, amorfo... Mas é que definitivamente essa não é uma seção para os laureados do Nobel, apenas para aqueles que apenas daqui a algum tempo vão mandar fazer um fraque para usar em Estocolmo.»

---

9   Em polonês, o passado dos verbos possui flexão de gênero. No texto original, *przeczytałam, zauważyłam* indicam a primeira pessoa do singular no gênero feminino, por causa da terminação «am». Logo, usando essa terminação, os leitores saberiam que se tratava de Szymborska.

«Agradecemos pelo poema e pela fotografia. O nó da sua gravata está muito bem-feito.»

«Destinatária das líricas: — Sonhos gelados de frio e odiosos jogados nos critérios da sua alma pequena — acho realmente que não vale a pena a senhora abraçar o mundo das letras.»

«— Mesmo que os raios causem terror, não vou voltar pra você, meu amor. — Está certo, as flutuações da natureza não devem influenciar nossa conduta.»

«— A mulher transforma a viril existência num sofrimento sem latência. — Ouve-se neste modesto epigrama o lamento da experiência.»

«Se sua mulher disser — pare já *desse* negócio de escrever —, ela não terá razão do ponto de vista estilístico. Mas a essência da sua asserção talvez esteja correta.»

«O senhor revela sua maior engenhosidade nos nomes que inventou para os personagens. Mas isso é muito pouco para um conto de sci-fi. Por enquanto, o senhor poderia escrever um interessantíssimo catálogo telefônico.»

«O senhor elaborou uma longa lista de escritores cujo talento não foi, a princípio, absolutamente reconhecido pelos redatores e editores, que depois muito se arrependeram e se envergonharam disso. Compreendemos a alusão no ar. Lemos suas crônicas com a humildade apropriada à nossa falibilidade. Elas são obsoletas, mas isso não é nada. Elas certamente serão incluídas nas suas *Obras completas*, se o senhor escrever, além disso, algo no estilo de *Lalka* e *Faraon*.»[10]

---

10 Os livros citados, *Lalka* [Boneca, 1890] e *Faraon* [Faraó, 1897], são romances do escritor e jornalista polonês Bolesław Prus (1847-1912), considerados clássicos de grande sucesso da literatura polonesa do século XIX. Em português foi publicado o livro *O faraó*, em 2012, pela editora Civilização Brasileira, com tradução de Tomasz Barcinski.

«Uma avaliação substantiva do ensaio da senhora é, no momento, impossível. Teríamos de ter uma experiência mais sólida a respeito das questões sobrenaturais. E nós, entretanto, mal estamos dando os primeiros passos. Não passaremos além da comunhão das almas (e essa é experimentada muito poucas vezes).»

«Resguardai-nos, ó Matéria, de tal poesia. E para que mexestes em Camarina?[11] — como diziam nossos antepassados. Se alguém estiver curioso sobre o significado, que dê uma espiada no dicionário de Linde. Mas adiantamos aos devassos que se trata de algo inteiramente decente.»

«Dev. à limit. de pap. não pod. expl. pq não ut.»

«Eu *tenho suspiro* de ser poeta», escreveu alguém. «Eu *tenho gemido* de ser redator», ela respondeu.

Da leitura do «Correio», conclui-se que uma respeitável parte de sua clientela era de alunos do liceu que se rebelavam contra a escola, as aulas, as leituras obrigatórias e a ortografia.

«Para que serve Kochanowski[12] para o poeta contemporâneo?» «Para ser lido», ela respondia.

«E, portanto, meu jovem, é preciso conhecer a poesia clássica, nem que seja para evitar um esforço desnecessário. Afinal, pode calhar de

---

11 Do latim *Camarinam ne moveas*, referindo-se à antiga cidade de Camarina, na Sicília, onde havia um lago, que foi esvaziado pelos habitantes da cidade para tentar acabar com a pestilência do local, desobedecendo assim ao oráculo de Apolo, que dizia para não mexerem no lago. Com isso, facilitaram a invasão de inimigos e todos os habitantes foram mortos. A moral poderia ser assim resumida: não devemos trocar um mal menor por um maior.

12 Jan Kochanowski (1530-84): importante poeta polonês da época renascentista e tradutor, que se dedicou ao desenvolvimento da língua literária polonesa, sendo, por isso, considerado o pai do idioma literário polonês.

você escrever *Król Duch*[13] e depois você vai se lamentar, porque outra pessoa já fez isso antes.»

«O poema, no momento, está desatualizado. Ainda continuamos escrevendo: arremesso, besouro e apossei-me. Se ocorrerem na ortografia quaisquer modificações vantajosas para o senhor, não nos eximiremos de informá-lo numa carta em separado.»

«Bela história, estamos começando a aparecer nos sonhos da petizada da escola personificados de Medusa, que provoca a morte com o próprio olhar. E olhe só como acabamos, nós que até agora ainda vivíamos com a débil esperança de que, às vezes, apareceríamos para alguém naqueles seus sonhos que fossem permitidos pelo menos para maiores de dezesseis anos?!»

«Antes de começar a escrever, eu gostaria de conhecer toda a literatura», confessou um jovem. «Um gemido surdo escapou de nosso peito calejado», ela lhe respondeu.

A fortaleza de espírito era necessária a Szymborska, principalmente na primavera, quando «moçoilas cruéis abandonam uns poetas por outros, resultando num afluxo duplicado de poemas» repletos «de determinação, amargura, promessas precipitadas, remorsos e incentivos amáveis». «Tudo isso é humano e de certa forma cativante, mas será que é de estranhar que cada nova primavera desperte em nossas almas redatoriais um sentimento de angústia difícil de definir?» De fato, não é de estranhar ao lermos as amostras citadas pela poeta («você me teceu muitos elogios, mesmo eu tendo grandes desvios», «e, quando enfim eu for seu, você se banhará no olho meu»).

Szymborska também se queixava do intenso afluxo de poemas depois da morte de personalidades eminentes. «Essa rapidez emociona.

---

13   *Król Duch* [O Rei Espírito]: épico histórico escrito por um dos mais importantes poetas e dramaturgos do romantismo polonês, Juliusz Słowacki (1809-49).

Por outro lado suscita a desconfiança. A pressa, salvo em raríssimos casos, cria produtos semiacabados. Um estratagema utilizado com deleite é se dirigir ao falecido pelo prenome. Como se a morte fosse uma espécie de *bruderschaft*.»[14]

Embora os enunciados de Szymborska sobre os poetas e a poesia pudessem ser contados nos dedos de uma só mão, entre os anos de 1960 e 1968, como um anônimo redator do «Correio», ela escreveu paralelamente muitas páginas com reflexões engraçadas sobre poesia, observações espirituosas sobre o fazer poético e dicas brilhantes para os poetas iniciantes.

«No poema sobre a espera do telefonema, deveria aparecer: Catão, o Velho, mamão com açúcar e escaravelho. A poesia começa além da obviedade.»

«Preocupa-nos que o senhor trate o verso branco livre como a liberação de todas as regras. [...] A poesia é, foi e será um jogo, e um jogo sem regras não existe. Sabem disso as crianças. Por que os adultos se esquecem?»

«O senhor não está percebendo», chamou a atenção de outro poeta novato, «a armadilha que o verso branco irregular prepara. Afinal, ele tem suas regras ocultas, porém essenciais, exige um ouvido mais musical do que ao se usar a cadência regular, não suporta nenhuma palavra desnecessária, não consegue encobrir nenhuma superficialidade. Aquilo que no verso rimado às vezes passa despercebido, aquilo que às vezes podemos perdoar pela impressão geral provocada por uma totalidade belamente envolvida em rimas, aqui, imediatamente se lança aos olhos e

---

14 *Bruderschaft* (alemão): significa «fraternidade» e é também um rito cerimonial, em que as pessoas primeiro se apresentam dizendo seu nome e depois bebem um copo de bebida alcoólica e se beijam, abandonando, em seguida, o tratamento formal de senhor e senhora, passando a usar tu ou você.

é indefensável e em nada justificável. Por isso, de nenhum modo é mais fácil escrever em verso livre; sabem disso os poetas. Mas, para saber, é preciso escrever de um jeito e de outro.»

Desde a escola, ela não gostava da maneira modernista, então foi combatendo regularmente as tentativas de usar o estilo modernista dos futuros poetas: «A cada substantivo, a senhora justapõe dois ou até três adjetivos, acreditando, como se acreditava no modernismo polonês, que o adjetivo é a parte principal da força poética, que é ele que cria a aura apropriada para a poesia. Nenhuma das outras épocas honrou os adjetivos dessa forma, pois entendiam instintivamente que as coisas que devem ser definidas com exatidão precisam ser definidas com parcimônia — de outra forma, até o poema mais lindamente planejado naufraga, como uma embarcação repleta de água. As primeiras tentativas poéticas costumam surgir de alguma influência. A senhora, por enquanto, escolheu o pior modelo».

Às vezes ela se permitia ser um pouco maldosa («Julgou o senhor que Nostradamus e Camus rimavam perfeitamente, enquanto isso um verso branco foi criado»), outras vezes escrevia com a maior seriedade («Você imagina mal os poetas. Desde que o mundo é mundo, não houve aquele que contasse as sílabas nos dedos. O poeta nasce com ouvido») ou recordava coisas básicas («A expressão 'por que' é a expressão mais importante da língua terrestre, e provavelmente também das línguas de outras galáxias, e o poeta deve conhecê-la e fazer uso dela com propriedade»).

Ela também se lembrava de que não devemos nos permitir ceder às emoções exageradamente, e que versos ruins podem ser originados dos mais nobres sentimentos. «Seria maravilhoso e justo se a força dos sentimentos decidisse por si só sobre o valor artístico de um poema. Com certeza, aconteceria então que Petrarca seria um zero à esquerda comparando-se com o jovem de sobrenome — por exemplo — Bombini, pois Bombini realmente enlouqueceu de amor, enquanto Petrarca conseguiu se manter num estado de nervos tal que permitiu inventar lindas

QUINZE ANOS NO *ŻYCIE LITERACKIE* 163

metáforas.» Ela recomendava examinar com atenção as expressões e usar as palavras grandiosas «com o cálculo preciso de um farmacêutico». «Em cada poema, trata-se de sentir», escreveu, «que exatamente aquelas palavras — e não outras — esperaram por séculos para se encontrarem e se fundirem numa só unidade que não pode mais se romper.» «Essas são as mesmas palavras», explicava, «que jazem mortas nos dicionários ou que vivem uma vida apagada na fala coloquial. Como é possível acontecer que na poesia elas brilhem festivamente, como se fossem inteiramente novas e apenas há pouco inventadas pelo poeta?» Apontava as deficiências na educação: «O senhor escreve: 'Quando estava com raiva, ele a fazia lembrar-se de uma locomotiva velha e ofegante'. E, no entanto, naquele tempo ainda não existiam locomotivas. Também o soneto referido no texto, supostamente proveniente do século XVII, parece por demais mal rimado de acordo com o gosto daquela época. Ainda não havia redatores na época, mas as exigências já existiam».

Jacek Baluch, especialista em línguas eslavas, enviou uma vez para Szymborska, de brincadeira, um poema que era uma imitação de Tadeusz Różewicz.

«Eu estava escrevendo na época uma dissertação sobre a versificação nos poemas de Różewicz e os problemas em traduzi-lo para a língua tcheca», diz. «Estava curioso sobre a reação dela. Recebi a resposta: 'O senhor imita Różewicz com muita habilidade'.»

Ela também avaliava prosa. E foi assim que escreveu para o *3333 de Kielce*: «O protagonista da novelinha é um escritor polonês excepcional e maravilhoso. Que popularidade, que riqueza, que fertilidade! O filho da felicidade, o eleito do destino, do amanhecer até a noite, é carregado nos braços com veneração, da noite até o amanhecer, bebe o mel da taça do mundo. Mesmo que ele perca aquela pasta (com o manuscrito genial), quase de imediato irá encontrá-la, além de encontrar a mão de uma senhorita maravilhosa. Querido fantasioso, é melhor você escrever sobre como estão as coisas em Kielce. Todos bem de saúde?».

Quando pediam fotografias e autógrafos, ela respondia com uma recusa («A análise grafológica mostraria que somos gente honesta, cheias de compaixão por todos aqueles que escrevem e tanto faz se escrevem mal ou bem»). O redator do «Correio» tinha de ficar anônimo para os autores que enviavam epigramas, aforismos, dramas, contos, romances, sonetos e poemas. Porque houve ameaças, perguntas como «por que não aproveitaram» e «quais são os critérios que orientam o redator» e explicações de que a noiva, a esposa ou os colegas gostaram. Szymborska respondia de modo cordial, mas também com severidade. Esclarecia que a obrigação da família era elogiar e incentivar («as primas, principalmente, devem gostar de tudo»). Lembrava-lhes que «mais obras-primas foram criadas graças a amigos céticos do que a entusiastas», e «uma namorada que consegue dizer na cara do seu prometido que as rimas que ele compõe são pobres é um verdadeiro tesouro».

Uma vez, na coluna dos estreantes, Szymborska incluiu o poema chamado «Vaca», o que causou uma avalanche de protestos. Respondeu no «Correio literário» que aquele poema, evidentemente, «tinha perturbado a hierarquia estética das emoções dos leitores. Segundo essa hierarquia, na poesia um rouxinol é apropriado, uma borboletinha é apropriada, uma moçoila branca perto de um lago é apropriada, no entanto uma vaca, embora seja criação dessa mesma natureza e uma obra-prima dela que resiste a não poucas competições, só serve para a contabilidade da Fazenda Agrícola Estatal, na rubrica cabeças de gado. Mas que regressão do gosto em relação aos antigos gregos, que lisonjeavam sua Hera com o cognome de 'olhos bovinos'».

Será que foi então que começou a lhe passar pela cabeça a ideia de fazer justiça à vaca num poema? De qualquer forma, menos de vinte anos depois, tal poema surgiu:

Um milagre comum:
isso de acontecerem muitos milagres comuns.

[...]

Um primeiro milagre melhor:
as vacas são vacas.

«Feira dos milagres», *Gente na ponte*, 1986[xxiii]

Os candidatos a escritores costumam frequentemente ser teimosos e determinados.

Szymborska: «Algumas vezes me pesava muito a quantidade de leitura. Além disso, a poesia é uma área que atrai pessoas birutas. Um maluco não vai escrever crítica literária, então os críticos subestimados não importunavam Maciąg. Lembro-me de certo poeta jovem e talentoso. Teve uma estreia promissora e depois achou que eu deveria publicá-lo toda semana. Infelizmente, ele era esquizofrênico. Escrevia cartas com sangue, estocava garrafas com gasolina na minha porta. Por fim, acabou parando no hospital do professor Antoni Kępiński, que conheci graças a isso. Uma vez, dirigi-me a ele para um aconselhamento sobre como eu deveria me comportar em relação àquele paciente. Quando o professor escutou meu sobrenome, disse: 'Ah, Szymborska, Szymborska, essa sala toda aqui reverbera o sobrenome da senhora'. Ele me recomendou mudar de apartamento por algum tempo, o que eu fiz. Depois recebi uma convocação para ir à polícia. Não estava escrito do que se tratava, e sabe-se que naquela época as autoridades gostavam de deixar as pessoas ansiosas. Acontece que o poeta se suicidou, o corpo dele foi achado no Bosque Wolski».

Os amigos que visitavam Szymborska na redação lembram que ela pregava com tachinhas as produções mais impressionantes dos poetas nativos no armário do escritório. Infelizmente, nenhum deles guardou na memória nenhum dos poemas. Mas nós temos os nossos favoritos:

«O russo no pesado vai trabalhar,/ mas bebe chá quente do samovar./ O espanhol teme, mas o touro com chifres vai montar./ O grego anda de mocassim./ Para o francês, beber café quente/ com bolo não faz tão mal assim./ O alemão com sua cartola/ na cabeça se sente afortunado./ O tcheco está sorrindo/ e está feliz, pois está libertado./ A Polônia concorda com tudo, sim». (Comentário de Szymborska: «Viram? Como é possível nos entediarmos na cadeirinha de redator?».)

«Pois você não consegue me amar/ e, acariciando meus cabelos, me beijar/ você só sabe demonstrar/ sua intimidade com peteleco no narigão/ Porque seu amor é rugoso/ farpas e espinhos pra fora/ e por vezes me atormenta o medo pavoroso/ será isso apenas a camada de fora?» (Comentário de Szymborska: «Ora, mocinhas, mocinhas, tenham consciência, e, se assim mesmo precisam atormentar os poetas, que os atormentem como Maryla, como Laura.[15] Sem petelecos no narigão».)

«Parece que fizeram a proposição/ de transplantar no homem do porco o coração/ mas os críticos bradam desde o início,/ e nesses transplantes não veem benefício». (Comentário de Szymborska: «Citamos para verificar se o organismo vivo da Poesia por acaso não vai rejeitar essa criação».)

Já bem depois de sair do cargo de chefe da seção de poesia e de deixar o «Correio literário», Szymborska se queixava de que ainda sonhava com os poetas e seus manuscritos. «Fiquei no trabalho com poesia no *Życie Literackie* durante quinze anos e estou farta», escreveu num cartão-postal para Jerzy Zagórski, em 25 de outubro de 1971. «Agora não sonho apenas com as batidas policiais alemãs, mas também com poetas com malas cheias de sonetos.»

---

15 Maryla Wereszczakówna era a amada de Adam Mickiewicz, o grande poeta do romantismo polonês, e Laura é uma personagem de ficção, a amada de Kordian, do drama de mesmo nome, de Juliusz Słowacki.

Trinta anos depois, Teresa Walas leu os velhos anuários do *Życie Literackie*, separou as respostas de Szymborska e as reuniu no delicioso livro *Poczta literacka, czyli jak zostać (lub nie zostać) pisarzem* [Correio literário ou como se tornar (ou não) um escritor]. O livro se revelou admirável — o que era previsível —, e apenas uma pessoa, Jerzy Pilch,[16] pôs uma colherinha de fel no barril de mel, defendendo (no mais, bem no estilo de Szymborska) «o ente omitido», ou seja, Włodzimierz Maciąg, cujos textos foram «escrupulosamente exterminados»:«É claro que eu sei que a literatura é dominada por uma luta darwinista impiedosa dos talentos, sei que os talentos mais fortes vencem e sei que isso é bom», escreveu. «Mas aqui está um exemplo especial, e não venham me dizer que não há nenhum problema ou que, por espírito de contradição colunista, exponho um falso problema. Como foi elaborado o livro de Wisława Szymborska intitulado *Correio literário*? É óbvio que foi elaborado simplesmente de tal maneira que a autora (ela mesma sem saber disso) escreveu o livro. [...] Mas o livro foi elaborado também de tal maneira que seu parceiro do antigo suporte espírito-redatorial fosse aqui cirurgicamente apartado, separado e, na majestade da grande literatura e à luz dos fogos de artifício da primorosa brincadeira literária — isso mesmo —, destruído».

A seção «Correio literário» foi ressuscitada por uma única noite (promocional), na qual Szymborska, em parceria com Henryk Markiewicz, Sławomir Mrożek, Ludwik Jerzy Kern e Marta Wyka avaliou novamente os manuscritos enviados.

Os jurados rejeitaram o trabalho de um tal de Homero por falta de endereço e também de originalidade (uma inspiração demasiado evidente oriunda de filmes americanos do tipo *Gladiador*). Sławomir Mrożek agradeceu ao autor de *Hamlet*: «Não sabemos falar inglês.

---

16 Jerzy Pilch (1952-): escritor polonês, jornalista, colunista, dramaturgo e roteirista.

Por favor, escreva alguma coisa em polonês». *Faraó* não teve aceitação aos olhos de Ludwik Jerzy Kern: «Bonito, mas fala demais sobre sacerdotes e muito pouco sobre crocodilos. E também sobre os predadores. Nenhum plá sobre as formigas. As formigas-faraó... todo mundo sabe, são, sem dúvida, uma praga claramente egípcia. Também faltam informações turísticas». A *Trilogia* enviada despertou uma vaga suspeita em Mrożek: «O senhor é Sienkiewicz? Solicitamos uma fotocópia da carteira de identidade».

A própria redatora Szymborska respondeu a dois dramaturgos, um filósofo e um escritor.

«Ant. Tchek., Moscou. Todos os seus agricultores dizem que é necessário, depois de algum tempo, podar todos os velhos pomares e em seu lugar ou plantar novos arbustos ou aproveitar o terreno de outra forma. O senhor está nos afundando em sentimentos duvidosos.»

«*Esperando G.* — assinatura ilegível. Ui, nada bom. Imaginemos um espectador que, um dia após ter assistido sua peça, apareça no trabalho e o chefe dele, sem mais nem menos, lhe peça que conte a peça que viu no dia anterior. O cara vai ter um grande problema — contudo, não por sua própria culpa. É preciso escrever de tal forma que depois possa ser feito um resumo.»

«Plat., Atenas. O senhor escolheu um debatedor medíocre para os seus diálogos. Não trabalha em lugar nenhum, não se sabe de que vive, fica vagando pela cidade e puxando conversa com as pessoas. O senhor pergunta se deve escrever mais. Bem, uma vez que o senhor já escreveu tanto, que haja algum proveito nisso. Contudo, para isso, o senhor deve terminar toda a história com sensatez. Não somos partidários de soluções radicais, mas veio-nos à mente uma solução. Seu protegido deveria se encontrar num lugar isolado, cumprindo pena rigorosa por perturbar a cabeça de importantes cidadãos, e o que é pior ainda — da juventude.»

«Thomas M., atualmente na Califórnia. Descrever a música com palavras não poderia dar bom resultado. O senhor está querendo tornar

QUINZE ANOS NO *ŻYCIE LITERACKIE* 169

atrativo o tédio das palestras com uma trama, mas, meu Deus, que trama —
por causa da sífilis não tratada do personagem principal — mais desagradável! Que pena que antes de escrever esse romance o senhor não
tenha nos consultado. Nós o teríamos dissuadido.»

Szymborska trabalhou em tempo integral no *Życie Literackie* por
quinze anos. Publicou três livrinhos de poesia durante esse período:
Wołanie do Yeti [Chamando por Yeti], *Sól* [Sal] e *Sto pociech* [Muito
divertido].[xxiv] Em seu jornal, no entanto, publicava não mais do que
três ou quatro poemas por ano. Zygmunt Greń lembra que — quando
se conseguia arrancar alguma coisa dela — toda vez ela pedia: «Só não
publique na primeira página». Mas seus poemas às vezes apareciam
na abertura da edição.

A política, na verdade, não tinha acesso a nada daquilo com que
ela se ocupava na redação: a direção da seção de poesia e a resposta
às cartas. Contudo, o próprio *Życie Literackie* pagava às autoridades os
tributos que lhe eram devidos, na maioria das vezes pela pena do redator-chefe Władysław Machejek, recordista nesse setor: sobreviveu às
mudanças de todas as equipes do governo, conseguiu chegar ao cargo
de membro suplente do Comitê Central do PZPR e permaneceu em seu
posto até o fechamento do jornal, em 1990. Aqueles que trabalharam
e publicaram com ele viram algumas de suas virtudes como chefe e
também como redator-chefe. Recordaram que o *Życie Literackie* teve
tempos melhores, que permitiram que fossem publicados textos ousados
que anteciparam seu próprio tempo (como o ensaio de Ludwik Flaszen
criticando o realismo socialista, em 1952) e também uma grande quantidade de ótimas críticas literárias.

«Machejek era um camponês comunista de Miechów, ambicioso,
ladino, brusco e jovial; e não lhe faltava senso de humor», escreveram
sobre ele seus colegas de trabalho, não sem certa simpatia. De fora,
no entanto, suas boas qualidades eram um pouco menos evidentes.
O que se lembram dele é que estava sempre à disposição do partido,

sempre na defesa de sua linha do momento, sem levar em consideração se era para escrever um comentário sobre o processo dos bispos, para aderir com estardalhaço a uma campanha antissemita ou para atacar os «extremistas» do Solidariedade.[17] Uma coisa deve ser dita de Machejek: ele foi capaz de, numa língua cheia de slogans e banalidades, com a qual normalmente o partido atacava seus oponentes, imprimir uma marca própria e única. Stanisław Barańczak dedicou às monstruosidades linguísticas de Machejek uma coluna em seu *Książki najgorsze* [Os piores livros]: «São típicos do machejekismo os maiores conjuntos frasais nos quais as expressões apimentadas e a franqueza de um camponês e soldado da resistência colidem com a falta de lógica e o palavrório vazio do partido do poder. O resultado é uma algaravia». E citou: «Não é a mim que inflama o deleite, quando a nação encaixa tudo numa só fórmula e ainda assim transborda de usurpação». Ou ainda: «Por exemplo, a relação do diretor da fábrica quanto às enfermidades femininas de 'suas' trabalhadoras é a afirmação das maiores deficiências afrontosas do espírito do socialismo em geral e do caráter social da resolução do VI Congresso do partido nos particulares».

«Szymborska sabia como criar uma verdadeira ilha ali sob o mando do terrível Machejek», disse-nos Jacek Bocheński.[18] «E se comportava

---

17 NSZZ Solidarność [Niezależny Samorządny Związek Zawodowy «Solidarność»]: em português, Sindicato Independente Autônomo «Solidariedade», criado em 17 de setembro de 1980, sob a liderança de Lech Wałęsa (1943-), nos estaleiros de Gdańsk. Lutava pelas causas dos direitos dos trabalhadores e da mudança social e chegou a ter 9,5 milhões de sindicalizados. Em dezembro de 1981, foi instaurado na Polônia o estado de sítio, tentando deter o avanço do sindicato. Em 1983, Lech Wałęsa foi agraciado com o Prêmio Nobel da Paz.

18 Jacek Bocheński (1926 -): escritor e jornalista polonês.

QUINZE ANOS NO *ŻYCIE LITERACKIE*

como uma princesa soberana na casa de um camponês: se está fedendo, então passamos ao largo.»

«Eu não suportava Machejek, e Wisława também não tinha lá esses amores por ele», disse-nos Stanisław Lem,[19] que simpatizava com Szymborska desde os tempos em que era um estudante de medicina morrendo de fome, que nem sonhava em ser um escritor famoso, e ela o indicou para o jornal satírico silesiano *Kocynder*, onde ele tinha um salário. «Na rua Wiślna ficavam as redações de dois jornais bem diferentes. Eu preferia o *Tygodnik Powszechny*.»

Szymborska levou um poema pela primeira vez ao *Tygodnik Powszechny* durante o estado de sítio.

---

19 Stanisław Lem (1921-2006): um dos mais consagrados escritores de ficção científica mundial, o polonês Lem foi também filósofo, futurólogo e estudou medicina, apesar de não ter validado seu diploma. Sua obra mais conhecida e mais traduzida chama-se *Solaris*.

CAPÍTULO 10

Na gaveta, na PRL, na esfera terrestre

No outono de 1963, Wisława Szymborska deixou o colcoz literário da rua Krupnicza e se mudou para um bloco de seis andares na esquina da rua 18 Stycznia (hoje Królewska) com a rua Nowowiejska. Seu novo apartamento no penúltimo andar, com um elevador eternamente barulhento atrás da parede, compunha-se de um cômodo com uma cozinha num nicho. Era tão pequeno que nenhuma das estantes com armários encontradas no comércio cabia lá, e o artista Stepan Papp fez então um móvel sob medida. No banco e nas cadeiras não dava para se sentar por mais de meia hora, eram móveis que não incentivavam as visitas a ficarem ali por muito tempo.

Ewa Lipska, que sempre frequentava a casa de Szymborska, lembra-se da sra. Marysia, que ia fazer a faxina lá: «Ela balançava a cabeça: 'a Ichniusia não faz nada, porque só escreve', e arrumava os livros nas prateleiras, dos menores para os maiores».

«Ela era minha babá querida da infância», disse-nos Szymborska. «Vinha limpar e gritava comigo quando alguma coisa estava espalhada. A ela tudo era permitido; vai ver que toda pessoa precisa de alguém que grite com ela com afeto.»

Ao elogiar numa crônica Aleksandra Olędzka-Frybesowa, autora do livro *Z Paryża — w przeszłość* [De Paris — no passado], por sua rara capacidade de descrever a arquitetura antiga, a poeta observou: «Suponho, no entanto, que também os exemplares bem-sucedidos da arquitetura contemporânea necessitem de uma habilidade descritiva não banal. Com exceção da nossa arquitetura habitacional, que hoje já se pode definir numa só palavra. Simplesmente, moramos em gavetas».

E era assim que se referia ao seu apartamento: «gaveta», e essa denominação foi tão amplamente aceita que uma vez, anos depois, os amigos falariam: «Quando Wisława morava na gaveta»... Entretanto, a poeta estava bastante satisfeita com seu apartamento. Principalmente com os luxos desconhecidos na Krupnicza: aquecimento central e banheira.

No ano em que se mudou, Wisława Szymborska tinha completado quarenta anos e disse a Aleksander Ziemny que, para um poeta, essa era a melhor idade. «A pessoa já conheceu muitas coisas e ainda é capaz de sentir emoções vivas e fortes. Está ciente da complexidade das coisas, mas algum tempo ainda a separa da desistência. Existe dentro dela amargura, vários sabores acres e temperos estimulantes que não eliminam o sentimento de beleza da vida. Um equilíbrio assim instável e nada mau.»

Muitos anos depois, após a morte de Zbigniew Herbert, num encontro no Dia de Finados que foi organizado em Cracóvia pela editora a5, ela contou que Herbert a visitou na «gaveta» bem no dia em que finalmente instalaram o telefone dela. Ele afirmou que era preciso inaugurá-lo e começou a telefonar para todos os conhecidos de Cracóvia. Mudava a voz e se apresentava como Frąckowiak, autor de 2 mil sonetos, os quais ele estava pronto para ler imediatamente pelo telefone ou levá-los para ser lidos. Em Cracóvia as notícias se espalham rapidamente, então, quando Herbert ligou para Jan Błoński, só conseguiu dizer: «Eu me chamo Frąckowiak. Talvez meu sobrenome não lhe diga nada»..., porque Błoński o interrompeu: «Diz, sim», e bateu o fone no gancho.

Os amigos lembravam que, já naqueles tempos, havia macacos de pelúcia no apartamento de Szymborska.

«Uma vez, em Estocolmo, vi um cartão-postal com dois macacos: um segurando a cabeça com as mãos e o outro cheirando florezinhas. Logo pensei em mandá-lo para Wisława», contava Wanda Klominkowa. «Era sempre uma reação normal dos seus amigos, porque com Wisława se conversava por meio de cartões.»

Perguntamos a Szymborska de onde provinha essa simpatia por macacos, mas ela apenas respondeu: «Difícil dizer, eles me fascinam».

Esse fascínio podemos ver também em seus poemas, pelos quais com frequência os macacos transitam, muitas vezes até se tornando seus protagonistas, como nos poemas «Dois macacos de Bruegel», «Társio» e «Macaco».

Antes das pessoas, foi banido do paraíso
pois tinha olhos tão contagiantes,
que, espreitando o jardim florido,
até os anjos imergia em pesar sofrido
imprevisto.
[...]

«Macaco», *Sal*, 1962

Em seus poemas é inútil procurar referências aos tempos conhecidos como a «pequena estabilização».[1] Peguemos, por exemplo, o poema

---

1 A «pequena estabilização» [*Mała stabilizacja*] se refere ao período inicial do governo de Władysław Gomułka como primeiro-secretário do PZPR [Partido Operário

«Água», desse mesmo livro. Ele bem poderia ter sido escrito em outro lugar e em outros tempos. Para ser escrito, era preciso apenas um globo ou um mapa, que dá para abrir sem dificuldades no chão, mesmo no menor dos apartamentos.

Uma gota de chuva me caiu na mão
extraída do Ganges e do Nilo,
[...]
No meu dedo indicador
o mar Cáspio é um mar aberto,
e o Pacífico flui dócil para o Rudawa
o mesmo que flutuava como nuvenzinha sobre Paris

no ano setecentos e sessenta e quatro
aos sete de maio às três da manhã.
[...]
Como tudo é leve numa gota de chuva
Com que delicadeza o mundo me toca.

«Água», *Sal*, 1962[xxv]

Wisława Szymborska: «Sempre que eu olhava todo o globo terrestre, tinha a sensação de que coisas ainda mais terríveis acontecem em outros lugares do mundo. Depois da pesada crise dos anos 1950, compreendi que a política não é meu elemento. Eu conhecia pessoas que, no mais, eram muito inteligentes e decentes, e cuja vida intelectual estava repleta

---

Unificado Polonês], tendo ocorrido um certo grau de liberalização da vida social e desenvolvimento da cultura polonesa, com algumas mudanças na política de doutrinamento ideológico e na economia.

de meditações sobre o que o Gomułka disse ontem e o que o Gierek[2] vai dizer amanhã. Vidas humanas únicas e inigualáveis trancadas em horizontes tão lamentavelmente estreitos. Então, eu procurava escrever poemas que tentassem ultrapassar esse horizonte. Não falta neles as experiências de vida polonesas. Se, por exemplo, eu fosse holandesa, com certeza muitos deles não teriam sido criados. Mas alguns com certeza seriam, independentemente de onde eu vivesse, se aqui ou lá. Porque isso também é um pouco importante para mim».

A poeta nunca se sentia especialmente uma habitante da República Popular da Polônia, assim a realidade da PRL raras vezes habitava as páginas de sua prosa, tanto nas seções das *Leituras não obrigatórias* quanto nas respostas do «Correio literário». Se algum dia sumisse da face da Terra tudo aquilo que foi escrito nos anos 1960 e 1970 e só sobrassem suas *Leituras* e o «Correio», ficaríamos sabendo que a PRL tinha sido certo país no qual:

— ficava-se de cabeça baixa nas filas;

— era difícil conseguir papel para máquina de escrever;

— usavam-se casacões de poliamida;

— com a arquitetura do realismo socialista só estavam satisfeitos os pardais, os falcões e os pombos domésticos;

— os pisos dos novos apartamentos eram estufados;

— a colocação do papel de parede nos apartamentos durava meses, por causa da escassez de profissionais e falta de suprimentos;

— o guia intitulado *Acidentes domésticos* podia terminar com instruções de como proceder em caso de ataque atômico;

— o encanador vinha se aproximando melancolicamente duas semanas depois da data combinada;

---

2   Edward Gierek (1913-2001): político polonês, foi primeiro-secretário do Comitê Central do Partido Comunista de 1970 a 1980, substituindo Gomułka.

— nem o dono do restaurante, nem o autor das assim chamadas receitas e nenhum especialista em alimentação coletiva chegavam a consultar algum livro de culinária;

— sobre berinjelas, brócolis, chicórias, escapos, abobrinhas, alcachofras, escorcioneiras, salsifis e outros daquele tipo de «formalismos de vanguarda», ele nunca ouviu falar;

— nos restaurantes não dava para ler o cardápio, porque eles se encontravam na décima cópia ilegível de papel-carbono (o original era enviado para a contadoria).

Não parece muito, mas é suficiente para formar uma ideia sobre aqueles tempos, embora as *Leituras não obrigatórias* tenham sido escritas com a intenção de, exatamente, fugir da realidade da PRL. Perguntada, um dia, se escrevia suas crônicas para descansar da poesia, Szymborska respondeu: «Não. Se elas foram um descanso, então, na certa não foi descanso da poesia, mas da vida de todo dia. Já começamos a nos esquecer de quanta energia consumimos na busca constante por alguma coisa de que precisamos, na resolução de uma bobagem qualquer ou ficando em pé nas filas».

Um dos amigos guardou na lembrança o dia em que o fogão a gás de Szymborska parou de funcionar e veio um especialista que determinou que o conserto iria durar duas semanas. Quando estava saindo, perguntou se aquele Szymborski que era jogador do time de futebol do Wisła de Cracóvia era parente dela. Quando ela prontamente admitiu o parentesco inexistente, ele consertou o fogão na hora.

Jacek Bocheński, que desde os anos 1960 encontrava Szymborska em Zakopane e ia junto com ela dar caminhadas e também comer cogumelos em Poraj, lembrou-se de como ficava impressionado por ela se diferenciar tão pouco de seus poemas.

«É um caso raro. Normalmente os poetas existem de um jeito em seus poemas e de outro na realidade. Ela era uma criatura estranha, por um lado sociável e por outro fechada, não gostava de abandonar seus ninhos.»

O início dos anos 1960 foi uma época de excelente repertório cinematográfico, e, nesse aspecto, a ocasião certa para recuperar as perdas dos estéreis anos 1950. Włodzimierz Maciąg relembra que quase todos os dias eles comentavam os filmes na redação do *Życie Literackie*. Lembrou-se de que Szymborska ficou encantada com *O crepúsculo dos deuses*. Barbara Czałczyńska[3] contou que, toda semana, elas iam à mostra fechada do Clube do Bom Filme.

Szymborska nunca escreveu uma resenha de filme, no entanto, nas *Leituras não obrigatórias*, o cinema estava constantemente presente e, muitas vezes, voltava à sua lembrança em várias ocasiões, desde seus primeiros enlevos juvenis. E, assim, ela gostou muito de assistir antes da guerra ao filme musical sobre Franz Schubert. Apenas quarenta anos depois, após ler sua biografia, percebeu que tinham filmado «um disparate sentimental baseado no esquema 'amor do artista', partindo do pressuposto de que a única faceta fotogênica da grande arte é seu substrato matrimonial».

Folheando as *Crônicas*, de Długosz,[4] Szymborska se encantava, pois alguns episódios eram muito cinematográficos. Ao ler o livro de Roberto Gervaso sobre Cagliostro, ela ficava imaginando que filme maluco Fellini poderia fazer baseado nele. Na verdade, os títulos que ela listou não foram muitos, porém realmente excelentes. *Quando os peixes saíram da água*, de Cacoyannis, sobre «o pastor da tradição de Teócrito transferido como se estivesse vivo para a nossa era atômica». *Os pássaros*, de Hitchcock, que viu e depois lhe deu desejo de comprar um periquito, pois nem por um momento teve a impressão

---

3   Barbara Czałczyńska (1929-2015): escritora polonesa e tradutora de literatura francesa.

4   Jan Długosz (1415-80): também conhecido como Johannes Longinus, foi um padre polonês, historiador, cronista, diplomata e soldado, considerado o primeiro historiador da Polônia.

de que algum perigo por parte do pássaro a ameaçava. *O homem mosca*, com Harold Lloyd, a cujo filme ela outorgou o prêmio particular «Macaco pendurado nas alturas». Ela escreveu sobre Chaplin, Kurosawa, Orson Welles, sobre filmes de terror, filmes de aventura, de capa e espada e históricos. Este último gênero ela particularmente não apreciava e acusava-o, entre outras coisas, de falta de realismo e afastamento da verdade da vida.

«Nunca um herói banguela, nunca uma heroína bexigosa, nunca um grande artista vesgo. Nos interiores onde habitam, nunca há moscas e os móveis provêm sempre da época determinada pelo enredo, como se nos tempos antigos os armários herdados dos avós e bisavós fossem jogados fora pela janela», queixava-se nas *Leituras não obrigatórias*.

Ela também utilizou esse mesmo estratagema com a enumeração dos «seres omitidos» no poema:

Aquele que é triste, prostrado,
maltrapilho e zarolho,
esse clarissimamente falta.
[...]
Nem um olho aquiliníssimo
veria a mínima forquinha
e nada deixa sombra de dúvida.

«Miniatura medieval», *Um grande número*, 1976

Na entrevista que deu nos anos 1970, ela disse que sempre ia ao cinema, mas evitava aqueles chamados dramas psicológicos, porque nesse campo os filmes não tinham muito a dizer e, além disso, tudo já fora dito antes e melhor pela literatura. Por sua vez, ao comparar nas *Leituras* o cinema e o teatro, admitiu sua preferência pelo primeiro. «Para os filmes se tornou uma bagatela», escreveu, «aquilo com que o teatro nunca pôde lidar, ou seja, os espíritos, os monstros, as transformações instantâneas, pessoas e objetos voando e sumindo.» «Prefiro o cinema», começava ela no poema já citado aqui várias vezes «Możliwości» [Possibilidades].

«Eu amo o cinema», ela nos disse, «e perdoo-lhe muitas coisas. O teatro eu não amo, então não sou tão clemente. Pois isso é um assunto do amor, 'se' e 'o quanto' se perdoa. Além do mais, espero mais dos filmes, o teatro não acompanha o ritmo da vida.»

Todavia admitia que valorizava no teatro tudo aquilo que o cinema não conseguia: «Somente no teatro ocorre, às vezes, algo que, na falta de termos mais concretos, devo chamar de milagre», escreveu no artigo dedicado ao livro de Tadeusz Nyczek, *Alfabet teatru* [O alfabeto do teatro]. «Lembro-me da *Pastoratka* [Pastoral], de Schiller, encenada um pouco depois da guerra. Num lado do palco, em certo momento, estava um pastorzinho e ele começou a tocar uma rabequinha. Não fez nada além disso, nenhuma careta, nenhum gesto adicional. Ficou lá tocando com a cabeça levemente inclinada. E, no entanto — embora no meio do palco se desenrolasse uma cena barulhenta e colorida —, todo o auditório olhava apenas para ele. Depois tomei conhecimento, pelo programa, que era Tadeusz Łomnicki,[5] um ator ainda desconhecido para mim na época.

O amigo da poeta, Jan Paweł Gawlik,[6] que depois de sua saída do *Życie Literackie* foi diretor do Teatro Velho, em Cracóvia, por muitos anos, nem tinha certeza se conseguiria arrastá-la para ver as peças

---

5 Tadeusz Łomnicki (1927-92): grande ator polonês de teatro, cinema e televisão, também diretor de teatro. Encenou mais de 80 peças teatrais, trabalhou em 51 filmes e 26 espetáculos teatrais na televisão.

6 Jan Paweł Gawlik (1924-2017): teatrólogo, diretor de teatro e televisão, crítico teatral e ensaísta polonês.

Dziady ou *Wyzwolenie*. Em sua opinião, Szymborska simplesmente não gostava de teatro, com exceção do teatro amador, e isso porque gostava do estilo kitsch.

Wanda Klominkowa nos contou que costumavam ir juntas a um teatro amador, o Teatro do Ferroviário, que tinha em seu repertório, principalmente, comédias musicais e vaudeviles. O que será que a poeta procurava no teatro localizado no obscuro prédio na rua Bocheńska?

«Eu me entedio com o teatro tradicional em que tudo é como Deus manda e em conformidade com uma época», explicou-nos. «Mas me entedia mais ainda quando os personagens do século XVIII se balançam no teto ou berram seus problemas deitados no chão. Então, aquilo que se considera vanguarda, eu também não suporto. No entanto, eu gosto de ler as peças teatrais, e, lendo-as, eu mesma as dirijo.»

Aquilo de que mais gostava num espetáculo teatral, ela descreveu num poema:

o ressuscitar dos mortos das cenas de batalha,
o ajeitar das perucas e dos trajes,
a faca arrancada do peito,
a corda tirada do pescoço,
o perfilar-se entre os vivos
de frente para o público.

«Impressões do teatro», *Todo o caso*, 1972 [xxvi]

«Tenho uma fraqueza particular pelo amadorismo teatral. Costumo ir a todos os tipos de apresentações amadoras, experimentais e até apresentações escolares; em resumo, exibições que me dão a certeza de que surgem diretamente da vontade de atuar, e não pelo fato de que existe o edifício de um teatro», escreveu em 1957, numa de suas escassas resenhas teatrais, por ocasião do espetáculo *Esperando Godot*, no Teatro 38.

«Respeito os grupos de entusiastas que se reúnem muitas vezes com o pensamento de fazer apenas um espetáculo. Gosto das perucas coladas tortas e das maquiagens das bochechas exageradamente ruborizadas.»

Será que talvez fosse pouco ao teatro, pois lhe bastava participar todos os dias do espetáculo intitulado vida?

Não sei o papel que desempenho.
Só sei que é meu, impermutável.

De que trata a peça
devo adivinhar já em cena.

Despreparada para a honra de viver,
mal posso manter o ritmo que a peça impõe.
Improviso embora me repugne a improvisação.
[...]
De pé em meio à cena vejo como é sólida.
Me impressiona a precisão de cada acessório.
O palco giratório já opera há muito tempo.
Acenderam-se até as mais longínquas nebulosas.
Ah, não tenho dúvida de que é uma estreia.
E o que quer que eu faça,
vai se transformar para sempre naquilo que fiz.

«A vida na hora», *Um grande número*, 1976[xxvii]

No discurso do Nobel, ela disse: «o que quer que pensemos desse teatro incomensurável para o qual temos uma entrada reservada, mas cuja validade é risivelmente curta, limitada por duas datas irrevogáveis; o que quer que ainda pensemos sobre esse mundo — ele é espantoso».[xxviii]

Quando em 1966 devolveu a carteirinha do partido, tomou conhecimento, por Władysław Machejek, de que não poderia continuar sendo diretora da seção. Então, perdeu a escrivaninha e parou de ir à redação. Até meados de 1968, ainda respondia às cartas no «Correio literário». Wisława Szymborska: «Tudo acabou bem. Não ficava sentada muito tempo à escrivaninha, não precisava ler quilos de textos predominantemente ruins. Escrevia sem nenhum vínculo».

Logo depois de sua saída da redação, passou a ter problemas com os pulmões e, em meados de 1968, viajou por alguns meses para um sanatório. Lá lhe chegou a notícia sobre a intervenção do exército polonês na Tchecoslováquia. De lá escreveu para Jerzy Zagórski, confortando-o pela prisão de seu filho Włodzimierz durante os acontecimentos de março.

O *Życie Literackie* cultivava então um antissemitismo aberto e vulgar. Com certeza ela se sentia aliviada por ir à redação apenas para levar mais uma crônica para o ciclo das *Leituras não obrigatórias*. Depois de sair do *Życie Literackie*, ela nunca mais trabalhou para alguém em tempo integral.

Da rua 18 Stycznia, onde morava, até a Wiślna, onde se encontrava a redação do *Życie Literackie*, talvez levasse uns vinte minutos andando. Ela percorreu tantas vezes esse caminho que o imortalizou num «ensaio sobre o mar». Foi assim: pediram-lhe um texto para a antologia *O mar pelos poetas*. Escreveu que, a bem da verdade, morava em terra firme, mas num lugar que um dia tinha sido o fundo do mar, e da janela de seu quarto dava para ver o castelo Wawel construído numa colina calcária, ou seja, numa rocha de conchas de foraminíferos. Depois dessa introdução, navegou adiante: «Indo para o lado do Rynek pela rua 18 Stycznia e pela Karmelicka, flutuo por onde queira minha imaginação, na superfície ilimitada das águas. Ou, para variar o caminho, pulo com o pensamento sobre muitos milhões de anos e eis que me deslumbro com as vistas do mar que retrocede. Vejo a baía rasa fatiada por restingas. No local do movimentado cruzamento da rua Karmelicka com a

Szewska, avisto um ser estranho rastejando pela areia molhada. Apesar de o sinal vermelho deter o movimento dos pedestres, aquela criatura, nem peixe nem anfíbio, avança com toda a calma sob a roda de um caminhão acelerado. Depois de uns instantes, surge intocado e, com o melhor dos humores, segue na direção da água. Mas que sorte, penso eu, que essa cena tenha lugar fora da lei das unidades do teatro clássico! A abençoada incompatibilidade do tempo com o espaço protegeu um de nossos antepassados de um acidente viário...».

CAPÍTULO 11

Leituras não obrigatórias, ou seja, dar um mergulho na era mesozoica

Szymborska começou a escrever as *Leituras não obrigatórias* por acaso, mas continuou por opção. Władysław Machejek, depois que Wisława saiu do partido, não queria se desfazer inteiramente dela no *Życie Literackie*. Então, fez-lhe a proposta de escrever algumas crônicas e resenhas. Pode-se afirmar que ele se tornou o padrinho de suas *Leituras* — junto com Leszek Kołakowski, por quem Wisława se desvinculou do partido. A primeira crônica do ciclo foi publicada em 11 de junho de 1967.

Tadeusz Nyczek nos contou que, convencida a saldar seu débito para com o *Życie Literackie*, depois de largar o trabalho de tempo integral nas resenhas, ela começou a ler os chamados livros «da prateleira de baixo». Nos tempos da PRL, as editoras despachavam montes de livros para as redações. Aqueles mais importantes eram mandados para os resenhistas, e o resto se aglomerava como maculatura nas prateleiras. Szymborska descobriu a beleza desse tipo de produção literária. Em suas crônicas, assim como em seus poemas, ficou do lado das coisas perdidas e negligenciadas.

Nyczek não acreditava que Szymborska andasse pelas livrarias procurando livros para as *Leituras*. Em todo caso, ele nunca a encontrou bisbilhotando pelas livrarias. «Se tudo era importante, então, por que teria de procurar? Bastava esperar até que lhe caísse nas mãos», disse.

Entretanto, Włodzimierz Maciąg nos contou que acontecia de ele acompanhar Szymborska durante incursões às livrarias e participar da escolha dos livros, pois, com o decorrer do tempo, cada vez mais raramente ela aproveitava aquilo que chegava à redação do *Życie Literackie*.

Ewa Lipska, por sua vez, afirmava que os temas das *Leituras* não eram de forma alguma obra do acaso. Muitas vezes os amigos lhe traziam livros quando achavam alguma coisa interessante, engraçada ou estranha. Se ela se interessasse, pegava. Lipska se lembrou de que, uma vez, seu marido levou para Wisława um catálogo da exposição cinológica no parque Jordan e Szymborska escreveu uma resenha sobre ele.

«Eu não me lembro de em nenhuma ocasião ter rejeitado livros piores em prol de melhores, o que, aliás, é patente até hoje. Escrevo as *Leituras não obrigatórias* porque acredito que, mesmo no pior livro, de uma maneira ou de outra, exista algo em que pensar: talvez porque seja ruim, mas talvez porque exista algo bom lá que apenas não foi bem desenvolvido», ela disse a Teresa Walas. «Na minha vida sempre existiu uma terrível bagunça nas leituras.»

Entretanto, Walas considerava que nas *Leituras* não havia nada casual. «Na aparência, Szymborska assume o papel de uma leitora onívora», escreveu no *Dekada Literacka*, «que por pura bondade, para não dizer misericórdia, folheia os livros que se aglomeram na prateleira 'Livros enviados', que estão condenados de antemão à falta de interesse de outros leitores. [...] Não nos deixemos, porém, enganar com essas aparências. Szymborska é uma experiente caçadora de aventuras leitorais, e na suposta casualidade do material escondia-se o mecanismo de uma apurada seleção.»

«Eu escrevia sobre livros», disse-nos Szymborska, «que se difundiam bem, que as pessoas compravam, só que a crítica oficial não os levava em

LEITURAS NÃO OBRIGATÓRIAS, OU SEJA, DAR UM MERGULHO NA ERA MESOZOICA 189

consideração. Na realidade, eram livros de outro tipo, afastados das tendências políticas. As pessoas precisavam daquilo, já estavam fartas das alusões políticas. Eu apelava para aquelas células do cérebro do leitor que não tinham se submetido à invasão da PRL. Hoje em dia, as pessoas também preferem ler, com frequência, sobre as pestes na Europa medieval do que sobre a política atual.»

«É claro que as obras são tratadas de forma instrumental, assim como as pessoas, acontecimentos e assuntos que nelas aparecem», escreveu Teresa Walas, ainda sobre as *Leituras*. «Szymborska as vasculha com habilidade e retira um detalhezinho, muda as proporções internas, aqui miniaturiza, ali exagera, pega um pensamento lançado inadvertidamente pelo autor, desenvolve um tema secundário, implanta suas próprias associações no indefeso corpo do livro e, dando um pulo daquele trampolim assim preparado, plana no espaço retórico.»

Szymborska confirmava que, dos livros enviados para a redação do *Życie Literackie*, ela recebia aqueles que os colegas antes não tivessem desmantelado. Ela também podia comprar cinco itens por mês na conta da redação.

Apesar de a fórmula das *Leituras* ser inteiramente apolítica, elas não eram liberadas sem as ingerências da censura.

«Às vezes, coisas surpreendentes eram censuradas. Uma vez, por exemplo, escrevi sobre fósforos, que, se um terço deles não acendia, isso significava que um terço da floresta foi cortada sem necessidade. Então eles me cortaram a floresta. Às vezes tratava-se de alguma ninharia, de algum sobrenome.»

Na «Introdução» de um dos tomos das *Leituras*, Szymborska escreveu que considerava a leitura de livros a mais bela das diversões que a humanidade inventou. «O *Homo ludens* dança, canta, faz poses, banqueteia-se e realiza cerimônias sofisticadas. Não subestimo a importância dessas diversões [...]. No entanto, elas são uma atividade coletiva, sobre as quais se eleva, com maior ou menor intensidade, o fedorzinho dos exercícios coletivos de ordem-unida. O *Homo ludens* com um livro é livre. [...] Ele pode dar risadinhas em lugares não previstos para isso ou subitamente se deter em palavras que vai lembrar por toda a vida. Finalmente, ele pode ouvir — e isso nenhuma outra diversão lhe pode oferecer — sobre o que disserta Montaigne ou dar um rápido mergulho na era mesozoica.»

Num certo ano, ela leu justamente o livro de Adam Kersten,[1] *Warszawa kazimierzowska 1648-1668* [A Varsóvia do reinado de Jan II Kazimierz Waza 1648-1668] e, como estava fazendo um calor horrível, o tempo todo ela se perguntava se não era quente demais para as pessoas daquela época, que usavam «aqueles seus elmos, aquelas latarias, sobrevestes cintadas, véstias abertas com golas de pele, dólmãs, túnicas, cafetãs, gibões, botas de cano alto, luvas, balaclavas e toucas, faixas com adornos para a cabeça e chapéus com fitas». Quando estava escrevendo, ainda fazia muito calor, então terminou a crônica cheia de empatia com a frase: «Essas pessoas ainda acreditavam com muita intensidade no inferno, de forma que, mesmo devaneando em pensamentos sobre o futuro, pouco refrigério podiam experimentar...».

No «Correio literário», consolou uma mãe aflita, dizendo-lhe que não se preocupasse que seu filho de onze anos lesse livros sérios demais, como por exemplo Shakespeare. «Se é bom? Com certeza sim. É certo que de antemão já se sabe que um rapaz assim não vai crescer um boxeador e não vai dar a volta ao mundo com seu cruzado de esquerda. Mas o que isso lhe importa? Ele já está viajando.»

Ela sempre absorveu a literatura com desprendimento, por pura curiosidade. «Eu me interesso por livros sobre a natureza, a história e a antropologia. Leio enciclopédias, guias e monografias», disse ela. «No entanto, com sensação de desespero, esquivo-me de livros da área da física, já que não me sinto mesmo capaz de compreender neles nada além da

---

1 Adam Kersten (1930-83): historiador polonês, especialista na história polonesa do século XVII.

introdução. Às vezes pego um livro sobre borboletas ou libélulas, outras vezes uma brochura sobre reforma de apartamentos ou ainda, uma vez ou outra, consulto um livro escolar.»

Porém, quando se deparou anos depois com o ensaio sobre física de Feynman, *Wykłady z fizyki* [Aulas de física], disse a Stanisław Balbus que era uma das obras mais encantadoras que já tinha lido.

Era menos compreensiva com «as prosas de tom realístico-didático». Resenhando o livro *Idee i boraterowie* [Ideias e heróis], escreveu que era mais fácil escrever *Ulisses* do que um livro para os jovens, porque neste último «cai-se numa selva de obrigações extra-artísticas» e desenrolam--se «estrepitosos hip, hip, hurras de velhos senhores do escotismo e de todas as coletividades organizadas». Um dos leitores se sentiu ofendido e escreveu para o *Życie Literackie*. Szymborska, em resposta, explicou que tinha escrito, de forma jocosa, como era difícil escrever para os jovens e que, em sua convicção, «fazer uma brincadeira não significa 'maltratar' e 'vilipendiar alguém'».

Jerzy Pilch se gabava de que Szymborska, em certa recepção, proferiu uma análise deslumbrante da primeira frase de seu livro *Inne roszkosze* [Outros prazeres]. «Primeiramente, caçoou da primeira frase de *Popioły* [*Cinzas*].[2] 'Mas que frase é essa? Que cães de caça? De quem são os cães de caça? Que bosque é esse? Isso não dá nenhuma informação. Lá deveria estar escrito os cães de caça do conde, no dia tal e tal...', e depois ela disse: 'O seu romance começa com uma verdadeira sentença, existem doze informações nela e, além disso, que estilo!'», relembra Pilch. «Esse

---

2 Romance histórico publicado em 1902-04, escrito pelo polonês Stefan Żeromski (1864--1925), que também atuava como jornalista e dramaturgo. O romance retrata o período de 1797-1812, iniciando-se após a partição da Polônia e sua consequente perda de autonomia como nação e as guerras napoleônicas. A frase a que Szymborska se refere é: «*Ogary poszły w las*» [Os cães de caça foram para o bosque].

foi o meu Nobel. Ah, se ela repetisse isso numa publicação... mas ela não escrevia sobre os colegas.»

Nem sobre política. «O perspicaz Pilch percebeu que me afastei de toda a política nessas crônicas», contou ela na entrevista sobre as *Leituras* escritas nos tempos da PRL. Prometia (e manteve a palavra) que, se voltasse às *Leituras*, sua fórmula seria a mesma.

Ela ganhava muitos livros escritos por amigos, mas — como dizia — nem sequer os aproveitava, porque o mais difícil é escrever sobre os amigos. E obviamente, em cinco volumes das *Leituras não obrigatórias*, mal encontramos alguns livros de autoria de pessoas que Szymborska conhecia bem. A propósito, conseguimos, pela amizade, uma menção na crônica sobre a «Mitologia dos aborígenes». Na crônica, Szymborska tecia considerações sobre como seria se os aborígenes australianos tivessem sido descobertos apenas nos dias de hoje: «Enxames de jornalistas e repórteres chegando em aviões e se juntando lá, mas no local descobririam que não iam conseguir nada. Seria emitida apenas uma permissão por ano e a primeira seria justamente para Ryszard Kapuściński.[3] (Quanto às sras. Szczęsna e Bikont, não sei como, mas estariam no local antes ainda, para confirmar na fonte se os nativos, por acaso, não compunham limeriques...)».

A relutância em especular sobre assuntos privados de outras pessoas e também dos Grandes Falecidos, ou seja, «a intromissão no além-túmulo», não a impedia de ler suas cartas ou diários. É claro que existem diários escritos já se pensando em publicação e esses não causam «um problema além-túmulo» para seus autores.

---

3   Ryszard Kapuściński (1932-2007): repórter, jornalista, fotógrafo, poeta e um dos escritores poloneses mais traduzidos no mundo. Considerado o maior representante do jornalismo literário polonês até agora, ele mesmo chamava seu trabalho de «reportagem literária», chegando a afirmar que o bom jornalismo passava pela linguagem poética.

«É pior com os diários de uso pessoal, escritos sem a cosmética literária e a autocensura, para a organização do dia que passa, como reação a vários estresses e guardados em segredo até mesmo dos mais chegados», escreveu na crônica sobre os «Diários de Thomas Mann». «Nós, os leitores, podemos agora inspecionar suas confissões, ao que se une um enorme, porém equívoco, prazer de ficar bisbilhotando e ouvindo os segredos alheios.»

Em outra ocasião, confessou que a indiscrição maliciosa costuma ser deliciosa na leitura. Às vezes tinha sentimentos confusos: lia com curiosidade e com relutância em relação à própria curiosidade. Após terminar de ler o livro de Barbara Wachowicz[4] sobre as cinco Marias na vida de Henryk Sienkiewicz, escreveu: «E quem for particularmente sensível, esse ainda vai sentir compaixão pelos protagonistas falecidos (leia-se: indefesos) dessa monografia, cujos segredos pessoais se tornam presas de uma invasão sem cerimônias. No entanto, a compaixão não lhe prejudica a leitura do livro até o fim. De jeito nenhum — vai lê-lo de um só fôlego, da mesma forma que outros leitores menos suscetíveis».

Num dos recitais de poesia, perguntaram-lhe por que, em vez de escrever sobre as obras literárias, se ocupava em analisar livros de ciências populares e variados manuais, e ela respondeu: «As publicações desse tipo nunca terminam nem bem nem mal, e é isso que mais me agrada nelas». Em outra ocasião, escreveu que a perspectiva de ler exclusivamente obras literárias a assustava. Depois de uma dose de monólogo interno, para variar, gostava de aprender como os elefantes espirram ou quantas pernas realmente tem a centopeia. Gostava que os livros fossem suficientemente interessantes para afastar os pensamentos das preocupações diárias, mas também suficientemente soníferos para que, no momento adequado, caíssem das mãos.

---

4 Barbara Wachowicz (1937-): escritora polonesa, autora de biografias de iminentes poloneses, também fotógrafa, roteirista e jornalista.

Pilch acreditava que aquela peculiar dispersão das preferências de Szymborska estava relacionada com a incerteza sobre o sentido da leitura das obras literárias, em contraposição à convicção profunda sobre o sentido da leitura do mundo. Além do mais, essa sua posição podia ser observada também nas crônicas e nos poemas.

No texto inspirado pelo livro *Dziwy świata roślin* [Maravilhas do mundo das plantas], escreveu: «Algazarras da fisiologia. Plantas farristas, plantas agressivas, plantas fortificadas e plantas imprevisíveis. Reprimidas e não reprimidas no seu desenvolvimento. Carnívoras ou, não menos predatórias, vegetarianas. Disparates tecidos pela natureza. Bobagens bulbosas. Baboseiras floridas. Sonsos espinhosos e valentões indefesos. Maravilhas maravilhosas, maravilhamentos maravisdrúxulos, maravilhaturas, cercas maravivas maravilindas». O crítico literário Jerzy Kwiatkowski,[5] ao analisar as *Leituras*, admitiu que, às vezes, acontecia de Szymborska ofertar um poema no altar de sua coluna no jornal, e realmente esse texto causava a impressão de serem notas poéticas para um ciclo de poemas sobre as plantas, mas, de fato, tal ciclo nunca surgiu.

Existem alguns fragmentos de crônicas e poemas que poderiam facilmente ser trocados de lugar — escreveu Tadeusz Nyczek. E como prova ele citava um fragmento das *Leituras*: «Gosto de pássaros [...] pelos jabôs de penas, os penachos, as cristas, os rufos, os folhos, os gibões, as pantalonas, os leques e os debruns», ou o fragmento do poema:

> *Você despe, nós despimos, eles despem*
> *casacos, jaquetas, paletós, blusas*
> *de lã, algodão, poliéster,*
> *saias, calças, meias, roupas íntimas,*

---

5   Jerzy Kwiatkowski (1927-86): participante do Levante de Varsóvia, era filólogo e poeta. Especializou-se em poesia polonesa do século XX.

LEITURAS NÃO OBRIGATÓRIAS, OU SEJA, DAR UM MERGULHO NA ERA MESOZOICA

[...]
hora de amarrar, fechar com as mãos ainda trêmulas
cadarços, colchetes, zíperes, fivelas,
cintos, botões, gravatas, colarinhos.

«Roupas», *Gente na ponte*, 1986

Os tópicos repetidos tanto na prosa quanto na poesia testemunham igualmente sobre a afinidade entre as *Leituras* e os poemas.

«Tanto faz se a Atlântida existiu ou não, para nós ela traz muitas vantagens. É necessária como exercício de imaginação. Afinal, não vale a pena viver desperdiçando toda a fantasia em temas práticos», ela escreveu ao analisar um livro sobre a ilha perdida. Ela própria, anteriormente, no poema «Atlântida», exercitava nele sua imaginação.

Existiram ou não existiram.
Era ou não era numa ilha.
Foi o oceano ou não foi o oceano
que os engoliu ou não.
[...]
Nessa mais ou menos Atlântida.

«Atlântida», *Chamando por Yeti*, 1957[xxix]

Às vezes, o eco de um livro já lido se expressa anos depois num poema. Ao analisar uma coletânea de comentários de Stanisława Wysocka[6] sobre o teatro (publicação de 1973), Szymborska chamou a atenção para o fato de que aquela grande atriz trágica, especialista

---

6   Stanisława Wysocka (1877-1941): atriz e diretora de teatro polonesa.

num repertório de vulto, queria que o teatro fosse uma pausa e um descanso para o público. «A alma repousa não só no riso, mas também na pura tristeza», escreveu Wysocka. «Essa frase me fez pensar muito», comentou Szymborska. «Página 31, décima linha de cima para baixo.» E eis que passam os anos (mais de 25) e aparece o primeiro poema depois do Nobel:

> *Tem-se a alma vez ou outra.*
> *Ninguém a tem o tempo todo*
> *e para sempre.*
> *[...]*
> *Por vezes só nos êxtases*
> *e medos da infância*
> *por mais tempo se aninha.*
> *Por vezes só no espanto*
> *de estarmos velhos.*
> *[...]*
> *Em mil conversas nossas*
> *participa de uma,*
> *e isso não necessariamente,*
> *pois prefere o silêncio.*
> *[...]*
> *Alegria e tristeza*
> *não são para ela sentimentos diferentes.*
> *Somente na união deles*
> *ela está presente ao nosso lado.*

«Um pouco sobre a alma», *Instante*, 2002

«Li num certo crítico que esse era um poema sobre a atual crise espiritual do ser humano», Szymborska comentou a resenha para nós. «Mas não é isso. A alma, ou também aquilo que chamamos de alma, sempre costuma aparecer de tempos em tempos. Quando alguém está sentindo dor, a alma não fica, a alma foge, só existe aquele tecido doloroso que uiva de dor. Queria escrever que a alma é muito caprichosa e procura momentos bem apropriados para mostrar que existe. O momento em que o ser humano está aberto para coisas mais elevadas que a cotidianidade é para mim a alma.»

Folheando os textos de Szymborska, volta e meia nos deparávamos com a questão do humor tratada com mais seriedade: «O humor é o irmãozinho mais novo da seriedade», «o humor é uma ligação orgânica entre a tristeza e a comicidade», «a arte de divertir é uma habilidade terrivelmente séria».

«Thomas Mann», ela escreveu, «se autodescrevia obstinadamente como um humorista, da mesma forma que Tchekhov sempre repetia que as peças que escrevia eram comédias. Poucos se perguntam por que eles insistiam nisso. Humor? O que é isso? Numa compreensão usual, porém enganadora, trata-se ou da produção de piadas ou de uma alegria pueril. Entretanto, a bem da verdade, o humor é uma grande tristeza que consegue perceber as coisas engraçadas.»

Ela mesma fazia uso do humor tanto na poesia quanto na prosa e na vida. Como contou Bronisław Maj, todos nós lemos de tempos em tempos a programação da tevê, mas apenas Szymborska percebeu o anúncio: «Como Deus criou o mundo — documentário».

Afirmando que «o humor é a mais delicada emanação do costume da época, e por isso mesmo a menos duradoura», Szymborska lamentava que «a passagem dos séculos cria condições acústicas ruins para o humor». Ela leu *O soldado fanfarrão*, de Plauto, não para rir, mas para saber do que riam 2 mil anos atrás. «A comicidade é um espírito inconstante, vagante», ela escreveu. «Na verdade, muito raramente pode ser encontrado naquele mesmo lugar no qual o artista o planejou alguns séculos atrás.» Durante a leitura de um livro sobre a comicidade na arte gótica polonesa, primeiro ela foi tomada pela melancolia de que algo que outrora fazia as pessoas rirem hoje não se consegue entender sem uma explicação, e também não faz rir. E, imediatamente depois, foi tomada pelo entusiasmo, porque, na verdade, não queria de forma alguma rir daquilo que as pessoas da Idade Média riam: aleijados, idiotas, anões etc. No entanto, em outro lugar, tomando a defesa da comicidade não refinada de Benny Hill, afirmou: «Se por algum estranho motivo a humanidade desenvolvesse apenas um único tipo de humor e ele fosse um humor sofisticado, sutil e fino, pelo menos 80% das pessoas na Terra passariam pela vida sem nunca dar uma gargalhada».

O que a encantava mais eram os «livros de nonsense» e da «terra do absurdo», na qual predominavam os escritores ingleses, embora eles não a tenham inventado, porque ela sempre existiu. «No entanto, os méritos dos ingleses são consideráveis. Eles levaram a prosperidade para aquela terra, geriram-na com delicioso detalhismo e duplicaram o número de seus habitantes. O único exemplo que eu conheço de colonialismo positivo!»

As *Leituras não obrigatórias* não deixam dúvida de que a autora poderia sem muito esforço ser incluída entre as feministas, embora também guardasse em relação a elas uma distância apropriada às pessoas de sua geração. «Sei que é uma corrente necessária», ela nos disse, «mas eu preferia não seguir nenhuma corrente. Eu sinto empatia também pelos homens, eles também têm seus estresses, medos e coerções, e, às vezes, esposas venenosas em casa.»

«Os anos de terror introduziram uma igualdade temporária para as mulheres, mas exclusivamente no cadafalso», ela escreveu numa coluna sobre as memórias de Germaine de Staël. «Depois, novamente, as antigas vantagens masculinas faziam acompanhamento à fraqueza feminina. O homem tinha pontos de vista — a mulher tinha ainda apenas caprichos; a contrapartida de sua vontade forte era sua teimosia de mulher, sua precaução — seu interesse calculista, e, em situações nas

LEITURAS NÃO OBRIGATÓRIAS, OU SEJA, DAR UM MERGULHO NA ERA MESOZOICA

quais o homem era reconhecido como um tático capaz, a mulher permanecia sendo uma intrigante. Um tanto dessa divisão de conceitos nos penitencia ainda hoje em dia, o que afirmo não como uma feminista militante (protejam-me, deuses, de tal destino), mas por causa do humor e da justiça.»

Atravessando países e épocas, seguindo os rastros de suas *Leituras*, Szymborska, no entanto, discretamente e com senso de humor, sempre e em todos os lugares defendia as mulheres, sentia empatia pelas mulheres, admirava as mulheres, apresentava seus pontos de vista. Encontramos essa mesma compreensão e simpatia no poema:

> *Dizem que olhei para trás de curiosa.*
> *Mas quem sabe eu também tinha outras razões.*
> *Olhei para trás de pena pela tigela de prata.*
> *Por distração — amarrando a tira da sandália.*
> *Para não olhar mais para a nuca virtuosa*
> *do meu marido Lot.*
> *Pela súbita certeza de que se eu morresse*
> *ele nem diminuiria o passo.*

«A mulher de Lot», *Um grande número*, 1976[xxx]

Sua tradutora para o sérvio, Biserka Rajčić, contou que na publicação feminista *ProFemina*, de nível literário muito bom, que circula em Belgrado, Szymborska é uma figura de culto. Lá foi publicado seu poema:

> *Ingênua, mas a que melhor aconselha.*
> *Fraca, mas aguenta.*
> *Não tem cabeça, pois vai tê-la.*
> *Lê Jaspers e revistas de mulher.*
> *Não entende de parafusos mas constrói uma ponte.*

Jovem, como sempre jovem, ainda jovem.
Segura nas mãos um pardalzinho de asa partida
seu próprio dinheiro para uma viagem longa e longínqua
um cutelo para carne, uma compressa, um cálice de vodca.

«Retrato de mulher», *Um grande número*, 1976[xxxi]

Szymborska não deixava passar nenhuma ocasião para esfregar na cara da humanidade o vergonhoso fato de as mulheres, durante séculos, não poderem tomar decisões a seu próprio respeito, sendo privadas do direito de escolher seus parceiros. Muitas vezes ela voltou ao tema da caça às bruxas. Seu olho atento nada perdeu.

Tomemos por exemplo o comentário a propósito do livro sobre Casanova, onde chamava à atenção do leitor uma surpreendente coincidência: nenhuma das amantes daquele campeão mundial da sedução nunca tentou impedi-lo de ir embora ou reconquistá-lo.

«Metade dos cidadãos Kowalski,[7] nenhum deles um Casanova, aprende na própria pele quão espinhoso é o caminho do amante que parte para nunca mais voltar. O mais famoso sedutor do mundo arrumava as trouxas sem dificuldades especiais e algumas senhoras até o ajudavam nisso. [...] Decepcionadas? Desanimadas? Entediadas? Eis que com essas perguntas me junto ativamente às comemorações do Ano Internacional das Mulheres.»

Escrevendo sobre a coletânea de ensaios das feministas americanas *Ninguém nasce mulher*, Szymborska percebeu que lutar contra os estereótipos profundamente enraizados sobre a biologia e o psiquismo feminino deve provocar indignação. «Em alguns momentos

---

7   Referência aos homens poloneses, já que o sobrenome Kowalski é um dos mais comuns na Polônia.

LEITURAS NÃO OBRIGATÓRIAS, OU SEJA, DAR UM MERGULHO NA ERA MESOZOICA   201

dessas argumentações, gostaríamos de dizer chega e esperar talvez por um débil gesto de cavalheirismo para com os homens. Porque para eles também não é fácil e talvez eles também quisessem se libertar de alguma coisa.» A propósito, além disso, advertiu para que não se tratasse aquele interessante livro como «um manual de luta contra o próprio marido doméstico» e não levasse o problema da igualdade para a questão de quem deve servir o chá.

Włodzimierz Maciąg contou que, uma vez, Szymborska o pegou pelo braço e um instante depois falou: «Vocês, homens, logo tensionam os músculos».

«Ela gostava de capturar a masculinidade num momento engraçado», comentava. «Ela até escreveu sobre isso num poema.»

Caminhando teso do maxilar ao calcanhar
em profusão de óleo a brilhar.
Somente há de ser escolhido
se qual uma rosca for retorcido.

«Concurso de beleza masculina», *Sal*, 1962[xxxii]

Szymborska nos contou que certa vez, em Zakopane, viu um cartaz com o anúncio da fase eliminatória nacional de levantamento de pesos e tentou convencer os colegas escritores que estavam hospedados na Astoria para que algum deles fosse lá com ela.

«O que acabou acontecendo foi que todos eles eram espíritos sublimes e somente Alicja Sternowa, viúva de Anatol Stern,[8] se animou a ir comigo. E lá fomos nós. Eu via como os halterofilistas se aproximavam

---

8   Anatol Stern (1899-1968): poeta, prosador, crítico literário e cinematográfico, roteirista e tradutor polonês.

da barra três vezes e voltavam atrás. Vi um gigante que falhou e caiu no choro nos braços do treinador. Um ano de treinos, sacrifícios, dieta, e depois tudo é decidido em frações de segundo. E pensei: 'Santo Deus, talvez seja preciso escrever outro poema sobre esses pobres hércules, um bem sentimental'. Claro, claro, alguns poemas hoje eu escreveria de maneira diferente.»

De qualquer forma, ela não caçoava dos homens musculosos nas *Leituras*. «Apesar das aparências, não sou afinal uma inimiga dos fisiculturistas», escreveu. «Não tenho nada contra os músculos lisos e estriados. Com certeza, Bruno Miecugow[9] é mais severo do que eu quando afirma que os fisiculturistas são justamente aquele elo perdido que os antropólogos perseguem desnecessariamente com pás em diversas fendas.»

Ela dedicou muito coração, espaço e atenção nas *Leituras* aos animais, sobretudo aos cães e pássaros. Publicou também uma carta aos golfinhos (que chamou de denúncia contra a humanidade), na qual os alertava sobre os experimentos nos quais os militares os usavam. Ela também costumava ser uma defensora dos animais no «Correio literário»: «Na literatura, exige-se demais dos animais que falam a língua humana. Devem falar não só sensatamente como, além disso, coisas realmente importantes. Os pobrezinhos precisam ser espirituosos, lógicos e perspicazes; numa palavra, exige-se mais deles do que se costuma exigir de um exemplar da espécie humana, ao qual se permite delirar e balbuciar no papel datilográfico tão difícil de conseguir». Em outro lugar dizia que talvez fosse bom os animais não terem consciência, porque «haveria ainda mais seres desesperados no mundo».

Quando, depois do estado de sítio, ela interrompeu a colaboração com o *Życie Literackie*, houve dois anos de pausa nas *Leituras*. Depois

---

9 Bruno Miecugow (1927-2009): jornalista e escritor polonês, muito conhecido por sua coluna semanal no jornal *Dziennik Polski*.

ela as escreveu para o *Pismo* por um curto período e esporadicamente para o *Odra*. O mais longo intervalo durou alguns anos, até 1993, quando Tadeusz Nyczek teve a ideia de retornar com as colunas no jornal *Gazeta Wyborcza*. A poeta aceitou o convite e acordou os detalhes por carta com o então chefe da seção cultural Antoni Pawlak. Ela perguntou, por exemplo, como poderia prestar contas dos livros comprados, já que os tempos tinham mudado e, nas barracas de livro nas ruas, nenhum recibo era emitido.

Quando Michał Cichy, o chefe seguinte da seção cultural da *Gazeta Wyborcza*, dividiu em parágrafos o primeiro texto que ela lhe enviou, ela lhe chamou a atenção para o fato de que suas colunas sempre tinham apenas um parágrafo, e lhe pediu para que mantivesse assim. Infelizmente, na antiga diagramação da *Gazeta*, as colunas eram publicadas em itálico e o texto blocado num só parágrafo era lido com dificuldade. Por isso os gráficos adotaram para as *Leituras* uma fonte tipográfica especial. Na diagramação posterior, esse problema desapareceu; ao invés disso, apareceram os subtítulos. Quando Cichy acrescentou um subtítulo à primeira coluna, recebeu de Szymborska uma carta dizendo que, embora a *Gazeta* fizesse isso muito bem, ela preferia inventá-lo sozinha.

«As *Leituras não obrigatórias* têm um só parágrafo», esclarecia a poeta, «para suscitar a sensação de que foram escritas num só fôlego. Segundo o planejado, devem ser curtas, concisas; tenho de fazer caber numa paginazinha datilografada. Quero alcançar a coerência, a impressão de que é um pensamento só. Algumas vezes, é verdade, eu não consigo e, então, lá onde se encaixaria um parágrafo, eu ponho reticências.»

Analisando livros por trinta anos, escrevia muito raramente sobre poesia nas *Leituras*, e isso, como de costume, apenas para fazer um comunicado: «Escrever sobre poesia não é minha paixão», ou: «Existe algo irritante para mim na facilidade com que os poetas escrevem sobre poesia». Ao elogiar a obra-prima de Wiktor Woroszylski — a antologia *Album poezji miłosnej* [Álbum de poesia amorosa] —, perguntou: «Se o amor constantemente cria novos poetas, então por que, por sua vez, os poemas de amor não criariam novos leitores de poesia?».

Apenas uns poucos entre as centenas de livros que ela honrou com uma crônica são livros de poesia (Laforgue, Halas, Eliot, Horácio, Safo), antologias poéticas (poesia búlgara, nova poesia grega, antiga poesia armênia, poemas sobre o mar) e ensaios sobre poesia (Paul Valéry, Miodrag Pávlovitch).

Para as publicações de livros, ela mesma fez a escolha das crônicas.

Perguntada se as *Leituras não obrigatórias* retomadas em 1993 para a *Gazeta Wyborcza* seriam baseadas em sua antiga fórmula apolítica e antivampiresca, ela respondeu: «Sim. Porque exatamente nessa esfera nada mudou. A política continua a ser um vampiro que gostaria de nos sugar todas as seivas. Claro que é preciso ter alguns ideais, algumas crenças honestamente pensadas, e precisamos pelo menos tentar viver em harmonia com eles. Mas é necessário olhar o mundo de muitos lados diferentes e também ler livros de muitas maneiras diferentes».

CAPÍTULO 12

A poeta em viagem, ou seja, na cidade de Samokov, só chuva

Da Bulgária, para onde foi em sua primeira viagem internacional, em 1954, como parte de um intercâmbio cultural, Szymborska se lembrava de Samokov, com seu casario de madeira na cidade velha, com alpendrezinhos, beirais e chuva, e de Burgas, onde ela congelava.

«Era inverno», recorda, «e os búlgaros se gabavam de que eram um país sulista, então não havia nenhum aquecimento e do cano saía água gelada. Além disso, o lustre começou a sacudir no quarto do hotel e na recepção disseram: 'Isso não é nada, foi só um abalozinho'.»

Sua anfitriã e cicerone era Blaga Dimitrova, que Szymborska tinha conhecido antes na Krupnicza. Essa poeta, tradutora e ensaísta pertencia nos anos 1970 ao grupo dos cocriadores da oposição democrática, e tornou-se vice-presidente na Bulgária livre. Ela descreveu, logo depois do Prêmio Nobel, sua viagem com Szymborska: «De acordo com o costume da época, os convidados estrangeiros que visitavam nosso país tinham de ver o máximo possível, sem perder os mínimos detalhes. Com uma franqueza irresistível, Wisława se contrapunha àquilo, virando de cabeça para baixo todo o roteiro. Na maioria das vezes, viajávamos de carro à noite, vencendo as estradas estreitas e acidentadas. Lembro-me de que ela caía na gargalhada, resmungando sobre aquelas aventuras noturnas: 'Quem foi que disse que a Bulgária é um país pequeno? A gente roda, roda e não vê o fim!'. E toda hora perguntava: 'Ainda não chegamos? Pode ser que nessa escuridão a gente tenha passado a fronteira e agora estamos indo Deus sabe lá para onde!'. Depois de nos sacudirmos a noite toda no carro, parávamos em algum hotelzinho provincial e sonolento».

«O programa da estadia de duas semanas na Bulgária previa a visita de um museu atrás do outro», ela continuou. «Entretanto, ao contrário de outros estrangeiros dóceis, Wisława anunciou sem rodeios à sua zelosa guia do Museu Arqueológico de Plovdiv: 'A senhora não precisa se incomodar!'. E saiu correndo para fora, respirou fundo e gritou: 'Chega de museus! Já estou tonta com tanta velharia'.»

Dimitrova nos contou que percebia que Szymborska estava terrivelmente cansada com aquela visitação, no entanto programa é programa, e não houve nenhum museu na Bulgária ao qual não tivessem ido. «Por isso, quando anos depois eu estava traduzindo seu poema 'Museu', imediatamente pensei naquela visita juntas.»

Há pratos, mas falta apetite.
Há alianças, mas o amor recíproco se foi
há pelo menos trezentos anos.

Há um leque — onde os rubores?
Há espadas — onde a ira?
E o alaúde nem ressoa na hora sombria.

Por falta de eternidade
juntaram dez mil velharias.
[...]

A coroa sobreviveu à cabeça.
A mão perdeu para a luva.
A bota direita derrotou a perna.

Quanto a mim, vou vivendo, acreditem.
Minha competição com o vestido continua.
E que teimosia a dele!
E como adoraria sobreviver!

«Museu», *Sal*, 1962[xxxiii]

Foram juntas à casa da mãe de Nikola Vaptsarov,[1] o poeta comunista búlgaro que foi executado a tiros pelos nazistas. Jan Paweł Gawlik, amigo de Szymborska, com o qual trabalhou no *Życie Literackie*, lembrou-se de que ela lhe falava com grande emoção sobre aquela simples aldeã mostrada em sua própria casa como uma exibição de museu e sobre o choque entre o caráter oficial e a verdadeira tragédia. Anos depois, aquela visita frutificou em versos:

Sim, amava-o muito. Sim, sempre foi assim.
Sim, estava então rente ao muro da prisão.
Sim, ouviu a salva de tiros.
[...]

---

1   Nikola Vaptsarov (1909-42): poeta comunista, trabalhou em construção naval e nas ferrovias búlgaras. Apesar de ter publicado apenas um tomo de poesias, é considerado um dos mais importantes poetas búlgaros. Foi condenado à morte e executado por atividade antinazista clandestina.

Sim, está um pouco cansada. Sim, vai passar.
Levantar. Agradecer. Se despedir. Sair
cruzando com os próximos turistas no saguão.

«Pietà», *Muito divertido*, 1967[xxxiv]

Um ano depois, Szymborska viajou para um encontro de escritores na Eslováquia, mas para o verdadeiro Ocidente, para a França, ela só viajou quando o degelo entreabriu a cortina de ferro. Foi então que visitou Jerzy Giedroyc em Maisons-Laffitte.

Ela se hospedou junto com os colegas da União dos Literatos Poloneses na ilha Saint-Louis, no pobrezinho Hotel d'Alsace. Não tinham nenhum programa. Separaram-se, cada um para o seu lado. As quimeras da Notre-Dame chegaram das ruas de Paris, que ela depois também frequentou, a um poema:

Em Paris, de manhãzinha até o anoitecer,
em Paris como
em Paris que
(ó santa ingenuidade da descrição, me ampare!)
[...]
adormeceu na pose de sarcófago
o clochard, monge secular renunciante.
[...]
As quimeras cinzentas se desempedram
(esvoatáceas, minicaninas, macacampiras e maripocrias,
sapoquentes, imprevisônias, cabeças apernaltadas,
plurifeitio, allegro vivace gótico)

e olham para ele com uma curiosidade
que não têm por mim, nem por vocês,
[...]

«Clochard», *Sal*, 1962

Jan Józef Szczepański lembrava que Wisława Szymborska corria com entusiasmo pelos magazines e lojas. Depois, nas *Leituras não obrigatórias*, descrevia as joalherias na praça Vendôme. Ela mesma contava que, para recuperar o atraso, ia todos os dias ao cinema com Sławomir Mrożek, e se divertiam muito, particularmente com os desenhos animados. No entanto, tinha também de visitar os museus, as galerias e as exposições. Pouco tempo depois de voltar para a Polônia, publicou no semanário *Nowa Kultura* o poema citado anteriormente, «Museu».

Szymborska foi pela primeira vez à União Soviética em 1960, com uma delegação de escritores poloneses, na companhia de Władysław Broniewski, Ziemowit Fedecki[2] e Stanisław Grochowiak.[3] Portanto, ela não estava presente na primeira viagem do degelo, em 1957, quando os escritores poloneses estiveram no recital de poesia de Maya Koneva, tradutora e redatora, filha do marechal Konev. Os jovens poetas russos leram na ocasião seus poemas, entre eles Ievguêni Ievtuchenko.[4] Depois que

---

2   Ziemowit Fedecki (1923-2009): especialista em estudos eslavos, era tradutor de literatura russa, bielorrussa e francesa, além de autor de canções e roteirista.

3   Stanisław Grochowiak (1934-76): poeta polonês, dramaturgo, jornalista e roteirista.

4   Ievguêni Ievtuchenko (1932-2017): poeta russo, nascido na Sibéria, também ensaísta, dramaturgo, roteirista, ator e diretor de filmes, que ganhou notoriedade na juventude ao escrever poemas denunciando Stálin na URSS. Denunciou também o antissemitismo e a morte de 34 mil judeus pelos nazistas em Kiev em seu mais famoso poema: «Babi Yar». Morreu nos Estados Unidos, onde lecionou literatura russa na Universidade de Tulsa.

voltaram para a Polônia, um dos convidados, Jerzy Putrament,[5] fez uma denúncia sobre o fato na embaixada soviética e o caso foi parar no Comitê Central do Partido Comunista da União Soviética. Wiktor Borisow, que era então o chefe do departamento dos países socialistas junto à União dos Literatos Soviéticos, lembrou que a visita dos escritores, em 1960, também tinha sido agitada. E isso por causa de Władysław Broniewski, que toda hora fugia do cronograma, escapava e ia recitar seus poemas nas ruas. Borisow tinha de concentrar toda a sua atenção nele, então não se lembrava de nenhum episódio com Szymborska.

Eles visitaram Moscou, Leningrado e Tbilisi. Em Sukhumi, quem os ciceroneou foi o autor do poema épico «Granada» — Mikhail Svetlov. Todos conseguiram ir ao mundialmente famoso jardim zoológico com antropoides.

«Me disseram que lá poderíamos ver os macacos farreando em liberdade», Szymborska nos contou. «Mas acabou que lá todos os macacos estavam presos atrás das grades. Mas, naquela época, isso não me surpreendia mais.»

Em Leningrado, o que mais impressionou Szymborska foram os soluços de Broniewski na fortaleza de Petropavlovskaia, quando viu as celas nas quais os poloneses eram aprisionados, começando com Kościuszko.

«Chorava como um bebê, soluçava e soluçava», disse-nos a poeta. «Ele pertencia a esses homens, eu particularmente não os aprecio, que choram muito. Eu choro no cinema ou lendo livros, mas nunca em momentos dramáticos, apenas nos alegres. Comigo, um choro garantido é provocado, por exemplo, na cena de reconciliação em *José e seus irmãos*, de Thomas Mann.»

---

5   Jerzy Putrament (1910-86): poeta, escritor e jornalista polonês, participou ativamente do governo comunista na Polônia, tendo inclusive trabalhado como agente secreto. Foi também embaixador da Polônia em Paris depois da guerra.

Meio século depois de sua primeira estadia na Rússia, ela disse que chorou no Museu Hermitage, diante de *O retorno do filho pródigo*, de Rembrandt. «Eu mesma não sei por quê — eu nunca fui uma filha pródiga —, tinha algo de maravilhoso nele.»

Perguntamos a Szymborska se ela havia visitado o Palácio de Inverno, em Leningrado, e visto o quadro que ela descrevera anteriormente num poema:

Quando essas marmóreas escadas invadiram,
como em castiçais, as luzes giravam auricolores,
as paredes fulvas e os fulvos tetos tremiam
e ressoava o eco dos passos nos corredores.
Velho mundo, eis a noite do pagamento.
Onde te escondes do famélico que se levantou?

Primeiro Kuźma empurrou a porta do aposento,
E no aposento —
Gente, cavalos, montes de soldados,
tropas, tropas oficiais em densas formações,
em imóvel prontidão as costas dos cavalos,
nos torsos dos oficiais brilham condecorações,
e nas armas de prata, ainda mais brilhantes halos.
Aquele que as fileiras veem na frente a liderar,
com a mão branca puxou as rédeas, abriu a boca
— esperem o sinal da espada e a ordem de avançar.

Pai Kuźma, mas essa sala está vazia,
aqui vivalma não há. Apenas espelhos
que refletem a pintura daquela parede.
E pensaste a princípio: cairão aterrorizados,

vão pisotear a revolução com os cascos...
A tais prodígios palacianos não estás acostumado.

«Pintura no Palácio de Inverno», *Perguntas que me faço*, 1954

Não, ela não esteve lá. Não lhe passou pela cabeça verificar como parecia o cenário de seu antigo poema. Ao poema foi adicionado o mote «Baseado em fatos reais», mas ela não lembrava onde tinha lido aquilo. Perguntamos a vários historiadores e historiadores da arte qual quadro poderia assim aterrorizar o pobre Kuźma. O historiador Hieronim Grala nos respondeu: «O Palácio de Inverno, que atualmente está integrado ao Museu Hermitage como uma das suas galerias, pulula de telas enormes, das quais a metade pode se identificar com essa descrição. Por outro lado, se o povaréu invadiu a escadaria principal, deve ter se encontrado diretamente às portas da Galeria da Guerra de 1812, ou seja, diante do assim conhecido Salão da Fama. Nela estão dispostos mais de cem retratos de generais, dois imensos retratos dos pais do triunfo, Barclay e Kutuzov, a imagem do próprio *'car-batiuszki'*[6] e um turbilhão de braços e pernas numa batalha. Essas três paredes de batalhas, patentes, fitas e condecorações poderiam ter suscitado por parte do pai Kuźma os sentimentos descritos pela poeta».

Szymborska foi à União Soviética ainda mais duas vezes. Em 1967, com Jerzy Zagórski e Julian Przyboś, esteve de novo na Geórgia, em Tbisili, por ocasião da cerimônia em honra de Shota Rustaveli.[7] Essa sua última viagem veio a público numa descrição, numa de suas crônicas, de um antigo colar georgiano feitos de rãzinhas de ouro, encontrado na escavação de um túmulo de mais de 3 mil anos.

---

6   *Car-batiuszki*: denominação coloquial para designar um tsar russo, o tsar-paizinho.

7   Shota Rustaveli: importante poeta georgiano nascido no século XII.

Ela nos contou sobre sua viagem à Iugoslávia, em 1963, com os colegas escritores Lesław Bartelski[8] e Tymoteusz Karpowicz.[9] Eles foram levados numa excursão para a Dalmácia. O ônibus margeava o Adriático. De um lado da estrada — o mar, as rochas brancas e as gaivotas; do outro lado — as ruínas dos antigos castelinhos. E do assento traseiro chegavam até Szymborska as conversas dos companheiros de viagem: «Já não dava para ir embora de Hoża»; «E eu então saí atirando»; «E fomos pelos esgotos até o Centro»... Ela se lembrava ainda da cidade de Escópia, que visitou logo depois do terremoto. Lá, ficou surpresa com a vista do hotel de beira de estrada mulçumano, na frente do qual, em vez de lugares para estacionar, existiam compartimentos para os camelos.

Ela guardou na memória a cidadezinha de Collioure, banhada pelo mar Mediterrâneo, pela qual deu uma passada em 1967, porque lá morreu Antonio Machado.[10] «Existem poetas-fonte», ela escreveu sobre ele no *Życie Literackie*. «Sem as fontes não haveria os rios, mas só os rios fluem através das fronteiras dos territórios linguísticos. Machado me parece um tesouro local, uma grandeza intransferível, o segredo da paisagem espanhola.»

Szymborska foi com Urszula Kozioł para Knokke, perto de Oostende, à Bienal da Poesia, em 1970.

«Wisława tinha o aristocrático hábito de deixar gorjetas generosas para as camareiras e tínhamos só uns trocados, suficientes para comprar

---

8   Lesław Marian Bartelski (1920-2006): crítico literário, poeta, escritor e jornalista polonês.

9   Tymoteusz Karpowicz (1921-2005): conhecido como o último grande escritor modernista polonês, foi também poeta, dramaturgo e tradutor.

10   Antonio Machado (1875-1939): famoso poeta, escritor e dramaturgo espanhol que fez parte do grupo literário Geração 98.

selos», contou Urszula Kozioł. «Lá aconteceram vários eventos sociais, teve o balé de Béjart, Jean Marais dançou, gordo e parecendo um efebo. Wisława se divertiu muito com aquilo. Quando recitaram *O Cid*, nós nos lembramos do exemplo modernista afetado de Wyspiański e morremos de rir. E depois escapulimos daquela conferência e fomos passear por Bruges, observando a arquitetura gótica e os quadros dos velhos mestres.»

«Por fim, enjoei de ir aos encontros de poetas», disse-nos Szymborska. «Um poeta é muito bom, dois é bom, mas cem poetas é ridículo. Há muito tempo me recuso a participar de tais eventos.»

Urszula Kozioł, a quem perguntamos sobre os hábitos de viagem de Szymborska, mandou-nos um poeminha: «Um dia, Deus, como é normal,/ chamou Wisła ao bosque celestial./ Ah, não — disse — que maçada,/ estou muito cansada,/ só meu lar é o paraíso ideal».

A poeta viajava às vezes ao exterior para recitais de poesia, por exemplo, para Praga e Gante, em 1992, e Estocolmo e Londres, em 1993.

«Wisława gostava mais de visitar os lugares andando pelas ruas, porque então podia observar a vida», disse Marta Wyka, crítica literária que, durante os Dias da Literatura Polonesa, em Flandres, em 1992, fez uma preleção sobre a poesia de Szymborska. «O estilo dela de viagem é o de se vestir com um roupão no hotel, pegar o pão e alguma coisa para pôr no pão e preparar seu café da manhã ou a janta. Não sei como ela se sentia como convidada de honra lá em Estocolmo.»

Marta Wyka também contou que, uma vez, em Gante, prepararam uma plataforma para Szymborska e nessa plataforma puseram uma mesinha e, na mesinha, uma vela. A coisa toda estava acontecendo na pobre universidade estatal, então era uma mesinha comum, pequenina e redonda. Para decorar as pernas da mesinha, cobriram-nas com papel dourado. A poeta se sentou, olhou para baixo e começou a rir, porque viu a mesinha de seu poema.

E não estaria melhor descalça
do que com esse sapato comum
batendo o salto, rangendo,
desajeitado substituto de um anjo? —

Se ao menos o vestido fosse mais longo, esvoaçante,
e os versos saíssem não da bolsa, mas da manga,
[...]

Mas lá no pódio já espreita uma mesinha
meio de sessão espírita, com pés dourados
e na mesinha esfumaça um castiçal —

De onde deduzo
que terei que ler à luz de velas
o que escrevi à luz de uma lâmpada comum
tac tac tac na máquina —

«Medo do palco», *Gente na ponte*, 1986[xxxv]

A escritora Hanna Krall,[11] que também estava em Gante naquela ocasião, disse: «Wisława estava sentada como se estivesse pouco à vontade, como se não soubesse o que fazer com as mãos e as pernas. Estava vestindo um traje que parecia da loja de varejo municipal, como se ainda fosse da PRL. Ela começou a ler seu poema e toda a PRL se volatilizou».

---

11 Hanna Krall (1935-): escritora, jornalista e repórter polonesa de origem judaica, ganhadora de diversos prêmios literários, sobreviveu ao Holocausto graças ao abrigo oferecido por uma família de poloneses. Perdeu quase toda a família na guerra, inclusive seu pai. Escreve principalmente sobre o Holocausto e o destino dos judeus poloneses.

Encontramos ainda, no «Correio literário», a aversão aos recitais de poesia à luz de velas: «Na condição de convidados como árbitros na discussão: se durante um recital poético o clube deve ser iluminado com lâmpadas ou velas, esclarecemos que preferimos as lâmpadas. As feições do autor iluminadas à vela de baixo para cima se tornam imediatamente as feições de um inimigo do povo dos filmes romenos».

Um adereço permanente nas viagens internacionais de Szymborska (e isso não apenas em plena PRL, quando era necessário economizar divisas, mas também depois do Nobel, quando se hospedava costumeiramente em bons hotéis) era uma horrível garrafa térmica chinesa, para a qual pedia de noite água fervendo, para que de manhã pudesse mergulhar um saquinho de chá. Michał Rusinek[12] se lembrou da repugnância com que o garçom do luxuoso Grand Hotel, onde ficaram hospedados os ganhadores do Nobel, pegou-a na mão para enchê-la de água fervendo. Szymborska se apegava aos objetos de uso doméstico e não gostava — especialmente depois de anos de fiel serviço — de jogá-los no lixo. Rusinek levou mais de dez anos criticando aquela garrafa térmica até exonerá-la da vida de Szymborska.

Karl Dedecius, seu tradutor para o alemão, escreveu-nos: «Wisława Szymborska esteve algumas vezes na República Federal da Alemanha a meu convite. A propósito, para que não houvesse nenhum equívoco ou falsas suposições, sempre com Kornel Filipowicz.[13] Se bem me lembro, acompanhei a sra. Wisława (e Kornel!) a Hanover e à Renânia. O que visitamos? Talvez tenhamos visitado museus, talvez cafeterias ou bares.

---

12 Michał Rusinek (1972-): linguista polonês, tradutor e escritor, foi secretário particular de Wisława Szymborska. O Capítulo 20 desse livro é dedicado à sua amizade com a poeta.

13 Kornel Filipowicz (1913-90): escritor, poeta e roteirista polonês, de 1967 até sua morte foi companheiro de Wisława Szymborska.

Quem sabe? Mas apenas com fins educacionais. Para pesquisar onde encontrar o melhor café ou a melhor cerveja».

O que permanecia das viagens em sua memória era geralmente alguma particularidade, algum detalhe ou episódio que mexe com a imaginação — exatamente assim como descreveu no poema:

Da cidade de Samokov só a chuva
e nada além da chuva.

Paris do Louvre às unhas
em brancura se vela.

Do Boulevard Saint-Martin restam escadas
e levam à desaparição.

Nada além de uma ponte e meia
na Leningrado das pontes.

A pobre Uppsala
um pedacinho da grande catedral.

O infeliz dançarino de Sófia
um corpo sem rosto.
[...]

Saudação e despedida
numa única olhada.

«Elegia de viagem», *Sal*, 1962[xxxvi]

Da Áustria, Ewa Lipska se lembrava da admiração de Szymborska pela arquitetura maluca de Hundertwasser.

Em Uppsala, ficou tão interessada por uma sala de necropsia do século XVIII que suspirou: «Dá até pena sair daqui».

Teresa Walas teve de ir visitar com Szymborska os toaletes reais (os sanitários) no palácio londrino de Buckingham.

No entanto, em Londres, antes de tudo, Szymborska foi correndo ver a casa de Sherlock Holmes, na Baker Street (outrora havia se apaixonado por ele quando mocinha, sobre o que escreveu de passagem no livro *Stulecie detektywów* [O centenário dos detetives]: «Sherlock, solteirão convicto, coração livre. Minha inocência ainda não se inquietava com o fato de que havia anos Sherlock morava com o dr. Watson»).

Da viagem de carro pela República Tcheca (indo e voltando de Veneza), ela guardou — como lembrou o companheiro de viagem Jerzy Illg — o «cupom da penitência», isto é, da multa que lhes foi aplicada por excesso de velocidade.

Katarzyna Kolenda-Zaleska,[14] que a acompanhou com sua câmera em algumas excursões ao exterior ao fazer um filme sobre Szymborska, mencionou que a poeta preferia ir à feira de peixes em Catânia a visitar os monumentos. No museu em Amsterdã, depois de ver duas salas com as obras de Vermeer, já estava farta («Minha cabeça está patinhando», esclareceu). Depois disso, exigiu ser fotografada sob a tabuleta da loja Baba,[15] enquanto, em Bolonha, divertiu-se ao ver uma loja de nome Pupa Straci.[16]

---

14 Katarzyna Kolenda-Zaleska (1963-): jornalista polonesa de rádio e televisão, escritora, também publica crônicas em diversos jornais poloneses da atualidade.

15 *Baba* em polonês, entre outros significados, pode ser um termo um tanto pejorativo ou grosseiro para designar a figura de uma mulher.

16 *Pupa Straci* poderia ser traduzido para o polonês como «o bumbum vai perder».

Seus amigos nos contaram que Szymborska nunca viajava sozinha. Precisava ter uma companhia. Ela tinha essa característica psíquica.

«Estive a seu serviço como amparo linguístico e domava o lado prático», disse Teresa Walas. «Seletiva, um pouco caprichosa, durante a visita lembrava uma borboleta: vou pousar ali, vou pousar aqui. Nada da sistematização de uma formiga. Ela fazia a visita um pouco como escolhia suas leituras. O que a interessava eram as curiosidades e as pérolas únicas, seu próprio deslumbramento pessoal com a arte.»

Szymborska tratava as viagens sem entusiasmo, porque — como ela disse — era uma típica canceriana. «Talvez algum dia consigamos reconhecer o gene responsável em algumas pessoas por sua incapacidade de ficar sentados num só lugar» — escreveu nas *Leituras não obrigatórias* a propósito do livro *Wśród kanibali. Wyprawy kobiet niezwykłych* [Entre os canibais. As expedições de mulheres incomuns]. «Nos homens, essa incapacidade se expressa com mais frequência, nas mulheres é mais raro, no entanto, também se expressa. Quanto a mim, trago esse gene profundamente adormecido, porque não gosto de fazer grandes expedições.»

Somente uma única vez ela mesma exprimiu a vontade de viajar e não recebeu nenhuma resposta. Em 1971, a crônica sobre a «Rainha Bona» terminou assim: «A União dos Literatos Poloneses deveria enviar um delegado a Bari com um buquê de flores para o túmulo dessa extraordinária soberana. Já é hora de lhe pedir desculpas pelo romance de Kraszewski, *Dwie królowe* [Duas rainhas], no qual ela aparece como uma protagonista encrenqueira. Se não houver pretendentes, eu mesma poderei ir».

Perguntada antes de uma das viagens se tinha todas as coisas indispensáveis para a jornada, respondeu: «Numa viagem, só é indispensável a passagem da volta».

Também era um problema para ela o preenchimento dos questionários; na PRL, acontecia toda vez que se requisitava o passaporte — que devia ser devolvido logo depois da volta —, e no questionário era preciso mencionar todas as viagens anteriores e também as não viagens, isto é, as recusas na expedição do passaporte. «Eu anotava dados fictícios, pois não tinha condições de recriar onde e quando estive», disse--nos. Nas *Leituras não obrigatórias*, ela confessou que as formalidades do passaporte também a desencorajavam a viajar. Será talvez por isso que ela celebrou num poema aqueles que nunca dão a mínima para os passaportes? (Duas décadas depois ela o leu no final da palestra do Prêmio Nobel, que considerou curta demais.)

Ó, como são permeáveis as fronteiras dos países!
Quantas nuvens flutuam impunemente sobre elas,
quanta areia do deserto passa de um país a outro,
quantas pedras da montanha rolam para terras alheias
com saltos desafiadores.

Devo mencionar um a um cada pássaro que voa
ou que pousa na barreira abaixada da fronteira?
Se fosse um pardal — a cauda já estaria no exterior
e o bico ainda na pátria. E além do mais
como se agita!
[...]

E esse condenável dispersar da neblina!
E o pó que pousa sobre toda a estepe,
como se ela não estivesse dividida ao meio.
E o ressoar das vozes nas complacentes ondas do ar:
pipilos apelativos e gorgolejos sedutores!

Só o que é humano pode ser verdadeiramente estrangeiro.
O resto é bosque misto, trabalho de toupeira e vento.

«Salmo», Um grande número, 1976[xxxvii]

Ela escreveu ainda mais uma vez sobre o problema de cruzar as fronteiras ao resenhar *Bajka ludowa w dawnej Polsce* [O conto de fadas popular na antiga Polônia]: «Não me corta o coração quando um conto de fadas sobre as realidades arquipolonesas acaba sendo um produto importado das guerras das cruzadas e o rei, um sultão disfarçado. Pois bem, contos de fada! Viajem por aí, ultrapassem todas as fronteiras».

Nos anos 1980, Szymborska não viajou ao exterior nem deu entrada num pedido de passaporte, pois todos sabiam que era mais certo não conseguir. (Depois de ter assinado a carta de protesto sobre as planejadas mudanças na Constituição em 1975, tornou-se objeto de interesse do Serviço de Segurança. O Serviço decidiu impossibilitar sua viagem a Iowa City, com uma bolsa de estudos para escritores. Muitos escritores poloneses foram para lá. Os fundadores do programa a incentivaram a enviar o pedido, mas o Serviço de Segurança não conseguiu vexá-la, porque — como confirmou com lástima o relatório operacional de 20 de maio de 1976 — «até o momento não foi confirmado que a indivídua tenha aderido a essa viagem».)

Ela mesma nos contou que uma vez um *ubek* lhe telefonou com a notícia de que tinham analisado seu pedido positivamente, que o passaporte estava esperando por ela, e queria que ela marcasse um encontro com ele para um café. «Eu respondi: 'Ah, o senhor sabe? Tive um imprevisto aqui em Cracóvia, de forma que esse assunto já está defasado'. E não peguei o passaporte. Não porque eu seja santa. Eu simplesmente não me importava com as viagens.»

Quando então, junto com a recuperação da independência, foram abertas as fronteiras, ela não saiu se entregando às viagens. Normalmente era necessário ficar convencendo-a durante muito tempo. Como aconteceu, por exemplo, na viagem a Praga, quando Jacek Baluch se tornou embaixador e o secretário da embaixada era o poeta Zbigniew Machej.[17]

Era maio de 1992 e o Centro de Cultura Polonês em Praga ainda não tinha um orçamento aprovado. Então, não havia dinheiro para a passagem aérea, e conseguiram uma viagem de carro. Primeiro, o professor Włodzimierz Maciąg, da Universidade Jaguielônica, levou a poeta e Machej até Cieszyn. Lá, foram transportados por um carro do consulado, em Ostrava, onde pernoitaram e de onde partiram para Praga de manhã cedo.

Ao longo da estrada, observavam diligentemente as placas indicatórias e os nomes das localidades pelas quais passavam e criavam um limerique atrás do outro.

As moças casadas de Kromeriz
sentem uma dor lombar infeliz.
Por isso, só por precaução,
usam três tipos de vedação:
látex, bronze e papelão — sem bis.

Wisława Szymborska e Zbigniew Machej

Atravessando a Morávia, passaram por Slavkov, mas, para rimar, eles acharam que convinha mais o nome anterior da cidade — Austerlitz.

Um historiador morando em Austerlitz
nada sabia de imperadores de elite.
Graças a essa ignorância divina,

---

17   Zbigniew Machej (1958-): ativista cultural polonês, poeta e tradutor do tcheco e do eslovaco, criador de diversos limeriques.

arrancava margaridas da campina
e cogumelos que davam enterite.

Wisława Szymborska e Zbigniew Machej

Em Cracóvia, essa viagem na qual Szymborska e Machej criaram dezenas de limeriques se tornou lendária. Sabemos graças a Szymborska que alguns deles nunca passaram dos dois primeiros versos («Um médico em Pardubice atuante/ de virgens entendia bastante»).

Szymborska gostava de compor limeriques para diminuir a monotonia da viagem. Essa «erva rebelde do jardim da literatura inglesa» — assim apresentou esse gênero em *Rymowanki dla dużych dzieci* [Riminhas para crianças grandes],[18] publicado em 2003 pela editora a5 — é cultivada principalmente durante uma viagem, e o incentivo para o surgimento dos poeminhas devem ser as localidades pelas quais passamos na estrada (como se sabe, o primeiro verso precisa terminar com um nome geográfico, para o qual se procura uma rima) — por conseguinte, são de interesse as viagens de carro e trem (melhor «por estradas secundárias e acidentadas» ou «em alguma maria-fumaça decente que faça uma parada em cada estação»). No entanto, ficam de fora os trens expressos noturnos, a navegação marítima, as autoestradas e, é claro, os aviões.

Levando em consideração o Prêmio Nobel que ganhou e o número de convites que recebia, ela viajou pouco, uma ou, no máximo, duas vezes por ano.

«Quando ela recebe um convite interessante de algum país, mas não quer viajar», contou Rusinek, «então, me pede desculpas e diz:

---

18 No Brasil, as *Riminhas para crianças grandes* foram publicadas pela editora Âyiné em 2018, com tradução de Eneida Favre e Piotr Kilanowski.

'Eu sei que o senhor teria vontade de ir, mas eu não vou dar conta'.» Mesmo no ano seguinte ao Nobel, que é normalmente para todos os laureados um período repleto de encontros, entrevistas e viagens, Szymborska mal esteve duas vezes no exterior — uma para receber o Nobel e outra em Frankfurt, a convite de seus editores e de seu tradutor Karl Dedecius. Ela lhes prometera isso ainda antes do veredito do júri de Estocolmo e — *Nobel oblige* — não quis cancelar.

Ela contou: «Durante as feiras de livros, colocaram-nos num hotel muito longe, fora da cidade. Eu decidi assinalar isso. Havia lá no mezanino um enorme globo terrestre; fabriquei uma minúscula ilhazinha, colei-a no lugar mais vazio do oceano Pacífico e acrescentei o nome do hotel. Pensei ainda em telefonar para Władysław Bartoszewski, que na época era ministro das Relações Exteriores, e informá-lo de que havia surgido uma nova ilha, com a qual talvez valesse a pena estabelecer relações diplomáticas. Com certeza isso iria diverti-lo. Se alguém for pernoitar no Hotel Weitz, perto de Frankfurt, poderá averiguar se minha ilha ainda existe».

Aos editores e, ainda mais, aos tradutores, sentia-se agradecida.

Jerzy Illg: «Quando viajava para a Itália ou a Suécia, ia exclusivamente para se encontrar com os tradutores Marchesani ou Bodegård, sentindo que, de certa forma, devia isso a eles pelo duro trabalho que lhes dava».

Inesperadamente, na primavera de 2000, se juntou a Joanna e Jerzy Illg, além de Maryna Maluch, quando soube que eles se preparavam para ir de carro a Veneza. «Wisława entrava num museu, estudava uns dois ou três quadros e propunha: 'Vamos tomar um café? Porque estou sentindo que minha cabeça está começando a patinhar'», escreveu Illg. «Saíamos levando nos olhos a imagem daqueles dois ou três quadros. Nós sozinhos provavelmente não teríamos tomado a decisão de visitar o museu da história de Veneza. Wisława, levada pela intuição e pela curiosidade pelos detalhes, para lá dirigiu seus primeiros passos. Num dos salões, logo no térreo, ela ficou extasiada: descobriu no mostruário de vidro o breviário aberto de um cardeal. Do lado esquerdo era um missal normal e do lado direito, as folhas tinham sido recortadas, formando uma abertura profunda e alongada para uma pequena pistolazinha de prata. Naquele detalhe estava contida, para ela, a mais profunda verdade sobre a história e a vida cotidiana de Sua Sereníssima.»

«Os jardins do Vaticano, uma impressão extraordinária», escreveu Michał Rusinek numa mensagem enviada de Roma. «No entanto, para dona Wisława, o que mais impressionou foram os senhores vestidos com túnicas e armaduras que — fatigados com as poses para fotos no Coliseu — chegaram para almoçar no mesmo restaurante que nós. Um deles se apresentou como Júlio César e disse para Szymborska 'Ave'. Ao que ela — e isso apenas algumas horas antes do seu recital no teatro — rapidinho respondeu: '*Ave Caesar, morituri te salutant*[19]...'. Noite agradável, multidão incontida» (12 de novembro de 2003).

Katarzyna Kolenda-Zaleska filmou para a TVN uma reportagem da viagem de Szymborska à Sicília, na primavera de 2008. Szymborska se recusou a ler seus poemas nos degraus do antigo teatro em Taormina («Não, aqui é lindo demais. Vai ser um lugar-comum»), mas concordou com a ida a Corleone. Havia anos ela gostava de tirar fotos junto às placas com um nome de lugar que fosse mais significativo e característico (por isso estava sempre pronta a acostar na estrada para ser fotografada, digamos, em Pcim, Hultajka, Piekło, Niebo, Zimna Woda[20] ou até mesmo ir para Sodoma ou Neandertal). Não precisava visitar nada, bastava uma foto

---

19 Salve César, os que vão morrer te saúdam.

20 A denominação *Pcim* tanto pode ser cômica para um polonês por causa de sua sonoridade, como também costuma ser usada em algumas regiões da Polônia, de modo figurativo ou engraçado, para se referir a uma cidade muito pequena e negligenciada. *Hultajka* é a forma feminina de cafajeste, canalha, patife. *Piekło* significa Inferno. *Niebo* é Céu. *Zimna Woda* é Água Fria.

para a coleção. Foram algumas dezenas de quilômetros por uma estrada estreita e cheia de curvas. Szymborska ficou junto à placa, inclinou-se para a câmera e leu um limerique escrito especialmente para aquela ocasião:

Lá na cidade de Corleone
podemos levar soco no abdome.
A propensão a tais atos infantis,
sugam do leite da mãe nutriz,
ou seja, é coisa de macarrone.

Katarzyna Kolenda tomou gosto pela coisa e conseguiu seduzir a poeta com uma excursão à Irlanda, para a cidade de Limerick («Para Limerick? Claro que sim, aprecio essa ideia, porque não tange os lugares-comuns dos catálogos turísticos»). A propósito, visitaram Moher, onde Szymborska, obviamente, foi fotografada junto à placa e permitiu que filmassem o processo de nascimento de um limeri-que («Um cônego das Falésias de Moher/ disse: 'Kasia, em Deus não posso crer'»). Foram também para Amsterdã, onde a poeta pôde ver seu amado Vermeer.

Enquanto aquela mulher do Rijksmuseum
atenta no silêncio pintado
dia após dia derrama
o leite da jarra na tigela,
o Mundo não merece
o fim do mundo.

«Vermeer», *Aqui*, 2009[xxxviii]

Dessas viagens surgiu o documentário *Chwilami życie bywa znośne* [Às vezes a vida é suportável]. Mas ela recusou a viagem a Nova York,

A POETA EM VIAGEM, OU SEJA, NA CIDADE DE SAMOKOV, SÓ CHUVA

onde a isca era um encontro com Woody Allen e Jane Goodall (que estava pronta para viajar de Londres para esse encontro).

Ademais, não foi a primeira vez. Perguntamos, ainda em 2002, sobre seus ídolos preferidos, e ela respondeu que tivera a felicidade e a honra de conhecer algumas pessoas excelentes e grandes pensadores, como Jerzy Turowicz,[21] Jan Józef Szczepański, Jan Józef Lipski,[22] Czesław Miłosz, Jacek Kuroń e Jerzy Giedroyc. E acrescentou: «Pessoas que eu ainda gostaria de conhecer e passar com elas algum tempo, e não só assim 'bom dia' e 'até logo', são Václav Havel,[23] Woody Allen e Jane Goodall».

Com Havel ela se encontrou em 2007, quando ele veio a Cracóvia, para a promoção de seu livro *Tylko krótko, proszę* [Apenas brevemente, por favor], organizada pela editora Znak e cujo slogan era «Havel na Wawel» [Havel no Castelo do Wawel]. Quando ela o viu, suspirou: «Mas por que o senhor não tem um irmão gêmeo».

Lawrence Weschler, escritor, cuja verdadeira habilidade é a organização de debates sobre literatura e arte, queria convidar Szymborska para participar de um recital poético em Nova York. Quando ficou sabendo por nosso intermédio do sonho dela, convenceu — o que afinal ele fez sem dificuldade — Woody Allen e Jane Goodall a participarem de uma apresentação conjunta com Szymborska. Mas mesmo assim ela recusou. Katarzyna Kolenda-Zaleska, no entanto, não queria desistir do encontro de Szymborska com seus ídolos preferidos e foi aos Estados

---

21 Jerzy Turowicz (1912-99): jornalista polonês, editor e redator-chefe do *Tygodnik Powszechny*.

22 Jan Józef Lipski (1926-91): escritor e ativista político da oposição democrática, crítico literário e historiador da literatura polonês.

23 Václav Havel (1936-2011): escritor tcheco, dramaturgo e ativista anticomunista. Foi o último presidente da Tchecoslováquia (1989-92) e primeiro presidente da República Tcheca (1993-2003).

Unidos com Rusinek para lá filmar Goodall e Allen. No filme, vemos Szymborska assistindo à película.

«Tenho certeza de que ela ficaria decepcionada com o encontro comigo, porque sou interessante apenas à distância», disse Allen no filme. «Leio sem parar tudo o que ela escreveu. Eu sou conhecido como um homem espirituoso, mas o senso de humor dela supera o meu. Ela tem uma enorme influência no nível da minha alegria de viver. [...] Ela corresponde perfeitamente à minha definição de artista profundo e penetrante, mas lembrando também que sua tarefa é o entretenimento do leitor. Ela faz exatamente isso. Eu me sinto honrado que ela saiba da minha existência.»

Em quase todas as viagens depois do Prêmio Nobel, ela foi acompanhada por Michał Rusinek, que, além de todas as outras qualidades, possui a de ser capaz de compor limeriques e encontrar rimas até para os mais esquisitos nomes de localidades.

Eis um exemplo de uma produção conjunta Szymborska e Rusinek, da viagem pela Sicília.

Esse é o caminho da vila Trabia
onde matam turistas todo dia,
e eles logo são esquartejados,
depois o povo zomba dos coitados:
«De quem é essa orelhinha fria?»

Na cidade de Agrigento
dominava o quattrocento.
E o povo não tinha noção
que com ribombo e retumbão,
se achegava o cinquecento.

No total, Szymborska esteve na Itália seis vezes! Na última vez — na primavera de 2009 —, em Bolonha e Údine.

Pietro Marchesani, professor de literatura polonesa em Gênova, contou para a *Gazeta Wyborcza*: «Lembro-me do seu último recital de poesia em Bolonha. Nunca tinha visto uma coisa assim na vida. Perto de 1500 pessoas, na primeira fila estava sentado Umberto Eco, que continuamente gracejava com ela. Uma atmosfera de concentração incomum, quase todas as pessoas tinham um livro nas mãos. Algo parecido com uma celebração religiosa. Ela não tem leitores na Itália. Ela tem fãs, admiradores. Entre os poetas estrangeiros e italianos, é ela que vende mais livros. Seus poemas são citados nos discursos políticos. As duas primeiras páginas do último livro de Antonio Tabucchi, que saiu numa edição com uma tiragem de 400 mil cópias, são um comentário sobre uma das obras de Szymborska. Os versos dos seus poemas muitas vezes se tornam títulos dos livros de outros autores».

Logo depois de sua volta, Szymborska anunciou a Rusinek que não aceitaria mais nenhum convite para viagens internacionais.

Rusinek: «Ela disse que não queria viajar de avião nunca mais, que aquilo a cansava. E ela não era mesmo caprichosa ou exigente. Ao contrário: era filha da PRL, acostumada ao desconforto. Lembro-me da nossa viagem, em 2004, de ida e volta a Israel. São uns voos noturnos horríveis, eu mesmo ficava irritado e quebrado, e ela dormiu um pouco antes do voo, e no avião ela cochilava na poltrona, toda encolhida, e não se queixava de nada. Acho que, mais do que o voo, o que mais a cansava eram todos aqueles rituais, o check-in, a passagem pelos portões e o fato de que ainda tinha de esperar. Sem cigarro. No entanto, ela não queria se candidatar ao status VIP para apressar os procedimentos. Apenas uma vez voou como VIP, quando voltava de Estocolmo com o Prêmio Nobel para a Polônia».

Depois de Bolonha, ainda foram às feiras de livros em Praga, mas de carro, e o carro não a cansava.

Eles visitaram o subsolo da torre na colina de Petřín, a cópia de Praga da Torre Eiffel, e o museu dedicado às invenções de Jára Cimrman, o grande poeta tcheco que viveu na passagem do século XIX para o XX, dramaturgo, compositor, filósofo, matemático, desportista e, entre outras coisas, inventor da rima ideal (na qual se rima uma palavra com ela mesma). Puderam ver, por exemplo, uma bicicleta-bombeiro, ou seja, um veículo tendo no interior das rodas uma mangueira para apagar incêndios, e uma tomada de eletricidade produzida especialmente para o uso dos suicidas, na qual a mão era introduzida no meio. (Jára Cimrman, um personagem criado nos anos 1960, é tratado com muita seriedade pelos tchecos, que organizam exposições, simpósios e expõem suas obras de arte.)

«Era como se ele tivesse sido criado especialmente para ela», disse Rusinek.

Nos últimos dois anos de vida, Szymborska só aceitava fazer suas pequenas viagens anuais para o sul: no verão para Lubomierz e no outono para Zakopane.

Quem sabe se o que ela mais gostava no mundo não era viajar com o dedo pelo mapa? De qualquer forma, ela dedicou a essa viagem um de seus últimos poemas:

Plano como a mesa
na qual está colocado.
Por baixo dele nada se move
nem busca vazão.
Sobre ele — meu hálito humano
não cria vórtices de ar
e toda sua superfície
deixa em silêncio.

Suas planícies, vales são sempre verdes,
os planaltos, montanhas amarelos e marrons
e os mares, oceanos são de um azul amistoso
nas margens rasgadas.

Tudo aqui é pequeno, próximo e acessível.
Posso tocar os vulcões com a ponta da unha,
acariciar os polos sem luvas grossas.
[...]

As fronteiras dos países mal são visíveis
como se hesitassem entre ser e não ser.

Gosto dos mapas porque mentem.
Porque não dão acesso à verdade crua.
Porque magnânimos e bem-humorados
abrem-me na mesa um mundo
que não é deste mundo.

«Mapa», *Chega*, 2012[xxxix]

CAPÍTULO 13

Saída da catedral, ou seja, como fazer uma escalada até o início do poema

Wisława Szymborska introduziu inesperadamente seu credo poético na crônica sobre o livro *Historia Bliskiego Wschodu w starożytności* [História do Oriente Próximo na Antiguidade], na qual escreveu que a essência do poeta é a crença nos «misteriosos poderes adormecidos em cada coisa» e a convicção de que, «com a ajuda de palavras habilmente selecionadas, consiga mover esses poderes»: «O poeta pode ter até completado sete faculdades — no momento em que se senta para escrever um poema, o uniforme do racionalismo começa a apertar nas axilas. Ele se remexe todo e bufa, desabotoa botão por botão, até que por fim salta completamente da sua roupinha, revelando-se para todo mundo como um selvagem nu com uma argola no nariz. Isso mesmo, um selvagem, pois como é que podemos chamar uma pessoa que conversa em versos com os mortos e não nascidos, com as árvores, os pássaros e até com o lustre e a perna da mesa [...]? O poeta pensa com imagens. Ao ler, por exemplo, que os planos econômicos de alguém 'colidiram com os interesses dos vizinhos', ele imediatamente vê cabeças cortadas despejadas em cestas de vime. [...] O poeta não consegue manter o passo, o poeta vem se arrastando na retaguarda. Em sua defesa, pode-se dizer apenas isto, que afinal alguém precisa vir se arrastando na retaguarda. Ainda que apenas para recolher as coisas pisoteadas e perdidas na triunfal marcha das verdades objetivas».

Ela repetia que não tinha nenhum programa poético. Tinha apenas um lema do amado Montaigne, que, em seu tempo, clamava: «Vejam quantas extremidades tem esse bastão!». Esse lema era para ela «um modelo inalcançável da arte de escrever» e «um estímulo constante para transcender a obviedade com o pensamento».

No prefácio de um de seus livros, explicou que, se falasse sobre seus poemas, ela se sentiria «como um inseto que, por razões inconcebíveis, corre para um mostruário e se enfia num alfinete». Em regra, nem para os leitores nos recitais poéticos nem para os jornalistas ela respondia às perguntas que se referiam à cozinha poética. Nas entrevistas, usava de esquivas ou dava respostas perfeitamente evasivas. Seus amigos, quase num coro em sintonia, nos disseram que era impossível conversar com ela sobre a escrita de poemas. Perguntar sobre uma de suas obras ou, por exemplo, elogiar algum poema lhes parecia absolutamente impensável.

«Não sou feita para entrevistas e não as concedo», disse para a jornalista Elżbieta Sawicka depois da publicação do livro *Dois pontos*, em 2005. «Considero que o poeta não é vocacionado para comentar sua própria criação, é preciso silenciar. Mas, se alguma coisa eu tenho de dizer, então gostaria de me reportar, obviamente *toute proportion gardée*, a Goethe. Existe um pensamento dele que provavelmente procede das suas conversas com Eckermann e que diz mais ou menos isto: o poeta sabe o que quis escrever, mas não sabe o que escreveu — isso me parece algo sábio e espirituoso. De fato, é isso mesmo, a pessoa não sabe realmente o que escreveu, mas apenas aquilo que queria escrever. Há ainda outra frase de Goethe que vale a pena citar: 'Artista, crie, não fale'. Bem, isso é tudo o que vou dizer.»

Os poemas e a escrita dos poemas eram para ela a esfera do silêncio. Szymborska temia que, se começasse a falar alguma coisa, depois já não escreveria o poema. E, quando já o tinha escrito, aí é que não queria mesmo conversar sobre aquele tema. Nos poemas, acontecia-lhe de, no entanto, refletir sobre a poesia.

mas o que é isso, poesia.
Muita resposta vaga
já foi dada a essa pergunta.
Pois eu não sei e não sei e me agarro a isso
como a uma tábua de salvação.

«Alguns gostam de poesia», *Fim e começo*, 1993[xl]

Às vezes alguém conseguia persuadi-la a conversar ou obtinha dela alguma confissão. Blaga Dimitrova, tradutora de seus poemas para o búlgaro, uma vez ouviu dela a história de que, «no início dos anos 1940, ela escrevia 'para si mesma' umas novelas curtas que ficavam cada vez mais curtas, até que, por fim, se reduziram a algumas dezenas de linhas. Desse modo surgiu seu primeiro poema. E, se observarmos atentamente, veremos que todas ou quase todas as suas criações contêm os elementos de um 'acontecimento', de um 'fato real' ou de uma 'curta relação'».

Szymborska provavelmente acreditava nessa história de que, na verdade, escrevia prosa, porque ela a repetiu anos depois numa entrevista: «Eu continuo me sentindo uma pessoa que escreve em prosa. Parece-me que esses críticos que acham que às vezes escrevo umas novelinhas em miniatura, que elas são, na verdade, umas histórias minúsculas com algum enredo, provavelmente têm razão. Ou seja, comecei a escrever em prosa e, na verdade, nunca a abandonei. Comecei a escrever de um modo um pouco diferente».

De maneira inesperada, os alunos da Escola Básica número 12, de Cracóvia, que tiveram de discutir na aula seu poema *Minuta ciszy po Ludwice Wawrzyńskiej* [Um minuto de silêncio por Ludwik Wawrzyński], conseguiram fazê-la falar sobre poesia. Algumas meninas foram até ela com um gravador e depois reproduziram a gravação na sala de aula. Perguntada sobre por que nos versos contemporâneos não há rimas, Szymborska explicou que, em cada língua, existe um número limitado de rimas, que simplesmente se esgotam com o tempo e, em certo momento, ocorre a saturação, porque quantas vezes é possível rimar «coração — estação»? Quem nos contou essa história foi um dos alunos, o futuro escritor Jerzy Pilch. Lembrava-se dela porque vivenciou na ocasião um verdadeiro choque: antes ele não tinha noção de que era possível escrever poemas e ao mesmo tempo pensar sobre como se escrevem poemas.

«As tentativas de falar com ela sobre seus poemas não dão em nada. Ela começa logo a falar sobre os biscoitos que ganhou da irmã ou que aconteceu uma coisa engraçada com ela na loja», disse Elżbieta Zechenter,[1] que Szymborska conhecia desde criança por intermédio de seu pai Witold. Em 1957, Elżbieta lhe levou dois de seus poemas para o *Życie Literackie*. Ela estava com 22 anos, a mesma idade que Szymborska tinha quando levou seus versos de estreia para o pai de Elżbieta, no *Dziennik Polski*. «Ela tinha acabado de voltar de Paris e usava um chapéu daquele tipo enfeitado com penas pretas. Lembro-me da sua observação, de que o poema deveria estar baseado em alguma ideia. Szymborska encurtou um dos poemas que dizia que eu empresto da vida a alegria e o amor e que não vou conseguir pagar tudo o que devo, e que pelas dívidas vou para uma prisão que se chama velhice, que não há necessidade de dizer mais, que vou ter rugas e assim por diante. E, depois de mais de trinta anos, pude me alegrar com o poema de Wisława *Nic darowane* [Nada é dado].»

---

1 Elżbieta Zechenter (1935-): poeta, escritora e tradutora polonesa.

Nada é dado, tudo emprestado.
Afundo em dívidas até o pescoço.
Serei obrigada a pagar
por mim comigo mesma,
dar a vida pela vida.
[...]
Não consigo lembrar
onde, quando e para que
permiti que me abrissem
essa conta.

O protesto contra ela
nós chamamos de alma.
E ela é a única
que não está no inventário.

«Nada é dado», *Fim e começo*, 1993

«Nós conversávamos sobre tudo, mas não sobre os poemas», contou-nos Ewa Lipska. «Isso decerto resulta do constrangimento com o fato de que, em suma, nossa ocupação é a composição de poemas. Nós, jovens de espírito, mas, de acordo com os anos, damas distintas, ainda escrevemos como alunas do ensino médio. E isso não é coisa séria. É ridículo.»

A própria Szymborska, evidentemente, compartilhava dessa opinião, mas declarava:

Prefiro o ridículo de escrever poemas
ao ridículo de não escrevê-los.

«Possibilidades», *Gente na ponte*, 1986[xli]

Não se exclui a possibilidade de que também a fazia rir o próprio «ser poeta». Assim falou sobre o trabalho do poeta na palestra do Prêmio Nobel: «O sujeito senta à mesa ou deita no sofá e olha fixamente a parede ou o teto, de quando em quando escreve sete versos, dos quais, depois de quinze minutos, risca um e de novo passa uma hora sem que nada aconteça».[xlii]

«Wisława, uma grande racionalista, referia-se a todos os irracionalismos com muita desconfiança», disse-nos Urszula Kozioł. «No que diz respeito aos poemas, no entanto, ela mantinha segredo. Ela considerava que a criação era um segredo, um mistério. Por isso, por princípio, evitava tanto os discursos teóricos quanto as explanações sobre seu trabalho.»

Mas Maria Kalota-Szymańska nos escreveu: «Wisława conversa raramente sobre poemas, com distanciamento, mas conversa. Pode ser que os amigos não queiram falar sobre isso para não invadir a zona da sua privacidade».

De uma forma ou de outra, era muito raro Szymborska revelar a um jornalista as circunstâncias do nascimento de alguma obra.

«Eu estava justamente lendo um volume de poemas, onde, por causa de um erro de revisão, uma conjunção foi colocada duas vezes, uma vez no final de um verso e a segunda vez no início do verso seguinte», disse a Krystyna Nastulanka,[2] em 1973, numa longa e séria conversa para a revista *Polityka*, na qual não se esquivou das perguntas referentes à sua oficina poética. «Notei que essa repetição dava um efeito como se fosse de um balanço. E então me veio a ideia de escrever um poema sobre o esforço e, ao mesmo tempo, a leveza das evoluções acrobáticas e que justamente aquele equilíbrio instável das conjunções seria uma espécie de contrapartida do balançar num trapézio.»

---

2   Krystyna Nastulanka (1921-99): jornalista e roteirista cinematográfica polonesa.

SAÍDA DA CATEDRAL, OU SEJA, COMO FAZER UMA ESCALADA ATÉ O INÍCIO DO POEMA 239

De trapézio a
a trapézio, no silêncio após
após o tarol de súbito se calar, pelo
pelo ar surpreso, mais ligeiro que
que o peso do corpo, que de novo
de novo não teve tempo de cair.

«Acrobata», *Muito divertido*, 1967

Analisando esse poema na revista *Poezja*, Urszula Kozioł escreveu: «Foi exatamente o que primeiro me impactou no poema de Szymborska: a construção do movimento arquitetada pela duplicação: a... a, após... após, pelo... pelo. Uma pausa invisível que, entre um verso e outro, preenche a obra com o ar e o impulsiona com um movimento pendular, com o deslocamento que balança o espaço no alto, cada vez mais alto, até o apagamento dos contornos do protagonista do poema». E para a poeta — ainda não se conheciam pessoalmente — confessou numa carta: «O poema da senhora ainda continua a balançar em mim».

«A poesia de Szymborska contém exatamente isto que tradicionalmente falta à lírica polonesa», escreveu Jan Gondowicz depois da publicação do livro *Todo o caso*: «a distância dos temas grandiosos, a concretude nos temas menores, a percepção de temas novos e a reflexão diante de todos os temas».

Szymborska, que não comentava as resenhas e dissertações sobre sua poesia nem se referia a nenhuma reação dos leitores, às vezes dizia alguma coisa que dava a entender que estava ciente delas. Como na entrevista concedida à *Gazeta Wyborcza*, no início dos anos 1990: «Se me consideram uma pessoa que vive de pequenas observações, de detalhes, então eu não vou protestar, porque é assim mesmo. Uma vez, há muito tempo, eu tive a felicidade de Julian Przyboś gostar de certa forma dos meus poemas. E eis que Przyboś percebeu que eu sou míope, quer dizer, que eu vejo bem as coisas pequenas somente de perto. Entretanto, os grandes panoramas eu não vejo com tal exatidão, talvez exista nisso alguma verdade».

Stanisław Balbus, o autor do livro *Świat ze wszystkich stron świata. O Wisławie Szymborskiej* [O mundo de todos os cantos do mundo. Sobre Wisława Szymborska] (ele o ofertou a Szymborska com a dedicatória: «A Wisława, sem a qual este livro nunca existiria»), disse sobre a relação que une Szymborska, a poeta, com ele, o crítico: «Ela nunca corrige meus erros, e eu nunca pergunto nada sobre isso. Bem, pode ser que por duas vezes eu tenha ousado. Uma vez eu perguntei de onde ela tinha tirado o nome «Tarsjusz» [Társio], se de um filósofo grego ou talvez de um diplomata. Wisława deu uma gargalhada e disse: «Staś, abra a *Grande Enciclopédia* na letra 't'. Lá você também vai achar a fotografia dele». Ela tinha achado esse animalzinho na enciclopédia, se encantou com ele e escreveu um poema. Wisława lê enciclopédias, herbários, dicionários e armoriais antes de dormir.

> *Eu, társio filho de társio,*
> *neto de társio e bisneto,*
> *animalzinho pequeno composto de duas pupilas*
> *e do resto apenas muito necessário;*
> *por milagre salvo de posteriores transformações,*
> *pois não sou nenhuma iguaria,*
> *para uma gola de pele, existem maiores,*
> [...]
> *somos – magnânimo senhor – o seu sonho*
> *o que o absolve por um breve instante.*

«Társio», *Muito divertido*, 1967

Balbus tentou também perguntar por que o poema «Sen nocy letniej» [Sonho de uma noite de verão] começa no volume *Chamando por Yeti* com essas palavras: «A floresta em Voges já brilha», e nas edições posteriores «A floresta em Ardenas já brilha», mas Szymborska disse apenas que, sobre as árvores em Voges que começaram a emitir radiações, ela tinha lido no jornal.

Uma vez ela viu uma escultura que mostrava Atlas. Ela pensou como o papel que ele representava era de responsabilidade: um momento de fraqueza e a Terra despencaria. Escreveu um poema sobre isso, guardou-o na gaveta e ele ficou lá por muito tempo. Até que num recital de poesia ouviu um poema sobre Atlas de autoria de outro poeta e nunca mais voltou a seu próprio poema.

«Essa é a prova de que», disse, «não vale a pena se apressar em publicar.»

Procuramos esse poema sobre Atlas em vários poetas, até que lemos no jornal *Rzeczpospolita* [A República] uma série de prosas poéticas de Zbigniew Herbert. Havia entre elas essa sobre Atlas, subestimado pela humanidade, porque seu papel «se esgota na sustentação», e esta é «uma atividade pouco dramática, e, além disso, bastante ordinária».

Sobre a poesia polonesa contemporânea, e principalmente sobre os colegas poetas, ela não se pronunciava nunca. Não tomava parte nas discussões sobre poesia, embora certa vez tenha se manifestado num debate organizado pelo *Życie Literackie*, em meados dos anos 1960, sobre o lugar das obras de Broniewski, Gałczyński e Tuwim na literatura polonesa e na história. Um dos participantes argumentou que o aluno precisa ter alguma ideia sobre a vida do poeta e da época em que o poema foi feito, pois, caso contrário, não entenderá por que num intervalo de apenas dez anos um poeta escreve «Lance a carabina no pavimento da rua!», e o outro convoca a «Montar a baioneta!». Ela, porém, insistiu em sua convicção de que a poesia deve ser analisada exclusivamente pelo lado filosófico e linguístico, e os fatos da vida do poeta não têm nada a ver com isso.

Ela repetia isso várias vezes, por exemplo, ao comentar nas *Leituras não obrigatórias* as recordações sobre Józef Czechowicz:[3] «Durante a leitura, me atormentava o pensamento de que toda poesia, mesmo a ruim, possui circunstâncias ricas que a acompanham. Que um escrevinhador é também uma pessoa extremamente complexa e que isso também seria algo para lembrar. Entretanto, o fato de que para um escritor as palavras se unam em associações vivas e duradouras e que para outro isso não seja assim é algo determinado numa esfera inacessível a qualquer um».

Ela não gostava de perguntas sobre os mestres, mas às vezes — especialmente nas *Leituras* — mencionava seus autores preferidos e seus títulos preferidos. Sabemos que ela admirava Rilke e Kaváfis, Leśmian e Czechowicz («o ouvido mais sensível na poesia polonesa depois de Słowacki»), que ela considerava uma absoluta obra-prima o poema de Mickiewicz «Gdy tu mój trup» [Quando aqui estiver o meu cadáver], e obrinhas-primas menores, embora obras-primas — «Balladę o zejściu do sklepu» [Balada sobre a descida para a loja], de Miron Białoszewski, e «Stare kobiety» [Velhas mulheres], de František Halas.

«Não tenho o dom de escrever sobre poesia, só falo a respeito dela às vezes num grupo pequeno, se o poema de alguém ou uma coletânea de poesia me parece importante por algum motivo. Mas também, nessas ocasiões, eu começo e termino em duas frases: como assim? Vocês ainda não leram? Ah, então não deixem de ler, porque vale a pena», escreveu ela na introdução da seleta que organizou dos poemas de Artur Międzyrzecki.

---

3 Józef Czechowicz (1903-39): poeta polonês da vanguarda do entreguerras, considerado um dos mais originais poetas de seu tempo, foi também escritor de textos para radioteatro. Morreu durante um bombardeio no início da Segunda Guerra Mundial.

Ela escrevia os poemas à mão em pedaços de papel, porque — como dizia — isso lhe assegurava o contato entre o conteúdo da cabeça e a mão. Antigamente ela usava caneta-tinteiro (depois a esferográfica substituiu a caneta-tinteiro).

Numa gota de tinta há um bom estoque
de caçadores de olho semicerrado
prontos a correr pena abaixo,
rodear a corça, preparar o tiro.
[...]

Para sempre se eu assim dispuser nada aqui acontece.
Sem meu querer nem uma folha cai
nem um caniço se curva sob o ponto final de um casco.

Existe então um mundo assim
sobre o qual exerço um destino independente?
Um tempo que enlaço com correntes de signos?
Uma existência perene por meu comando?

A alegria da escrita.
O poder de preservar.
A vingança da mão mortal.

«A alegria da escrita», *Muito divertido*, 1967 [xliii]

Ela disse a Krystyna Nastulanka: «A criação consiste em arrancar uma partícula da realidade. [...] Às vezes, me parece que aquela 'alegria de escrever' consiste simplesmente em encontrar ou até mesmo em apenas procurar aquela palavra que me é tão necessária e que muitas vezes não existe mesmo e é preciso criá-la, ou na procura de alguma figura estilística. [...] As ideias vêm, às vezes, 'do ar', às vezes o ponto de partida é a colisão entre duas palavras. Descubro, por exemplo, que essas duas palavras quando se avizinham diretamente se reforçam de forma recíproca. [...] No poema eu almejo esse efeito, que na pintura chamamos de claro-escuro. Eu gostaria que no poema elas coubessem lado a lado — e até se fundissem entre si —, as coisas sublimes e triviais, tristes e cômicas [...]. Uma coisa em particular jogada numa pilha de outras coisas não tem muito significado; vista isolada, parece completamente diferente. De súbito se verifica que a natureza, mesmo sendo de uma única coisa, é estranhamente complicada. A poesia deve transcender o óbvio, deve dar-lhe outra dimensão».

Nas palestras que deu nos anos 1990 na chamada escola de escritores, ou seja, no curso de pós-graduação da Universidade Jaguielônica, colocava na cabeça dos jovens escritores que a mais importante atividade do poeta é rabiscar, e que o utensílio mais necessário em seu apartamento é o cesto de lixo. «Eu não publico muito, porque escrevo de noite, e de dia eu tenho o hábito desagradável de ler aquilo que escrevi, e afirmo que nem tudo passa pela prova de apenas uma rotação da esfera terrestre», disse ela numa de suas primeiras entrevistas. Uma vez mais, ela repetiu aos jornalistas, depois de receber a notícia do Prêmio Nobel: «O poema escrito à noite e lido na manhã seguinte nem sempre resiste à mudança dos horários do dia. O poema escrito na primavera não necessariamente resiste à prova do outono. Eu guardo o poema por bastante tempo para dar uma boa olhada nele e, na verdade, eu escrevo muito mais do que possa parecer. Só que para isso é que serve o cesto de lixo».

Ela precisava conversar sobre poesia com os jovens que aspiravam à profissão de escritores. Ela escolheu dois poemas para serem analisados — «Wreszcie coś wesołego» [Finalmente algo alegre], de Wiktor Woroszylski, e «Manners» [Maneiras], de Elizabeth Bishop.

«Poderias escrever algo alegre, meu velho/ [...] repito a mim mesmo com reprovação/ Afinal/ tu já sabes também/ que mesmo na transitoriedade há doçura/ em sentido irrevogável/ no fato de que tudo tem seu fim — um consolo», o palestrante Bronisław Maj leu o poema de Woroszylski.

«Que bom que você escreve poemas tão excelentes! Eu lhe agradeço por todos eles, mas, neste momento, especialmente por 'Wreszcie coś wesołego'», ela escreveu ao autor, ainda antes das palestras. «Tocou em mim numa corda que reverbera.»

«Eu mesma queria ter escrito um poema assim», disse aos estudantes, «mas Woroszylski já o fez. Sempre existe alguma coisa que dói no ser humano, que o irrita ou incomoda. E muitas vezes, durante essa confusão psíquica, ele esquece que a vida é bela. E ele sabia como escrever sobre isso, embora já estivesse gravemente enfermo. Afinal o ser humano não se constitui só de desespero.»

Depois ela leu «Maneiras», de Elizabeth Bishop: «Meu avô me disse assim/ ao sentarmos no vagão/ 'No caminho cumprimente/ aqueles que lá estão'».[4]

«Eu tinha a impressão de que Elizabeth Bishop era uma das suas poetas prediletas», escreveu-nos Grzegorz Nurek, que participou dessas palestras e era, na época, redator do periódico quinzenário literário *Studium*. «Szymborska falou sobre a cortesia usual, o costume de se cumprimentarem nas montanhas, o respeito pelos animais, por exemplo, pelos gatos, ou seja, aberturas para os gatos nos portais e portões das propriedades dos vilarejos. Falou que era uma coisa importante escrever poemas alegres, a despeito dos horrores do mundo e contra as próprias fraquezas.»

Ela não gostava de conversas sobre sua poesia, mas com os redatores e editores com quem tinha amizade conversava com prazer sobre as capas, as correções, os formatos e todos os detalhes de editoração. Ryszard Matuszewski, outrora chefe do departamento de poesia da editora Czytelnik, lembrou que Szymborska discutia cada detalhe.

---

4   Traduzido do original em inglês.

«Na certa você está pensando horrorizado que enviei ainda mais um novo poeminha para acrescentar ao livro», escreveu-lhe no verso do cartão-postal com uma colagem que fez para ele, «mas não. Desde a última vez só escrevi um poeminha, mas me ocorreu de repente um título para ele que talvez vá combinar com o título de toda a nova coletânea como uma diretriz (porque eu também tenho minhas próprias diretrizes). Provavelmente não vou mandar mais nada para *Todo o caso*. No entanto, depois de refletir profundamente, reescrevi um poema com versos mais longos, porque dessa maneira ele respira mais livre e fica um pouquinho melhor. Também melhorei duas palavras nele. Claro, fico preocupada que, por causa disso, os versos fiquem quebrados, o que é terrivelmente desagradável para a leitura. Então, peço encarecidamente uma fonte pequena ou algum formato mais largo da página, para que essas quebras sejam relativamente poucas.»

Depois de examinar o livro *Todo o caso*, ficou claro para nós qual poema a poeta reescreveu «com versos mais longos»:

Me desculpe o acaso por chamá-lo necessidade.
Me desculpe a necessidade se ainda assim me engano.
Que a felicidade não se ofenda por tomá-la como minha.
Que os mortos me perdoem por luzirem fracamente na memória.
Me desculpe o tempo pelo tanto de mundo ignorado por segundo.
Me desculpe o amor antigo por sentir o novo como primeiro.
Me perdoem, guerras distantes, por trazer flores para casa.
Me perdoem, feridas abertas, por espetar o dedo.
Me desculpem os que clamam das profundezas pelo disco de minuetos.
Me desculpe a gente nas estações pelo sono das cinco da manhã.
Sinto muito, esperança açulada, se às vezes me rio.

«Sob uma estrela pequenina», *Todo o caso*, 1972[xliv]

SAÍDA DA CATEDRAL, OU SEJA, COMO FAZER UMA ESCALADA ATÉ O INÍCIO DO POEMA   247

O poema que já estava pronto, mas que, no entanto, a poeta não tinha decidido ainda mandar para o editor, porque tinha para ele outros planos, de fato, se tornou o poema-título e abriu o livro que veio a seguir.

> *Quatro bilhões de pessoas nesta terra,*
> *e minha imaginação é como era.*
> *Não se dá bem com grandes números.*
> *Continua a comovê-la o singular.*
> [...]
> *Meus sonhos — nem eles são como deveriam, habitados.*
> *Neles há mais solidão do que multidões e alarido.*
> *Às vezes aparece por momentos alguém há muito falecido.*
> *Move a maçaneta uma mão solitária.*

«Um grande número», *Um grande número*, 1976 [xlv]

Quando perguntamos em que consistia aquele momento em que o poeta diz para si mesmo «terminei o livro», respondeu: «Vocês estão lidando com uma pessoa nada sistemática. Eu não me dirijo por nenhuma regra palpável na organização da coletânea. Às vezes tenho vontade de ainda acrescentar algo e às vezes tirar. Mas sempre me vem esse desejo na última hora, quando o livro já está no prelo».

Ao terminar o livro seguinte, ela escreveu para Ryszard Matuszewski: «Fico feliz que minha terra natal (nos arredores de Poznań) tenha sido do seu agrado. Lá vivem pessoas sem genialidade, mas ainda têm as orelhas limpas e na velhice plantam árvores, sabendo de antemão que elas crescerão sem eles... Quase ninguém escreve poemas lá — o cultivo de árvores parece — e com razão — um empreendimento de melhores garantias para o futuro. Quanto a mim, infelizmente, escrevo, mas, felizmente, não muito. O livro ainda não está pronto, gostaria ainda de adiar a assinatura do contrato para o começo do próximo ano. Sou supersticiosa e prefiro ter para o contrato mais do que o todo escrito. O título provavelmente será *Wielka liczba* [Um grande número] (porque pequenos números já não existem no mundo)».

Era ela que inventava os títulos dos livros. *Tutaj* [Aqui], a última coletânea que ela publicou antes de morrer, a princípio teria o título *Szczegóły* [Particularidades] — pelo menos assim ela nos disse, mas não ficou claro se isso era totalmente a sério: «Entretanto, subitamente imaginei que uma sra. X pergunta ao sr. Y: 'Você já teve em mãos as particularidades de Szymborska?'. Afinal, na língua falada não há aspas. Desisti. Tenho, no entanto, um bom título para o próximo livro, se obviamente eu conseguir ainda escrever um e outro: *Wystarczy* [Chega]».

E foi assim, de fato, que se intitulou o último livro, publicado postumamente. É possível que na tradução para o espanhol o título não vá se sustentar porque o tradutor não gostou muito do categórico «Basta». Não haverá nisso nada de incomum — os livros de poemas de Szymborska frequentemente tinham títulos diferentes dos originais nas traduções.

Quando ela deu para o periódico *Twórczość* o poema «Liczba Pi» [Número Pi], pediu ao chefe da seção de poesia Ziemowit Fedecki para não deixar de lhe mandar a correção, por causa de «certas complexidades com o itálico».

«Dentre os contatos com os mais diversos autores», relembrou Fedecki, «nosso relacionamento com Szymborska se diferenciava pela trivialidade. Nunca acontecia nada. Ela raramente mandava poemas, eles nos agradavam, não havia nenhuma discussão editorial, nenhuma turbulência, nós os publicávamos de imediato e pedíamos mais, ao que ela não dava resposta.»

Apesar dos esforços bem-intencionados dos editores para com a poeta, a marca da mediocridade da PRL, no entanto, provavelmente atingiu também seus livros de poemas, já que, por ocasião da análise de *Sztuki typograficznej Młodej Polski* [A arte tipográfica do modernismo

SAÍDA DA CATEDRAL, OU SEJA, COMO FAZER UMA ESCALADA ATÉ O INÍCIO DO POEMA   249

polonês], ela escreveu com inveja e cheia de resignação que antigamente o livro não era apenas bem-feito, mas era bonito também: «Como autora, acabo não exigindo mais nada. Nem participação em relação ao projeto da capa, nem direito de influir na escolha do formato. E especialmente o formato não é um assunto trivial para a poesia. [...] O poeta que, não por acaso, escreve alguns poemas com versos longos, querendo evitar as quebras, precisa despedaçar o verso em dois ou três versos curtos. Aparentemente isso não é nada. O pagamento por verso até duplica ou triplica. Só que depois dessa intervenção, o verso deixa de respirar profunda e naturalmente e começa a ofegar. Altera a tensão interna do poema e, até certo ponto, seu sentido».

Depois de 1989, Szymborska se uniu à pequena editora a5, que, com tenacidade e contrariando as leis do mercado, publica poesia. Lá, veio a lume em 1993 seu livro *Koniec i początek* [Fim e começo] e, enfim, logo depois do Nobel, a coletânea de poemas *Widok z ziarnkiem piasku* [Paisagem com grão de areia]. Também a antologia ampliada e várias vezes complementada e reeditada *Wiersze wybrane* [Poemas selecionados]. Krystyna e Ryszard Krynicki[5] — criadores da editora e também seus editores, revisores e contínuos — tomavam todas as decisões editoriais junto com a poeta.

«Wisława enviava o livro que já estava todo terminado», contaram. «Perguntávamos a ela que tipo de caracteres gostaria, se os títulos poderiam ser em texto comum ou em versaletes. Contávamos com ela tanto em relação ao formato quanto à capa. Até as sobrecapas nós levávamos para ela em Cracóvia para que pudesse escolher a cor.»

Recusava regularmente a permissão para seletas temáticas de seus poemas. Uma exceção foi feita em 1976 para os animais. E, assim, onze

---

5   Ryszard Krynicki (1943-): poeta polonês, tradutor premiado, autor de letras de canções e dono da editora a5, junto com sua esposa Krystyna Krynicka.

poemas nos quais apareciam: ursos «que sapateiam no compasso», o ornitorrinco «amamentando os filhotes», o macaco «vivaz, preensor e atento», o escaravelho morto «que pôs para sempre três pares de perninhas sobre o ventre», e também o társio, o gorila, a sépia, o polvo, o louva-a-deus, o colibri, o besouro, a zebra e a centopeia, encontravam-se no livro *Társio* (860 exemplares numerados).

Ela se opunha especialmente a uma antologia de poemas de amor. Uma vez, Edward Balcerzan lhe enviou um trabalho de uma de suas alunas. Ela lhe respondeu: «O trabalho dessa jovem estudante cheia de boa vontade me enterneceu e divertiu um pouco. Ela supõe que, durante todos esses anos, escrevi sobre um único amor, e, na verdade, eles foram mais... Então, não é de estranhar que nem tudo faça sentido e se encaixe no todo. [...] Uma vez, certa editora me propôs uma seletazinha (pequena) só de poemas de amor. Eu recusei, porque jogar dentro do mesmo saco pessoas diferentes e os assuntos relacionados com elas me pareceu ser algo desleal para com elas e para comigo mesma».

Mas os editores não desistiram. A primeira brecha aconteceu com os italianos, em 2002, e três anos depois — os alemães. Isso fez com que Ryszard Krynicki ousasse propor a Szymborska a edição de uma antologia em polonês. Ele conseguiu convencê-la, selecionou e organizou — escreveu Jerzy Pilch na resenha de *Miłość szczęśliwa i inne wiersze* [Um amor feliz e outros poemas] — «um livro essencial, pleno de elevadíssima tensão interior, que ia escurecendo, poema após poema, página após página»: «Essa coleção de poemas de amor é na verdade uma coleção de poemas metafísicos, e mais ainda: um pano de fundo amoroso, também de amor carnal, pois aqui também há poemas desse tipo (potentes em seu comedimento e vice-versa). São poemas que acentuam o elemento metafísico.»

Alguns desses 41 poemas pertenciam à cartilha sentimental dos adolescentes nos anos 1960 e 1970.

SAÍDA DA CATEDRAL, OU SEJA, COMO FAZER UMA ESCALADA ATÉ O INÍCIO DO POEMA   251

Nós dois, amantes nus, aqui estamos,
mutuamente lindos — e isso basta —
com o véu das pálpebras nos ornamos,
deitados na noite profunda e vasta.

Mas já sabem sobre nós, desconfiam,
os quatro cantos deste quarto furtivo,
sombras sagazes nos bancos se enfiam
e a mesa fica em silêncio expressivo.
[...]

Os pássaros? Não se iluda, eu digo:
ontem vi no firmamento aparecer
com franqueza e ousadamente escrito
esse nome pelo qual chamo você.

«Notoriedade», *Chamando por Yeti*, 1957

Se Szymborska concordasse com alguma coisa, não parava no meio do caminho. Em 14 de fevereiro de 2008, no Dia dos Namorados (Dia de São Valentim), apareceu na promoção de *Um amor feliz* e leu um de seus últimos poemas de amor — «Portret z pamięci» [Retrato da memória].

E, na trilha da aprovação da antologia de poemas de amor, ela concordou com uma antologia de poemas sobre a natureza — «Milczenie roślin» [O silêncio das plantas] (Joanna Gromek-Illg[6] nos disse que foi uma espécie de presente para ela, porque Szymborska gostava de suas fotografias da natureza e permitiu que ela selecionasse poemas que combinassem com elas).

---

6   Joanna Gromek-Illg (1955-): formada em filologia polonesa e filosofia, é roteirista e diretora de documentários, redatora, escritora e crítica literária. Seu hobby é a fotografia.

252 QUINQUILHARIAS E RECORDAÇÕES

Ela nunca se preocupava com grandes tiragens. Quando nos anos 1970 duas editoras — a Młodzieżowa Agencja Wydawnicza [Agência Editorial Juvenil] e a Ludowa Spółdzielnia Wydawnicza [Cooperativa Popular Editorial] — quiseram publicar uma seleta de seus poemas, só concordou com uma. Os Krynicki contaram que ela não queria fazer o lançamento do livro que eles publicaram, *Fim e começo*, então não insistiram. Quando a edição de 10 mil exemplares se esgotou em duas semanas, imprimiram mais 3 mil, mas Szymborska continuou ainda durante muito tempo sem dar o aval para imprimirem mais, explicando-lhes que «o mercado já estava saturado».

«Eu a entendo», disse-nos Ryszard Krynicki. «Eu não concordo com Iossif Brodski[7] de que a poesia deveria ser encontrada no supermercado. Penso que o leitor deveria empreender um pouco de esforço para alcançá-la. Não há motivo para que ela lhe seja imposta.»

«Vocês estão lidando com uma pessoa isenta de ambições profissionais», esclareceu-nos Szymborska. «Sempre quis escrever poemas suficientemente bons e parar de escrever quando já não conseguisse melhorar nada. Mas nunca me roubou o sono a ansiedade de que alguém seja melhor do que eu.»

«É claro que em todos os poetas existe ansiedade sobre seu próprio trabalho», ela disse. «Broniewski tinha um medo particular em relação a esse assunto. Eu o conheci já nos seus últimos anos de vida. Estava então tomado por uma ansiedade doentia: telefonava no meio da noite,

---

7   Iossif Aleksandrovich Brodski, também conhecido como Joseph Brodsky (1940-96): poeta russo, tradutor e professor de ascendência judaica, naturalizado estadunidense. Foi preso e condenado a serviços forçados por sua poesia considerada pornográfica e antissoviética e por ser um «parasita social», já que não consideravam seu trabalho de poeta útil para a sociedade. Foi expulso da União Soviética em 1972. Em 1987, foi agraciado com o Prêmio Nobel de Literatura.

SAÍDA DA CATEDRAL, OU SEJA, COMO FAZER UMA ESCALADA ATÉ O INÍCIO DO POEMA   253

acordava a pessoa, lia seus poemas para ela e esperava pelos elogios, pelas exclamações de entusiasmo.»

Broniewski veio uma vez a Cracóvia e a convidou para seu recital de poesia na AGH Universidade de Ciência e Tecnologia. Foram de táxi, ele recitava poemas e o taxista adivinhava os autores sem erro. Broniewski aumentou o nível de dificuldade, declamava fragmentos cada vez menos conhecidos e o taxista não se enganou nenhuma vez: é Mickiewicz, é Norwid, é Słowacki, é Krasiński. Por fim, Broniewski declamou seu novo poema, e nisso o taxista fez uma careta: «Eu conheço, é o Broniewski, mas esse eu não aprecio».

«Naquele momento me passou um frio pela espinha», relembrou Szymborska.

Nos tempos da PRL, «o sucesso resultante da alusão astutamente contrabandeada no poema» não a entretinha. Num recital de poesia, alguém lhe perguntou o que ela tinha em mente quando escreveu um poema sobre a conversa com uma pedra.

> *Bato à porta da pedra.*
> *— Sou eu, me deixa entrar.*
> *Venho por curiosidade pura.*
> *A vida é minha ocasião única.*
> *Pretendo percorrer teu palácio,*
> *e depois visitar ainda a folha e a gota d'água.*
> *Pouco tempo tenho para isso tudo.*
> *Minha mortalidade devia te comover.*
> *[...]*
>
> *— Não tenho porta — diz a pedra.*

«Conversa com a pedra», *Sal*, 1962[xlvi]

O indagador certamente ficou desapontado quando ela respondeu: «A pedra».

Para quem ela escrevia? Quem, em sua opinião, buscava seus poemas? Ela tinha alguma ideia de quem era o seu leitor?

«Ele não está tendo muito sucesso na vida», ela disse. «Não acredito muito que eu seja lida naqueles palacetes onde existem piscinas, repuxos e todos aqueles equipamentos. Absolutamente, não o vejo lá. Eu vejo meu leitor como aquele que, se compra um livro, olha quanto lhe restou de dinheiro na carteira.»

Sabe-se que os poemas amadureciam nela por muito tempo e ela demorava a escrevê-los, e depois ainda os deixava «descansando» por mais tempo, para serem postos à prova do tempo. No entanto, não há um ano na vida dela em que não tenha escrito pelo menos um poema. Contudo, depois do Prêmio Nobel, ela não publicou, ou seja, não terminou nenhum poema até o outono de 1999, quando apareceram no periódico *Odra* os poemas «O baile» e «Um pouco sobre a alma».

Perguntamos a ela: «Pode-se dizer que esses três anos — do Prêmio Nobel até o outono de 1999 — foram perdidos para a poesia?».

«Eu tenho um caderno de notas bem grosso», ela nos contou, «e nesse caderno estão anotadas diversas palavras, pensamentos e temas, dos quais, algum dia, pode surgir um poema. Então, embora não os tenha escrito, o tempo todo estive anotando alguma coisa e preenchendo o caderno.»

«É então dessa forma que o poema surge? De uma palavra ou frase que se torna seu início?»

«Não sei se isso pode ser chamado de início. Muitas vezes começo pelo fim. E digo que depois é difícil escalar até o início do poema. Alguns poemas demoram a ficar prontos, algumas vezes volto a eles, algumas vezes os corrijo. Recentemente eu apaguei um poema e só sobrou dele uma única frase no caderno de notas.»

Julian Tuwim, que também anotava suas ideias para os poemas, chamava-as de «radicais». As primeiras notas no caderno de Szymborska (velho e muito desgastado) provêm — de acordo com seu secretário Michał Rusinek — de meados dos anos 1960 (pode-se reconhecer isso por sua escrita, ainda arredondada e que, com o passar do tempo, foi perdendo sua redondez; escrevia com letrinhas tão miúdas que era difícil decifrá-las), e a primeira frase nele anotada foi «alguns gostam de poesia». O poema com esse título apareceu no livro *Fim e começo*, e isso significa que a frase do título ficou descansando por cerca de meio século.

Durante muitos anos havia no caderno as palavras «poça d'água», porque a poeta queria escrever sobre um dos medos que a perseguiam na infância.

Piso e súbito desabo inteira,
levanto voo para baixo
cada vez mais para baixo,
na direção das nuvens refletidas
e talvez mais além.

Depois a poça seca,
se fecha sobre mim,
e eu presa para sempre — onde —
com um grito que não chega à superfície.

«Poça d'água», *Instante*, 2002[xlvii]

Da mesma forma, ficou esperando por longo tempo no caderno a descrição de certo encontro.

«Uma vez, há muito tempo, tive a triste oportunidade de observar pessoas em choque depois da perda de alguém próximo numa catástrofe aérea. Somente agora descrevi a situação, mudando um pouco os fatos reais», disse-nos depois da publicação do livro *Aqui*.

Vou colocar a chaleira no fogo para fazer um chá.
Vou lavar o cabelo, e depois, depois o quê,
vou tentar despertar de tudo isso.
Que bom que você veio, lá fazia frio
e ele só naquela espécie de saco de dormir de borracha,
ele, quer dizer, aquele pobre infeliz lá.
Já, já, ponho a quinta-feira no fogo, lavo o chá

«Identificação», *Aqui*, 2009[xlviii]

As palavras, frases e ideias aproveitadas num poema, ela simplesmente riscava.

Sondamos Michał Rusinek para saber se, estando em contato com Szymborska quase todos os dias, ele era capaz de espionar como e quando um poema surgia.

«Eu nem precisava espionar. Dona Wisława mesma já admitia, dizia, por exemplo, que estava ocupada, porque estava escrevendo, e, às vezes, até falava sobre o que escrevia. Às vezes, no entanto, eu era informado de que algum poema tinha aterrissado no cesto de lixo. Então, eu ameaçava que ia assinar um acordo com a Companhia Municipal de Limpeza, e ela respondia que rasgava as folhas com muito cuidado.»

Perguntamos a Rusinek também sobre o caderninho de notas. Ele ficou sabendo de sua existência por acaso, quando Szymborska, que estava partindo numa viagem, deixou-o na escrivaninha, no lugar onde normalmente ficavam as anotações para ele com uma lista de assuntos para resolver. «Logo percebi que ela devia tê-lo esquecido. Mas não é que ela o escondesse de propósito. Me parece que era muito

SAÍDA DA CATEDRAL, OU SEJA, COMO FAZER UMA ESCALADA ATÉ O INÍCIO DO POEMA   257

mais importante para ela que ninguém tivesse a mínima chance de ver as primeiras versões ou algumas variações dos poemas.»

Perguntamos a ele: «O poema chegava completamente pronto às suas mãos?».

«Teoricamente, sim. Eu recebia uma cópia à máquina (primeiro, da Łucznik, depois da alemã oriental Erika) num papel de cópia fininho e amarelado de algum estoque antigo. Levava depois para ela a impressão computadorizada e ela, às vezes, ainda fazia correções a lápis e, às vezes, até usava corretor de texto para corrigir. Um pouco para ser mais fácil de transcrever e um pouco para esconder a versão anterior. Às vezes as últimas transcrições aconteciam na casa dela, quando eu ia até lá com meu laptop (ela tinha dominado o uso das teclas *page down* e *page up*).»

«Então existe um 'radical' no caderno de notas e depois um poema pronto. Não há nada intermediário. É isso mesmo?»

«Exatamente. Não há nada no meio, porque essas coisas 'intermediárias' ela jogava no lixo. Às vezes, mudava na edição em livro um poema que tinha sido publicado na imprensa. Mas eram normalmente mudanças cosméticas.»

Segundo Rusinek, Szymborska achava muito importante que não circulasse nenhuma versão ou variação de seus poemas. «Provavelmente existem no mundo três desses manuscritos que diferem do original, não mais. Eu mesmo tenho um, eu o achei atrás do armário ao fazer a mudança de Szymborska da rua Chominska. É uma versão diferente da publicada do poema 'Hania'. Eu guardo e não destruo. Mas não vou mostrar a ninguém, porque sei que ela odiaria isso.»

«Uma vez», contou Rusinek, «ela me ditou um poema pelo telefone. Estava lá em Lubomierz e queria adicioná-lo ao livro *Instante*. Mas isso era uma raridade. Ela me ditava pelo telefone as *Leituras não obrigatórias* ou lia, às vezes, os limeriques para ver se me faziam rir. De Lubomierz normalmente trazia alguns poemas. Mas não acontecia de ela dá-los a mim imediatamente, eles precisavam de pousio. Ela brincava que tinha três poemas: um terminado, um por terminar e ainda um outro terminado, mas não iniciado. Ou: eu tinha três poemas, mas um aterrissou no lixo. Foi assim com o poema 'Pedrinha no sapato', que já tinha até título, o que raramente acontecia, porque ela tinha o costume de dar os títulos bem no final.»

Rusinek nos contou também que, em meados do ano 2000, Szymborska telefonou para ele bem na hora em que estava dando o café da manhã para sua filha de um ano. Enquanto conversavam, ele viu pelo canto do olho que Natalia estava puxando para baixo a toalha da mesa com o mingau e o café dele. Rusinek se lamentou ao telefone, mas em vez de consolo ouviu: «O senhor sabe de uma coisa? Isso é tema para um poema». O poema veio a lume cerca de um ano depois nos «Zeszytach Literackich» [Cadernos literários].

> *Mas a toalha na teimosa mesa*
> *— se bem segurada pelas bordas —*
> *já manifesta o desejo de passear.*
>
> *E na toalha os copos, os pratinhos,*
> *a jarrinha de leite, as colherinhas, a tigelinha*
> *até tremem de vontade.*
>
> *Isso é muito curioso, que movimento vão escolher,*
> *quando já estiverem oscilando na beirada:*
> *um passeio pelo teto?*
> *um voo em volta do lustre?*
> *um pulo no peitoril da janela e de lá para a árvore?*
>
> *O senhor Newton ainda não tem nada a ver com isso.*
> *Que ele fique olhando lá do céu agitando os braços.*

«A menininha puxa a toalha de mesa», *Instante*, 2002

SAÍDA DA CATEDRAL, OU SEJA, COMO FAZER UMA ESCALADA ATÉ O INÍCIO DO POEMA   259

Szymborska confirmou que esse poema surgiu por causa da chegada de Natalia Rusinek ao mundo, a quem ela chamava de Puca, mas acrescentou que ela logo se lembrara também de outras crianças que puxaram toalhas de mesa, porque já tinha acidentes como esses antes na memória.

«Alguns poemas são compostos de várias experiências; em outros, para que surjam, basta uma impressão apenas», ela disse a respeito do poema sobre 11 de setembro de 2001, publicado no periódico *Arkusz* [Folha de papel], em dezembro de 2001. «Naquele caso foi, de fato, uma fotografia em alguma revista, na qual vi figuras humanas capturadas no voo.»

Saltaram dos andares em chamas —
um, dois, alguns mais
acima, abaixo.

A fotografia os susteve em vida
e agora os mantêm
sobre a terra em direção à terra.

«Fotografia de 11 de setembro», *Instante*, 2002[xlix]

Uma vez lhe propuseram um recital num estabelecimento para cegos. Ela recusou, mas começou a pensar sobre isso e fez um poema.

O poeta lê seus versos para os cegos.
Não imaginava que fosse tão difícil.
[...]

Sente que cada frase
é posta aqui à prova da escuridão.

Vai precisar se virar sozinha
sem luzes e cores.

[...]

Mas é grande a cortesia dos cegos,
grandes sua compreensão e magnanimidade.
Ouvem, sorriem e aplaudem.

Um deles até se aproxima
com um livro aberto de cabeça para baixo
pedindo o autógrafo que não verá.

«A cortesia dos cegos», *Dois pontos*, 2005[1]

No entanto, na maioria das vezes, tanto as circunstâncias quanto as datas de nascimento dos poemas são elusivas. À pergunta de por que exatamente não datava seus poemas, ela respondeu: «Para mim é sempre um pouco ridículo quando leio um poema e abaixo dele está, por exemplo: 'Łódź, dia tal, mês tal'. Eu gostaria que o poema, mesmo sem a data, se saísse bem. Ademais, eu mesma não conseguiria organizar meus poemas em ordem. Eu construo o livro de acordo com alguma série de conteúdos ou pensamentos e nem sempre são poemas de uma mesma época».

Ao elogiar nas *Leituras não obrigatórias* o livro *Piosenki prawie wszystkie* [Quase todas as canções], de Jeremi Przybora,[8] tinha apenas uma ressalva: que eles não tinham data. No tocante à datação de seus poemas era, no entanto, de opinião contrária: «Por favor, observem que em meus poemas não apenas falta a data, mas também — com exceção

---

8   Jeremi Przybora (1915-2004): poeta polonês, escritor, ator muito conhecido de teatro, televisão e radioteatro, autor de esquetes cômicos e libretos musicais.

SAÍDA DA CATEDRAL, OU SEJA, COMO FAZER UMA ESCALADA ATÉ O INÍCIO DO POEMA   261

de uma só, para Halina Poświatowska — não há dedicatórias, embora haja poemas que talvez pedissem uma dedicatória. E isso é porque eu gostaria que cada um de meus poemas fosse recebido pelo leitor como tendo sido escrito para ele. Porque o poema pertence a você que o está lendo, e é para você que eu justamente dedico. Assim, penso que já não vou mudar isso, não vou datar meus poemas e localizá-los ou alfinetá-los em alguma paisagem concreta».

> *Caminho pela encosta de uma colina verdejante.*
> *Grama, florzinhas na grama,*
> *como numa gravura para crianças.*
> [...]

> *Como se aqui não tivesse havido cambrianos e silurianos,*
> *rochas rosnando uma para a outra,*
> *abismos elevados*
> *noites em chamas*
> *e dias em nuvens de escuridão.*
> [...]

> *São nove e trinta, hora local.*
> [...]

> *Até onde a vista alcança, reina aqui o instante.*
> *Um daqueles instantes terrenos*
> *que se pede que durem.*

«Instante», *Instante*, 2002[li]

Com relutância admitiu que esse poema tinha sido escrito em Lubomierz e logo perguntou: «O que o leitor ganharia com isso? Afinal o poema não foi escrito pensando somente naqueles que moram ou frequentam Lubomierz, e o conhecimento daquela paisagem não é indispensável. Eu gostaria que cada um que algum dia tenha olhado para colinas suaves e cobertas de vegetação pudesse ser tocado por isso».

Jarosław Mikołajewski, poeta e chefe do Instituto Polonês em Roma, descreveu como acompanhou Wisława Szymborska e Michał Rusinek na viagem pela Itália em 2007. Juntos visitaram a Toscana e foram para Siena. Lá, a visita à Pinacoteca e ao Palazzo Pubblico permitiu que ele conhecesse «a famosa poética turística» executada por Szymborska: «Olhar um ou dois detalhes de um ou dois quadros e só». Foram depois para a catedral, onde «Szymborska pôs as mãos na cabeça, olhou em volta, balançou e disse: 'Sem dúvida isso tudo não merece o fim do mundo'».

Dois anos mais tarde, ele encontrou essa frase no livro *Aqui* como o último verso do poema sobre a mulher que despeja o leite da jarra para a tigela no quadro de Vermeer.

O caminho que Szymborska escalou do último verso «o Mundo não merece/ o fim do mundo» até o início do poema: «Enquanto aquela mulher do Rijksmuseum/ atenta no silêncio pintado/ dia após dia derrama/ o leite da jarra na tigela»[lii] — vai permanecer um segredo dela.

CAPÍTULO 14

Com Kornel Filipowicz nas pescarias, colhendo cogumelos e na vida

Wisława Szymborska guardava fotos em envelopes cinzentos enfiados nas gavetas. As fotografias da infância estavam misturadas com as fotos de amigos e entes queridos, e, às vezes, de baixo das fotos de familiares, emergia a fotografia de Piłsudski ou de Lech Wałęsa. Geralmente faltavam datas e legendas, mas, às vezes, havia. Por exemplo, a legenda no verso da foto de uma paisagem perto de um rio: «Na lua, 2-15 de julho de 1975».

Nos álbuns em que durante toda a vida Kornel Filipowicz colava suas fotos, Szymborska apareceu no ano de 1969. O filho dele, Aleksander, mostrou-nos quase uns vinte álbuns desses. Em cada um deles, cuidadosamente coladas, legendadas e com data, estavam as fotos de passeios de caiaque pelos rios, viagens na primavera, fins de semana, acampamentos e excursões para pescar e colher cogumelos. Uma grande quantidade de «naturezas-mortas»: um peixe só, múltiplos peixes, lúcios e enguias dispostos dos menores para os maiores, e, para comparar os tamanhos, ora uma caixinha de cigarros Sport, ora um canivete, ou ainda um tablete de chocolate Wedel.

Antes ainda de vasculharmos as gavetas de Szymborska e os álbuns de Filipowicz, Bronisław Maj nos descreveu de memória uma das fotos do casal: os dois estão sentados em frente a uma barraca, ele no chão, ela numa cadeira de armar, ele um caçador, de camisa de flanela desabotoada e chapéu de palha — Gregory Peck poderia fazer seu papel; ela, um pouco como se fosse de um contexto diferente, com calças afuniladas do tipo sicilianas, que chegavam até o meio das canelas, sandálias de salto, o cabelo armado na cabeça, tipo bolo de noiva, de acordo com a moda da época, e, para proteger o penteado, um lenço amarrado sob o queixo.

A descrição da foto foi tão acurada que imediatamente a pescamos do montinho de fotos que a poeta tirou da gaveta e espalhou para nós na mesa. No álbum, Filipowicz a legendou: «férias, 1971». Mas o que Maj nos contou fica ainda mais evidente na foto que figurava com data de dois anos antes no álbum de Filipowicz: a poeta num elegante vestido formal branco, com um broche preso abaixo do pescoço, está sentada num caiaque e ela mais segura o remo do que propriamente rema.

No entanto, com o passar do tempo, Szymborska passou a gostar de trajes esportivos, e isso ficou eternizado nas fotos dos anos seguintes.

«Meu pai, ainda nos anos 1960, organizava grandes passeios de caiaque para os quais convidava os amigos: Tadeusz Kantor,[1] Tadeusz e Stanisław Różewicz,[2] Artur Sandauer, Jonasz Stern[3] e os membros

---

1 Tadeusz Kantor (1915-90): renomado diretor de teatro polonês, famoso mundialmente por suas performances teatrais revolucionárias, foi também roteirista, pintor e artista plástico.

2 Tadeusz Różewicz (1921-2014): conceituado poeta polonês, dramaturgo, prosador e roteirista. Sua peça *Kartoteka* é considerada o primeiro exemplar do Teatro do Absurdo polonês. Lutou no exército clandestino da resistência polonesa durante a guerra. Seu irmão Stanisław Różewicz (1924-2008) se tornou um grande diretor de cinema e teatro.

3 Jonasz Stern (1904-88): pintor, artista gráfico e pedagogo polonês de origem judaica.

COM KORNEL FILIPOWICZ NAS PESCARIAS, COLHENDO COGUMELOS E NA VIDA · 265

amigos do vasto clã dos Jarema, da família da minha mãe, que faleceu quando eu era criança, em 1958», contou-nos Aleksander Filipowicz. «Depois ele não tinha mais forças para organizá-los, mas ia com Wisława aos lagos onde se alugavam caiaques.»

«Vi Kornel pela primeira vez num dia em 1946 ou 1947», contou-nos Szymborska. «Não me lembro onde foi, mas me recordo da impressão que ele me causou. Um louro grisalho, bronzeado, colorido, usando calças azuis desbotadas — naquela época não havia ainda a moda de calças jeans — e um blusão maravilhoso de uma cor amarela esbranquiçada. Eu pensei: 'Meu Deus, que homem lindo!'. Mas isso não teve então nenhuma consequência. Por anos apenas nos olhávamos de longe.»

Em 1968, Szymborska leu a coletânea de contos de Filipowicz, *Dziewczyna z lalką czyli o potrzebie smutku i samotności* [A menina com a boneca, ou seja, sobre a necessidade de tristeza e solidão], e pensou: «É igualzinho a mim. Eu também preciso de tristeza e solidão».

Muito os espantaria saber
que já faz tempo
o acaso brincava com eles.

Ainda não de todo preparado
para se transformar no seu destino
juntava-os e os separava,
[...]

Houve maçanetas e campainhas
onde a seu tempo
um toque se sobrepunha ao outro.
As malas lado a lado no bagageiro.

Quem sabe numa noite o mesmo sonho
que logo ao despertar esvaneceu.

«Amor à primeira vista», *Fim e começo*, 1993[liii]

No tempo da ocupação, Filipowicz trabalhava como auxiliar de livreiro num famoso sebo de Cracóvia na rua Łobzowska, onde era possível obter, por debaixo dos panos, impressos ilegais da resistência polonesa e também livros do pré-guerra postos no índex pelos alemães. Ele estava ligado ao grupo de resistência da inteligência de esquerda, que organizava a vida literária clandestina, e foi justamente lá que encontrou Adam Włodek, futuro marido de Szymborska. Quando, em 1944, a Gestapo prendeu Filipowicz, Włodek decidiu publicar seu livro de poemas *Mijani* [Os que passam por mim] na Biblioteca Poética, que ele dirigia em Cracóvia. Antes, o autor tinha lhe dado de presente aquele livro copiado à máquina em dez exemplares, com a capa e desenhos de Maria Jarema.

Embora antes da guerra Filipowicz tenha publicado um conto, alguns artigos e poemas (também redigia o jornal *Nowy Wyraz* [Nova expressão]), sua verdadeira estreia é considerada a publicação do livro de contos *Krajobraz niewzruszony* [Paisagem imperturbável], em 1947.

Seu currículo da época da guerra — campanha de setembro, o cativeiro, a fuga do campo de prisioneiros, a participação na resistência, a prisão no presídio da rua Montelupi, a estadia nos campos de concentração de Gross-Rosen e Oranienburg — poderia tornar-se o pano de fundo para contos sensacionalistas, dramáticos, martirológicos e patrióticos. Mas essa não era sua poética. Sob essa ótica, tinha muito em comum com Szymborska. O ensaio sobre o livro de estreia de seus contos foi assim intitulado por Kazimierz Wyka: «*Chłodny umysł i nieskore odruchy geologa...*» [Mente fria e reflexos lentos de um geólogo...].

Casado com Maria Jarema, uma pintora de vanguarda, Filipowicz apreciava muito as explorações inovadoras da arte. Porém na literatura ele era adepto das formas convencionais. Nas resenhas de seus livros de contos seguintes, repetiam-se as características: simplicidade, concisão, discrição, precisão, franqueza, modéstia, ascetismo, moderação, disciplina, serenidade, distanciamento, cotidianidade e obsoletismo.

Na literatura polonesa do pós-guerra, não houve outro escritor que escrevesse prosas curtas com tal consistência e mestria. Jerzy Pilch, que pertence ao círculo de seus admiradores, nos disse que relê alguns contos de Filipowicz várias vezes ao ano: «É uma prosa que não envelhece. Foi o único escritor polonês que aprendeu a escrever com Tchekhov: sujeito simples, história simples, problemas com a vida... essas são coisas que duram para sempre. Eu concordaria em selecionar da sua obra uma coletânea de dois livros de contos, na qual haveria apenas obras-primas».

Como exemplo de obra-prima, citou o conto «Mój ojciec milczy» [Meu pai se cala] — sobre o jogo entre os times de futebol de Makkabi e Piast.

«Por que o futebol é um jogo tão popular? Porque é grosseiramente simples: chuta-se a bola e o goleiro a pega ou a deixa passar», disse Pilch, conhecido como um entusiasta do futebol. «Antes de ler esse conto, eu tinha certeza de que nenhuma grande literatura poderia ser tramada em torno de um jogo de futebol. Mas eu estava errado.»

O conto, delineado com traço fino, no qual um menino pequeno observa a devastadora derrota de seu time e junta-se à euforia patriótica, ao ataque dos enfurecidos torcedores aos jogadores judeus, mas sem obter com isso a aprovação de seu pai, com efeito causa um nó na garganta.

Karl Dedecius, tradutor que era amigo de Filipowicz desde o começo dos anos 1960, lembrava que tinha ficado muito feliz quando o viu ao lado de Szymborska: «Antes, os dois me causavam a impressão de serem solitários melancólicos. E agora combinavam um com o outro como o tipo masculino e o feminino das folhas do *ginkgo biloba*. Eles estabeleceram um relacionamento orgânico, uma unidade e completude».

Urszula Kozioł, que conheceu Filipowicz em 1972, na convenção da União dos Literatos em Łódź, também percebeu isso: «Ele estava verdadeiramente apaixonado, como um secundarista, ele inteiro irradiava aquele sentimento, e, quando me questionou, de forma um tanto impertinente e provocativa, sobre o que eu pensava a respeito de W., percebi que ele tinha em si um cavaleiro errante de priscas eras, que ficaria feliz em desafiar para um duelo todos aqueles que não compartilhassem da sua admiração pela dama do seu coração».

O nada virou do avesso também para mim.
Realmente se pôs ao revés.
E onde eu me encontrei? —
dos pés à cabeça entre os planetas,
sem nem lembrar como era não ser.

Ó meu aqui encontrado, aqui amado,
apenas posso imaginar, com a mão no seu braço,
quanto vazio do outro lado nos corresponde,
quanto silêncio lá para um grilo aqui,
quanta falta de campina lá para uma folhinha de azedinha aqui,
e o sol depois das trevas como compensação
na gota de orvalho — pelas secas lá intensas!
[...]
E aconteceu-me estar ao seu lado
E realmente não vejo nisso nada de
corriqueiro.

***, *Todo o caso*, 1972

«Penso que, enquanto eu estava no partido, nada entre nós seria possível», disse-nos Szymborska. «A bem da verdade, a esposa dele também pertencia ao Partido Comunista, mas ela pintava quadros abstratos, então era malvista, e, depois das revelações de Khrushchev no XX Congresso do Partido Comunista da União Soviética, ela rasgou publicamente a carteirinha do partido.»

Relembremos que Szymborska saiu do partido em 1966, e um ano depois ela publicou o livro *Sal*. A maior parte dos poemas do livro seguinte foi criada já depois de ter aparecido em sua vida o louro alto que, enquanto isso, tinha tido tempo de ficar grisalho. Filipowicz, um membro do Partido Socialista Polonês antes da guerra, nunca pertenceu ao Partido Comunista.

Ewa Lipska, que ficou gravemente doente quando tinha dezoito anos, e para quem Szymborska mandava cartões-postais aos consecutivos hospitais e sanatórios para levantar sua moral e apoiá-la, nos disse: «Eles já se conheciam antes, e ela se encontrava com Kornel em várias ocasiões na União dos Literatos, e depois subitamente uma centelha reluziu e voava de um para o outro. Eu precisaria dar uma olhada nas cartas de Wisława e ver quando eles começaram a assiná-las juntos, para poder lhes dizer quando aquilo começou».

Um amor feliz. Isso é normal,
isso é sério, isso é útil? —
O que o mundo ganha com dois seres
que não veem o mundo?

Enaltecidos um para o outro sem nenhum mérito,
os primeiros quaisquer de milhões, mas convencidos
que assim devia ser — como prêmio de quê? De nada;
[...]

Observem esses felizardos:
Se ao menos disfarçassem um pouco,

fingissem depressão, confortando assim os amigos!
Escutem como riem — é um insulto.
Em que língua falam — só entendi na aparência.
E esses seus rituais, cerimônias,
elaborados deveres recíprocos —
parece um complô contra a humanidade!
[...]

Um amor feliz. Isso é necessário?
O tato e a razão nos mandam silenciar sobre ele
como sobre um escândalo das altas esferas da Vida.

«Um amor feliz», *Todo o caso*, 1972[liv]

Na primavera de 1972, Lipska fez uma série inteira de fotografias de Szymborska e Filipowicz: estão sentados num pequeno banco de pedra em Kazimierz, um antigo bairro judeu de Cracóvia, completamente abandonado na época. Atrás deles, um muro estropiado, embolorado e com o reboco descascando. Estão fumando cigarros e observam Stanisław Różewicz, enquanto ele filma *Szklana kula* [Bola de cristal], baseado no conto «Święty» [Santo], de Filipowicz. Mesmo nessa foto, na qual se deram as costas, vê-se que estão juntos. Os detalhes e as circunstâncias registradas na foto foram descritos para nós pelo diretor, para o qual enviamos cópias.

«O conto em si não era longo, mas era 'denso'», respondeu Stanisław Różewicz. «É a história de um grupo de jovens que, depois do exame final do ensino médio, vagueiam atrás de um vagamundo que eles chamavam de Santo. Franciszek Pieczka o interpretou. Naquele dia, eu estava filmando uma cena de Krzysztof, que perambulava atrás de Święty. Kornel sempre se interessava por filmes, incluindo a parte técnica. No dia seguinte, ele me perguntou se podia trazer uma conhecida ao set de filmagem. Veio com Wisława, que eu conhecia naquela época só dos seus poemas. Ficaram observando nosso trabalho por umas duas ou três horas. Acho que Wisława estava num set de filmagem pela primeira vez em sua vida. Olho para essas fotos desconhecidas para mim até agora e elas são como mais um encontro inesperado e silencioso depois de anos.»

Tamara Fizek (depois de casada, Borkowicz), então aluna da quinta série, pensou conhecer aquela senhora de galochas e com uma cestinha de vime para colher cogumelos, que viu na sala de visitas do avô em meados dos anos 1970. Correu para o quarto para verificar a foto no livro de poemas que estava na prateleira. Sim, era essa mesma senhora, cujo poema ela tinha acabado de preparar para declamar na escola. Desceu as escadas e começou a recitar: «Sem este amor é possível viver/ Ter o coração vazio como a noz». A poeta pediu o livro e, na *Antologia poética* publicada pela Ludowa Spółdzielnia Wydawnicza, riscou «vazio» e pôs «seco». Tinha sido um erro de revisão. Desde aquele dia, Tamara recitou muitas vezes «Gawęda o miłości ziemi ojczystej» [Prosa sobre o amor da terra natal], mas sempre corretamente.

O avô de Tamara, Lech Siuda, de Buk, perto de Poznań, médico, dono de uma maravilhosa coleção de arte moderna, visitou Filipowicz em Cracóvia uma vez, porque se encantou com as pinturas de sua esposa Jarema e queria adicioná-las à sua coleção. Assim começou a amizade deles.

«Por mais de dez anos seguidos, eu preparei as férias de dona Wisława e de Kornel nos alojamentos da guarda florestal em Olejnica ou Papiernia ou nas casas para veranistas», relembrou em 1997 o sr. Siuda, que estava com noventa anos. «No verão, eles faziam as malas e pegavam o trem para Poznań. Minha filha os trazia até minha casa, de onde íamos adiante, para as proximidades de Wolsztyn e Leszno. Eu sempre me esforçava em encontrar para eles um lugar onde houvesse abundância de peixes para Kornel, para ele pescar luciopercas, tencas, pardelhas e principalmente lúcios, enquanto para dona Wisława — cogumelos e mirtilos. Para que fosse bonito e barato, porque dona Wisława não era rica.»

Férias — sempre na região da Grande Polônia. Acampamentos — na região de Nowy Sącz, perto dos rios Dunajec, Raba e Skawa, para que Filipowicz pudesse pescar. Foi lá, ainda antes de ter nascido essa campanha internacional, que Szymborska se ocupava com «a limpeza do mundo», o que mencionou nas *Leituras não obrigatórias*: «Quando vou acampar, minha primeira atividade é a limpeza da área verde em volta, num raio de mais ou menos duzentos metros. Eu coleto uma quantidade surpreendente de todo tipo de lixo e junto tudo num buraco especialmente cavado para isso. Durante alguns dias a natureza me expressa sua gratidão com uma vista agradável.»

Tadeusz Nyczek, crítico literário, não falou diretamente, é verdade, sobre a influência que a relação com Kornel Filipowicz exerceu na poesia de Szymborska, mas é possível interpretar isso por seus comentários: «Nos poemas de Szymborska datados dos anos 1970, ou seja, desde os livros *Todo o caso* e *Um grande número*, vê-se como a sensação de infinitude do mundo e a convicção de que tudo é importante se torna um elemento valoroso da sua visão de mundo. Tanto a natureza quanto a cultura, porque tudo, com exceção da torpeza e do crime, contribui para o seu esplendor. Essa era uma filosofia próxima à de Filipowicz, pois em sua prosa também se vê que toda forma de vida é importante, porque pertence à paisagem do mundo. Kornel Filipowicz, como pescador, escritor e filósofo da pesca, era da opinião de que uma pardelha tinha a mesma razão de viver que o lúcio que a devorava. Mas, nas relações interpessoais, ele não gostava de lúcios, ele preferia as pardelhas. Wisława também.»

A admiração amorosa pela natureza, de fato, invadiu em algum momento os poemas de Szymborska:

Duma vez tanto mundo de todo canto do mundo:
morenas, moreias e mares e auroras,
e fogos e focas e flumes e floras —
como eu ajeito, onde ponho agora?

COM KORNEL FILIPOWICZ NAS PESCARIAS, COLHENDO COGUMELOS E NA VIDA

Os chernes e chifres e chuvas e charcos,
begônias, peônias — onde eu os guardo?
Argilas, gorilas, berilos, chilradas —
talvez seja muito — demais — obrigada.
Que jarra comporta a bardana e o bolor,
a pompa, o pepino, o problema e o pavor?
Onde ponho a prata, onde pego um jabu,
me diga o que eu faço com a zebra e o zebu?
O dióxido é coisa valiosa e importante,
o octópode aqui e a centopeia adiante!
O valor nas alturas, imagino seu preço —
muito obrigada, mas eu não mereço.

«Aniversário», *Todo o caso*, 1972

«Eu circulo constantemente por aquele mundo que não é só o nosso, mas também pertence a muitas outras formas de vida, e procuro compreender como elas nos percebem. E as plantas, bem, para elas nós não existimos. Elas existem para si mesmas», assim ela comentou para nós seu poema escrito nos anos 1990.

A relação unilateral entre mim e vocês
até que não vai tão mal.
[...]

Dou-lhes nomes:
bordo, bardana, hepática,
urze, zimbro, visco, miosótis,
mas vocês não me dão nenhum.
[...]

Não faltariam assuntos, pois temos muito em comum.
[...]

Perguntem e eu lhes explicarei como puder
o que é isso de ver com os olhos
para que bate meu coração
e por que meu corpo não tem raízes.

Mas como responder a perguntas não feitas,
se além disso se é alguém
que para vocês é tão ninguém.

«O silêncio das plantas», *Instante*, 2002 [lv]

Ela mesma admitiu que, na juventude, as descrições da natureza nos livros a entediavam, então as pulava, e isso só mudou para ela quando começou a ler os contos de Filipowicz. Então compreendeu que a descrição não precisa ser apenas um acréscimo ao enredo, mas que pode ser — como em Filipowicz — «o próprio enredo, a própria ação». E acrescentou que a prosa dele é uma grande arte.

Tadeusz Chrzanowski, professor de história da arte, nos contou como ficou surpreso quando, indo certa vez para a estação ao amanhecer, passou na rua por Szymborska, que carregava uma vara de pescar. Włodzimierz Maciąg também nos disse que nunca suspeitaria que sua colega de redação, que não tinha em si nada de espírito esportivo, que não esquiava nem patinava, que não jogava tênis, de repente, sem uma palavra queixosa, começasse a suportar a falta de conforto e o frio nos campings. (Em Cracóvia, também causava espanto que Szymborska permitisse ser levada de moto por Jan Paweł Gawlik, que tinha a fama de ser um motociclista maluco.)

Filipowicz nunca teve carro, porque não queria. Szymborska, o que surpreende menos, também não queria aprender a dirigir. Eles convidavam com frequência os amigos com carteira de motorista e meio de locomoção para as suas viagens. Jan Paweł Gawlik, na época diretor do Teatro Velho de Cracóvia, um dia os convenceu a ir ver a peça *Libertação*, de Wyspiański, que ele tinha adaptado para o Teatro da Televisão. Logo depois ele recebeu uma carta deles dizendo que o espetáculo foi-lhes insatisfatório, então:

«1. Sob a forma de compensação pelos danos morais incorridos, as partes lesadas aprovaram, em votação secreta e em discussão aberta, condenar o diretor J. P. Gawlik a uma multa na forma de duas viagens de dia inteiro para pescar junto com as vítimas, no período de 1º de maio a 15 de outubro de 1980.

2. O diretor J. P. Gawlik deverá para este fim fornecer seu próprio automóvel, em estado satisfatório, e dirigi-lo na viagem de ida e de volta».

No final, acrescentaram que a viagem penal «não exclui outras viagens que o diretor J. P. Gawlik queira fazer em companhia dos prejudicados, dessa vez por sua própria vontade e por mútuo prazer».

«Normalmente saíamos de carro de Cracóvia perto das sete da manhã», relembra outra companheira de suas excursões de pescaria, Ewa Lipska. «Na frente, meu marido Władzio, que ia dirigindo, e Kornel, e, atrás, eu e Wisława com as minhocas. Em Brzesko, comprávamos cerveja. Logo que chegávamos à beira do rio, Kornel, com um chapéu com peixinhos dourados presos, espalhava em silêncio todos os seus brinquedos: anzóis e flutuadores. Nós duas sempre trazíamos conosco as revistas alemãs *Stern* e *Spiegel* e procurávamos artigos sensacionalistas, escândalos e crimes. Wisława preparava a comida, colhia cogumelos, buquês de flores ou ficava com o puçá. Nós a chamávamos de dona Puçadeira. Acontecia de ela também assinar assim as cartas que mandava das férias. Kornel, no entanto, assinava como sr. dr. prof. titular (eventualmente padre) Eustachy Rybeńko [algo como Eustáquio Peixote], ictiólogo» (dez anos mais tarde, ele assinaria com esse pseudônimo suas obras na imprensa clandestina).

«Quando o peixe era muito pequeno, de acordo com as regulamentações», contou Lipska, «Kornel o tirava do anzol e o jogava de volta na água com as palavras: 'Eu te anistio'; por outro lado, com graça humanitária, ele batia na cabecinha dos peixes maiores, depois ele mesmo os preparava para fritar, limpava e tirava as escamas. Era dessa forma que tradicionalmente passávamos, entre outras ocasiões, todas as eleições.»

«Kornel pescava os peixes e Wisława ficava sentada na beira do rio com a frigideira. Ele achava que não havia por que levar comida, pois com certeza haveria peixes», contou Jan Pieszczachowicz,[4] que também viajava com Filipowicz e Szymborska. «Quando pegava aqueles com menos de vinte centímetros, jogava-os de volta na água, era um pescador honrado. Quando ele já tinha jogado todos e os subdimensionados lhe apareciam com mais frequência, Wisława abria as latas de conserva, dizendo: 'Kornel, como de costume, podemos contar com a Central Estatal de Pescados'.»

«Kornel dava a impressão de ser um homem forte», continuou Lipska, «e meu marido era melancólico, molenga e olhava para ele com admiração. Por ser de Peixes na astrologia, Władzio se referia com reservas à pescaria, mas gostava tanto das nossas viagens que se deixou convencer por Kornel a fazer o exame para membro da União da Pesca. Kornel o ensinou a reconhecer as espécies de peixes e, certo dia, arguiu-o antes do exame, e Wisława pegou uma lata de sardinhas e perguntou: 'Então, Władzio, adivinhe, que peixinho é esse?'. Quando Władzio, por fim, passou no exame, Kornel ficou feliz: agora ele poderia, estando de acordo com as regras da União da Pesca, fincar na beira do rio não duas, mas quatro varas de pescar.»

---

4 Jan Pieszczachowicz (1940-): crítico literário, editor e jornalista polonês.

COM KORNEL FILIPOWICZ NAS PESCARIAS, COLHENDO COGUMELOS E NA VIDA   277

«Eu absolvia os peixes e os tirava do anzol», disse-nos Szymborska. «Mas mesmo assim, às vezes, um lúcio os apanhava, porque sentia o sangue fresco.»

Depois da primeira edição deste livro, Zbigniew Mentzel,[5] escritor e, outrora, um apaixonado por pescaria, salientou que, em vez de gracejarmos, deveríamos perceber que para a poeta a pescaria com Filipowicz devia ser uma experiência mais profunda do que aquilo que nos parecia. «Com os olhos fixos numa lata de conserva de peixe», escreveu ele, «Anna Bikont e Joanna Szczęsna aparentemente ignoraram que num dos poemas mais lindos de Szymborska, 'W rzece Heraklita' [No rio de Heráclito], os peixes se tornam uma metáfora de tudo — uma metáfora única. É um poema sobre a passagem e, como é habitual nela, sob a aparente secura, sente-se a pulsação de uma fonte cálida.»

No rio de Heráclito
um peixe ama um peixe,
teus olhos — diz — brilham como os peixes no céu,
quero nadar contigo até o mar comum,
ó tu, a mais bela do cardume.

«No rio de Heráclito», *Sal*, 1962

E ainda acrescentou: «Com Kornel Filipowicz, eu só conversei uma vez, e essa conversa — sobre a pesca de fundo de peixes barbus com chumbadeiras pesadas — foi apaixonante».

---

5   Zbigniew Mentzel (1951-): especialista em filologia polonesa, crítico literário, escritor e colunista polonês.

Na paisagem de Nowy Sącz (mas também na da Grande Polônia) desenvolvia-se — se é que podemos assim dizer — a ação de muitos poemas de Szymborska.

Aconteceu de eu estar sentada sob uma árvore
na beira do rio,
numa manhã ensolarada.
É um acontecimento insignificante
e não entrará para a história.
Não é caso de batalhas e pactos,
cujas causas se pesquisam,
nem de tiranicídios dignos de memória.
[...]

Esta árvore é um álamo enraizado há anos.
O rio é o Raba e não é de hoje que corre.
O caminho pelo mato
não é de anteontem que foi pisado.
O vento, para dissipar as nuvens,
precisou antes trazê-las aqui.
[...]

Diante de tal vista sempre me abandona a certeza
de que o importante
é mais importante do que o desimportante.

«Pode ser sem título», *Fim e começo*, 1993

Karl Dedecius, que se correspondeu com Filipowicz por longos anos, ao escrever um texto memorativo sobre ele, citou algumas de suas cartas. Numa delas, explicando o porquê da demora em

COM KORNEL FILIPOWICZ NAS PESCARIAS, COLHENDO COGUMELOS E NA VIDA

responder, Filipowicz escreveu que estava preso em casa por causa de sua mãe, que estava doente e decrépita: «Wisława me ajuda muito, faz as compras, fica nas filas (cada vez maiores), mas eu não tenho o direito de explorá-la, porque tem obrigações mais importantes: escrever».

«A vida de Wisełka era sempre reservada», contou-nos Ewa Lipska. «Ela vivia de maneira que tivesse tempo para escrever poemas. Enquanto Nawoja estava viva, era muito importante para ela poder ir almoçar na casa da irmã levando vidros vazios para pegar comida. Afinal, da casa de Nawoja ninguém saía de mãos vazias. Muitas vezes dávamos carona de carro para Wisława, e o caminho pela rua Radziwiłłowska para mim ainda tilinta com o som dos vidros batendo. Nawoja era um modelo excelente e inigualável da antiga dona de casa: arenques e cogumelos marinados e sarapatel. Ela descerrava as lembranças da infância sobre as despensas inesgotáveis.»

E quando minha irmã me convida para almoçar,
sei que não tenciona ler poemas para mim.
Faz sopas deliciosas sem premeditação.
E não derrama café sobre manuscritos.
[...]

Minha irmã pratica uma razoável prosa falada
e toda sua obra se limita a postais escritos nas férias.

Elogio à irmã, *Um grande número*, 1976[lvi]

Era a irmã de Wisława Szymborska que sempre organizava todas as comemorações das festas religiosas. De acordo com a tradição de Cracóvia, na véspera do Natal fazia-se sopa de beterraba, mas na casa de Nawoja era sempre uma fantástica — como diziam os convidados —

sopa de cogumelos. Na Páscoa, ela organizava um concurso para saber quem ia fazer a mais bela *pisanka*.[6]

Elżbieta e Jan Pindel, vizinhos de Nawoja na rua Radziwiłłowska em tempos mais recentes, contaram-nos sobre a tradição dos almoços de quinta-feira feitos por Nawoja para Wisława e seus amigos mais próximos: «Wisława depois levava comida para a semana toda. Ela apreciava imensamente o fato de sua irmã cozinhar assim maravilhosamente. Ela gostava de sopa de cominho, sopa de legumes com repolho, tomates e ossos de carneiro, canja de galinha, sopa azeda de centeio, costeletas de vitela, batatas cortadas em quadradinhos, *parzybroda*, ou seja, pequenas cabeças de repolho, como laranjas, cortadas em oito e adicionadas ao carneiro previamente posto em salmoura com torresmos, temperos, pimenta-da-jamaica e folhas de louro. Depois da morte de Nawoja, tentamos fazer aquela *parzybroda*, mas não conseguimos aquele sabor, embora ela tenha deixado o caderno de receitas. Havia lá uma receita de trouxinhas de repolho, na qual o repolho era cozido antes no vapor, a carne era usada crua, o repolho era introduzido no meio e assim era cozido. Nawoja servia esse prato tradicionalmente no Dia de Todos os Santos. Na Sexta-Feira Santa, no entanto, ela servia arenques gratinados, que eram fritos com farinha de rosca e cebola. Na casa de Nawoja, a mesa estava sempre cuidadosamente coberta com toalha, ao modo senhorial».

«Um feriado religioso na casa de Nawoja era uma celebração familiar», disse Lipska. «Primeiro Wisława ia com Adam Włodek, depois com Jan Paweł Gawlik e depois com Kornel. Eu ia primeiro com Adam e depois com meu marido Władzio.»

---

6   *Pisanka* é o ovo cuja casca é ornamentada com delicadas pinturas. As *pisanki* são usadas tradicionalmente na festa da Páscoa em países eslavos.

COM KORNEL FILIPOWICZ NAS PESCARIAS, COLHENDO COGUMELOS E NA VIDA   281

Certa vez, no começo dos anos 1970, a propósito da leitura do livro *Naprawy i przeróbki w moim mieszkaniu* [Reparos e modificações no meu apartamento], Szymborska escreveu: «Não gosto da palavra faz-tudo, mas as pessoas que a palavra descreve, sim, muito. [...] Para eles, vale a pena se agachar para qualquer pedaço de chapa de metal e parafuso esquecido na rua, porque, se não hoje, com certeza daqui a dez anos vai servir para alguma coisa. Enquanto os outros entram nas lojas de ferragens pressionados por uma necessidade extrema, eles entram lá para um descanso, ficam fuçando durante uma hora em cima dos cinzéis e murmurando. [...] O amadurecimento de um faz-tudo consiste principalmente no fato de que o conteúdo de seus bolsos é transferido para as gavetas. Quando o faz-tudo se muda para um novo apartamento com o piso abaulado e toda uma série de problemas semelhantes, já tem atrás de si uma prática de muitos anos. O peã que pronuncio aqui em sua honra tem uma relação frouxa com o livro *Reparos e modificações*. Um faz-tudo, pela graça divina, nunca vai comprar esse tipo de livro, porque não lhe é necessário. Esse gênio já viu em algum lugar, como se faz, por exemplo, a montagem de trancas antiarrombamento».

Ao lermos esse fragmento, é difícil resistir à impressão de que a poeta devia conhecer o espécime descrito na autópsia. Todas as dúvidas em relação a isso são dissipadas pela leitura do poema publicado na *Dekada Literacka* e acompanhado da nota: «Poeminha escrito para o dia do santo padroeiro do nome de um amigo,[7] num certo dia dos anos 1970. O Caro Homenageado não vacilou em aceitá-lo».

---

7   No original, *imieniny*: refere-se ao costume, em vários países, de comemorar o dia do santo padroeiro do nome de uma pessoa. O costume se originou do calendário cristão, que em cada dia do ano festeja um ou mais santos. Na Polônia, a comemoração é semelhante à do aniversário de nascimento da pessoa.

Ela nunca dedicava seus poemas a alguém (não apenas os de amor), embora alguns — como ela nos disse — talvez exigissem uma dedicatória. No entanto, todo ano, no dia 16 de setembro, ela compunha um poema comemorativo no dia «de certo homenageado».

Ele é desses homens que tudo querem fazer sozinhos.
É preciso amá-lo junto com gavetas e bauzinhos.
Incluindo o que está em cima, dentro e sob o armário.
Não existe nada que um dia não seja necessário.
[...]
três penas de galinha-d'água lá do lago alemão,
rolhas de champanhe aprisionadas no cimento,
dois pedaços de vidro queimados no experimento,
montes de tabuinhas, metais e caixinhas com furos,
que tiveram ou que terão utilidade no futuro,
[...]
Que tal jogar fora umas coisas? — perguntei num repente,
mas o homem que eu amo olhou pra mim severamente.

«Pertences masculinos», *Um amor feliz e outros poemas*, 2007

Por sua vez, ao ler o livro de um conhecido alfaiate cracoviano, *ABC męskiej elegancji* [O ABC da elegância masculina], Szymborska, com uma ternura suspeita, escreveu sobre os «abnegados senhores» (dos quais o autor «já se esquiva de longe por serem casos perdidos»): «O patrono desse grupo poderia ser Einstein com seu suéter lasseado. Caberia também Woody Allen, que em seus filmes anda sempre folgado e bem amarrotado. E o nosso Kuroń? Não tem muito tempo, foi obrigado a aparecer publicamente algumas vezes usando um paletó. Ele se esforçou para fazer uma cara boa, mas seus olhos imploravam por compaixão. Confesso que sempre tive uma inclinação estranha por esse tipo de espécimes. Quando certo dia eu disse ao homem amado que os sapatos que estava usando serviam apenas para o lixo, interrompeu o contato visual comigo, abriu a janela e, melancolicamente, começou a fitar o infinito».

Os amigos e conhecidos com os quais conversávamos enfatizavam que Filipowicz — ao contrário de Szymborska — era de temperamento social e ativo. Mas ela também — quem sabe talvez por influência dele — atuava socialmente. Durante toda a década de 1970, ela trabalhava na Comissão de Qualificação da União dos Literatos Poloneses e, regularmente, ia a Varsóvia nos encontros do Conselho Geral.

«No conselho dominavam os partidários: Andrzej Wasilewski, Jerzy Putrament, Kazimierz Koźniewski, Jan Koprowski, Jan Maria Gisges», disse Urszula Kozioł, «mas ao lado deles estava também Anna Kamieńska,[8] Andrzej Kijowski[9] e Jan Józef Szczepański. Então nos parecia que a presença de pessoas íntegras podia mudar alguma coisa.»

Urszula Kozioł descreveu como ela se encontrava com Szymborska na véspera das reuniões no hotelzinho da sede da União dos Literatos Poloneses, na rua Krakowskie Przedmieście: «Partilhávamos o quarto, ficávamos conversando sobre isso e aquilo enquanto enrolávamos os cabelos com papelotes, fumando impiedosamente e pulando de um tema a outro».

Wisława Szymborska: «Nas eleições, eu sempre tinha oportunidade de receber um grande número de votos diferentes, porque nunca perturbava meus colegas, e, por isso, constantemente propunham

---

8 Anna Kamieńska (1920-86): poeta polonesa, escritora de livros infantis e juvenis, crítica literária e tradutora. Traduzia do russo, búlgaro, bielorrusso, eslovaco, servo-croata, latim e hebraico. Escreveu quase cem livros.

9 Andrzej Kijowski (1928-85): crítico literário polonês, ensaísta, roteirista, escritor e colunista.

minha candidatura, para que eu bloqueasse o lugar de alguém que os colegas não queriam. Por exemplo, eles diziam assim: 'Se você não entrar, então quem vai entrar é ele'. O que consegui foi só participar dos trabalhos da Comissão de Qualificação; ler e avaliar era o mais próximo que existia de minhas habilidades. Nos outros assuntos, eu olhava como os outros faziam e, graças a isso, eu sabia como e em quem votar, e votava com propriedade».

No outono de 1975, tanto Szymborska quanto Filipowicz assinaram um memorando endereçado ao Parlamento — a chamada Carta dos 59 —, protestando contra o projeto de introdução na Constituição do papel de liderança do Partido Comunista e de uma aliança com a União Soviética.

Adam Zagajewski: «Halina Mikołajska[10] veio a Cracóvia colher as assinaturas. Eu marquei um encontro entre ela e Szymborska, que propôs fazer um almoço, porque gostava muito de Mikołajska. Lá estavam Kornel e Stanisław Lem, o qual se recusou a assinar, dizendo com muita seriedade que, se fosse uma carta exigindo a dissolução da União Soviética, ele assinaria».

Ter suas assinaturas na carta significava que os signatários imediatamente se tornavam objeto de interesse do Ministério do Interior.

Szymborska já tinha anteriormente uma «ficha de registros» cadastrada pelo Serviço de Segurança. As autoridades não gostaram de que, na convenção da União dos Literatos Poloneses, ela tivesse exortado os colegas a cortar alguns escritores do partido. Então, foi estabelecida uma «lista dos contatos da pessoa investigada: 1. Filipowicz Kornel (estável), 2. Szczepański J. J. (social)». Depois de assinada a Carta dos 59, o assunto foi «requalificado como assunto de investigação operacional», ao qual foi dado o codinome de «Lírica».

---

10 Halina Mikołajska (1925-89): atriz e diretora polonesa, ativista da oposição ao governo comunista.

COM KORNEL FILIPOWICZ NAS PESCARIAS, COLHENDO COGUMELOS E NA VIDA

«O fato de ter assinado a petição mencionada», relatou o coronel do Ministério do Interior, «revelou sua real atitude ideológica e sua atividade contestadora. O ativismo socialmente perigoso e prejudicial de SZYMBOR-SKA, expresso pela cooperação ativa com o grupo da oposição dos 'contestadores' de Cracóvia, exige a realização de atividades amplamente extensivas no âmbito do assunto de investigação operacional.»

Objetivo: «Neutralizar a atividade subversiva da indivídua para com o sistema socialista, isolá-la do meio onde vive, criar à volta dela uma atmosfera de condenação».

Meios: «Antes de tudo, é preciso fazer um registro do seu nome, para que não apareça na imprensa nenhum dos seus poemas, nem nenhuma resenha favorável às suas obras e para que não possa viajar para os recitais de poesia». E também: «Embargar todas as viagens da indivídua para países capitalistas. Isso inclui tanto as viagens privadas quanto as de trabalho».

«Realizar junto à Delegação do GUKPPiW[11] a análise relacionada com as publicações da indivídua e, em seguida, elaborar um documento apropriado contendo, entre outras observações, as análises sobre a eventual nocividade delas.»

Todos os pontos dessa batalha que se anunciava ameaçadora tinham um prazo programado de realização e foram listados sete CS (colaboradores secretos) — «em contato com o Dep. IV» e seis pessoas na condição de CV, contatos civis, que deveriam ser usados para fazer isso. E, assim, o CV de codinome «Jacek» tinha como tarefa «avaliar as obras anteriores da indivídua e a postura por elas representada na literatura e na poesia».

---

11 GUKPPiW — Główny Urząd Kontroli Prasy, Publikacji i Widowisk: Escritório Central de Controle da Imprensa, Publicações e Espetáculos, era o órgão central da censura de imprensa no país.

No âmbito dos interesses do Serviço de Segurança, estava igualmente sua «ligação com Kornel Filipowicz e com os restantes signatários da 'petição 59'».

O documento dava a impressão de que Szymborska (e qualquer um deles) poderia facilmente ser emaranhada numa rede de contatos do Serviço de Segurança. Apenas um ponto prova que, na verdade, o Serviço de Segurança não tinha ninguém em estreito contato com a poeta. Pois os *esbecy*[12] se incumbiram da tarefa de «recrutar entre os contatos da indivídua uma pessoa no caráter de CS (colaborador secreto), a fim de garantir o recebimento de informações atuais sobre suas atividades e os contatos mantidos».

Na pasta pessoal da indivídua Szymborska podemos também nos informar de que o Serviço de Segurança vetou um livro de poemas pronto para impressão, uma audição na rádio de Cracóvia e um encontro de escritores em Gdańsk. Provavelmente, com a ampliação do âmbito das atividades do Comitê de Defesa dos Trabalhadores, o Serviço de Segurança tinha problemas maiores. Portanto, em 1977, depois da análise de sua pasta, afirmou-se: «A indivídua, em relação aos pressupostos políticos de nosso país, apresenta uma atitude passiva», e a operação de investigação foi finalizada.

Não está claro se Szymborska estava ciente de todo aquele assunto. Certamente a modéstia não lhe permitia uma suspeita excessiva. No entanto, disse-nos que percebia nos envelopes indícios de que sua correspondência era controlada.

Ela não falava em público com frequência, porém, de forma coerente, em momentos vitais e sobre assuntos importantes. Seus amigos

---

12 *Esbek* (plural: *esbecy*) é um termo pejorativo para indicar um funcionário do Serviço de Segurança nos tempos da PRL. Provém das iniciais do Serviço de Segurança — SB —, que se pronuncia éss-bé.

afirmavam que esses eram simplesmente gestos de uma pessoa decente, a política já não tinha poder sobre ela. Mas isso, sem dúvida, foi também influência de Filipowicz.

Naquele tempo, Kornel Filipowicz permanecia objeto de interesse do Serviço de Segurança. Trinta anos antes, em 1946, ele tinha sido inscrito na lista dos CS. Examinamos em várias ocasiões milhares de páginas de documentos agrupados no IPN [Instytut Pamięci Narodowej — Instituto da Memória Nacional] e pela primeira vez tivemos de lidar com uma mistificação tão evidente. Filipowicz poderia tê-la usado, com sua reflexão nostálgica, filosófica e, ao mesmo tempo, cálida, como tema de algum conto.

Eis o personagem: um rapaz jovem do interior, que terminou alguns anos de estudo e agora trabalha na cidade, no UB, o Departamento de Segurança, e é parte da grande máquina da história, projetada para trazer um mundo novo e melhor. É preciso apenas encontrar os inimigos que dificultam esse processo. Em março de 1946, na época do referendo «3 x *tak*»,[13] conhece Kornel Filipowicz na comissão eleitoral e o encara com a esperança de que ele vá ajudá-lo a conduzir essa luta. «Solicito a confirmação do candidato a alistamento, o cidadão Kornel Filipowicz, como informante [...]. Eu o alistarei no recrutamento dos patrióticos.» E mais adiante (de acordo com o texto original): «Depois de conversar com o cidadão Kornel Filipowicz, deduzi que ele é um material receptivo ao alistamento como informante e acabei por propor ao acima mencionado

---

13 3 x *tak* [3 x sim]: Referendo popular de 1946 que queria testar a popularidade do governo, que, de fato, era controlado por Moscou, e a aceitação pelo público em geral de certas medidas que deveriam ser tomadas. O resultado do referendo foi fraudado para que ficasse demonstrada uma total aceitação das ações governamentais. Depois do referendo, os aliados pediram que houvesse eleições diretas, mas, quando elas aconteceram, em 1947, foram também manipuladas.

288 QUINQUILHARIAS E RECORDAÇÕES

colaboração, com a qual ele concordou imediatamente, quando vierem as Eleições, e preencheu todas as formalidades obrigatórias sobre a colaboração e garantiu que vai cooperar com honestidade com o Mil. Dep. Seg. Publ. Escr. Jr. V. Seç. IV. Set. Econ. Stanisław Galos». Nosso personagem já tem em mãos a assinatura (todos os membros da comissão devem apor algumas declarações). É verdade que talvez ele tenha se gabado para os superiores um pouco exageradamente, sabe-se lá. Mas e se o alistamento der certo? Felizmente, tudo indica que — mesmo que quisesse — ele não conseguiria escrever nada em nome de seu «informante». No entanto, está chegando a hora em que precisa fazer um relatório, e agora o pobrezinho não consegue imaginar nada, então, impotente, dá-se conta de sua derrota: «O informante cid. Kornel Filipowicz não está apto para continuar seu trabalho, já que está doente dos nervos e também não entregou nenhum material, e somente assinou o compromisso durante as eleições».

Filipowicz também, é claro, participava da União dos Literatos Poloneses. Era vice-presidente da filial de Cracóvia. Só podia ser presidente quem fosse afiliado ao partido. Foi escolhido como presidente Jan Pieszczachowicz, que, anos depois, recordava assim sua colaboração com Kornel: «Pessoalmente, eu devo muito a ele e também como presidente da filial da União dos Literatos Poloneses de Cracóvia, desde 1976, quando me aconteceu de enfrentar profundas divisões no círculo dos escritores. Kornel, que na época já era meu vice, me aconselhava com seu jeito peculiar. Quando alguma coisa que eu tencionava fazer lhe parecia errada, ele virava a cabeça, olhava para mim com seus olhos azul-pálidos penetrantes e dizia: 'Pelo amor de Deus, Jasio!'».

«Filipowicz pertencia àqueles escritores cuja obra e vida compunham uma unidade, e o estilo, o modo de viver e a moral cresciam de um mesmo tronco», escreveu Teresa Walas. «A nobreza era uma característica dos seus traços, da sua prosa e condutas. A perspicácia da mente e a visão realística do ex-biólogo se uniam com um instinto

COM KORNEL FILIPOWICZ NAS PESCARIAS, COLHENDO COGUMELOS E NA VIDA 289

moral infalível. Era um homem lindo, uma pessoa ponderada, sempre em forma, delgado, propenso aos gracejos. No pano de fundo da PRL, desprovida das propriedades do mundo, delineou-se como o xerife de um filme clássico do Velho Oeste: másculo, corajoso, justo, dotado, além disso, de talento artístico e senso de diversão. Suscitava respeito, confiança e admiração; prestava ajuda, mas também se acanhava e mantinha distância.»

«Quem poderia não gostar de Kornel, com seu senso de amizade, camaradagem, com sua integridade, probidade, e também com aquele incrível senso de humor?», recordou-se dele Urszula Kozioł.

Em nome do círculo de escritores de Cracóvia, esforçou-se durante muitos anos para criar uma revista mensal literária na cidade. Seu discurso no XX Congresso da União dos Literatos Poloneses, no qual falou sobre seus esforços, foi publicado na imprensa clandestina, no periódico *Zapis* [Registro]: «Meus olhos se enchem de lágrimas quando recordo que, em 1936 — ou seja, nos tempos terríveis da *sanacja*[14] —, a legalização de uma publicação literário-artística de forma alguma pró-governamental, publicação essa da qual eu tive a honra juvenil de ser corredator, durou três dias, apenas porque, de alguma forma, aconteceu de os nossos esforços serem separados da permissão pelo assim chamado sábado inglês e domingo. Então não recebemos a permissão no sábado, como esperávamos, mas somente na segunda-feira».

As assinaturas de Szymborska e Filipowicz apareceram novamente juntas em 1978, abaixo da declaração da fundação da Sociedade de Cursos Científicos. Os nomes dos intelectuais e criadores — de Cracóvia,

---

14 *Sanacja* [saneamento, higienização] foi um movimento político que buscava a higienização moral da Polônia, tendo ocorrido no período entreguerras. Foi liderado pelo marechal Józef Piłsudski (1867-1935).

além deles, tornaram-se membros da scc Antoni Gołubiew,[15] Hanna Malewska,[16] Jan Józef Szczepański, Jacek Woźniakowski[17] e Adam Zagajewski — tinham como objetivo proteger os organizadores e ouvintes das palestras independentes da Universidade Voadora[18] contra as perseguições policiais. Woźniakowski se lembra de que Szymborska e Filipowicz foram a encontros na casa dele, nos quais foi estabelecido o plano de aulas.

O acesso à scc, instituição ligada ao Comitê de Defesa dos Trabalhadores, indicava claramente sua opção não só contra o governo, mas também a favor — como dizia a propaganda — dos «extremistas antissocialistas». Na época, não houve realmente muitos que estivessem dispostos a assinar. Perguntamos a Szymborska se ela precisou superar o medo.

«Não sei como, mas eu não estava nada amedrontada», ela disse. «Quem sabe? Talvez porque já tendo antes aceitado o comunismo, não tivesse conhecido o medo na época de Stálin. Embora o medo, em geral, não seja estranho para mim e nunca tenha manifestado nenhuma coragem exemplar.»

---

15 Antoni Gołubiew (1907-79): um dos fundadores da revista católica *Pax*, era historiador, escritor e colaborador em diversas publicações polonesas.

16 Hanna Malewska (1911-83): escritora polonesa, autora de romances históricos, foi redatora-chefe da revista *Znak*. Durante a Segunda Guerra, foi membro do Exército Nacional. Assinou a Carta dos 59.

17 Jacek Woźniakowski (1920-2012): historiador da arte polonês, escritor, articulista, jornalista, editor, tradutor, político e professor universitário.

18 A Universidade Voadora [Uniwersytet Latający] foi um sistema educacional de nível superior clandestino que funcionou em épocas de grande opressão política (1885-1905 e 1977-81), visando oferecer aos jovens uma educação dentro dos padrões universitários poloneses. O nome provém do fato de não haver um lugar fixo onde ministrar as aulas.

Nessa época, Kornel Filipowicz também se engajou num trabalho no Pacto de Independência da Polônia, que agia clandestinamente e era uma organização de intelectuais que faziam relatórios das mais variadas áreas, com o objetivo de preparar a sociedade para refletir em termos de Estado e na perspectiva da recuperação da independência. Em janeiro de 1981, ele entrou para o grupo de quatro pessoas que dirigiam os trabalhos do PIP. A composição da organização — e não toda ela — só foi revelada na Polônia livre.

Essa combinação de atividades em instituições oficiais e atividade oposicionista era característica da época tardia do governo de Gierek. No entanto, não muito disso passou para a literatura, embora Filipowicz tenha imortalizado certo episódio daquele tempo: «Eu vi bem de pertinho, era o Gierek sem engano./ Deu-me a mão, pois, afinal, nascemos no mesmo ano». Esse encontro aconteceu em 1979, quando o primeiro-secretário do Partido Operário Unificado Polonês, Edward Gierek, honrou com sua presença a cerimônia de abertura de um novo local para a Filial de Cracóvia da União dos Literatos, na rua Kanonicza (o fragmento aqui citado provém do livro de versos *Powiedz to słowo* [Diga essa palavra], que foi publicado pela primeira vez em 1984, numa edição serigráfica clandestina).

Quando perguntamos a Szymborska se ela também se encontrou com Gierek naquela ocasião, ela contou que, felizmente, não teve de passar por isso, mas se lembrava do relato de Kornel sobre o aperto de mãos e de como, de repente, sentiu-se preso numa tenaz, porque, num piscar de olhos, foi cercado por gorilas dos dois lados.

Lendo os contos de Filipowicz e as crônicas de Szymborska, é possível, às vezes, encontrar o rastro de suas leituras comuns. E assim, num dos contos de Filipowicz, «Stałość uczuć» [Constância dos sentimentos], e na crônica de Szymborska descrevendo a papagaia Zuzia, sua conhecida da infância e que tinha muito medo do relógio que tinha uma campainha para marcar as horas, encontramos aquela mesma citação de Rilke: «Aquilo contra o que lutamos é tão pequeno/ quão imenso é aquilo que luta contra nós».

Szymborska nos contou que uma vez, graças a Filipowicz, compreendeu a diferença entre a memória do poeta e a memória do prosador.

«Depois de uma visita juntos, comecei a comparar com Kornel aquilo de que nos lembrávamos. Eu recordava principalmente da anfitriã, na qual concentrei minha atenção. E Kornel tinha diante dos olhos um desgastado tapete persa no chão e o lugar onde estava uma velha comodazinha. Ele sabia o que estava pendurado na parede e o que dava para ver pela janela. Hoje a prosa frequentemente se limita ao monólogo interno que não se obriga à descrição do mundo. Isso não é para mim. Eu aprecio esse tipo de prosa que mostra um pedaço do mundo, a prosa que vê, escuta, cheira e toca.»

De acordo com Jan Pieszczachowicz, Szymborska, depois que recebeu o Nobel, disse-lhe: «Que pena que Kornel não pôde ver isso. Para mim seria algo maior do que os esplendores oficiais. Era ele que deveria receber um grande prêmio como prosador».

Ela deve ter dito isso não só a Pieszczachowicz, porque Jerzy Pilch nos disse que ele também ouviu isso de várias fontes: —«Uma mulher apaixonada estaria pronta para entregar ao amado até o seu Nobel! Eu não estava ali ouvindo, então não sei com que entonação Wisława disse isso. Mas não acho que era brincadeira, eu mais suspeito de que ela tenha apertado o pedal do páthos. E, afinal, por que não? Ela corretamente o considerava um grande escritor. Eu poderia mencionar pelo menos alguns ganhadores do Nobel que não se comparavam a ele.

CAPÍTULO 15

Quinquilharias e recordações, amigos e sonhos

Este capítulo é uma deferência àquilo que Wisława Szymborska considerava mais importante e mais revelador sobre ela do que uma biografia composta de datas e fatos, na qual se omitem em silêncio «cães, gatos e pássaros,/ quinquilharias e recordações, amigos e sonhos».

A poeta nunca teve cães, gatos nem pássaros (além da papagaia Zuzia na infância). No entanto, sentia por eles uma simpatia bem documentada.

«Gosto dos pássaros por causa do seu voo e seu não voo. Do seu mergulho nas águas e nas nuvens. Dos seus ossinhos cheios de ar. Da penugem impermeável sob as penas. Das suas garras perdidas nas extremidades das asas, ou mantidas junto aos pés, com exceção dos pés que parecem remos, também dignos de benevolência. Gosto de pássaros por suas pernas magricelas ou tortas, cobertas de escamas púrpura, às vezes amarelas, às vezes de azul cerúleo. Por seu andar de requintada importância ou sua claudicação, como se a terra eternamente balançasse sob eles. Por seus olhinhos esbugalhados nos vendo inteiramente do seu próprio jeito. Pelos bicos aguilhoados, como tesouras, encurvados, achatados, longos ou curtos. Pelos jabôs de penas, penachos, cristas, rufos, babados, gibões, calçolas, leques e apêndices. [...] gosto dos pássaros também porque há séculos voam na poesia polonesa», escreveu por ocasião de uma apresentação sobre o álbum *Ptaki Polski* [Os pássaros da Polônia].

«A vida toda os cães tentam nos compreender, adaptar-se às normas de comportamento que lançamos para eles e pescar o sentido das nossas palavras e gestos que lhes dizem respeito. Isso é um esforço imenso, uma tensão constante. A cada saída nossa de casa o cão sente desespero, como se partíssemos para sempre. Cada volta nossa é para o cão uma alegria que beira o choque — como se tivéssemos sido salvos por milagre. Essas despedidas e saudações de chegada nos emocionam, mas deveriam também nos amedrontar», escreveu por sua vez numa crônica dedicada ao livro *Gdy zachoruje pies* [Quando o cão fica doente].

Além disso, ao fazer a resenha do livro *Zwierzęta symboliczne i mityczne* [Animais simbólicos e míticos], admirou-se porque dizemos *łże jak pies* [mente como um cão], já que um cão não consegue mentir, ao contrário, «fala a verdade e somente a verdade de todos os modos a ele acessíveis — com a voz, o olhar, os pelos, as patas e, além disso, com o órgão que nele se especializou em sinceridade, ou seja, o rabo».

E ainda empaticamente mostrou num poema sua simpatia para com o pastor-alemão pertencente ao tirano.

> *Existe destino e destino. O meu de repente mudou.*
> *Chegou uma primavera,*
> *e ele não estava comigo.*
> *[...]*
> *Alguém arrancou minha coleira cravejada de prata,*
> *Alguém chutou minha tigela há dias vazia.*
> *Por último, alguém, antes de sair para a estrada,*
> *Inclinou-se para fora do carro*
> *e atirou em mim duas vezes.*

Nem soube acertar onde devia,
pois agonizei em dor por muito tempo
no zumbido de moscas insolentes.
Eu, o cão do meu dono.

«Monólogo do cão enredado na história», *Dois pontos*, 2006

Joanna Szczęsna: «Uma vez visitei Szymborska com minha cadelinha dachshund e saímos para almoçar. A Ofélia costuma se esconder debaixo da mesa no restaurante, fingindo em maior ou menor grau, dependendo da amabilidade dos funcionários, que não existe. Daquela vez, no entanto, pulou no mesmo instante na cadeirinha, achando evidentemente que a companhia daquela senhora assegurava a ela uma espécie de imunidade. Além disso, curiosamente sentindo a aura de certa majestade que envolve os ganhadores do Prêmio Nobel, que é indubitavelmente legível para os sentidos caninos, Ofélia não se sentiu intimidada e permitiu-se cheirar delicadamente os pratos trazidos, mas, que fique claro, sem aproximar deles o nariz».

Mas, na vida de Szymborska, os gatos existiam com mais intensidade, e isso graças a Kornel Filipowicz, um apaixonado por gatos, em cuja casa, na escrivaninha, sempre havia algum gato deitado preguiçosamente entre os papéis, ou melhor, uma gata. Conservaram-se fotos de Szymborska abraçando sucessivos gatos: aqueles pertencentes a Filipowicz — Kizia e Mizia — e a seu filho Aleksander, que nos trouxe um esquema para que pudéssemos compreender com quem a poeta tinha sido fotografada: gato cinza-escuro listrado com coleirinha — Szarusia; gato cinza-escuro listrado e sem coleirinha — Wołkogonow; gato malhado — Cacuszek (Ciacio).

Num de seus mais dramáticos poemas — «Gato num apartamento vazio» — a poeta abrigou o próprio desespero pela perda da pessoa que lhe era mais próxima no comportamento perfeitamente observado do gato que foi deixado órfão.

Cada armário foi vasculhado.
As prateleiras percorridas.
Explorações sob o tapete nada mostraram.
Até uma regra foi quebrada
e os papéis remexidos.
Que mais se pode fazer.
Dormir e esperar.

Espera só ele voltar,
espera ele aparecer.
Vai aprender
que isso não se faz a um gato.
Para junto dele
como quem não quer nada
devagarinho,
sobre patas muito ofendidas.
E nada de pular miar no princípio.

«Gato num apartamento vazio», *Fim e começo*, 1993[lvii]

A atriz Anna Polony,[1] que muitas vezes recitava poemas de Szymborska na rádio, em encontros de poesia e em vários eventos literários, nos disse: «Minha mãe tinha acabado de falecer quando aquele poema foi publicado. Tive de deixar passar algum tempo antes de ter condições de lê-lo em público. É um poema sofrido, porque aquele gato é cada um de nós depois da morte de alguém próximo».

---

1 Anna Polony (1939-): premiada atriz de teatro, cinema e televisão e também diretora teatral e pedagoga.

QUINQUILHARIAS E RECORDAÇÕES, AMIGOS E SONHOS

Certa vez, Tadeusz Nyczek perguntou a Szymborska se existia alguém com quem ela gostaria de trocar de vida. E ela respondeu: «É claro. Eu gostaria de ser um gato sob os cuidados de Krysia Krynicka. Em Cracóvia, todos sabem que as coisas estão indo muito bem para os gatos de Krystyna e Ryszard Krynicki, e, além disso, os gatos são tão legais que até permitem que seus donos morem na mesma casa também».

Ao jornalista do *El País*, que queria saber o que ela pensava sobre a existência de almas nos animais, Szymborska lembrou uma cena de um romance de Anatole France. Certo clérigo teve problema em responder a uma pergunta semelhante feita por sua paroquiana, uma marquesa rica com um cão. Se a resposta fosse «sim», faria uso fraudulento da doutrina; se fosse «não», poderia perder a doação para a igreja. Ele se saiu do seguinte modo, dizendo: «Sim, marquesa, os animais têm alma, embora um tantinho menor».

Ainda que Szymborska não sentisse necessidade de possuir um animal, ela os observava atentamente e já em seu primeiro livro dedicou a eles um poema (a propósito, um de dois poemas de seu livro de estreia que mais tarde foram reeditados).

Os ursos na cadência vão sapateando,
o leão atravessa o arco que flameja,
no biciclo o macaco de amarelo pedalando,
a chibata bate e a musiquinha arpeja,
a chibata bate e os olhos animais balançam,
o elefante equilibra a garrafa todo empinado,
cães cuidadosos medem o passo e dançam.

Eu — ser humano — estou muito envergonhado.

«Animais de circo», *Por isso vivemos*, 1952

A poeta era sempre sentimental a respeito das «quinquilharias guardadas de recordação», bibelôs kitsch, engenhocas curiosas trazidas de viagens ao exterior ou especialmente procuradas com afinco nas feiras de antiguidades.

«As feiras de Cieszyn eram especialmente sensacionais, e eu ia até lá na companhia de certo amabilíssimo colecionador. Já que havia entre nós uma vivaz rivalidade, preferíamos não tirar os olhos um do outro», ela descreveu na revista *Przekrój* como, já adulta, descobriu a beleza dos antiquários e mercados de pulgas. Embora seu relacionamento com Kornel Filipowicz não fosse — principalmente em Cracóvia — nenhum segredo para ninguém, ela mesma nunca mencionava esse assunto em público. Ela apreciava a discrição. O nome do «amabilíssimo colecionador» foi esclarecido imediatamente em 1974, no «Informativo do Clube de Hobbystas de Cieszyn», onde apareceu uma nota informando que, em 24 de março, Wisława Szymborska e o escritor Kornel Filipowicz tinham vindo à feira e ambos se inscreveram no clube e pagaram as contribuições antecipadamente.

A poeta nos contou que, dessas excursões, se lembrava, antes de tudo, dos livros de orações protestantes lindos e antigos e dos álbuns recobertos de pelúcia com cartões-postais antigos. Nem todos os cartões eram atrativos, mas sempre se podiam achar alguns ótimos, de forma que valia a pena comprar o álbum inteiro.

A bem da verdade, ela não visitou o Museu dos Botões em Łowicz, mas ficou encantada com a ideia. O fundador do museu começou a coleção com algumas centenas de botões do pré-guerra da loja de sua avó e comprava objetos de exposição, por exemplo um botão de Rydz-Śmigły,[2]

---

2   Edward Śmigły-Rydz (1886-1941): um político polonês, estadista, marechal e comandante em chefe das Forças Armadas polonesas a partir da morte de Piłsudski, em 1935, e até sua própria morte, em 1941. Além disso, foi pintor e poeta. Era uma figura

QUINQUILHARIAS E RECORDAÇÕES, AMIGOS E SONHOS

autor das palavras «Não vamos dar nem um botão». Wisława enviou ao fundador do museu dois de seus botões despregados de um vestido de festa que ela não usava mais e escreveu uma crônica a respeito de um livreto publicado pelo museu sobre a história dos botões na literatura. Szymborska postulava a escrita de um próximo livro sobre a história dos botões: «E os vestidos de linho branco das antigas egípcias? Eram tão justos que não podiam ser vestidos pela cabeça. Precisava haver em algum lugar das costas uma abertura discreta que depois de alguma forma era fechada. Nesse ponto, aqueles que gostam de franzir o nariz vão querer me perguntar se eu realmente não tenho preocupações maiores do que com os problemas dos costureiros lá do Nilo. É claro que tenho preocupações maiores, mas isso não é motivo para não ter menores». E se pôs a sonhar: «Ao ver a placa do 'Museu dos Botões', um visitante por ali passando, depois de um momento de perplexidade, decide-se: entra e observa com atenção. E pode até pensar que na localidade onde ele nasceu — ou onde seus antepassados nasceram — provavelmente também seria útil um agradável museu desse tipo. Quem sabe de antigos cartões-postais? Antigos livros de orações? Brinquedos? Cartas de baralho? Jogos de xadrez?».

Ela colecionava justamente antigos postais porque — como dizia — é a única coleção que podemos cultivar num apartamento apertado. «Minha coleção não é grande, mas acho que posso me intitular colecionadora», ela escreveu adiante, comprovando que cumpria os critérios da definição de colecionadora, porque sempre colecionava alguma coisa («o colecionador, desde onde a memória alcança, sempre colecionou

---

pública muito admirada e cultuada, considerado um herói da Guerra Polono-Soviética e condecorado com diversas honrarias. Sua popularidade foi abalada depois da derrota polonesa na invasão nazista no início da Segunda Guerra Mundial. A frase citada fazia parte de seu discurso de 1935, exortando a coragem e a luta dos legionários poloneses.

alguma coisa») e não qualquer coisa que aparece, mas segundo um critério bem pensado (no caso dela, esse critério principal era o kitsch).

Certa vez os amigos surrupiaram alguns cartões-postais de Filipowicz e os puseram entre os de Szymborska, e depois organizaram um encontro para verem juntos as coleções dela.

«Sérios, escutamos», contou-nos Barbara Czałczyńska, «quando, inquieto, Kornel disse: 'Mas que interessante, Wisława, você tem os mesmos cartões-postais que eu'...»

Krystyna Moczulska, que organizou no final dos anos 1980 a famosa exposição de Marek Rostworowski[3] «Judeus — Poloneses», nos contou que Szymborska e Filipowicz lhe emprestaram dezenas de cartões-postais provenientes de bens pertencentes aos judeus.

Toda a coleção de Szymborska começou com um postal encontrado na correspondência dos pais. Entre um postal de Toruń e outro do balneário de Truskavets, ela observou uma colagem pitoresca: um aeroplano sem piloto, três *dziwożony*[4] nas asas e nuvens róseo-azuladas. Em pouco tempo sua coleção tinha aumentado. «Todos [os postais] eram kitsch, mas kitsch com certa imaginação fora do normal. Tinha de haver uma colisão entre duas coisas: ingenuidade com presunção,

---

3 Marek Rostworowski (1921-96): historiador da arte polonês e museólogo, foi durante muitos anos curador do Museu dos Príncipes Czartoryski, em Cracóvia. Foi ministro da Cultura e presidente do Conselho para Assuntos das Relações Polaco-Judaicas.

4 *Dziwożony* (no singular *dziwożona*): espíritos malignos femininos que, segundo as antigas lendas eslavas, eram retratados como mulheres feias, corcundas ou com algum outro defeito físico, de seios grandes e cabelos longos, que habitavam desmoronamentos de pedras, cavernas nas montanhas ou lagos. Acreditava-se que as *dziwożony* raptavam bebês humanos trocando-os por seus filhos feios. Para evitar que isso acontecesse, as mães precisavam amarrar uma fita vermelha no punho da criança, costume que ainda é visto em algumas regiões da Polônia.

sentimentalismo com idiotice. Talvez tenham sido exatamente postais assim que Stefcia Rudecka[5] ganhou das colegas do pensionato.»

Małgorzata Baranowska,[6] autora do livro *Tak lekko było nic o tym nie wiedzieć... Szymborska i świat* [Foi tão tranquilo não saber nada sobre isso... Szymborska e o mundo], chamava sua amizade com a poeta de «amizade postal», porque mal se viram algumas vezes, mas se correspondiam havia mais de trinta anos. Ela mesma tinha uma grande coleção de cartões-postais, então, quando se encontrou com Szymborska no Congresso dos Literatos de Poznań, em 1975, começou a lhe fazer perguntas sobre esse tema.

«Ela estava no saguão do salão de reuniões com Kornel Filipowicz, e foi ele que com mais vontade contou sobre sua própria coleção», lembrou-se Baranowska. «Ele colecionava postais dos tempos da Primeira Guerra Mundial e também postais com zepelins, e ela colecionava kitsch de antes ainda da Primeira Guerra. Bem, aí ele disse que tinha um postal da Primeira Companhia de Infantaria marchando ao partir de Oleandry.[7] E o que ela poderia dizer então? Que tinha um besouro carregando uma bolsa com balas?»

---

5   Stefania (Stefcia) Rudecka é a protagonista do romance *Trędowata* [A leprosa], de Helena Mniszkówna (1878-1943), publicado em Cracóvia, em 1909, em dois tomos. Devido a seu grande sucesso, o romance recebeu três versões cinematográficas e foi tema de uma série para televisão.

6   Małgorzata Baranowska (1945-2012): poeta polonesa, escritora, crítica e historiadora da literatura e também especialista na história da cidade de Varsóvia.

7   Pierwsza Kompania Kadrowa: a Primeira Companhia de Infantaria foi criada em 3 de agosto de 1914 pelo marechal Józef Piłsudski, em Cracóvia, no distrito de Oleandry. Essa companhia foi a predecessora das Legiões Polonesas, que lutaram na Primeira Guerra Mundial, e seus soldados ficaram conhecidos como as *krakowskie dzieci*, as crianças de Cracóvia.

Baranowska observava cuidadosamente se havia e qual seria a influência que a coleção da poeta exercia em seus poemas.

Sonha a tartaruga com uma folha de alface,
e em volta da folha — súbito, o Imperador
estava como há cem anos — vivo, vivace.
A tartaruga nem sabe que isso causa furor.

O imperador não estava inteiro, de fato,
nas botinas pretas vê-se o sol brilhante,
meias brancas em canelas de belo formato.
A tartaruga nem sabe, como isso é chocante.
[...]
Por frações é difícil reconhecer alguém:
pelo pé direito ou esquerdo no chão.
A tartaruga, a infância não lembra bem
e com quem sonhou — não sabe não.

«O sonho da velha tartaruga», *Um grande número*, 1986

«Pessoalmente não posso duvidar da veracidade dessa cena», ela escreveu no ensaio *Fragment cesarza od pięt po kolana* [Fragmento do imperador do calcanhar até o joelho]. «Eu a conheço. O que não significa que a poeta precisava vê-la.»

E nesse momento ela descreveu uma série de doze cartões-postais com Napoleão, a qual — quando devidamente organizada — apresenta a imagem do imperador num tamanho bastante considerável. Mas, se olhamos para os postais da parte de baixo, vemos o sonho da velha tartaruga: o pé esquerdo, o pé direito, as meias brancas, as botinas pretas. «Será que a coleção da poeta contém esses postais? Só que no mundo da sua imaginação eles seriam um fato irrelevante. Ela sempre extrai um fragmento como numa aproximação fotográfica, como se nutrisse a suspeita de que o todo é por sua natureza incognoscível.»

Enquanto olhávamos várias curiosidades no apartamento de Szymborska, chamou-nos a atenção um potinho de barro bastante comum na estante de livros, que não se encaixava na categoria de «quinquilharias guardadas de recordação».

«Esta é a obra mais antiga das mãos humanas que eu possuo», comentou a poeta. «Provém mais ou menos dos tempos de Platão, isso quer dizer que aqui era a época da cultura lusácia e, provavelmente, serviu como uma urna para as cinzas de um morto. Mais velhas que isso são apenas minhas pedras, que têm alguns milhões de anos.»

A própria Szymborska escreveu, nas *Leituras não obrigatórias*: «Sempre fui fascinada pelo acaso e suas incalculáveis ações. Milhares e milhares de gerações, um autêntico Himalaia de ossos — tudo desapareceu sem deixar vestígios —, e eis que de repente, um dia, em algum lugar, um ser qualquer pisou a lama pantanosa, a lama se petrificou, mantendo a pegada, e para esse pé congressos serão convocados».

Urszula Kozioł contou que, durante a lei marcial, quando foi visitar Szymborska e Filipowicz em Boszkowo, para onde viajaram nas férias, conheceu um arqueólogo amigo de Wisława, que trabalhava nas escavações locais.

«Wisława sempre gostou de escavações e pedras», disse Kozioł. «Ela acreditava que era nisso que a civilização estava impressa. Além do mais, toda a sua poesia estava impregnada disso.»

A história de Szymborska para a revista *Przekrój* aqui evocada, sobre o mercado de antiguidades em Cieszyn, era simultaneamente um discurso em defesa do kitsch. Lá ela escreveu que era possível ter «ao mesmo tempo bom e mau gosto. A questão era apenas saber qual deles ativar em cada situação».

Baranowska considerava que a relação de Szymborska com o kitsch também estava marcada em sua poesia.

Nunca ninguém sufocou num armário estiloso
porque o marido da amante voltou de repente!

«Álbum», *Muito divertido*, 1967[lviii]

«O kitsch é como um tigre», escreveu Szymborska nas *Leituras*. «Enquanto está vivo, é impiedosamente caçado. Quando já morreu, sua pele curtida se torna enfeite de salão, todos estalam os beiços — que tigre maravilhoso! — e acariciam sua cabeça. Baseando-se nesse princípio é que foi reeditado há pouco tempo o romance *A leprosa*, cuja edição imediatamente se esgotou, comprada pelos amantes de Joyce. Quanto pior o kitsch, melhor, ou seja, mais divertido.»

A propósito, ela se lembrou de um livro, que guarda na memória desde a infância, sobre um homem que enterrou a esposa, e esta saiu do caixão e voltou para casa, onde a família estava reunida depois do funeral. Nessa hora, o romance se interrompia. «O que aconteceu depois, eu nunca soube. Além da curiosidade não saciada, restou em mim para sempre o gosto por esse tipo de leitura, que mais tarde se fundamentou com a convicção de que entre uma obra-prima e o kitsch existe uma relação forte e, além disso, estimulante para ambos. A época em que acabassem com o kitsch, também seria a época sem chances de uma obra-prima.»

Talvez sob a influência daquela mesma lembrança, calorosamente respondeu no «Correio literário»: «Querido Czesio, estávamos extremamente curiosos para saber quem foi que matou, e até o fim você nos manteve em suspense. E aí, de repente, o próprio falecido levanta do caixão e aponta o assassino. É assim que se faz, isso sim é uma surpresa! Qualquer outra coisa que você nos enviar leremos com muito prazer». Szymborska pertencia ao tipo de pessoas que não negavam certo encanto à obra *A leprosa*. Justamente graças a esse livro ela conheceu Teresa Walas nos anos 1970. Ela se interessou pela pessoa que tinha escrito uma introdução erudita para o romance de Stefcia

QUINQUILHARIAS E RECORDAÇÕES, AMIGOS E SONHOS

e o Herdeiro, texto, como ela dizia, «refinado, delicado e espirituoso, sem zombaria barata».

No apartamento de Szymborska, era possível encontrar estranhos objetos nos mais variados lugares.

Certa vez ela nos mostrou uma caixa de música na forma de um porquinho cabeludo, com uma pequena manivela no formato de rabinho de porco, uma perna feminina de marzipã, um cinzeiro dobrável em forma de águia, um travesseiro de uma feiura excepcional que é dado aos recém-casados na Espanha e um leque de madeira com retratos pintados à mão dos generais do exército do imperador Francisco José. Numa outra ocasião, tivemos a oportunidade de ver uma caneta na forma de um osso da mão e um assento sanitário de acrílico transparente, com arame farpado embutido em seu interior.

«Na maioria das vezes são coisas casuais que ganhei de presente, nunca recebo coisas 'boas', pois só aqueles que não me conhecem vão me dar algum presente elegante», ela nos disse. «Mas o leque eu comprei no antiquário Desa de Cracóvia, só que por uma ninharia. Fico imaginando o baile e a mocinha que se abanava com ele. É claro que isso não podia ter sido em Viena, está mais para uma pequena cidadezinha com uma guarnição militar na Galícia. Uma vez eu apareci com esse leque numa reunião da União dos Literatos.»

Nós mesmas acrescentamos à sua coleção: um isqueiro em forma de busto, com chama dupla, um instrumentozinho para chicotear (que não foi comprado num sex shop, mas numa lojinha ao lado do mosteiro em Assis) e uma versão inflável — num tamanho considerável — do personagem do famoso quadro de Munch *O grito* (comprada no Museu de Arte Moderna de Nova York).

A sequência natural dos acontecimentos era assim: depois de já ter aproveitado durante algum tempo a curiosidade que ganhou de presente, Szymborska a destinava mais tarde como prenda para o sorteio. Ela cultivou por anos essa brincadeira fora de moda, e aqueles que ela convidava se acostumaram com o fato de que, logo depois do jantar, haveria o sorteio.

Michał Rusinek observou que os bibelôs encontrados no apartamento de Szymborska pertenciam a três categorias. A categoria mais importante era disposta na estante com os livros, de onde poderia cair para a segunda categoria, ou seja, as guardadas em algum canto do armário ou na gaveta; a terceira categoria, porém, eram as prendas destinadas ao sorteio, e, desse modo, desfazer-se deles, o que não significa, de forma alguma, que fossem piores do que a primeira ou a segunda categoria. Para falar a verdade, é difícil afinal definir quaisquer critérios objetivos.

«O último presente que eu dei a Wisława», disse-nos Ewa Lipska, «foram pequenos bustos de Goethe e Schiller que serviam como pimenteiro e saleiro. Ela ficou tão encantada com eles que decidiu não deixá-los para o sorteio, mas usá-los de acordo com sua serventia quando recebesse convidados.»

Szymborska nos contou de onde tirou a ideia do sorteio. Quando ela viajava ao exterior, nunca tinha muito dinheiro e queria trazer alguma coisa de presente para cada amigo. Então ela comprava, por exemplo, uma garrafa de um bom vinho e, além disso, umas bobagens, que, quanto mais estranhas, melhores eram, e a sorte decidia o que ia caber a cada um.

Bronisław Maj afirmava que era ele quem ganhava as melhores prendas. Ele citou uma caneca com leoas, que era incrivelmente feia, na qual até hoje ele bebe chá, e uma bola de plástico sorteada no ano de 1995, na qual ele coletou três autógrafos: o do ganhador do Prêmio Nobel, Czesław Miłosz, e de dois futuros ganhadores — Seamus Heaney e Wisława Szymborska.

«Eu queria muito mesmo dar a Szymborska um presente sensacional», contou-nos Małgorzata Musierowicz.[8] «De repente, que sorte! Entro numa loja de álbuns e encontro uma verdadeira raridade: um

---

8   Małgorzata Musierowicz (1945-): escritora polonesa, ilustradora e autora de livros infantis e juvenis.

catálogo de 1891, de uma empresa de comércio postal de Boston. Aí eu falei para mim mesma que isso na certa ia deixá-la feliz. Sentei e escrevi uma carta: 'Querida Wisława, sei que agora todos estão lhe dando muitos conselhos sobre o que fazer com um milhão de dólares. Minha proposta é esta: gaste tudo em roupas. Estou incluindo o catálogo apropriado. Recomendo sua atenção principalmente para a grande variedade de suspensórios e colarinhos de celuloide'.»

Lipska contou que na primeira vez que viajou para o exterior, nos anos 1970, Kornel Filipowicz a incumbiu da missão de achar lá uma determinada loja onde se compravam uns cocozinhos de mentira. Ela ficou com um pouco de vergonha de perguntar onde poderia comprá-los, mas, por sorte, Julian Rogoziński[9] tinha encontrado a tal loja em sua estadia anterior. Foram longe, para a periferia de Paris, onde havia aquela mercadoria para escolher em todas as cores. Ela comprou três peças. Ela não sabia dizer a quem pertencia a casa na qual Wisława e Kornel os puseram sorrateiramente. Não se divertiram muito com eles, porque logo foram roubados. O que funcionou por mais tempo foi um rato de mentira, feito por encomenda na fábrica de peles onde Nawoja era a principal contadora. Eles o puseram às escondidas na banheira de várias pessoas, e ele parecia estar vivo.

«Eu olhava para aquela geração com admiração», continuou Lipska. «Eles eram como Johan Huizinga: *homo ludens*. Eles conseguiam ficar entusiasmados com o envio de um telegrama engraçado ou a escrita de um texto ridículo. Certa vez, num jantar na casa de Wisława, os cogumelos marinados dos convidados escorregavam pela colherinha embrulhada em filme plástico. Lembro que, perto de 1970, escrevemos uma carta para Wisława num papel timbrado da editora Literária, dizendo que sairia uma antologia de poemas sobre Lênin e pedíamos que ela concordasse com uma pequena modificação no poema 'Z nie odbytej wyprawy w Himalaje'

---

9   Julian Rogoziński (1912-80): crítico literário polonês, ensaísta e tradutor do francês.

[De uma viagem não realizada ao Himalaia]: a substituição da palavra 'Shakespeare' pela palavra 'Lênin', para 'intensificar o alcance da influência social'. Na nova versão, o poema soaria assim: 'Homem das Neves, nós temos Lênin./ Homem das Neves, nós tocamos violino'. Ou de quando Kornel foi a um abate de porcos em Cieszyn e voltou de lá extremamente orgulhoso com presuntos, linguiças e morcelas. Chamou os convidados e nós combinamos que não faríamos elogios. Eu, Wisława e Barbara Czałczyńska ficávamos repetindo de má vontade: 'É, já comemos coisa melhor que isso'. E Kornel foi ficando triste.»

«Kornel e Wisława faziam brincadeiras linguísticas o tempo todo», continuou Lipska. «A garrafa de vodca dos anos 1950 se chamava *enkawódeczka*.[10] Nas garrafas eles escreviam 'Otwiniak'[11] ou 'Cherry Brandys'.[12] Quando iam pescar, compunham limeriques para os nomes de todas as localidades encontradas no caminho. Tinham suas senhas: 'Dżemajel'[13] — hora da soneca da tarde; 'Mobutu'[14] — ir ao sapateiro; 'Bangladesz'[15] — súbita mudança de tempo.»

---

10 *Enkawódeczka*: da sigla NKWD [en-ka-vu-dé] — Comissariado do povo para assuntos internos — mesclada com a palavra *wódeczka* [vodcazinha].

11 *Otwiniak*: de *ot winiak*, que pode ser traduzido por «só brandy».

12 *Cherry Brandys*: provavelmente uma brincadeira com o sobrenome de Kazimierz Brandys (1916-2000), escritor e roteirista, e Marian Brandys (1912-98), prosador e repórter.

13 Dżemajel: um neologismo aumentativo criado a partir do verbo *drzemać* [tirar uma soneca]. Também pode ser uma brincadeira com o sobrenome de uma importante família de políticos do Líbano [Ẏemayyel], que, apolonesada, se escreve Dżemajel.

14 Mobutu Sese Seko: nome de um famoso ditador da atual República Democrática do Congo, que, na época, era o Zaire. Em polonês, sapato é *but*, e daí a brincadeira com o nome do ditador.

15 Bangladesz: em polonês, o verbo *banglać* é uma gíria para «bater fazendo barulho, batucar», e daí — chover muito.

QUINQUILHARIAS E RECORDAÇÕES, AMIGOS E SONHOS

Uma das brincadeiras que eles mais faziam consistia em alguém escrever uma historinha curta e completamente isenta de adjetivos. Depois disso, um dos participantes, sem conhecer o texto, é claro, devia completar os adjetivos faltantes, sem saber a que eles se referiam. O efeito cômico era certeiro. Szymborska às vezes servia essa brincadeira conhecida pelo nome de «cadáver verde» aos convidados em vez do sorteio.

Teresa Walas, por sua vez, nos contou que Filipowicz e Szymborska gostavam de tornar suas viagens de trem mais agradáveis: «Faziam apostas sobre o que veriam primeiro pela janela: uma vaca ou um cavalo. Tentamos repetir isso indo para Viena, onde Wisława recebeu o Prêmio Herder. Por todo o trajeto não vimos um animal sequer».

Tanto Szymborska quanto Filipowicz gostavam de assistir a concursos de perguntas na TV e às novelas televisivas (Szymborska apreciava com particular simpatia a série Columbo, porque lá havia «uns assassinatos familiares maravilhosos»). Todos em Cracóvia sabiam que não se podia marcar nada com eles para a hora em que estivesse passando a novela *A escrava Isaura* (quando ela terminou, ficavam dizendo que «a vida tinha perdido o sentido»). Jerzy Korczak, conhecido de Szymborska do tempo da rua Krupnicza, recordou que sua esposa às vezes assistia em casa, furtivamente e com grande sentimento de culpa, ao seriado *Dinastia*, até que encontraram Szymborska em Zakopane, no Astoria, e ela assistia ao seriado sem sombra de vergonha. Ela gostava de encontrar temas da mitologia grega nas novelas.

«Os roteiristas passam o pente-fino na mitologia grega à procura de temas para serem aproveitados; Antígona, Édipo, irmãos separados, motivos incestuosos, podemos achar tudo em *Dinastia*», ela nos disse. «Essa segunda vida secreta da mitologia grega é realmente cômica.»

Uma grande paixão de Szymborska era a de fazer com as próprias mãos cartões-postais com a técnica da colagem. Quando ela ficou famosa por causa do Prêmio Nobel, os amigos os mostraram na tevê, publicaram na imprensa e os expuseram em miniexposições. Em

Belgrado, apresentaram as colagens endereçadas a Petar Vujičić e Biserka Rajčić, tradutores de Szymborska para o servo-croata, fotografadas e ampliadas.

Embora fosse uma poeta mais do que modesta, nesse caso ela gostava de se gabar.

«Quando faço um postal com colagem, eu me sinto 'uma artista'», ela nos explicou. «Não é uma coisa nada fácil. Uma vez Adam Ważyk me respondeu enviando uma colagem que ele mesmo fez, mas ela ficou amassada, estufou e descolou.»

Bogusława Latawiec lembrou que Szymborska usava a melhor cola que se podia encontrar nos países do Conselho para Assistência Econômica Mútua: a soviética em tubo. Infelizmente não dava para estocar, porque ressecava.

«Suas colagens são como poemas, como pequenos poeminhas», disse-nos Irena Szymańska,[16] que foi por muitos anos redatora das editoras PIW e Czytelnik. «Quando ela queria enviar um cartão a um amigo, procurava no seu acervo de antiguidades o que usaria para fazer a colagem. Para ter de onde recortar, ela juntava velhos anuários de revistas, publicações de moda do *fin de siècle* e catálogos de moda. Era encantador ver que ela não ficava com pena de destruir sua coleção para fazer os cartões.»

O marido de Szymańska, Ryszard Matuszewski, publicou um livreto inteiro — *Wisławy Szymborskiej dary przyjaźni i dowcipu* [Wisława Szymborska e seus presentes de amizade e humor] — composto dos cartões em colagem escritos para eles.

Szymborska contou que realmente tinha remorsos ao cortar algumas publicações antigas, pensando se não estava destruindo, por algum acaso, o único exemplar que se preservou. Muitas das legendas eram

16 Irena Szymańska (1921-99): tradutora polonesa, escritora e editora.

QUINQUILHARIAS E RECORDAÇÕES, AMIGOS E SONHOS

retiradas dos títulos da *Gazeta Wyborcza*. Ela preparava as colagens com intervalo de alguns meses, como numa linha de montagem, dezenas de uma vez («não preciso descrever como ficava meu apartamento»), e depois os enviava, selecionando cada um de acordo com uma determinada pessoa e seu senso de humor.

«Esses postaizinhos são efeito da preguiça e da censura. Desde que saí do partido, quase todas as cartas que eu recebia estavam estranhamente úmidas no lugar da cola. Era a época em que a correspondência entre as pessoas começou a morrer, porque as remessas vinham abertas. Então, escrevíamos de tal forma que o conteúdo fosse o menor possível — principalmente informações que pudessem chegar aos arquivos da polícia secreta — e o destinatário ficasse feliz com o fato de receber uma carta.»

Os amigos de Szymborska se envolveram em seu hobby, e, além de coisas estranhíssimas, bibelôs e cartões-postais, ela também recebia material para colagem de vários lugares do mundo. Quando Wanda Klominkowa[17] começou a lhe trazer da Suécia cartões em tamanho apropriado, Szymborska já não precisava recortá-los com gilete das folhas de papel-cartão.

Ziemowit Fedecki lembrou que trouxe uma vez de Praga uns cartões--postais perfumados usados para bilhetes de amor durante a Primeira Guerra, com as bordas recortadas em renda e embalados em pequenos envelopes. «Depois de sessenta anos ainda guardavam seu aroma! É verdade que o perfume era ruim, porque era do tipo das cartinhas que um bombeiro mandava para uma criada», ele contou.

Certa vez, Fedecki ganhou de um conhecido da poeta um cartão--postal comprado num antiquário de Wrocław, mostrando o quarto de

---

17 Wanda Klominkowa (Wanda Klominek) (?-2018): amiga de Szymborska, era doutora em humanidades e fundadora do primeiro centro de adoção e assistência de Cracóvia.

312   QUINQUILHARIAS E RECORDAÇÕES

Hitler em Berchtesgaden, em seu refúgio conhecido como Ninho da Águia: tapeçarias na parede, uma gaiola com um canário, uma cadeira almofadada, um interior como convinha a um pequeno-burguês alemão decente. Ele não queria se desfazer desse cartão-postal, mas deu-o de presente para Szymborska. Ela lhe enviou uma colagem em agradecimento. E acrescentou: «Sempre tenho pena das pobres e submissas cadeiras, que precisam servir a todos os traseiros que se sentam nelas».

Ao lermos o poema «Primeira foto de Hitler», podemos facilmente imaginar um cartão-postal com o retrato de um bebezinho angelical com uma chupeta e um chocalho.

E quem é essa gracinha de tip-top?
É o Adolfinho, filho do casal Hitler!
Será que vai se tornar um doutor em direito?
Ou um tenor da ópera de Viena?
De quem é essa mãozinha, essa orelhinha, esse olhinho, esse narizinho?
De quem é essa barriguinha cheia de leite, ainda não se sabe:
de um tipógrafo, padre, médico, mercador?
Quais caminhos percorrerão estas pernocas, quais?

«Primeira foto de Hitler», *Gente na ponte*, 1986[lix]

Mas, não. Szymborska nos disse que ela tinha visto a foto do pequeno Hitler num álbum de fotografias alemão publicado antes da guerra, no qual foram imortalizadas as etapas da vida do Führer em sequência.

O poeta Jerzy Ficowski[18] contou que ele mesmo também é um

---

18 Jerzy Ficowski (1924-2006): poeta polonês, ensaísta, letrista, escritor, tradutor de oito idiomas, entre eles o iídiche. Foi soldado do Exército Nacional durante a Segunda Guerra, tendo participado do Levante de Varsóvia. Era um grande conhecedor do

QUINQUILHARIAS E RECORDAÇÕES, AMIGOS E SONHOS

homem que frequentemente toma posse de vários objetos singulares, entre eles antigos cartões-postais. Eles serviram para manter contato com Szymborska. Uma vez ele lhe mandou «Saudações de Kolomyia». «Era um cartão surrealista com a vista aérea de Kolomyia», disse, «as casinhas como retângulos e acima da cidade voava um zepelim, no qual estava pendurado um homem preso a uma âncora.»

A poeta interrompeu as colagens apenas por curto período, naquele torpor depois do Prêmio Nobel, por falta de tempo, mas rapidamente retomou a produção.

Andrzej Wajda nos contou que se encantou com o posfácio que ela escreveu para a *História de Tristão e Isolda* publicada pela Wydawnictwo Literackie — Szymborska escreveu que Tristão e Isolda se igualam no amor, nunca há uma predominância de um sobre o outro, ambos se desejam com a mesma força, como se tivessem bebido uma poção encantada «com goles igualmente contados», e as obras-primas posteriores da literatura se ocupam de um «amor vacilante, efêmero, partilhado com desigualdade ou até sem reciprocidade». Depois de ler aquilo, Wajda escreveu para Szymborska que estava pensando num filme — uma epopeia semelhante a ...*E o vento levou*, iniciando-se em 1939 e terminando em 1945 — e que só lhe faltava uma história de amor com a qual esse material fosse encadeado. Quem sabe Tristão e Isolda servissem para isso?

«Eu lhe pedi conselho, porque ela tinha o conhecimento de como aquela época tinha se passado e conhecia a literatura como os poetas a conhecem, com aquela imaginação que faz reviver tudo de novo. Recebi uma resposta num formulário de uma velha firma de esgotos»,

---

folclore judaico e cigano. No Brasil, foi publicado pela editora Âyiné, em 2018, seu livro de poesia intitulado *A leitura das cinzas*, com tradução de Piotr Kilanowski a partir do original polonês. É considerado um dos livros mais importantes sobre o Holocausto escritos por um não judeu.

contou-nos Andrzej Wajda, que, ao que parece, não tinha se rendido completamente à beleza das colagens feitas pela poeta. «Havia lá uns canos e no verso ela contava de onde tinha vindo aquele formulário. E que, quando nos encontrássemos, então iríamos conversar.»

Jerzy Pilch também não se entusiasmava com o lado nada sério da criação da ganhadora do Nobel: «Por favor, não façam dela uma meritória fazedora de colagens e limeriques. Ela gostava de objetos kitsch, então, todos lhe traziam umas porcarias bregas. Será que ela já não tinha demais daquilo? Ela gostava de recortar, então todos lhe enviavam publicações antigas de moda. Será que também já não tinha o suficiente? Eu não tenho certeza se ela estava satisfeita com toda aquela maculatura fornecida pelos bem-intencionados. Aquilo era uma maneira de diluir seus poemas, que eram difíceis».

A própria Szymborska, no entanto, sempre tinha o coração agradecido quando recebia de presente materiais para as colagens, já que precisava fazer dezenas a cada Ano-Novo. O modelo mais popular delas incluía uma longa e excêntrica lista de pessoas que a acompanhavam em seus votos (embora não só pessoas, porque também animais poderiam ser achados lá).

Essa mesma colagem, só que num formato várias vezes maior do que um cartão-postal, Michał Rusinek entregou em mãos a Woody Allen em nome de Szymborska no filme de Katarzyna Kolenda-Zaleska. O agraciado respondeu que, para ele, aquele era um troféu mais valoroso do que a estatueta do Oscar.

O ano de 2012 foi o primeiro, em quase meio século, no qual os amigos de Szymborska não receberam as colagens dela com os votos de Ano-Novo.

Quando Szymborska fazia amizade com alguém, era para sempre. Ela cultivava os velhos conhecimentos e amizades com muito zelo. Principalmente depois do Nobel, ela cuidava para que ninguém das antigas amizades se sentisse abandonado.

Nas *Leituras*, lemos pela primeira vez sobre o que era a amizade para ela. Ao escrever sobre o livro de Wawrzyniec Żuławski, *Sygnały ze*

QUINQUILHARIAS E RECORDAÇÕES, AMIGOS E SONHOS

skalnych ścian [Sinais das paredes rochosas], ela mencionou que não se admirava de que alguns gostassem de escalar montanhas e ficar suspensos acima de um precipício. Por quê? «Nós temos duas maneiras, as duas não muito saudáveis, para conhecer bem outra pessoa: passar dificuldades junto com alguém na vida ou trabalhar juntos durante algum tempo em alguma instituição pública. Enquanto isso, os alpinistas das montanhas Tatra convocam-se para subir até Zamarła Turnia, o Pico Congelado, e depois de apenas algumas horas pendurados numa corda em comum, já sabem tudo um sobre o outro.»

Barbara Czałczyńska contou sobre sua lealdade incomum: «Normalmente as pessoas aceitam as outras por causa de algo que lhes convém e depois terminam a amizade como se virassem uma página e, ao virá-la, já não encontram mais nada em comum. Wisława faz amizade uma vez e para sempre. É uma amizade, diríamos, sensata».

«Conheci Wisława em 1947», disse-nos Czałczyńska. «Gostamos sinceramente uma da outra, mas logo o contato foi interrompido, porque eu tinha medo daquela companhia da rua Krupnicza. Em 1956, eu a encontrei na rua. E, embora tivéssemos tido diferentes experiências — eu sabia mais, alguns parentes estavam presos, meu pai estava na Inglaterra, e ela acreditava no comunismo, e o fato de que Stálin acabou se mostrando um bandido foi um choque para ela —, assim que nos vimos, no mesmo instante conversamos como se fosse a continuação de uma conversa interrompida anos antes.»

Logo depois que ficou curada de seu enlevo stalinista, na época do degelo de outubro, escreveu sobre a lealdade na amizade num texto em defesa do Teatro Rapsodyczny,[19] datado de 1953, no qual atuava

---

19 O «Teatr Rapysodyczny» [Teatro Rapsódico] foi um teatro de caráter conspirativo, fundado no outono de 1941, em Cracóvia, sob a direção de Mieczysław Kotlarczyk, sob os auspícios da organização nacional-católica Unia.

sua colega de escola Danuta Michałowska.[20] Por essa mesma lealdade, em 1980, quando Jan Paweł Gawlik, que na época era diretor do Teatro Velho, foi demitido do trabalho pelo sindicato Solidariedade,[21] Szymborska, como nos contou o próprio Gawlik, escreveu uma carta em sua defesa para a revista *Polityka*.

«Valorizo a amizade antes de tudo», disse Szymborska. «É um dos sentimentos mais poderosos e lindos. É claro que alguém pode perguntar: está bem, poeta, mas e o amor? Está certo, mas a amizade tem características adicionais. Talvez ela não seja tão suscetível às mudanças do tempo. A beleza do amor consiste também um pouco numa certa ameaça constante. Enquanto isso, a amizade dá provavelmente um sentimento de segurança maior.»

Além dos amigos, o tema seguinte que — segundo Szymborska — deveria obrigatoriamente aparecer numa biografia verdadeira são os sonhos.

«Lembro-me de sonhos bons e alegres», ela nos contou. «Às vezes eu acordo rindo.»

«Zele pelos bons sonhos», escreveu a Ewa Lipska num dos cartões a ela enviados, ao qual Lipska chamava de «instruções de uso da vida». Lá ela acrescentou ainda alguns conselhos simples: «Tome cuidado com quem você fala, tome cuidado com o que você pensa,

---

20 Danuta Michałowska (1923-2015): atriz polonesa, diretora de teatro, pedagoga e professora universitária. Em 1941, passou a trabalhar no Teatro Rapsódico, de caráter conspirativo, onde fez amizade com o futuro papa João Paulo II.

21 O Sindicato Autônomo Solidariedade foi fundado em 17 de setembro de 1980 nos Estaleiros Lênin, em Gdańsk, tendo como preceitos básicos defender os direitos dos trabalhadores e promover mudanças sociais, utilizando métodos de resistência civil não violenta. Seu primeiro líder foi Lech Wałęsa, futuro ganhador do Prêmio Nobel da Paz.

QUINQUILHARIAS E RECORDAÇÕES, AMIGOS E SONHOS

mantenha-se modesta, crie apenas cães policiais e tenha em mente o benefício comum».

«Tenho também sonhos muitos lindos e dramáticos, que eu não conto», Szymborska continuou. «Tenho também muitos sonhos falados, dos quais depois lembro frases isoladas. Ao que parece, isso não é tão frequente. Às vezes desperto e me lembro de uma frase com a qual fiquei deslumbrada no sonho, e ela é bastante boba. Eu me lembro de um sonho assim: uma cena cercada por neblina, duas vovós sentadas num banco, e uma diz à outra: 'A senhora imagine só. Depois de trezentos anos de uma existência harmoniosa, ele a deixou por uma de setenta anos'. Além disso, tudo o que penso sobre os sonhos, eu escrevi na crônica sobre Jung.»

Lá, lemos que o problema básico da interpretação dos sonhos, em sua opinião, consiste nas dificuldades com a tradução. Se até os melhores tradutores costumam ter tais dificuldades com a tradução de um texto de um idioma para outro, o que não dizer sobre a tradução do sonho para a língua da vigília: «Imaginemos que três senhores, por exemplo, um chinês, um árabe e um papua, tenham na mesma noite um sonho idêntico», ela escreveu. «Seus relatos depois do despertar seriam com certeza três relatos muito diferentes.»

Ela mesma escreveu do primeiro ao último livro poemas sobre sonhos, não tentando, contudo, interpretá-los.

Nos sonhos
eu pinto como Vermeer van Delft.

Falo grego fluente
e não só com os vivos.

Dirijo um carro
que me obedece.

Tenho talento,
escrevo grandes poemas.
[...]

Não reclamo:
consegui descobrir a Atlântida.

Fico feliz de sempre poder acordar
pouco antes de morrer.

Assim que começa a guerra
me viro do melhor lado.

«Elogio dos sonhos», *Todo o caso*, 1972 [lx]

Ela falou muitas vezes que nutria uma devota admiração por Vermeer. E expressou isso, por exemplo, ao analisar um livro sobre ele, que incluía reproduções. «Descrever em palavras os quadros de Vermeer é um esforço inútil», ela começou assim, mas apesar disso se aventurou a descrever *Mulher sentada tocando espineta*. E fez isso para defender a obra da crítica de que supostamente era uma prova de «atrofia da inspiração», que se batia com «a rigidez, a frieza e o calculismo insensível». «Eu olho e não concordo com nada. Vejo a maravilha da luz cotidiana colocando-se sobre diferentes tipos de matéria: na pele humana e na seda da vestimenta, no forro da cadeira e na parede branqueada — a maravilha que Vermeer constantemente repete, mas sempre em novas variantes e num fresco deslumbramento. [...] A mulher coloca as mãos na espineta como se ela quisesse tocar para nós uma passagem, de brincadeira, como um lembrete. A cabeça se volta em nossa direção com um lindo meio sorriso num rosto não muito bonito. Nesse sorriso há reflexão e uma pitada de indulgência materna. E assim, já há trezentos anos ela olha para nós, não excluindo os críticos».

QUINQUILHARIAS E RECORDAÇÕES, AMIGOS E SONHOS

Conhecendo os sentimentos de sua chefa em relação às obras de Vermeer, Michał Rusinek importou da Holanda um catálogo de sua exposição e o supriu com uma dedicatória: «Se com um quadro de Vermeer postada face a face/ O lado direito da tela atenta examinasse/ Uma inscrição veria que nela se encontrava/ Dizendo: 'Nos meus sonhos escrevo como Wisława'».[lxi] Nós, entretanto, enviamos a Szymborska um ensaio de Lawrence Weschler, redator da *New Yorker*, no qual ele argumentou que a protagonista de um de seus poemas não era ninguém mais do que «A rendeira» do quadro de Vermeer.

Talvez sejamos gerações experimentais?
Derramados de proveta em proveta,
agitados em retortas,
observados por algo mais que olhos,
cada um individualmente
pego finalmente numa pinça?
[...]
Talvez o contrário:
lá gostam exclusivamente de cenas curtas?
Vejam só! Uma menininha na grande tela
está pregando um botão na manga.
[...]
Os sensores apitam,
a equipe se aproxima.
Ah, mas que criaturinha é essa
com seu coraçãozinho palpitante!
Que graciosa seriedade
ao enfiar a linha!
Alguém grita em êxtase:

> *Notifiquem o Chefe,*
> *que venha ver por si mesmo!*

«Talvez isso tudo», *Começo e fim*, 1993

Embora o ensaio tenha agradado a Szymborska, ela negou, no entanto, que tenha tirado a protagonista de seu poema da observação do quadro de Vermeer.

Porém o pensamento sobre o parentesco entre a poesia de Szymborska e a pintura de Vermeer seduziu outros críticos. Andrzej Osęka[22] considerava que um de seus poemas estava preenchido pelo espírito de Vermeer, e isso por causa da semelhança no «arranjo da luz na superfície dos objetos», e também na percepção do «mistério nas atividades mais comuns». Por exemplo, no despertar matinal:

> *Ainda estou dormindo,*
> *mas enquanto isso fatos acontecem,*
> *A janela se embranquece,*
> *a escuridão se acinzenta,*
> *o quarto se desprende do espaço obscuro,*
> *faixas vacilantes e pálidas buscam apoio nele.*
>
> *Sucessivamente, sem pressa,*
> *pois é uma cerimônia,*
> *as planícies do teto e das paredes amanhecem,*
> *as formas se separam*
> *[...]*

---

22 Andrzej Osęka (1932-): jornalista polonês, cronista e crítico de arte.

QUINQUILHARIAS E RECORDAÇÕES, AMIGOS E SONHOS

As distâncias entre os objetos alvorecem,
as primeiras cintilações chilreiam
no copo de vidro, na maçaneta.
Já não apenas parece, mas plenamente existe
o que ontem foi mudado de lugar,
que caiu no chão,
que se encontra entre as molduras.
Apenas os detalhes ainda
não entraram no campo de visão.

«Primeira hora da manhã», *Instante*, 2002

Os sonhos nos poemas de Szymborska costumam ser uma ensolarada apologia do sonhar, mas às vezes ela é substituída por uma vigília obscura, da qual não é possível despertar.

A realidade não desvanece
como desvanecem os sonhos.
[...]
Nos sonhos ainda vive
o nosso há pouco falecido,
sente-se feliz, até saudável
e com a juventude recuperada.
A realidade coloca diante de nós
seu corpo morto.
A realidade não retrocede nem um passo.

«Realidade», *Fim e começo*, 1993

Na verdade, não houve um livro de Szymborska no qual não houvesse ao menos um poema sobre os sonhos, sendo que, por vezes, são ensaios sobre a teoria dos sonhos e outras vezes são sonhos concretos. É difícil dizer qual é seu estado ontológico: foram mesmo sonhados? São apenas uma figura poética?

Sonho que desperto,
pois escuto o telefone.

Sonho com a certeza
de que o falecido me telefona.

Sonho que estendo a mão
para pegar o fone.

Só que esse fone
não é como era antes,
ficou pesado,
como se estivesse grudado em algo
como se crescesse em algo,
se emaranhasse em raízes.
Eu precisaria arrancá-lo
junto com toda a Terra.

«O fone», *Instante*, 2002

«Nesse poema não há nada inventado», ela nos disse. «Foi um sonho verdadeiro, autêntico. E eu realmente sabia quem estava ligando.»

Os sonhos também não abandonaram os poemas de Szymborska em seus dois últimos livros publicados em vida.

Imagine só o que me aconteceu no sonho.
Aparentemente tudo igualzinho a aqui.

[...]
Porém diferente da fala da Terra.

Nas frases o modo incondicional domina.
Os nomes aderem estritamente às coisas.
Nada a acrescentar, tirar, mudar ou deslocar.
[...]
O mundo se apresenta claramente
mesmo na mais profunda escuridão.

«O sonho horrível do poeta», *Dois pontos*, 2005

E nós — ao contrário dos ilusionistas de circo,
magos, milagreiros e hipnotizadores —
conseguimos voar depenados,
iluminamos os negros túneis com nossos olhos,
conversamos fluentemente numa língua desconhecida
e não com qualquer um, mas com os mortos.

«Sonhos», *Aqui*, 2007

Sim, no sonho é possível pôr a realidade entre parênteses, e então os sonhos podem ser uma bênção. Se em algum deles ela conseguiu conversar com o falecido, isso a poeta não nos confidenciou. Na conferência sobre a obra de Filipowicz, ela disse que nos contos dele, «com o passar do tempo, os sonhos tomavam cada vez mais lugar. Porque Kornel considerava os sonhos uma segunda vida que carregamos dentro de nós. Antes havia só a realidade».

CAPÍTULO 16

Os anos 1980 e o discreto elogio da conspiração

Wisława Szymborska não se registrou no Solidariedade. Por que será que não quis fazer companhia a 10 milhões de compatriotas?

«Não tenho sentimentos coletivos», ela nos explicou. «Nunca ninguém me viu em alguma aglomeração. Talvez a lição que tive um dia tenha me causado isso, de depois não conseguir mais pertencer a nada. Posso apenas ser simpatizante. O pertencimento é para o escritor uma dificuldade, o escritor deveria ter suas próprias convicções e viver de acordo com essas convicções.»

«Eu tenho medo de multidões e penso que com Wisława era a mesma coisa», disse Ewa Lipska. «Alguém que algum dia já se engajou e sofreu uma derrota se torna cauteloso, tem cuidado, tem medo de entrar na onda. Mesmo apoiando o Solidariedade, Wisława ficou um pouco de lado.»

Nos tempos da existência legal do Solidariedade, o nome dela ainda figurava na relação dos colaboradores do *Życie Literackie*, mas suas relações com o semanário estavam cada vez mais debilitadas (em 1981, as *Leituras não obrigatórias* foram publicadas lá apenas quatro vezes).

Durante anos, os escritores de Cracóvia buscavam ter sua própria revista literária. No entanto, somente com a liberalização — conquistada pelas greves de agosto de 1980 — e o surgimento dos sindicatos independentes houve a possibilidade de sua criação. Laços particularmente vívidos ligaram a poeta à revista mensal intitulada *Pismo* [Revista], que foi criada então. Certamente não era sem motivo que a função de vice-chefe de redação pertencia a Kornel Filipowicz e na equipe se encontravam seus amigos Ewa Lipska, Marta Wyka, Jerzy Kwiatkowski e Tadeusz Nyczek.

Szymborska não apenas transferiu para a revista *Pismo* a publicação de poemas, como também concordou em publicar sua própria coluna na última página. Seu título — «Z tekstów odrzuconych» [Dos textos rejeitados] — anunciava que lidaria com assuntos não necessariamente atuais ou mais importantes. Cada crônica continha uma nota redatorial (é possível que ela mesma as escrevesse) com o esclarecimento de por que aquele texto tinha chegado a um lugar tão pouco prestigiado.

A primeira edição, de maio de 1981, foi dedicada em sua maior parte a Czesław Miłosz, que, depois de anos de ausência, pôde finalmente — graças ao Prêmio Nobel e ao Solidariedade — voltar às páginas das publicações polonesas.

Szymborska colocava em sua coluna sua própria versão do editorial («reconhecemos que, em se tratando de um momento tão solene, falta ao texto a devida seriedade» — dizia a nota editorial que explicava por que ele tinha sido enviado para o final da edição).

«Caros leitores, esta é a primeira edição da revista intitulada *Revista*. É preciso de antemão dizer que o título é ruim», ela escreveu. «Mas a primeira edição tem uma feliz propriedade: como é a primeira, não pode ser pior do que as edições precedentes.»

Referindo-se a uma prática bastante comum na PRL, Szymborska escreveu que a revista *Pismo*, que finalmente tinha sido publicada — «depois de trinta anos de expectativas e nove anos de esforços obstinados», e não «como resultado do fechamento de algum periódico ou como resultado da fusão de duas publicações de ampla circulação

OS ANOS 1980 E O DISCRETO ELOGIO DA CONSPIRAÇÃO

em uma nova, ou seja, de uma dupla extinção» —, era uma publicação completamente nova, porque «seu berço não surgiu da adaptação de nenhum caixãozinho alheio». «Esta última frase», disse-nos o redator-chefe Jan Pieszczachowicz, «tornou-se o bordão da equipe.»

Na edição seguinte, a poeta publicou uma crônica que estava em sua coluna, porque — como dizia a nota editorial — «ela exala um pessimismo excessivo para o gosto da redação»: «Sobre Gall Anonim quase nada se sabe, mas é certo que ele não ficava nas filas. Também não ficavam nas filas Kadłubek, Długosz, Rej e Kochanowski. E nem Frycz Modrzewski e Sęp Szarzyński, Klonowic e Szymonowic, Kromer e Skarga. Não há razão para acreditar que se postavam nas filas Morsztynowie, Kochowski, Twardowski e Potocki. Pasek tinha uma memória muito boa, então, se não se lembra das filas, isso significa que não teve oportunidade de ficar nelas».[1]

Essa ladainha de nomes que ainda ia longe foi o único comentário de Szymborska mantido na publicação em relação aos tempos de grande euforia nacional. Sem contar com a dedicatória particular para Irena Szymańska e Ryszard Matuszewski no livro então publicado das *Leituras não obrigatórias*: «Esse mísero livrinho, envio a vocês, embora eu naturalmente saiba que lhes seriam mais úteis: lâmpadas, fósforos, presunto, roupa de inverno, caldo Maggi, limão e queijo amarelo».

Szymborska se preocupava com a qualidade da «literatura dos tempos das filas», porque «a reflexão em pé pertence às exceções», e, além disso, «ficar em pé e ficar em pé na fila não é a mesma coisa».

---

1   Todos os personagens citados nesse parágrafo foram cronistas, escritores ou poetas poloneses importantes em várias épocas ou, no caso de Gall Anonim, um estrangeiro anônimo, que tentou, pela primeira vez, sistematizar a história da Polônia. A poeta faz referência às intermináveis filas para comprar alimentos e outros artigos de necessidade ou utilizar algum serviço público naquela época na Polônia.

«É possível ficar pensando em pé perto da janela, é possível fazê-lo embaixo da árvore no jardim ou na floresta, também 'perto da água grande e limpa',[2] mas na fila, com certeza, não dá. Na fila é obrigatória a consciência da mente servindo aos objetivos imediatos e à percepção característica das tribos primitivas de caçadores-colheiteiros. Os pensamentos precisam se concentrar à volta dos problemas estritamente definidos: se a mercadoria vai ser suficiente, se aquela senhora estava ou não estava à nossa frente, se vamos ter tempo ainda de ficar na fila do correio e na fila da farmácia. O que é pior, depois de voltar para casa, o tempo que perdemos nas filas é impossível de ser compensado. Trazemos conosco algumas emoções lastimáveis e chãs, alguns tristes triunfos, porque conseguimos, depois de ficar tanto tempo em pé, um pouco de alguma coisa».

Enquanto isso, as filas cresciam e o conflito entre o governo e o Solidariedade se agudizava. O redator-chefe do *Życie Literackie*, Władysław Machejek, no início de dezembro de 1981, condenou a «contrarrevolução ambulante aplicada pelo Comitê de Defesa dos Trabalhadores (KOR), nas palavras de Jacek Kuroń», e a «reação fascistoide» no âmago do Solidariedade. Na edição seguinte, datada de 13 de dezembro, apareceu a carta de onze trabalhadores e colaboradores que estavam divergindo do redator-chefe que, «com o que escreve, provoca o ódio fratricida dentro da sociedade». Mas apenas dois nomes desses onze desapareceram da relação de colaboradores: os de Wisława Szymborska e Jerzy Surdykowski.[3] Assim, no dia anterior ao estado de sítio, ela definitivamente terminou sua colaboração de trinta anos com o *Życie Literackie*.

---

2 Referência ao poema de Adam Mickiewicz (1798-1855) «Nad wodą wielką i czystą».

3 Jerzy Surdykowski (1939-): jornalista, escritor e diplomata que atuava na oposição democrática durante a PRL.

OS ANOS 1980 E O DISCRETO ELOGIO DA CONSPIRAÇÃO 329

Na manhã de 13 de dezembro de 1981, a rua parecia estranha, nas calçadas se juntavam grupos de pessoas, mas Wisława Szymborska não percebia nada, não parava, caminhava rapidamente, pois estava ansiosa. «Afinal o amor», ela nos disse, «é ansiedade pela pessoa amada.» Havia anos ela e Kornel Filipowicz se telefonavam todas as manhãs para dizer bom-dia, e naquela ocasião o telefone estava mudo. Da rua 18 Stycznia (atualmente: Królewska) até a rua Dzierżyński (hoje Juliusz Leo), onde Filipowicz morava num apartamento grande e desarrumado, com a gata Kizia estendida na escrivaninha entre os papéis, andavam-se uns cem metros. «Você também está com o telefone estragado?», ela perguntou. «Acho que sim», ele respondeu. Um instante depois ligaram o rádio e escutaram: «O Conselho de Estado [...] proclamou hoje o estado de sítio em todo o território nacional»...

Na foto de recordação de fevereiro de 1982, a equipe da *Pismo* está de pé perto de um muro com as mãos ao alto. Somente um ano e meio depois a suspensão da *Pismo* foi retirada. Szymborska tinha entrado para o quadro do conselho editorial e seu nome se encontrava na relação dos colaboradores. Também levou para lá suas *Leituras não obrigatórias*.

A alegria não durou muito. Depois de algumas edições, as autoridades exigiram que Jan Pieszczachowicz tirasse alguns membros da redação, e, quando ele se recusou, foi despedido. Então a equipe desistiu do trabalho, um novo redator assumiu a *Pismo* e rapidamente tirou a vida do berço, dessa vez adaptado de um caixãozinho alheio.

No estado de sítio, Szymborska parou de publicar na imprensa oficial. Na bibliografia do conteúdo das revistas do ano de 1982, ela figura exclusivamente como tradutora de Théodore Agrippa d'Aubigné, poeta barroco francês.

«Um amigo meu, Jerzy Lisowski», contou-nos a poeta, «veio a Cracóvia me convencer a dar alguma coisa para publicação na *Twórczość*. Num primeiro momento, eu disse 'não', mas depois pensei que poderia dar a ele fragmentos do poema épico de Agrippa d'Aubigné, 'Trágicos', sobre a noite de São Bartolomeu. É claro que a noite de 13 de dezembro de 1981 não pode ser comparada com aquela carnificina, porém, também aqui como lá, houve um completo assombro, um assalto súbito para as pessoas que dormiam e que não esperavam por aquilo. Perguntei se ele podia me garantir que não iam cortar aquele fragmento.»

Lisowski nos disse que a censura não fez nenhum comentário. E assim, em meio ao estado de sítio, a edição da *Twórczość* abriu com as palavras:

Súbita e inesperadamente, no silêncio da noite cega,
Quando a cidade fatigada em sono profundo ofega
— Como se o inferno sob ela em dois se quebrasse
E do fogo ardente seus condenados exalasse!
[...]
Guerra sem oponente; nenhuma armadura o fortifica,
De camisolão ou desnudo diante das espadas fica.
Não saca a espada, mas um fio de voz agoureiro,
E ainda o peito apruma para o golpe certeiro.

«Quanto aos meus próprios poeminhas, por enquanto não posso prometer nada (embora muito quisesse)», escreveu ela para Ziemowit Fedecki, redator da *Twórczość*, pedindo a ele para lhe mandar um exemplar da *Twórczość* com «Agrippa», porque em Cracóvia não havia como conseguir. «Além do mais, ainda continuo me mudando e me organizando. Diversos carpinteiros, montadores e eletricistas sugam de mim todas as minhas seivas criativas.»

Em 1983, Szymborska enviou outro fragmento de «Trágicos» para Urszula Kozioł, para o *Odra*. Em 1969, as duas visitaram um pequenino museu em Bruges. «Estávamos intrigadas com um dos quadros», contou Kozioł. «A uma certa distância, parecia uma versão de *A lição de anatomia do dr. Tulp*. De perto descobrimos que era um quadro de

OS ANOS 1980 E O DISCRETO ELOGIO DA CONSPIRAÇÃO

Gerard David, um pintor flamengo da virada do século XV para o XVI, e não era nenhuma lição de anatomia. No quadro, o homem atado a uma mesa estava sendo esfolado vivo, tendo como testemunhas os figurões locais, os purpurados e os dignitários, só togas e barretes. Olhavam com altivez e deleite as torturas às quais o infiel, o herético, estava sendo submetido. Lembrei-me de que Wisława tinha publicado suas traduções de Agrippa d'Aubigné, ele mesmo proveniente de uma família de huguenotes e um ardoroso entusiasta desmascarador do mal daquele tempo.» Urszula Kozioł propôs então a Szymborska que enviasse para ela, ao *Odra*, novas traduções de Agrippa d'Aubigné, e ela não se negou. Só que fez isso apenas catorze anos depois.

Urszula Kozioł se lembrava de um simpático costume daqueles tempos: as pessoas não se utilizavam de hotéis, mas da hospitalidade dos colegas escritores. Estando em Cracóvia, ela ficava no apartamento de Szymborska, na rua Chocimska.

Szymborska tinha se mudado para lá no outono de 1982. A construção era característica do tempo de Gierek, um apartamentozinho de construção em série, no quarto andar de um bloco sem elevador, dois cômodos com cozinha. No cômodo maior — um sofá, um televisor, uma mesa com tampo de vidro, uma estante multifuncional e aquele mesmo banco e as mesmas cadeiras que não encorajavam ninguém a ficar sentado por muito tempo, feitos pelo artista Stefan Papp. Até o apartamento de Filipowicz era tão perto de lá quanto era da rua 18 Stycznia.

«Durante o estado de sítio, eu estava muito abatido e somente graças à dona Wisława e a Kornel eu não caí em depressão», contou Lech Siuda, o amigo das férias perto de Poznań. «Eu ia até Cracóvia com minha filha Maria à casa deles. O senso de humor deles era tão animador, que a pessoa deixava de se preocupar por algum tempo com aquela partição seguinte da Polônia.»

Em 1983, a União dos Literatos Poloneses foi dissolvida e criaram em seu lugar uma organização com o mesmo nome ligada aos escritores.

Como resultado dessa manobra pérfida, os escritores da oposição ficaram fora da vida literária institucionalizada, porque, é claro, eles não queriam se inscrever na nova União.

A nova-velha ULP, imediatamente depois da dissolução da União anterior, assumiu a Casa do Trabalho Criativo de Zakopane; então, até o ano de 1989, Szymborska e Filipowicz — como todo o círculo de escritores da oposição — boicotaram o Astoria. Quando iam para Zakopane, ficavam em Halama, na pensão da ZAIKS (Associação de Autores e Compositores Teatrais).

Filipowicz era um entusiasmado jogador de bridge, sempre jogava a dinheiro.

«Eu também jogava cartas e, para que fosse uma emoção verdadeira, nunca concordava em jogar por grãos de feijão ou fósforos», contou-nos Szymborska. «Mas eu não dominava o bridge. Nesse jogo, uma pessoa fica muito dependente da outra. No entanto, em Halama, nós jogávamos antes de tudo a forma refinada do rummy, isto é, aquela conhecida como 'rabo'.» A partida tinha início quando começava o DTV, o jornal na televisão. Então iam para outra sala. Esse ritual cuidadosamente observado foi lembrado por Wacław Twardzik,[4] do PAN (Academia Polonesa de Ciências), de Cracóvia. Certa noite, Szymborska propôs que se juntasse a eles. E ele transferiu essa tradição para o Instituto de Filologia Polonesa, onde depois alguns funcionários jogavam «rabo» por noites inteiras.

Tadeusz Chrzanowski[5] acreditava que era Filipowicz que gostava às vezes de um «baralhinho», e lançou «aquele jogo mais idiota do mundo

---

4   Wacław Twardzik (1937-2014): filólogo polonês, professor universitário, linguista, polonista e estudioso da Idade Média.

5   Tadeusz Chrzanowski (1926-2006): historiador da arte polonês, literato, fotógrafo, tradutor de poesia e cronista, escrevia para a revista parisiense *Kultura* e para o *Tygodnik Powszechny*.

OS ANOS 1980 E O DISCRETO ELOGIO DA CONSPIRAÇÃO

chamado 'rabo'». Ewa Lipska lembrou que eles passavam o Ano-Novo jogando «rabo», e que normalmente quem ganhava era Filipowicz. Uma vez, quando estavam jogando na casa de Lipska, no meio de uma partida de «rabo», o telefone tocou. Szymborska atendeu: «Os senhores da casa não estão. Nós ficamos sozinhos com o cocheiro».

E eis a receita do «rabo».

O «rabo» é um jogo de cartas para três ou até sete pessoas, proveniente da grande família do rummy, para o qual se usam dois baralhos de cartas com curingas. O objetivo do jogo é juntar o maior número de pontos.

Cada um recebe treze cartas, o resto das cartas é disposto numa pilha virada na mesa. Se o jogador que está à direita daquele que distribuiu as cartas cortar a pilha de cartas da mesa e encontrar sob ela a carta do curinga, ele pode ficar com essa carta e, então, ganha uma carta a menos na distribuição.

Juntam-se as cartas numa sequência de uma só cor, mas no mínimo quatro cartas, que são postas na mesa (não obrigatoriamente) à frente de cada um. Os ases só podem ser colocados atrás do rei, nunca como sendo o «um» (regra introduzida por Wisława Szymborska), mas é possível também colocá-los junto com outros ases. Fora os ases, as combinações de cartas com o mesmo valor não podem ser agrupadas. O curinga substitui qualquer carta.

O jogo começa à esquerda de quem dá as cartas. Cada um dos jogadores, por sua vez, pega uma carta da pilha e depois disso descarta uma carta. As cartas descartadas são colocadas umas sobre as outras, mas de forma que se possam ver as cartas colocadas anteriormente — desse modo cria-se o «rabo» do nome do jogo. Em vez de tirar a carta da pilha, o jogador pode tirar a carta do «rabo» em qualquer quantidade, desde que sempre na sequência a partir do final, e é necessário, então, que ele obrigatoriamente ponha na mesa uma sequência com pelo menos uma carta do «rabo».

Os pontos são contados para cada carta posta na mesa, de acordo com seu valor, sendo que todas as cartas com figuras valem dez pontos. Uma quadra de ases vale cem pontos. Por um curinga colocado na mesa não há bônus.

Podem-se também adicionar cartas às sequências dos oponentes descartadas na mesa (mas apenas se anteriormente já tenha colocado alguma coisa na mesa), contando para si mesmo os pontos condizentes com cada carta. É permitido também trocar os curingas da mesa por cartas correspondentes a eles — esse curinga é adicionado às outras cartas na mão.

Joga-se até que algum dos jogadores se livre de todas as suas cartas. Os outros jogadores contam os pontos das cartas que restaram em suas mãos e cada um subtrai o valor dessas cartas da pontuação que conseguiram até aquele momento.

As rodadas são repetidas até que alguém alcance quinhentos pontos.

«Todas as nossas diversões, brincadeiras em grupo, limeriques», disse Ewa Lipska, «eram uma forma de autodefesa diante daquilo que nos cercava, diante do absurdo da vida cotidiana, diante da censura, diante do tédio e da sordidez do jornal da televisão. Nós não éramos aquelas tolinhas risonhas que parecíamos ser.»

«Uma vez por semana, às quartas, eu acho, aqueles que não tinham se associado à nova organização dos escritores vinham num grande grupo ocupar o local da nova União dos Literatos Poloneses na rua Kanonicza», Jerzy Surdykowski lembra que ficavam sentados às mesas para mostrar que existiam e para deixar os outros irritados. Continuaram desse modo a atividade organizacional que assumiu formas coletivo-sociais. Em Cracóvia, um dos pilares dessa quase clandestina atividade era Kornel Filipowicz (e, por meio dele, Szymborska). Ele se engajava em inúmeras formas de conspiração: comissões de bolsas e distribuição de dinheiro que provinha do Pen Club ou de Jerzy Giedroyc, da *Kultura* parisiense. Colaborava na publicação do *Miesięcznik Małopolski*

OS ANOS 1980 E O DISCRETO ELOGIO DA CONSPIRAÇÃO

(Mensário da Pequena Polônia). Tentou lançar a publicação clandestina *Arkusz Poetycki* (Folha Poética).

«Kornel», lembrou Włodzimierz Maciąg, «pelo curso natural das coisas, tornou-se alguém que agrupava em torno de si quase todos os rebeldes e os então já abertamente hostis à ordem dos comunistas. Esse surgimento de Kornel como uma autoridade inquestionável foi um processo bastante intrigante num meio de notórios egotistas. [...] Kornel aceitou essas dignidades informais com um distanciamento que lhe era próprio. Ele não tinha tendências de liderança e provavelmente era por isso que confiávamos nele como em mais ninguém naqueles tempos. A metade, ou talvez mais, das nossas atividades conspiratórias eram feitas no apartamento de Kornel. [...] Kornel acha isso, Kornel propõe aquilo — isso resolvia muitas das decisões. De fato, já tenho muitos anos de vida e nunca topei com alguém que tenha conquistado tão grande respeito e, por fim, é preciso dizer, o amor dos seus amigos, sem fazer evidentes esforços para isso.»

«Nós ficávamos pensando o que poderia ser feito abertamente», contou Bronisław Maj. «Nossos colegas mais velhos — Wisława, Kornel, Jerzy Kwiatkowski, Włodzimierz Maciąg — propuseram algo que se fazia durante a ocupação alemã: uma revista ao vivo. Dessa forma surgiu a revista falada *NaGłos* [NaVoz]. Foi assim que nossas amizades intergeracionais se estabeleceram. Filipowicz era nosso Corleone. Se algum dos jovens tinha alguma dúvida ou se tinha medo de algo, era a ele que se dirigia. Ele, então, com receio de escutas, cobria o telefone com um travesseiro e nos ouvia.»

A primeira edição do *NaGłos* falado, de 14 de dezembro de 1983, na sede do Clube da Inteligência Católica em Cracóvia, foi aberta por Szymborska com um discreto elogio da conspiração.

Não há devassidão maior que o pensamento.
Essa diabrura prolifera como erva daninha
num canteiro demarcado para margaridas.

[...]
É chocante em que posições,
com que escandalosa simplicidade
um intelecto emprenha o outro!
Tais posições nem o Kamasutra conhece.

Durante esses encontros só o chá ferve.
As pessoas sentam nas cadeiras, movem os lábios.
[...]

Só de vez em quando alguém se levanta,
se aproxima da janela
e pela fresta da cortina
espia a rua.

«Opinião sobre a pornografia», *Gente na ponte*, 1986[lxii]

No total, foram 25 dessas revistas *NaGłos* faladas. Seus organizadores afirmaram que Szymborska vinha sempre, desde que estivesse em Cracóvia. Às vezes ela lia algum poema, porém era mais comum que ficasse discretamente sentada na sala. Normalmente o encontro se dava na sala dos retratos do Clube da Inteligência Católica (KIK), na rua Sienna. Um desses *NaGłos* — com a participação de Adam Michnik, que tinha acabado de sair da prisão — juntou tal multidão que o encontro foi transferido para as proximidades, no capítulo do mosteiro dos Padres Dominicanos.

«O Clube da Inteligência Católica e o *Tygodnik Powszechny* eram um ambiente até então novo e desconhecido para Szymborska», contou Marian Stala, crítico literário ligado ao *Tygodnik*. «E não apenas isso. Naqueles tempos, ela podia ser encontrada até em eventos organizados nas igrejas. Por exemplo, ela leu seus poemas no convento das Carmelitas, na antiga jurisdição de Piasek, em Cracóvia.»

OS ANOS 1980 E O DISCRETO ELOGIO DA CONSPIRAÇÃO

«No estado de sítio», disse-nos o redator Jerzy Turowicz, «o *Tygodnik* se tornou uma espécie de órgão de oposição democrática e muitas pessoas distantes do catolicismo escreviam ali. Afinal, eu nunca chamaria Szymborska de ateia, diria antes agnóstica.»

Em 1983, Szymborska publicou o primeiro poema escrito depois do estabelecimento do estado de sítio, justamente no *Tygodnik Powszechny*:

Era para ter sido melhor que os outros o nosso século XX.
Agora já não tem mais jeito,
os anos estão contados,
os passos vacilantes,
a respiração curta.
[...]
Era para ter sido levada a sério
a fraqueza dos indefesos,
a confiança e similares.

Quem quis se alegrar com o mundo
depara-se com uma tarefa
de execução impossível.

«Ocaso do século», *Gente na ponte*, 1986 [lxiii]

«Não, não dou importância ao fato de que se aproxima o ano 2000», disse-nos Szymborska em 1997. «Na verdade, esses séculos se abrem e se fecham de maneiras completamente diferentes. O século XIX só terminou com a eclosão da Primeira Guerra Mundial. Alguns acreditam que o século XX terminou com a queda do comunismo, embora me pareça que tudo isso que está acontecendo agora ainda pertence aos tempos do comunismo, e que isso ainda há de durar por uns bons anos do próximo século. Eu considero a chegada à Lua

338 QUINQUILHARIAS E RECORDAÇÕES

a coisa mais importante ocorrida neste século. Agora ouço que é a clonagem, mas sobre isso eu ainda não consegui refletir.»

«A pessoa ficava meio agitada», contou, sobre os tempos do Solidariedade clandestino. «Aqui uma assinatura, lá algum dinheiro, era uma situação tensa constante. Eu não era nenhuma ativista, mas certamente deixei claro de que lado estava.»

A filha de Jerzy Turowicz, Magdalena Smoczyńska,[6] nos falou que, certa vez, contrabandeou um poema de Szymborska para Paris. Logo depois de chegar, ligou para Jerzy Giedroyc e ele já sabia e estava aguardando. Ele marcou um encontro com ela, não em Maisons-Laffitte, mas em Paris, na gráfica, de modo que colocou o poema na edição praticamente na mesma hora.

O poema, assinado com o pseudônimo de Stańczykówna, Szymborska cedeu também para o jornal clandestino *Arka*, de Cracóvia.

Se você disser Sim
o editor não ousará
dizer Não
Se você disser Não
será que você não sabia
que existem problemas com o papel
impressão distribuição
meadas e combustível
força de trabalho e produção de carne
lâmpadas Reagan rações e clima

«Dialética e Arte», *Kultura*, n. 5, 1985

---

6 Magdalena Smoczyńska (1947-): linguista e psicolinguista polonesa, especialista no desenvolvimento da linguagem das crianças polonesas.

OS ANOS 1980 E O DISCRETO ELOGIO DA CONSPIRAÇÃO   339

Ela não se decidiu a incluir esse poema em nenhuma de suas coletâneas seguintes. Pareceu-lhe por demais politizado.

«Foi um tributo feito às pessoas, aos tempos e à situação», ela nos disse.

De fato, em sua poesia não é possível encontrar muitas referências às realidades do estado de sítio.

Ainda fazia confidências nas cartas
sem pensar que no trajeto seriam abertas.

Mantinha também um diário preciso e sincero,
sem temor de vê-lo confiscado numa revista.

«A casa de um grande homem», *Gente na ponte*, 1986[lxiv]

Por esse livro — *Gente na ponte* — ela foi agraciada com o prêmio do Ministério da Cultura, mas se recusou a recebê-lo. «O prêmio anual do *Odra* é para mim satisfação suficiente», assim justificou sua decisão no *Tygodnik Powszechny*. No entanto, aceitou o Prêmio Cultural do clandestino Solidariedade, junto com um grupo de outros escritores e com Waldemar «Major» Fydrych,[7] criador da *Pomarańczowa Alternatywa* (Alternativa Laranja), de Wrocław.

Urszula Kozioł nos contou que, quando havia alguma reunião secreta dos literatos no mosteiro dos Beneditinos em Tyniec, Szymborska se opunha: «Não, não, para Tyniec eu não vou, lá eles têm uma atitude

---

7   Waldemar Fydrych (1953-): escritor polonês, artista, historiador da arte e organizador de happenings. Foi criador do movimento anticomunista «Alternativa Laranja», inspirado pelo movimento contracultural Provo dos anos 1960 na Holanda, que tinha como objetivo provocar reações violentas das autoridades usando de meios não violentos.

estranha em relação às mulheres». Tadeusz Chrzanowski lembra que «Wisława levantou a objeção à sua participação em tal conventículo, já que não era uma crente».

«Não fui lá naquela ocasião, porque tive gripe», esclareceu-nos Szymborska. «Fiquei em casa e estava nervosa, pensando se todos iriam voltar bem. Em Tyniec eu estive apenas uma vez, no enterro de Hanna Malewska.»

Szymborska, que nunca se entusiasmava em participar de eventos e atividades públicas, valorizava muito a fidelidade e a devoção numa amizade. Foi ela que tomou conta de seu ex-marido Adam Włodek quando ele ficou doente. Ela o visitava no hospital e, quando ele voltou para casa, levava-lhe as compras e sopinhas. Durante todo o tempo de seu casamento e depois, numa amizade de muitos anos, ele foi o primeiro leitor de seus poemas, nunca os entregava para publicação antes que ele lesse e aprovasse.

Uma vez ele lhe deu de presente, cuidadosamente encadernados e datilografados, todos os poemas que ela tinha escrito entre 1944 e 1948, tanto os anteriormente publicados em revistas como também os inéditos, que foram considerados para um volume várias vezes rearranjado e nunca publicado chamado *Costurando o estandarte*. Cada poema foi acrescentado de uma nota editorial escrupulosa (primeira impressão, reimpressões, mudanças de título, versões etc.). Abaixo do índice de conteúdo, a informação: «Copiado como cimélio em duas vias, destinadas à Autora e ao Editor)». Coisa inestimável para os pesquisadores da obra inicial de Szymborska.

Quando Włodek morreu, em 19 de janeiro de 1986, Szymborska convidou à sua casa os amigos enlutados para uma reunião em memória dele. Ela propôs que cada um dissesse quando e em que circunstâncias conheceu Adam. E desde aquela data, pelo quarto de século seguinte, os amigos se encontravam na casa dela a cada aniversário da morte de Włodek para relembrá-lo.

Szymborska fez o inventário de sua biblioteca e a doou para a Biblioteca da Universidade Jaguielônica. Foi por iniciativa dela que foi publicado o aqui já mencionado livro *Hora para Adam*. Embora ela tenha se divorciado dele meio século antes de sua morte, ela nunca desistiu de usar o segundo sobrenome, e foi enterrada como Wisława Szymborska-Włodek (aliás, depois do Nobel, ela usava o sobrenome Włodek como camuflagem, aparecendo como Wisława Włodek quando, por exemplo, mandava coisas para a lavanderia ou pedia uma pizza).

Adam Włodek não era um mau tradutor, e os amigos insistem que ele era também um bom poeta — mas certamente subestimado. Szymborska selecionou poemas dele para o livro *Hora para Adam* e lá o relembrava carinhosamente como um homem cuja casa hospitaleira não fechava as portas e que sempre pensava mais nos outros do que em si mesmo. «Mas o que acontecia quando as portas se fechavam depois que os convidados saíam e o anfitrião ficava sozinho com seus pensamentos? Sei que não eram pensamentos alegres, eu o conhecia bem. E a vida passa, passa cada vez mais rápido, e ele ainda continuava sem escrever seus melhores poemas. Constantemente os tem diante de si, como luzes no horizonte em fuga, mas que escritor está livre desse tormento, do sentimento de que não vai conseguir dizer aquilo que lhe parece ser o mais importante e melhor? Provavelmente deve ser assim enquanto se vive, porque depois acontece que os melhores poemas já ficaram para trás de nós.»

Kornel Filipowicz também pertencia àqueles autores caracterizados pela qualidade da solidariedade com os colegas de ofício e que cuidavam com seriedade dos jovens aspirantes à profissão. Em Cracóvia, onde ele passou a maior parte de sua vida, era uma figura conhecida e admirada, uma autoridade para os jovens escritores.

«Ele era meu tutor, amigo e mestre», lembra-se dele Jerzy Pilch, duas gerações mais jovem que Filipowicz, «o único escritor a quem eu, um jovem de trinta anos na época, levava minha primícias literárias para serem avaliadas. 'O que você me trouxe?', ele perguntava, acendendo um cigarro. 'Um conto.' 'Tem muitas páginas?' 'Doze.' Kornel parecia estar devaneando, seus olhos claros ficavam ainda mais claros; dava uma tragada profunda e dizia: 'Belo tamanho'. [...] Alto, magro, grisalho, um prosador de raça, assim ele devia ser. De trás dos seus óculos, Kornel dava ao mundo umas olhadas sábias, compreensivas e muitas vezes também cheias de ironia venenosa.»

Em janeiro de 1989, um pouquinho antes das negociações da Mesa Redonda,[8] os escritores da oposição criaram uma organização de escritores alternativa à União dos Literatos Poloneses do regime. Filipowicz e Szymborska pertenciam aos membros fundadores da Associação de Escritores Poloneses (AEP). Antes que a organização fosse oficialmente registrada, foi realizada em Cracóvia uma cerimônia para receber os novos membros — como nos disse Teresa Walas e Bronisław Maj — no apartamento de Wisława Szymborska.

«A recepção? Foi como qualquer banquetão», contou-nos Maj, «sem pompa, tomando vodca *kornelówka*. E num certo momento Jan Józef Szczepański, com seu rosto montanhês de velho índio, declarou: 'Vocês são membros da associação'.»

Quando Filipowicz foi escolhido presidente da filial da AEP de Cracóvia, empenhou-se junto com Tadeusz Chrzanowski na compra de móveis para a sede da associação na rua Kanonicza. Ia pelos mercados de velharias e lojas de móveis em consignação para comprar produtos desgastados pelo tempo e baratos.

---

8   Mesa Redonda (em polonês: *Okrągły Stół*): trata-se de uma série de reuniões entre o governo comunista na Polônia e os líderes do sindicato banido «Solidariedade» e de outras entidades da oposição como tentativa de neutralizar a crescente insatisfação social no país. Essas reuniões aconteceram entre 6 de fevereiro e 5 de abril de 1989 e seus resultados contribuíram de forma efetiva para a queda de todo o bloco comunista europeu.

OS ANOS 1980 E O DISCRETO ELOGIO DA CONSPIRAÇÃO

Jerzy Pilch lembra que no ano de 1989, no apartamento de Filipowicz, mais precisamente no gabinete onde recebia os convidados, apareceu um pequenino televisor preto e branco, no qual ele toda hora dava uma olhada: «A diligência com que Kornel seguia então tudo o que estava acontecendo na Polônia só podia se igualar à sua desconfiança. A garrafa de conhaque que ele ganhou de presente nos anos 1960 e que, como ele anunciou, só iria abrir depois que a pátria recuperasse a liberdade, continuava intacta, enfiada em algum canto».

«Kornel sempre se sentiu um socialista, mas é claro que no sentido antigo da palavra, então nunca pertenceu ao partido», disse-nos Szymborska. «Quando ele já estava muito mal de saúde e seus dias já estavam contados, Jan Józef Lipski foi até ele e lhe entregou a carteirinha do Partido Socialista Polonês com um número baixo de um só dígito. Essa foi sua última alegria.»

Ewa Lipska nos disse que Kornel Filipowicz e Wisława Szymborska foram à casa dela no Ano-Novo de 1989 e jogaram palavras-cruzadas: «Kornel estava como sempre, não se queixava de nada ainda. Foi uma doença galopante, em 28 de fevereiro de 1990 ele já não vivia».

Depois da morte dele, Szymborska nunca mais jogou «rabo». Escreveu o poema «Gato num apartamento vazio», que ela nunca lia nas noites de recitais. Escreveu também alguns poemas de despedida. Como era característico dela — discretos, comedidos e forrados de desespero.

Reconheço o fato
de que — como se você ainda vivesse —
a margem de certo lago
permanece linda como antes.

Não guardo rancor
da vista pela visão
da baía banhada pelo sol.

[...]
Com uma coisa não concordo.
Com a minha volta lá.
O privilégio da presença —
renuncio a ele.

Sobrevivi a você o suficiente
e apenas o suficiente
para pensar de longe.

«Adeus à paisagem», *Fim e começo*, 1993

Quando um volume começou a se formar com esses poemas tristes e elegíacos, confessou a Bogusław Latawiec que era triste demais, que tinha saído assim, mas que não gostava de melancolia e que, então, estava trabalhando — para o equilíbrio — em poemas otimistas. Parece que ela não conseguiu realizar seu intento completamente, mas vê-se que se esforçou para isso.

Não é sem encanto este mundo terrível,
não é sem manhãs
pelas quais valha a pena despertar.

«A realidade exige», *Fim e começo*, 1993

«Um homem maravilhoso, um ótimo escritor», disse-nos sobre ele a poeta, anos atrás, num documentário para a emissora de tevê alemã. «Estivemos juntos durante 23 anos. Não morávamos juntos, não ficávamos incomodando um ao outro. Seria ridículo: um datilografa, o outro datilografa... Éramos cavalos que galopam um ao lado do outro. Às vezes ficávamos sem nos ver por três dias.»

OS ANOS 1980 E O DISCRETO ELOGIO DA CONSPIRAÇÃO 345

Sob as janelas de Szymborska, na rua Chocimska, certa vez cresceu uma árvore frondosa, um olmo. Segundo Urszula Kozioł, aquela cortina verde viva, que chegava ao balcão do quarto andar e separava a poeta do mundo com uma folhagem fechada, foi uma das razões pelas quais ela decidiu morar naquele apartamento.

«Era talvez 1991», ela contou. «Eu tinha trazido de uma chacrinha em Wrocław uma muda para plantar no túmulo de Kornel. Wisława e eu fomos juntas ao cemitério e quando voltamos vimos que o olmo tinha sido cortado e a varanda estava nua. Provavelmente a árvore estava atrapalhando alguém, pode ser que anteriormente tenha havido alguns documentos oficiais, mas ela não tomou consciência daquilo na hora. E, de repente, ela foi obrigada a enfrentar aquilo, a ficar face a face com toda aquela feiura e ordinarismo, com aquilo tudo que estava do lado de fora da janela. Quando Wisława viu que no lugar da árvore restou apenas um toco patético, desatou a chorar. Eu acho que certas coisas não podem ser feitas aos poetas. Foi como se tivessem cortado a tília de Kochanowski.»[9]

---

9   Lipska faz referência ao epigrama «Na lipę» do poeta Jan Kochanowski (ver nota 12 no Capítulo 9, p. 159), no qual, em resumo, uma tília convida o visitante a usufruir de sua sombra, frescor e sussurros para um doce sono.

CAPÍTULO 17

Sobre os tradutores e as traduções, ou seja, cada poema é um problema

Logo após a publicação do livro *Chamando por Yeti*, Karl Dedecius, um alemão nascido em Łódź, onde terminou o ginásio antes da guerra, voltou sua atenção para os poemas de Szymborska e tentou entrar em contato com ela por telefone para conseguir autorização para a tradução. «Foi fria e só aos poucos foi demonstrando confiança» — relembrou.

Ele começou a traduzir seus poemas no início dos anos 1960. Graças a Dedecius, que acabou por se tornar um dos mais notáveis tradutores da literatura polonesa para o alemão, os poemas de Szymborska foram publicados na imprensa alemã e até chegaram aos livros escolares alemães.

«Publiquei em alemão 166 dos seus poemas, e ela escreveu mais de duzentos», relatou-nos Dedecius numa carta a respeito do número de traduções até a época do recebimento do Prêmio Nobel. «Cada poema é um problema, e cada um, diferente. Mas, a mim, as dificuldades mais atraem do que repelem. Não é raro ocorrer que na nova língua o poema exija uma nota, e eu não gosto de usar notas para os poemas, então, hereticamente traduzo *ciężkie norwidy* como *ciężkie Büchnery*.[1]

Não ser boxeador, ser poeta,
estar condenado a duras florbelas,
por falta de musculatura mostrar ao mundo
a futura leitura escolar — na melhor das hipóteses.
Ó Musa. Ó Pégaso,
anjo equestre.

«Recital da autora», *Sal*, 1962[lxv]

O fato de Szymborska ter sido laureada com dois prêmios literários importantíssimos — austríaco e alemão — é um mérito inegável de Dedecius, que adaptou a obra de Szymborska para a língua alemã.

Zygmunt Freud, Hermann Hesse, Karl Jaspers, Thomas Mann, Albert Schweitzer — todos eles foram laureados com o Prêmio Goethe. «Quando eu li a lista dos que tinham recebido o prêmio antes», disse a poeta na cerimônia em Frankfurt, em 1991, «fiquei desconcertada. Resta-me apenas contar com a compreensão e o senso de humor desses grandes espíritos.»

Na ocasião, Karl Dedecius disse em seu panegírico: «Não encontramos em Szymborska torvelinhos turbulentos e constantemente

---

1   O tradutor refere-se ao poema «Wieczór autorski» [Recital da autora], no qual Szymborska transforma o sobrenome do poeta romântico polonês Cyprian Norwid em substantivo comum plural (norwidy). Para evitar notas de rodapé explicando o que seria norwidy, vários tradutores preferiram substituir norwidy pelo plural do nome ou sobrenome de um poeta mais familiar para o público-alvo. Vemos a mesma solução aplicada à tradução para o português de Regina Przybycien, que traduziu norwidy como «florbelas», referindo-se à poeta Florbela Espanca.

SOBRE OS TRADUTORES E AS TRADUÇÕES, OU SEJA, CADA POEMA É UM PROBLEMA   349

ruidosos, as profundezas suspeitas não seduzem, não oscilamos com incerteza. Sua ilha parece misteriosa ao longe e, ao conhecê-la de perto, ela nos traz alegria e felicidade. Essa ilha — rica em fauna e flora — está livre de poluição tanto na esfera material quanto na esfera linguística ou atmosfera emocional. Um biótipo espiritual propício à nossa saúde. Szymborska nos mostra um espelho transparente, e não o espelho moderno de hoje com suas imagens distorcidas».

Mais tarde contou que seu poema «Vozes» tinha sido publicado por uma revista dedicada ao ensino das línguas antigas:

Mal dás um passo e logo surgem como do seio da terra
os Aborígenes, Marco Emílio.
[...]
Até não poder mais, até enjoar, até se enfastiar,
estás cheio dessas naçõezinhas, Quinto Décio.
[...]
Tarquínios de todo lado, Etruscos de todo canto.
Além dos Volsínios. E ainda os Veienses.
Aulercos além da razão. Idem os Sapianatos
além da paciência humana, Sexto Ópio.

«Vozes», *Todo o caso*, 1972

«Por sua vez», contou ainda Dedecius, «o poema 'Conluio com os mortos' apareceu numa publicação geriátrica e depois muitas cartas foram enviadas à redação com agradecimentos de médicos e hospitais.»

Em que circunstâncias você sonha com os mortos?
Você sempre pensa neles antes de adormecer?
[...]

A que eles se referem?
À velha amizade? Ao parentesco? À pátria?
Eles contam de onde vêm?
E quem está detrás deles?
E quem sonha com eles além de você?

«Conluio com os mortos», *Gente na ponte*, 1986

É interessante notar que os poemas de Szymborska muitas vezes encontram uma resposta por parte dos representantes das ciências naturais ou exatas.

A *Revista dos Amantes da Matemática* fez uso do poema de Szymborska «Número Pi». Escreveram para os leitores: «Essa é uma hipótese matemática profunda formulada de maneira poética. Você sabe qual é ela?». O prêmio seria o livro de Szymborska autografado.

O admirável número Pi
três vírgula um quatro um.
Todos os seus algarismos sucessivos também são iniciais
cinco nove dois porque não acaba nunca.
[...]
A cobra mais comprida da terra acaba depois de alguns metros.
O mesmo, embora um pouco depois, fazem as cobras das fábulas.
O desfile de algarismos que compõem o número Pi
não para na margem da página,
consegue estender-se pela mesa, pelo ar,
pelo muro, folha, ninho de pássaro, nuvens, direto para o céu

«Número Pi», *Um grande número*, 1976

O número Pi, que expressa a razão entre o comprimento da circunferência do círculo e o comprimento de seu diâmetro, é nosso conhecido desde o início do século XVII, quando foi calculado com a exatidão de 35 casas decimais. Mas existe alguma exatidão na ocorrência desses números? Ou todos ocorrem dessa mesma forma com frequência? Ou cada um ocorre infinitamente muitas vezes? Muitos problemas relacionados com o número Pi até hoje não foram solucionados. A *Revista dos Amantes da Matemática* considerou que o poema de Szymborska lança uma opinião sobre o assunto, já que no poema está incluída uma hipótese de que na progressão decimal do número Pi aparecem todos os números naturais. E isso resultou na formulação de uma série de tarefas para os leitores sobre essa hipótese (por exemplo, se designamos o número de Szymborska como o número 0,123456789101112131415..., a soma dos algarismos de cada número de Szymborska de um dado grau será a mesma?).

Por sua vez, o professor Karol Sabath, do Instituto de Paleobiologia PAN, usou um de seus poemas numa prova. Propôs aos alunos na aula de paleoantropologia que lessem o fragmento de seu poema «Discurso na seção de achados e perdidos» e completassem «as lacunas da memória do sujeito lírico».

«Anotei para a senhora», escreveu depois para Szymborska, «as afirmações mais absurdas ou incorretas dos alunos.» Eis alguns exemplos:

Uma ilha, depois da outra, mergulhou no mar...

«Que processo causou a queda no mar de ilhas e pontes terrestres com as quais o Homo colonizou o mundo? — Uma deriva genética.»

Nem sei direito onde deixei minhas garras

«Onde e quando deixamos as garras? Os répteis deram suas garras em prol dos mamíferos.»

quem veste meu traje de pelo, quem habita minha casca

«Quem veste nosso traje de pelo? O Homo erectus.»

Morreram meus irmãos, quando rastejei para a terra
«Que irmãos extintos dos vertebrados que rastejavam para a terra a autora tinha em mente? Dinossauros.»
e somente certo ossículo celebra em mim este aniversário
«Que ossículo auricular pode comemorar o aniversário do rastejamento para a terra e que aniversário é esse (com a exatidão de 50 milhões de anos)? A membrana timpânica e o quinto aniversário.»

Blaga Dimitrova, que, na primavera de 1996, havia acabado de traduzir o livro de Szymborska *Fim e começo*, disse-nos que conseguira publicar o volume de poemas *Obmislam sveta*, em 1989, um pouco antes de ser absorvida pelas obrigações como vice-presidente da Bulgária. Os maiores problemas na tradução foram causados pelas frases quebradas, pelos versos divididos em versos curtos.

«É difícil traduzi-los bem sem encompridá-los. Por sorte, o búlgaro é uma língua rica e eu sou persistente, então não desisti de nenhum poema.»

A poeta tcheca Vlasta Dvořáčková traduziu o livro *Sal*, e depois foi à Polônia e conheceu Szymborska. Quando o ano de 1968 chegou, Dvořáčková, assim como muitos escritores que não se conformavam com o sufocamento da Primavera de Praga, encontrava-se num índex parcial: suas traduções eram publicadas, mas não seus poemas. No entanto, seus livros foram publicados na Polônia, com a tradução e graças aos esforços de Adam Włodek, que ela conheceu por intermédio de Szymborska.

«O mais difícil na tradução de Szymborska», contou Dvořáčková, «é a manutenção do ritmo ou da entonação do poema. Se não cuidamos disso, existe o perigo de que não saia um poema, mas algo próximo da prosa. E são versos tão particulares, que exigem muito, muito trabalho. No poema 'Kloszard' [Clochard], por exemplo, me cansei muito criando equivalentes em tcheco às expressões de Wisława para as quimeras, para todas aquelas esvoatáceas, minicaninas, macacampiras e maripocrias.»

SOBRE OS TRADUTORES E AS TRADUÇÕES, OU SEJA, CADA POEMA É UM PROBLEMA

Petar Vujičić traduzia Szymborska na Iugoslávia, e, mais tarde, juntou-se a ele Biserka Rajčić. A editora de Szymborska era a famosa e independente rádio de Belgrado B92. Os poemas deveriam ser publicados antes do Nobel, mas foi uma época agitada para a rádio. O governo de Milošević tentou fechar a estação de rádio, o que provocou um atraso.

«Sempre falta algo em cada tesouro nacional de poesia», disse-nos Asar Eppel, escritor e tradutor de Szymborska para o russo. «Temos equivalentes de Staff, Tuwim, Broniewski e também de Norwid, Leśmian e Gałczyński. De Białoszewski e Szymborska, não temos. Comecei a traduzi-la para compensar esse fato. Para publicar foi pior. Havia na época aquela categoria dos 'nossos amigos', ou seja, aqueles seus compatriotas, que iam às recepções na embaixada soviética em Varsóvia e diziam quem devia ser publicado. Szymborska não estava naquelas listas. Quando eu a conheci, ela me cativou. Em nosso país existe a tradição de que uma poetisa tem de ser maldita, infeliz por causa do excesso de espiritualidade e por causa dos amantes que não têm um talento comparável ao dela. Entretanto, Szymborska é uma poeta grandiosa e uma pessoa completamente normal.»

«É a cara dos meus poemas», disse Szymborska a respeito das traduções de Eppel. «Na Rússia, a tradição do verso branco é frágil, e, mesmo assim, não precisei lhe dizer que existem certas regras silenciosas e secretas que os regem e que precisam ser seguidas.»

«Szymborska é a poeta do pensamento feliz e da ideia feliz», continuou Eppel. «'Repenso o mundo, segunda edição'. Ao escrever o poema, começa da metáfora pronta, daquele lugar que, para a maioria dos poetas, é o ponto de chegada. Talvez Dedecius, como alemão, calcule tudo; por exemplo, quantas são as letras 'o' e 'ą' e quantas modulações existem em certa estrofe. Eu não analiso, apenas escuto atentamente o prazer do som. Para traduzir seu poema é preciso, primeiro, entendê-lo e depois basta encontrar algo belo, mas não belo demais, para que soe comum.»

Antes de Eppel, Szymborska foi traduzida para o russo por Anna Akhmátova. A poeta, que se mantinha graças às traduções, recebeu três poemas para traduzir no início dos anos 1960: «Obóz głodowy pod Jasłem» [Campo da fome perto de Jasło], «Balladę» [Balada] e «Przy winie» [Bebendo vinho]. Foram publicados em 1964, na edição de maio da revista *Polsza* [Polônia]. Akhmátova assinou a tradução com seu nome, mas só traduziu o último poema. O verdadeiro tradutor dos dois poemas restantes, Anatolij Najman, nos escreveu: «O único meio de ganhar dinheiro que eu tinha — na época em que era um jovem poeta — eram as traduções. No entanto, conseguir traduções, justamente porque eu era jovem e tinha uma visão antissocial — como se dizia oficialmente naqueles tempos —, era demasiado difícil». Dessa maneira, a grande poeta russa compartilhava sua pobreza com os jovens poetas de Leningrado (estava entre eles também o futuro ganhador do Nobel Iossif Brodski).

Eppel se lembra de que Brodski repetia inúmeras vezes que, na opinião dele, Szymborska deveria ganhar o Prêmio Nobel. Ele seria o encarregado de conduzir uma noite de recital com a poesia de Szymborska em Nova York, mas a morte frustrou seus planos.

Piotr Kamiński, musicólogo, contou-nos como se tornou o tradutor de Szymborska para o francês. Eis que seu amigo estava passando por uma paixão não correspondida e ele traduziu para ele um poema para consolá-lo.

Devo muito
aos que não amo.
[...]

A paz que tenho com eles
e a liberdade com eles,

isso o amor não pode dar
nem consegue tirar.

«Agradecimento», *Um grande número*, 1976[lxvi]

Já que o poema tinha agradado ao amigo e também o consolara, Kamiński começou a traduzir os seguintes, *con amore*, pois suas traduções só foram publicadas depois do Nobel.

Os dois tradutores de Szymborska para o hebraico, Rafi Weichert (antes do Nobel, saíram dois livros traduzidos por ele; o primeiro ele publicou de seu próprio bolso, porque não conseguiu receber nenhum subsídio) e Dawid Weinfeld, nos disseram que a poesia «se assenta» muito bem em hebraico. A crítica literária escreveu que «aquilo que constitui a essência dos poemas de Szymborska: o otimismo construído para contrariar a dúvida — é particularmente necessário em Israel».

«Uma vez que se apreenda sua entonação, sua cálida ironia, então podemos reproduzir a música dos seus poemas», disse Rafi Weichert, nascido em Israel, onde seus pais chegaram em 1956, provenientes da Polônia. «Nossa *intelligentsia* lê Szymborska. Israel foi contagiada por ela. Foi cativante para nós, judeus, o fato de ela ter se referido à Bíblia, ao Eclesiastes, no discurso do Nobel. O poema 'O terrorista, ele observa' foi colocado nas apostilas universitárias.»

Treze e dezessete e quarenta segundos.
Uma moça, ela passa com uma fita verde no cabelo.
Só que aquele ônibus a encobre de repente.

Treze e dezoito.
A moça sumiu.

356 QUINQUILHARIAS E RECORDAÇÕES

Se foi tola de entrar ou não
vai se saber quando os carregarem para fora.

«O terrorista, ele observa», *Um grande número*, 1976[lxvii]

Szymborska esteve lá por ocasião da comemoração em Israel dos setecentos anos da comunidade judaica em Cracóvia, em dezembro de 2004. No encontro com os leitores em Beit Ariel — uma biblioteca em Tel Aviv — ela leu seus poemas e Rafi Weichert os traduziu para o hebraico. Weichert confessou, na ocasião, que tinha feito 28 versões da tradução do poema «Ainda», antes de considerá-lo bom.

Janina Katz, tradutora para o dinamarquês, que emigrou da Polônia em 1969, conhecia Szymborska ainda de Cracóvia. O primeiro livro que traduziu foi publicado em 1982, sob o título de *Żona Lota i inne kobiety* [A mulher de Lot e outras mulheres] («Depois eu senti um leve dissabor por ter dado um título assim tão comercial», ela disse). O segundo, *Kot w pustym mieszkaniu* [Gato num apartamento vazio] («A sra. Wisława concordou com o título»), por acaso saiu no mesmo dia em que foi anunciado que Szymborska tinha ganhado o Nobel.

«Tive os maiores problemas ao traduzir o poema 'Jeszcze' [Ainda]», ela nos disse. «Lamento por mim e pelo dinamarquês, por não termos conseguido superar esse desafio. Era muito importante para mim que esse poema sobre o Holocausto existisse em dinamarquês. Não consegui.»

«Quanto mais perfeito o poema, mais difícil achar aquela porta da cozinha, pela qual podemos chegar até ele. Seus poemas são fechados como pedra. Eles simplesmente não precisam de melodia», explicou-nos o cantor Grzegorz Turnau, e por isso a poesia de Szymborska é tão pouco cantada. Ele próprio tem em seu repertório «Atlantyda» [Atlântida], uma canção com letra de Wisława Szymborska, que permitiu que ele aproveitasse seu poema, porque — como Turnau disse — ela tinha amizade com o avô dele, o pai e as tias, que ela visitava em Lubomierz.

SOBRE OS TRADUTORES E AS TRADUÇÕES, OU SEJA, CADA POEMA É UM PROBLEMA 357

É possível que seu esclarecimento se aplique também à tradução para uma língua estrangeira. Se seus poemas fossem tão fáceis como parecem à primeira vista, provavelmente os tradutores não teriam tantos problemas com eles.

Ao falar sobre seus problemas com as traduções de Szymborska, vários tradutores lembraram do poema «Coloratura».

Ama um Homem em DÓ *maior,*
ama e quer sempre mais amor,
tem pra ele na goela espelhinhos,
triplica palavras, pipios, pipilinhos
com crispes e crepes crestados
cria cordeiros crespados
a folgazã de filigrana.

«Coloratura», *Sal*, 1962

No Encontro de Tradutores de Literatura dos Países Bálticos dedicado a Szymborska, em novembro de 1996, em Gdańsk, escutamos Leonid Cywian, que também traduziu Szymborska para o russo, dizer: «Em 'Coloratura', a expressão *człowiek przez wysokie C* [o equivalente em português seria: homem com H maiúsculo] também se refere ao C musical [equivalente em português ao dó], e também está relacionado a Gorki, 'homem escrito com letra maiúscula'. A tradução é uma arte de perdas e trocas, e aqui eu tive de sair perdendo».

Stanisław Barańczak nos escreveu sobre esse poema: «O maior problema e, ao mesmo tempo, é claro, o maior prazer eram causados, para mim e para minha cotradutora americana Clare Cavanagh, por aqueles poemas que fazem a descoberta do uso criativo da morfologia, da fraseologia ou da fonética. Um exemplo do uso deslumbrante da fonética é 'Coloratura', um poema, além disso, profundo, uma reflexão sobre a essência da arte, sobre a relação da beleza com as convenções etc. E, ao mesmo tempo, é um poema-gracejo e também um poema-fogos de artifício. Ele soa como se tivesse sido escrito em italiano, ou até como se tivesse sido traduzido do italiano para o polonês para as necessidades da ópera. No caso de 'Coloratura', a poeta levou seus tradutores a pelo menos uma dúzia de enxaquecas sérias, antes que estivessem em condições de considerar a tradução como pronta.»

A propósito, Barańczak relembrou que, quando jovem, Szymborska trabalhou numa editora musical, onde, entre suas obrigações, estava a de levar as velhas traduções dos libretos de óperas a um estado de legibilidade e proficiência. Ela lhe contou que encontrava, por exemplo, pérolas como esta: «As lanternas formam longa fila na pista/ e iluminam-se sob todos os pontos de vista».

«Eu convertia essa maravilhosa grafomania numa linguagem comum», contou-nos sobre seu trabalho nos anos 1950, na Polskie Wydawnictwo Muzyczne [Editora Musical Polonesa], onde preparava para impressão, entre outras, as canções do tipo romanças, de Michał Kleofas Ogiński, com as notas para piano. «Até que compreendi que não era o caso e larguei o trabalho. Em certo momento, disse a mim mesma: 'Não sou eu quem vai perfurar essas pérolas'.»

Anders Bodegård, tradutor para o sueco, disse-nos que ele ficou bastante impressionado quando leu nas *Leituras não obrigatórias* o comentário de Szymborska sobre a nova tradução de Horácio feita por Adam Ważyk: «Por isso este Horácio nos parece contemporâneo, pois o tradutor respeitou sua antiguidade [...]. Ele não o obrigou a rimar 'canção — coração', porque Horácio não conhecia as rimas. Ele não atou os poemas com pontos e vírgulas, manteve aquele movimento bidirecional de palavra a palavra, que rege o poema sem pontuação — pois Horácio igualmente não usava pontuação, [...] não caiu no ritmo peculiar do realejo: as estrofes do exemplo lido em voz alta são um prazer para os ouvidos. Também não dá para imitar a sintaxe diabolicamente entrelaçada de Horácio sem violar o fraseado polonês — o tradutor, no entanto, foi feliz em sinalizar essa complicação sintática tanto quanto foi preciso, para que a sequência das palavras em polonês fosse dita de forma distinta, sem se tornar um quebra-cabeça».

«Quando li aquilo, percebi que ela tinha uma grande consciência das questões de tradução», disse-nos Bodegård. «Comecei a lamentar não ter discutido mais com ela sobre meus problemas com as traduções de seus poemas.»

A própria Szymborska traduzia um pouco, desde o início dos anos 1960, principalmente do francês: poetas barrocos e também Baudelaire e Musset. Ela trabalhava junto com Jerzy Lisowski,[2] tradutor que preparou uma antologia de poesia francesa na época.

«Eu lhe sugeri uns poemas e não me lembro de ela ter recusado algum», disse Jerzy Lisowski. «Escolhi poemas difíceis, pois Wisława era uma excelente tradutora.»

Szymborska traduziu poemas de Itzik Manger,[3] poeta que emigrou da Polônia um pouco antes da guerra. A antologia de poesia judaica com suas traduções já estava na gráfica, quando na onda antissemita de 1968 ordenaram a destruição de sua composição. No entanto — como viemos a saber nos tempos do Solidariedade —, um dos funcionários tinha escondido no porão a assim chamada composição linotípica, ou seja, os poemas moldados no linotipo, e, dessa maneira, o livro foi publicado em 1983, com um lapso de quinze anos.

---

2 Jerzy Lisowski (1928-2004): crítico literário polonês, tradutor de poesia e literatura polonesa para o francês, e redator-chefe de *Twórczość*.

3 Itzik Manger (1901-69): poeta de origem judaica e dramaturgo que morou na Polônia e em outros países antes de se mudar definitivamente para Israel. Compunha canções de cunho folclórico em iídiche e era considerado um mestre da palavra escrita.

360 QUINQUILHARIAS E RECORDAÇÕES

«Nenhum dos inúmeros tradutores, exceto eu e Arnold Słucki,[4] sabia iídiche», disse Robert Stiller;[5] fizeram uso da tradução filológica. Mas, apesar disso, é visível nas traduções de Szymborska sua classe poética.

Em sua tradução, a poesia de Manger tem volatilidade e graça: «E as moças com jarrinhos/ batem na minha janela,/ como o lilás em galhinhos/ seu riso o ar pincela» (de «Cantiga primaveril de Anacreonte»).

Anders Bodegård conheceu Szymborska em 1983. Na época ele era leitor de língua sueca na Universidade Jaguielônica e cantava no coro acadêmico Organum. Trouxe de Estocolmo uma encomenda para o Solidariedade clandestino, cujo destinatário era Kornel Filipowicz, e assim começou a amizade entre eles. Logo depois começou a traduzir os poemas de Szymborska. Como muitos estrangeiros, Bodegård deixou-se levar pelo romantismo da revolução do Solidariedade. Já que queria explicar para seus compatriotas aquele fenômeno extraordinário, pôs-se a traduzir para o sueco *Etyka solidarności* [A ética da solidariedade], do padre Józef Tischner.[6] Depois de voltar para a Suécia, tornou-se um dos fundadores da revista sueca sobre literatura e política polonesas *Hotel pod Orłem*. Nela publicou suas primeiras traduções da poesia de Wisława Szymborska.

4   Arnold Słucki (1920-72): tradutor e poeta polonês de origem judaica.

5   Robert Stiller (1928-2016): tradutor polonês, escritor e linguista de origem judaica.

6   Józef Stanisław Tischner (1931-2000): eminente padre católico polonês, filósofo e professor universitário, considerado uma autoridade moral muito admirada em sua terra natal, lutou contra o comunismo na Polônia, apoiando publicamente o movimento de resistência «Solidariedade». A partir de 1980, passou a publicar no *Tygodnik Powszechny* uma série de artigos que, em 1981, foram publicados no livro: *Etyka solidarności* [A ética da solidariedade], no qual desenvolveu uma reflexão sobre a dimensão ética dos acontecimentos de então. A partir daí, ficou conhecido como «o capelão do Solidariedade».

SOBRE OS TRADUTORES E AS TRADUÇÕES, OU SEJA, CADA POEMA É UM PROBLEMA 361

«Um poema que particularmente me diz respeito é 'Utopia', como também foi intitulado um dos livros de Szymborska em sueco», ele nos disse. «Assim como ela, um dia, eu também acreditei na utopia, só que em outro lugar, em outro tempo. Foi na França, em maio de 1968. Voltei para a Suécia como esquerdista. Esse poema, uma paisagem de fraseologismos políticos, por um lado faz uma caricatura da utopia, mas também mostra como a tentação é autêntica.»

Ilha onde tudo se esclarece.
Aqui se pode pisar no solo sólido das provas.
Não há estradas senão a de chegada.
Os arbustos até vergam sob o peso das respostas.
[...]
Quanto mais denso o bosque, mais larga a vista
do Vale da Evidência.

Se há alguma dúvida, o vento a dispersa.

«Utopia», *Um grande número*, 1976[lxviii]

«Anders, certa vez, reclamou para um grupo de amigos poloneses sobre a 'insuficiência da língua sueca', já que 'na Utopia, em sueco, não é possível *submergir-se*' [*zanurzać się*, em polonês], que — como sabemos — é o conceito principal do poema de Szymborska», escreveu Stanisław Balbus.

O próprio Bodegård lembrou: «Eu teria de recitar 'Utopia', um poema que é contra a utopia e utopicamente lindo. Eu perguntei a ela: 'Como você quer que eu leia?'. 'Sabe, Andrzejek, meus poemas são uma respiração natural.' Essa frase me ajudava o tempo todo na tradução dos seus poemas».

«A morte, a odiosidade, a realidade», contou-nos ainda Bodegård, «essas palavras monstruosas são mulheres para vocês: ela — a morte, ela —

a odiosidade, ela — a realidade. A língua sueca não tem nenhum sexo, e os suecos estão mais ligados à cultura germânica, na qual a morte é do gênero masculino. Por isso, no poema 'Sobre a morte sem exagero', dei à morte um sexo, mas masculino. O mesmo ocorreu com a odiosidade, que tornei homem, porque a palavra em sueco parece dura. Sempre tropeço em palavras que em polonês têm uma força completamente diferente do sueco. A palavra 'salvação' é um grande tema da literatura polonesa, em sueco não há maneira de dar a mesma força a essa palavra. Quando comecei a traduzir um dos seus novos poemas, 'W zatrzęsieniu' ['Em desequilíbrio' ou 'Em grande quantidade'], Wisława me mandou um cartão, no qual se desculpava pelo título. Realmente, foi um osso duro de roer. Esse título tanto pode significar uma perturbação do equilíbrio como uma medida de quantidade. Por fim, de alguma maneira me saí dessa.»

Quando ele não conseguia traduzir o título, desistia da tradução. Por isso nunca começou a traduzir «Sto pociech» nem «Wielka liczba», mesmo tendo Szymborska escolhido esses poemas como títulos dos livros. Nesse último era preciso usar a palavra sueca «tal» — número. Em sueco existe também um homônimo que significa «linguagem», e o leitor iria pensar que se tratava desse último significado. Também se rendeu à tradução de «Coloratura».

«Wisława foi à Suécia em companhia de Teresa Walas na primavera de 1993, na época entre a floração do pado e a floração do lilás», contou Bodegård. «Elas estavam hospedadas na Casa do Escritor, com um lindo pátio arborizado, de onde subia o aroma tanto dos pados quanto dos lilases, porque naquele ano eles floresceram ao mesmo tempo. No Teatro Real do Drama, pela primeira vez eu a ouvi lendo um poema. Lia como uma grande atriz. Foi talvez o momento mais bonito da minha vida. Na plateia, durante uma hora, ninguém nem pigarreou. Mas o gravador não ligou e nada foi gravado. Talvez tenha sido melhor assim, do jeito que ela preferiria.»

O correspondente da *Gazeta Wyborcza* registrou o pronunciamento de Bodegård naquela noite em Estocolmo:

«Se eu tivesse de dizer algo conciso sobre os poemas de Wisława Szymborska, escolheria três palavras que começam com 'i': ilusão, idiomatismo e ironia. Como Czesław Miłosz evidenciou, ela é uma ilusionista: em todos os seus poemas aparece um coelho imprevisto tirado da cartola. É com as ilusões que Szymborska os pega pela cauda, levanta, envolve nas mãos, sacode — com delicadeza, muita delicadeza — e depois os coloca de volta no lugar, mudados para sempre.»

«Bodegård», disse a poeta na primeira conferência de imprensa depois do veredito da Academia, «é um tradutor sensacional e, certamente, é graças a ele que estamos conversando aqui hoje. De outra forma, eu estaria tranquilamente finalizando algum poeminha.» Ela repetiu isso em Estocolmo, dizendo que, se Bodegård fosse menos talentoso, ela provavelmente nunca ganharia o prêmio.

Mas Anders Bodegård dizia modestamente que os membros da Academia Sueca leram os poemas de Szymborska principalmente em alemão, nas traduções de Dedecius, e em inglês, nas traduções de Barańczak.

O fato é que Stanisław Barańczak, junto com Clare Cavanagh, traduziram para o inglês os últimos dois livros que saíram antes do Nobel: *Gente na ponte* e *Fim e começo*. «Durante a leitura, é preciso se lembrar constantemente de que os poemas da poeta, apesar das aparências, não foram escritos em inglês», assim foram cumprimentados os tradutores nos Estados Unidos.

No ensaio «A americanização de Wisława Szymborska, ou como traduzi 'Opinião sobre a pornografia' com certa jovem californiana», Barańczak dá com detalhes, passo a passo, a relação dos problemas, das atribulações e dificuldades com os quais topou tentando traduzir esse poema, não só para outra língua, mas para outra cultura, colocá-lo em outro contexto de costumes. Sua dor de cabeça foi provocada primeiro pelo excesso (em particular, na comparação com o polonês) de vocabulário relacionado com a sexualidade, em segundo lugar pelo contexto político completamente diferente do contexto polonês, no qual seria inimaginável que o pensamento fosse algo ilegal, e em terceiro lugar, por fim, pela excepcional quantidade — até mesmo para um poema de Szymborska — de jogos de palavras e brincadeiras baseadas nos sentidos ambíguos das palavras.

> *There's nothing more debauched than thinking.*
> *This sort of wantonness runs wild like a wind-born weed*
> *on a plot laid out for daisies.*
>
> *Nothing's sacred for those who think.*
> *Calling things brazenly by name,*
> *risqué analyses, salacious syntheses,*
> *frenzied, rakish chases after the bare facts,*
> *the filthy fingering of touchy subjects,*
> *discussion in heat — it's music to their ears.*
> *[...]*
> *During these trysts of theirs, the only thing that's steamy is the tea.*
> *People sit on their chairs and move their lips.*
> *[...]*
> *Only now and then does somebody get up,*
> *go to the window,*
> *and through a crack in the curtains*
> *take a peep out at the street.*
>
> *Não há devassidão maior que o pensamento.*
> *Essa diabrura prolifera como erva daninha*
> *num canteiro demarcado para margaridas.*
>
> *Para aqueles que pensam, nada é sagrado.*
> *O topete de chamar as coisas pelos nomes,*
> *a dissolução da análise, a impudicícia da síntese,*

SOBRE OS TRADUTORES E AS TRADUÇÕES, OU SEJA, CADA POEMA É UM PROBLEMA 365

a perseguição selvagem e debochada dos fatos nus,
o tatear indecente de temas delicados,
a desova das ideias — é disso que eles gostam.
[...]
Durante esses encontros só o chá ferve.
As pessoas sentam nas cadeiras, movem os lábios.
[...]
Só de vez em quando alguém se levanta,
se aproxima da janela
e pela fresta da cortina
espia a rua.

«Opinião sobre a pornografia», *Gente na ponte*, 1986[lxix]

Barańczak descreveu como tudo se encaixou, de forma que «o surpreendente *podgląda ulicę* [espia a rua] tem um efeito igualmente ambíguo
na forma *take(s) a peep out at the street*». E se queixava de que, por muito
tempo, não tinham ideia de como «começar este maravilhoso verso: '*W
czasie tych schadzek parzy się ledwie herbata* [Durante esses seus encontros
só o chá ferve]'». Procuraram por uma expressão ambígua, que tivesse em
inglês algo semelhante com chá e também com sexo, até perceberem que
o adjetivo *steamy* (de *steam* — vapor da água) tinha um significado adicional
no inglês coloquial, próximo ao da volúpia sexual, donde a expressão *steamy
movie* — filme no qual existem certos «momentos». Essa pista pareceu boa,
e assim ficou: *During these trysts of theirs, the only thing that's steamy is the tea.*

«Mesmo que apenas num dos muitos níveis do seu poema, das
menores moléculas do estilo linguístico até a inteireza da situação
lírica ou anedótica, o equilíbrio ideal entre a banalidade e a inventividade, entre a cotidianidade e a singularidade, entre a coloquialidade
e a poesia do que se diz e de como se diz fique abalado, o resultado
pode ser o estrago da obra toda», assim mostrava Barańczak a escala

de dificuldades. Mas também pontuou poeticamente a tarefa cumprida: «Um grande poema pode ser comparado a algo parecido com uma selva, atraindo o tradutor para o seu interior com uma força à qual ele não pode resistir. E essa força atrativa faz com que o tradutor se embrenhe com muito esforço pelos troncos derrubados, pelas diferenças de cultura, de costumes, de vivências sociais e de línguas, para, ao fim do caminho, às vezes perceber que se perdeu completamente e às vezes que a expedição, todavia, teve algum sentido».

Depois da publicação de uma abrangente coletânea de poemas de Szymborska na Itália, Pietro Marchesani disse numa entrevista para a *Gazeta Wyborcza*: «Foi um trabalho bastante duro. Por exemplo, aquele poema 'Aniversário'. Levei quase cinco meses traduzindo-o. Lembro que reclamavam na editora: 'Falta só um poema! Todo o resto já está preparado, tudo pronto!'. Foi parecido com 'Moralitet leśny' [Fábula florestal]. A própria dona Wisława me alertou duas vezes: 'Cuidado, porque esse poema é intraduzível'. Szymborska gosta de ter contato com seus tradutores, combinar com eles o conteúdo dos livros e seus títulos. Existem línguas como o inglês, alemão e sueco, nas quais ela reconhece se a tradução está boa. Mas agora começaram a traduzi-la para o coreano e o japonês, e aí ela fica totalmente vulnerável».

O fato é que, mesmo sem conhecermos o italiano, ouvimos como soam graciosamente as sequências de palavras parecendo-se em sua similaridade sonora.

Tanto mondo d'un tratto da tutto il mondo:
morene, murene e marosi e mimose,
[...]
Lapilli, mirtilli, berilli e zampilli —
grazie, ma ce n'è fin sopra i capelli.

SOBRE OS TRADUTORES E AS TRADUÇÕES, OU SEJA, CADA POEMA É UM PROBLEMA   367

Duma vez tanto mundo de todo canto do mundo:
morenas, moreias e mares e auroras,
[...]
Argilas, gorilas, berilos, chilradas —
talvez seja muito — demais — obrigada.

«Aniversário», *Todo o caso*, 1972

Essa coletânea — publicada em 2008 — contém 223 poemas dos onze volumes. Marchesani, que morreu um pouco antes de Szymborska, ainda conseguiu traduzir poemas do último livro dela, *Tutaj* [Aqui].

Os poemas de Szymborska contagiaram a língua viva na Itália. O mesmo ocorreu com sua poesia na Holanda. Suas obras foram citadas em artigos na imprensa e podem ser encontradas em discursos de políticos e até em necrológios. Um amigo holandês viu uma faixa numa cerca de uma fazenda de gado leiteiro: «As vacas são um verdadeiro milagre», e a assinatura: W. Szymborska. Isso deve ser mérito do tradutor, embora um jornalista holandês, nosso amigo Sasza Malko, tenha nos explicado que em Szymborska há «algo holandês»: «Como os pintores holandeses, ela gosta de observar as pequenas coisas de vários ângulos e com uma iluminação diferente». Na Espanha, suas poesias chegaram às listas dos best-sellers, e, em 2009, o primeiro-ministro do País Basco, ao fazer o juramento ao assumir o cargo, recitou um poema de Szymborska (na tradução de Jerzy Wojciech Sławomirski e Ana Maria Moix).

Ningún día se repite,
ni dos noches son iguales,
ni dos besos parecidos
ni dos citas similares.

Nenhum dia repete outro dia,
não há duas noites similares,
dois beijos com o mesmo sabor,
duas trocas iguais de olhares.

«Nada duas vezes», *Chamando por Yeti*, 1957

CAPÍTULO 18

Últimos instantes antes do Nobel

Nos anos 1990, Szymborska recebeu uma chuva de prêmios e honrarias: os prêmios Zygmunt Kallenbach, Goethe, Herder, o título de doutora *honoris causa* e, alguns dias antes do Nobel, o Prêmio do Pen Club Polonês pelo conjunto da obra.

Antes da viagem a Frankfurt para receber o Prêmio Goethe, Szymborska se queixou de que estava vivendo num terrível estresse: «Eles exigem que eu faça um discurso de vinte minutos, coisa que nunca fiz antes, que apareça na televisão, coisa que evitei até agora, e que dê entrevistas, que, por princípio, não dou». Ela citava um bordão de Adolf Rudnicki:[1] «Para cada um, aquilo que menos lhe importa».

Foi justamente em Frankfurt que ela tentou fazer a relação de seu engajamento no comunismo com sua pessoa dos dias atuais.

---

1 Adolf Rudnicki, nascido Aron Hirschhorn (1912-90): escritor judeu-polonês conhecido por seus escritos sobre o Holocausto e resistência judaica durante a Segunda Guerra Mundial. Foi feito prisioneiro pelos nazistas, mas conseguiu escapar. Participou do Levante de Varsóvia.

«Quando eu ainda achava que sabia e compreendia tudo», ela disse, «no fundo, era muito mais vulnerável e instável internamente do que hoje, quando o que sei com certeza, posso contar nos dedos de uma só mão.» Disse que o escritor «deveria lutar com o mundo a sós». Isso não significa que não tenha ideais — mas será melhor para seu trabalho se esses ideais nunca formarem um sistema «cerrado e impermeável». Relembrou igualmente que «o drama da vida humana não se desenrola nunca num vazio atemporal, mas num palco mais ou menos mobiliado, e que os adereços aqui têm um significado».

Desde o «degelo de outubro», a poesia de Szymborska nunca mais foi engajada em nenhum acontecimento político, embora ela tivesse consciência do lugar e do tempo em que vivia.

Somos filhos da época
e a época é política.

Todas as tuas, nossas, vossas coisas
diurnas e noturnas,
são coisas políticas.
[...]

Ser ou não ser, eis a questão.
Qual questão, me dirão.
Uma questão política.

«Filhos da época», *Gente na ponte*, 1986[lxx]

Parecia que com o final daquela época isso poderia mudar. Mas foram só ilusões.

Eis que um de seus poemas foi subitamente puxado para o terreno dos jogos políticos ocasionais.

Vejam como ainda é eficiente,
como se mantém em forma
o ódio no nosso século.
Com que leveza transpõe altos obstáculos.
Como lhe é fácil — saltar, ultrapassar.
[...]

Religião, não religião —
contanto que se ajoelhe para a largada.
Pátria, não pátria —
contanto que se ponha a correr.
A justiça também não se sai mal no começo.
Depois ele já corre sozinho.
O ódio. O ódio.
Seu rosto num esgar
de êxtase amoroso.

Ah, estes outros sentimentos
fracotes e molengas.
Desde quando a fraternidade
pode contar com a multidão?
Alguma vez a compaixão
chegou primeiro à meta?
Quantos a dúvida arrasta consigo?
Só ele, que sabe o que faz, arrasta.
[...]

Não nos enganemos: ele sabe criar a beleza.
São esplêndidos seus clarões na noite escura.
Fantásticos os novelos das explosões na aurora rosada.

«O ódio», *Fim e começo*, 1993[lxxi]

«O ódio» foi publicado em 5 de junho de 1992, na primeira página da *Gazeta Wyborcza*, ao lado do comentário do redator-chefe Adam Michnik: «Por vezes a linguagem política se mostra excessivamente seca e rasa. Então, a literatura fala. Wisława Szymborska, a Grande Dama da literatura polonesa, enviou-nos seu novo poema. Que sua mensagem seja também nossa voz na luta contra a vileza e o ódio».

Isso aconteceu um dia depois da queda do governo de Jan Olszewski,[2] e Michnik teceu comentários sobre a lista de supostos agentes do Serviço de Segurança da época comunista, elaborada pelo ministro dos Assuntos Internos Antoni Macierewicz.[3]

Wisława Szymborska nos disse, cinco anos depois: «Eu tinha em mente a facilidade com que a humanidade deixa-se tomar pelo ódio, agora e

---

2   Jan Olszewski (1930-): advogado e político conservador polonês, foi primeiro-ministro da Polônia no período de dezembro de 1991 a junho de 1992, quando foi destituído pelo congresso por intervenção de Lech Wałęsa e seu partido, depois de ter tentado introduzir medidas impopulares para conter uma grave crise econômica.

3   Em 28 de maio de 1992, o Parlamento da Polônia aprovou uma lei que intimava o ministro de Assuntos Internos a fornecer ao Senado uma lista dos então senadores, deputados, ministros, voivodas, juízes e procuradores que haviam sido agentes comunistas secretos entre 1945 e 1990. Em 4 de junho de 1992, Macierewicz forneceu a lista, comumente conhecida como Lista de Macierewicz, onde constavam os nomes de 64 membros do governo e do Parlamento que haviam sido identificados como agentes secretos nos arquivos da polícia secreta comunista.

sempre, aqui e em todos os lugares. Eu tinha mandado aquele poema uns dez dias antes e cheguei a pensar que a *Gazeta Wyborcza* não o queria, o que era compreensível, já que não tinha o hábito de publicar poemas».

Włodzimierz Maciąg, que conhecia Szymborska dos anos 1950, nos disse: «Ela sempre foi direta, tanto no seu engajamento comunista quanto depois, quando saiu».

«Eu tinha acabado de voltar do Uruguai», contou-nos Michnik, «e encontrei na caixa do correio uma carta de dona Wisława, junto com um poema não publicado. Ela queria que ele fosse amplamente conhecido. Naquele mesmo dia, fiquei assistindo até tarde da noite na televisão ao espetáculo aterrorizante em torno da lista de Macierewicz. Li o poema e não me passou pela cabeça que sua publicação pudesse ser algo inapropriado.»

O crítico literário Andrzej Biernacki, da revista parisiense *Kultura*, reagiu sem demora. Ele acusou Szymborska de, ela mesma, já ter bufado de ódio, e que isso tinha acontecido contra o coronel americano que lutava na Coreia, em vez de ser contra o coronel Różański, célebre torturador do Ministério da Segurança Pública. E, à *Gazeta*, escreveu dizendo que a publicação de «Ódio» logo abaixo do emblema da Águia Branca e com a fotografia do primeiro-ministro Jan Olszewski era «um ato marcado pela ignomínia».

«É claro que o poema de Szymborska não tinha sido escrito pensando em Jan Olszewski», continuou Michnik. «Embora o poema tivesse nascido naquele clima político, cujo ponto culminante foi o escândalo com os arquivos e os agentes.»

A poeta voltou ao tema do ódio ainda mais uma vez nas *Leituras não obrigatórias*, onde assim escreveu sobre a pessoa tomada por esse sentimento: «Moderadamente perigosa se ocorrer individualmente, o que, no entanto, nunca dura muito, pois é contagiosa. [...] Desprovida de espirituosidade — e quando faz uma piada, é um Deus nos livre! [...] Não tem suas próprias dúvidas e não deseja as dúvidas dos outros.

Especializa-se separadamente, mas prefere se juntar ao nacionalismo, ao antissemitismo, ao fundamentalismo, à luta de classes ou de gerações, ou a diversas fobias privadas, das quais deve dar testemunho público. No crânio tem um cérebro, mas isso não a incomoda».

Embora Szymborska inesperadamente se encontrasse em meio a uma tormenta política, agiu como sempre: não fez nenhum comentário na ocasião nem deu explicações. Afinal, sempre achava que as explicações de nada serviam. Anos antes, ao comentar as memórias do soldado e aventureiro Maurycy Beniowski, ela escreveu: «A mentira não tem absolutamente pernas curtas. É célere como uma gazela. De fato, é a verdade que se arrasta atrás da mentira com suas perninhas de tartaruga, com seus documentos, retificações e detalhamentos».

Na Polônia livre, ela permaneceu essa mesma pessoa que evitava as mídias e as aparições públicas.

Bogusława Latawiec descreveu como foi difícil convencer Szymborska a participar de um recital de poesia em Poznań: «As negociações duraram muito tempo. Os negociadores mudavam. No inverno, ela dizia que iria na primavera, porque era mais quente e a estrada era longa. Em abril, escreveu: vou no outono, porque agora estou com um carpinteiro em casa, e, além disso, tenho de trabalhar muito, meu tempo está se acabando. Então aconteceu exatamente como em seu poema: 'Minha não ida para a cidade N./ ocorreu pontualmente'».

Entretanto, em 10 de setembro de 1992, ela enfim chegou à «Czwartek Literacki» [Quinta-feira Literária], no palácio Działyński. Depois do encontro, explicou para Bogusława Latawiec e seu marido Edward Balcerzan que ela não gostava dos recitais de poesia não por menosprezar o público, mas por não aprovar sua própria presença neles.

Mais tarde ela nos contou que nesse tipo de encontros caía inevitavelmente num tipo de cabotinismo: «Eu não gosto de mim dessa forma. Além do mais, é difícil agir naturalmente nessas ocasiões, sempre se incorpora algum papel. É uma defesa para não se revelar demais».

«Marcar uma entrevista com a poeta não é fácil», queixou-se, em 1993, o jornalista da filial local da *Gazeta Wyborcza*, em Cracóvia. «É preciso se preparar para uma expectativa de meio ano e relembrar, só de vez em quando, discretamente por telefone, que aqui é aquele chato, que... A poeta impõe um tema e começa uma conversa, esforçando-se para adaptar as perguntas que você faz às respostas que ela preparou anteriormente.»

«Em nossa época», disse-lhe Szymborska, «fala-se demais; isso é estimulado pelos meios de comunicação de massa, o rádio, a televisão, os microfones, os gravadores, os pensamentos e as invenções que antes não existiam. Até pouco tempo atrás, a Terra flutuava no cosmos em relativo silêncio. Agora, se pudéssemos ouvir, há todo um tumulto nas ondas do éter, um alvoroço cósmico gigantesco, [...] todavia existem atividades que exigem concentração e silêncio acima de tudo. E aqui começa o mal-entendido: por exemplo, existem escritores que dão entrevistas antes de escreverem seus livros, enquanto os escrevem e depois de os escreverem. Se falam coisas importantes, isso é ótimo, mas o microfone repentinamente colocado junto à boca raramente extrai dela algo sensato.»

«Fujo [dos jornalistas]», continuou, «porque, na maioria das vezes, propõem conversas que, por princípio, não me interessam; ignoro em silêncio as perguntas sobre colegas, poesia e sobre o que estou escrevendo agora. Quando Fellini morreu, não passou pela cabeça de ninguém que eu talvez tivesse alguma coisa a dizer sobre ele, já que era alguém extremamente importante para mim. A uma poeta perguntam sobre poesia, e sobre Fellini perguntam aos cineastas, por que não o contrário?»

«Então, por que a senhora concordou em conversar comigo?», interrogou o impaciente jornalista.

«Porque respondo às perguntas que tenho vontade de responder. Se nossa conversa for publicada, então vou copiá-la e, num eventual convite

376 QUINQUILHARIAS E RECORDAÇÕES

de outros jornalistas, vou entregar essa mesma entrevista; obrigada, por ter o senhor me proporcionado isso.»

Embora não gostasse de desempenhar funções sociais, concordou em entrar para o conselho de ética profissional da Associação de Escritores Poloneses da filial de Cracóvia. Ela provavelmente foi convencida de que não teria muito o que fazer. E, de fato, nenhum assunto chegou ao tribunal durante seu mandato.

«Era o seu meio profissional», disse Tadeusz Nyczek. «Ela nunca foi de ambientes como o do Piwnica pod Baranami[4] [Porão sob os carneiros] ou o da *Tygodnik Powszechny*. Talvez ela tenha considerado que aqui não havia nenhuma opção. Quando a filial da Associação, em Cracóvia, teve problemas financeiros, ela os apoiou com o dinheiro que recebeu de prêmios. Essa atitude de sensibilidade em relação aos assuntos materiais do seu meio provavelmente foi adquirida de Kornel, um ativista social no melhor sentido da palavra.»

Era-lhe muito próxima também a revista falada *NaGłos*. Por isso não se recusou a viajar para Poznań, para participar da noite *NaGłos*, no Palácio Działyński, em 27 de outubro de 1994, a qual foi dedicada a Stanisław Barańczak, que tinha vindo do outro lado do oceano em visita à sua cidade natal. Além da leitura tradicional dos poemas, aconteceu então um famoso duelo de limeriques. Szymborska começou: «Existe um cara em Manitoba/ sem graça que nem gororoba». Mas ela confessou que não sabia como prosseguir. Barańczak inventou um final

---

4 Piwnica pod Baranami: famoso cabaré literário-musical criado por Piotr Skrzynecki e um grupo de universitários, em 1956, em Cracóvia. Graças ao Piwnica pod Baranami, excelentes artistas poloneses tiveram sua estreia e ficaram conhecidos. Foi um importante polo político na Polônia da era comunista, um local de intensa criatividade e excentricidade, que agia como um bálsamo contra a realidade que cercava os poloneses.

na hora, e Krynicki o anotou num pedaço de jornal: «E até as cabeças contando,/ bem normal, nada faltando,/ tem as duas e ainda esnoba».

Barańczak «jogou, com um baque surdo, aos pés de Wisława Szymborska um feixe de limeriques» de Poznań e dos arredores: «A mais famosa filha da cidade de Bnin/ assim fez a censura a Boris Yeltsin,/ quando implorou: De Moscou seja a imperatriz!/ — Melhor montar lá um quiosque, ela diz/ para o povo comer caviar e pudim!».

«Puxar Szymborska para o círculo dos que compunham limeriques», disse-nos Jacek Baluch, «tinha esta vantagem: como o limerique tradicional deveria ser um pouco obsceno, na presença dela convinha substituir aquela indecência pelo refinamento literário e pela inventividade estilística.»

Ela mesma sempre fazia isso sem dificuldade:

Mozart se divertia em Praga a pé,
Caiu nele fuligem de chaminé.
Passada apenas meia hora, é fato,
quatro condessas empreteceu no ato,
e seus biógrafos não levaram fé.

Certo chinês falecido em Cantão
à mulher à noite faz aparição.
E já que ao lado da esposa,
o marinheiro dum junco repousa,
passam a noite em pequena comunhão.

Após o encontro no palácio de Poznań, a irmã de Barańczak, Małgorzata Musierowicz, organizou uma recepção glamorosa para trinta pessoas. Depois de comerem, Szymborska pegou um chapéu, jogou dentro dele uns papeizinhos numerados e todos começaram a sortear. O prêmio era apenas um — uma figurinha de plástico do xeique do filme Aladim, da Disney, que talvez não por acaso a anfitriã ganhou.

378 QUINQUILHARIAS E RECORDAÇÕES

Na verdade, esse «sorteio em viagem» não era típico, porque nos sorteios normais os prêmios eram tantos quantos eram os convidados e ninguém ficava sem algum presente.

Małgorzata Musierowicz não parava de se lamentar por não ter uma foto da ocasião: «Eu estava à espreita, porque sabia que Wisława não gostava de ser fotografada, e, quando o momento me pareceu propício, tirei a máquina. No entanto, ela disse na hora: 'Não, não, os fotógrafos roubam nossa face. Entendo essas tribos africanas que não gostam disso'».

Sua diatribe contra a fotografia, que «condenou à morte a pintura de retratos e se proliferou em nossos tempos como um monopolista da imortalização das faces», encontramos nas *Leituras*. Lá Szymborska descrevia que, nos velhos tempos, um homem posava para o retrato já tendo se vestido elegantemente, o que denotava respeito tanto pela própria pessoa quanto pela posteridade. Entretanto, hoje, os fotógrafos julgam que «a captação da semelhança é uma questão de fração de segundo, que basta emboscar a vítima de repente e, melhor ainda, sem que ela saiba ou consinta. [...] Eles estão profundamente convencidos de que não conhecemos a Saskia[5] verdadeira, já que o único documento de sua existência seria apenas sua cara retorcida no clarão de um flash».

Os convidados que nos contaram sobre essa recepção ficaram admirados não só com os deliciosos pratos, mas também com o modo original como a mesa estava posta (junto a cada prato havia um cartão de visitas cor-de-rosa com o nome da pessoa e uma folha de louro, a mesma usada nas sopas, mas que, na têmpora de um poeta, chamamos de laurel, porque lá havia muitos poetas: Stanisław Barańczak, Edward

---

5 Saskia van Uylenburgh (1612-42): esposa do pintor holandês Rembrandt.

ÚLTIMOS INSTANTES ANTES DO NOBEL

Balcerzan, Julian Kornhauser,[6] Ryszard Krynicki, Bogusława Latawiec, Bronisław Maj, Piotr Sommer,[7] Wisława Szymborska). Eles também se impressionaram com a laboriosidade das iguarias feitas pelas mãos da própria anfitriã (por exemplo, os pãezinhos que ela mesma assou, fermentados com cominho, cominho negro, mostarda, tomilho, cebola e alho), principalmente porque tudo precisava ser multiplicado por trinta.

Elżbieta e Jan Pindel afirmam que a própria Szymborska também cozinhava muito bem. Elogiavam especialmente sua sopa de pão fermentado com feijão-manteiga cozido separadamente e, é claro, com ovo e linguiça caseira, e também o espaguete ao pesto. «Ela gostava de fazer experimentos na cozinha», declarou Jan Pindel, e começou a enunciar o que tinha em mente: «Para os pierogues comprados prontos, ela preparava seu próprio molhinho de tomates; comprava bucho à moda do rei na Loja Jubilat e só levava para a mesa depois de duas horas de cozimento e tempero; inventou de adicionar gulache congelado ao trigo sarraceno».

Embora apreciasse a sensacional e tradicional cozinha de Nawoja, a poeta não desprezava os produtos semiprontos. Provavelmente, o tempo passado cozinhando era simplesmente um desperdício para ela. Virou lenda o jantar na casa dela no qual Barbara Czałczyńska gritou: «Meu Deus, eu me polvilhei toda com sopa». Houve uma época em que Szymborska se alimentava compulsivamente com sopinhas austríacas em pó (a melhor era aparentemente a de aspargos), e,

---

6   Julian Kornhauser (1946-): poeta polonês, escritor, ensaísta, crítico literário, professor universitário e tradutor de poesia sérvia e croata. Um dos mais conhecidos participantes do movimento literário «Nova Onda», dos anos 1970.

7   Piotr Sommer (1948-): poeta polonês, ensaísta e tradutor de poesia anglo-saxônica. Desde 1994 ocupa o cargo de redator-chefe da publicação mensal Literatura na Swiecie [Literatura no Mundo].

quando os convidados vinham, ela colocava na mesa a água fervendo e uma bandejinha com envelopes de sopinhas variadas. Cada pessoa colocava quanto queria e adicionava ela mesma a água fervendo. Bebia-se *kornelówka*, um licor de limão que era ideia de Filipowicz e que Szymborska aprendeu a fazer sozinha. Na hora do café e da sobremesa geralmente ocorria o sorteio.

Jerzy Pilch se lembra de que começou a frequentar os sorteios na casa de Szymborska nos anos 1980: «Ela colocava na mesa um punhado de objetos excêntricos; a propósito, eu não compreendia como se podia entulhar um apartamento com eles. Depois, cada um dos convidados sorteava algo e carregava para casa aquilo que lhe coubesse. Uma vez eu sorteei um pacote de macarrão colorido. Guardei na lembrança, porque os tempos eram lastimáveis e aquele macarrão impressionava. Eu não o comi, é claro, aos poucos foi perdendo o esplendor e, hoje, não tenho ideia do que aconteceu com ele».

Depois da época das sopinhas, veio a época de pedir pizza e, ainda depois, a época das asinhas do Kentucky Fried Chicken, que, no entanto, ela provavelmente não servia aos convidados (Michał Rusinek contou com horror que «A chefa estava congelando aquelas asinhas para ter uma reserva» e que até seu filhinho também as apreciava e perguntava, às vezes, se poderiam ir «comer asinhas na dona Wisława»).

Urszula Kozioł recordou certo jantar na casa de Szymborska no qual os convidados receberam um cardápio escrito à mão com pratos muito requintados, todos riscados, e só sobrava um bem comum, rudimentar.

«Seus poemas revelam um lado seu completamente diferente», disse-nos Marian Stala.[8] «Se alguém pensa que a conhece porque

---

8 Marian Stala (1952-): crítico e historiador de literatura polonês e professor de ciências humanas.

está em contato social com ela, está iludido. Eu sou convidado para os sorteios, é verdade, mas nunca me atreveria a dizer que sou amigo dela. Szymborska constrói um espaço no qual, por um lado, encoraja as pessoas, mas, por outro, conscientiza-as da distância. Agora é o tempo das ceias, dos sorteios, mas o tom dos seus poemas, especialmente nos últimos anos, tornou-se decididamente sombrio.»

No filme de Lars Helander, ela conta que quando era criança a tristeza passava bem mais depressa, a alegria era bem mais forte do que a tristeza. Depois veio aquele período na vida em que essas emoções se igualavam. «Hoje», ela disse, «com certeza, eu me entristeço com mais intensidade do que me alegro, mas ainda me alegro.»

«Tenho uns momentos de desespero muito, muito grande, por causa do que está acontecendo com o mundo», ela disse para Anna Rudnicka e Tadeusz Nyczek. «Lem escreve nas suas crônicas no *Tygodnik Powszechny* sobre essa decadência do mundo. Sinceramente, devo admitir que, por vezes, me esforço conscientemente para não lê-las, porque sei que, se eu ler, vou concordar com elas. E num instante vou ficar doente.»

Ela falava de seus medos, de que o século XXI seria um século de grandes fundamentalismos, grandes revanches e grandes guerras. Para falar a verdade, era difícil escapar das más notícias. Bastava ligar o televisor.

Depois de cada guerra
alguém tem que fazer a faxina.
Colocar uma certa ordem
que afinal não se faz sozinha.

[...]

382 QUINQUILHARIAS E RECORDAÇÕES

A cena não rende foto
e leva anos.
E todas as câmeras já debandaram
para outra guerra.

«Fim e começo», *Fim e começo*, 1993[lxxii]

No poema «Céu», a poeta escreveu: «Meus sinais particulares/ são o encantamento e o desespero».[lxxiii]

Em 1995, Szymborska se tornou membro da Academia de Habilidades de Cracóvia. De fato, já a tinham convidado no ano anterior, quando foi inaugurado um novo departamento de criações artísticas. No entanto, um pouco antes da votação na assembleia geral, um dos professores recordou suas obras do período stalinista. Disse que, «para se tornar um membro da Academia, era preciso representar o mais alto nível moral», e a poeta perdeu na votação. Todavia, quando sua candidatura foi novamente proposta, passou com significativa maioria de votos.

Szymborska foi a Poznań mais uma vez em maio de 1995 receber o título de doutora *honoris causa* da Universidade Adam Mickiewicz. A Universidade queria conceder-lhe essa distinção um ano antes, por ocasião dos setenta anos da Faculdade de Polonística, mas a poeta se esquivou. «Por enquanto estou me sentindo decididamente hiperelogiada, hiperadulada, hipervalorizada, e esse é um sentimento que me incomoda terrivelmente.» Propôs a Edward Balcerzan que, já que queriam homenageá-la, que bastavam um encontro e uma conversa. Pediu: «Edward, não faça isso comigo, eu não prevejo isso na minha biografia». Por fim, disse: «Não. Estou cansada com meus próprios setenta anos».

Na opinião de Balcerzan, a poeta tinha esperança de que o respeitável professorado se sentiria magoado e o assunto seria esquecido.

ÚLTIMOS INSTANTES ANTES DO NOBEL

Mas o Conselho da Faculdade concordou de bom grado em adiar toda a cerimônia para o ano seguinte.

Vestida com a toga acadêmica, Szymborska disse: «Será que os poetas em geral, e eu particularmente, somos adequados para tais distinções que exigem comprometimento? Quase toda a poesia, a minha certamente, extrai sua força de fontes não muito cristalinas, de erros cometidos na vida, de dúvidas, de todos os tipos de tolices, do conhecimento acumulado caoticamente e que não se deixa organizar».

O professor Wacław Twardzik enviou-lhe então congratulações proféticas: «De acordo com o dedo, o anel/ Agora é hora do Nobel/ Será sua menção honrosa/ Desejam Twardzik e esposa».

De fato, algo pairava no ar, porque Artur Międzyrzecki também falou sobre o Nobel para Szymborska ao lhe entregar o Prêmio do Pen Club três dias antes da nomeação. Outra coisa seria se ela não tivesse ganhado: todos se esqueceriam desses sinais e premonições.

Havia mais de meio século, Szymborska sempre passava o mês de outubro em Zakopane. Será, talvez, o fato de ser informada da maior honra que pode acontecer a um escritor em vida, bem ali perto do lugar onde foi concebida, um daqueles «truques, que o acaso revela»?

O espaço nos dedos do acaso
se enrola e desenrola,
se amplia e se encolhe.
Mal é uma toalha,
e logo é um lenço.
[...]
O acaso nos olha fundo nos olhos.
[...]
Queremos gritar,
como o mundo é pequeno,

como é fácil agarrá-lo
nos braços abertos.
E por um momento ainda nos enchemos de uma alegria
esclarecedora e ilusória.

«Sessão», *Fim e começo*, 1993

O acaso, essa forma menor de milagre, sempre habitou seus poemas. Escreveu sobre ele também em prosa.

Eis que ela tomou nas mãos, por exemplo, três volumes dos *Ensaios*, de Montaigne, reeditados em 1985, e se apavorou ao pensar que eles poderiam não ter existido. Escreveu um peã em homenagem ao acaso, que fez com que Michel de Montaigne vivesse o suficiente no século apropriado, para poder escrever sua obra-prima: «Faltou pouco para que uma criança do sexo masculino, batizada com o nome de Michel, tivesse morrido logo depois de nascer; a mortalidade dos recém-nascidos era então um fenômeno tão comum, que suas causas nem eram investigadas, [...] doenças fatais poderiam acometê-lo, e sua enumeração ocuparia várias páginas datilografadas. E os acidentes infelizes? O pequeno Montaigne poderia cair da árvore, do cavalo, da escada, poderia se queimar com água fervente, se engasgar com espinha de peixe ou se afogar ao tomar banho de rio. [...] E para o adulto ainda espreitavam armadilhas adicionais, como um duelo, alguma briga ocasional na taverna, algum pernoite numa pousada, em que alguém por descuido ateasse fogo». E ainda lembrou que era um tempo de guerras religiosas e Montaigne até participou de algumas expedições armadas contra os huguenotes e poderia facilmente ter morrido.

Ela via tão claramente todos esses perigos que ameaçavam seu amado escritor como se os visse numa tela: «É o crepúsculo de um dia de outono, o sol já se pôs. Dois cavaleiros, um viajante e seu criado, voltam para casa pela trilha da floresta. De súbito, alguns tiros vêm do matagal, ouvem-se o grito de alguém, o relincho de cavalos assustados, o estralar de galhos e o tropel dos criminosos fugindo floresta adentro. O viajante no cavalo empinado abre os braços em cruz e despenca inerte com a cabeça para baixo. Pois bem, que erro estúpido; bem nessa hora deveria passar por essa estrada outra pessoa, e de forma alguma o bondoso Michel de Montaigne, que agora é sacudido pelo criado apavorado, que tenta em vão trazê-lo de volta à vida. Foi assassinado com um pouco mais de trinta anos e tinha justamente começado a pensar sua grande obra escrita». E, então, como assinalou Szymborska, outra obra ocuparia seu lugar e não passaria pela cabeça de ninguém que tinha sido uma vitória por w.o.

Qualquer um que busca as *Leituras não obrigatórias* encontra lá essas pequenas narrativas, mininovelas, historinhas, que poderiam acontecer, embora não precisassem: a biografia alternativa de alguém, algum trecho do passado contado à sua maneira ou uma olhada no futuro.

Katarzyna Kolenda-Zaleska descreveu como foi rodado seu filme sobre Szymborska em Amsterdã. Elas estavam viajando num navio de turismo. Quando o guia disse que estavam passando pelo bairro dos patrícios, onde cada casa pertencia a uma só família e onde os criados moravam sob as escadarias, Szymborska imediatamente começou a tecer um conto sobre um comerciante de especiarias (ou talvez de sedas) que tinha um servo astuto e duas filhas, uma jovem e linda e a outra mais velha e corcunda. O servo pede a mão da linda e recebe a corcunda. «Antes de o nosso navio chegar ao porto», Kolenda-Zaleska relembra o conto de Szymborska, «o servo desperdiça em festas os bens do comerciante, vai trabalhar na casa de Baruch Espinosa, luta na defesa da cidade e, por fim, se apaixona pela corcunda. Nós desembarcamos e ficamos procurando com o olhar os personagens do conto, admirados de uma volta tão súbita ao século XXI.»

Será que, de fato, se a tivessem desencorajado da poesia no momento apropriado, Szymborska teria se ocupado de prosa, ficção e narrativas? E alguma outra pessoa teria ganhado aquele Nobel por w.o.?

Sou quem sou.
Inconcebível acaso
como todos os acasos.
[...]

A sorte até agora
me tem sido favorável.

Poderia não me ser dada
a lembrança dos bons momentos.

Poderia me ser tirada
a propensão para comparações.

Poderia ser eu mesma — mas sem o espanto,
e isso significaria
alguém totalmente diferente.

«Entre muitos», *Instante*, 2002[lxxiv]

CAPÍTULO 19

Em Estocolmo, fumando com o rei

No dia 3 de outubro de 1996, Wisława Szymborska estava em seu quarto na Casa do Trabalho Criativo Astoria, em Zakopane, justamente escrevendo um poema, quando a chamaram ao telefone. Um funcionário da Academia Sueca estava ligando para confirmar oficialmente que ela tinha ganhado o Prêmio Nobel. Respondeu que não sabia o que fazer naquela situação terrível — «nem posso fugir para as montanhas Tatra, porque está frio e chovendo». Logo estavam na porta duas jornalistas de Bratislava — que coincidentemente estavam em Zakopane — com um enorme buquê de rosas vermelhas.

Szymborska queria primeiro compartilhar a novidade com sua irmã.

«Wisława nos telefonou para não afligir repentinamente a irmã», contou-nos Elżbieta Pindel, vizinha que era amiga de Nawoja. «'Elżunia, eu ganhei o Nobel! A Nawoja está dormindo? Então não a acorde, eu ligo mais tarde.' E, depois, já era tarde da noite quando conseguiu ligar de volta para ela.»

Somente três anos depois a poeta retornou ao poema que largou naquele momento.

Logo na primeira conversa com os jornalistas que acorreram imediatamente a Astoria, ela disse que se sentia, ao mesmo tempo, atordoada, espantada, encantada, enlevada e aterrorizada.

«Estou apavorada, por não saber se vou conseguir enfrentar a cerimônia; toda a minha disposição é diferente, contrária a esse tipo de contatos, e é claro que nem sempre poderei recusar. Queria ter uma sósia. A sósia seria uns vinte anos mais nova do que eu, iria posar para as fotos e parecer que tinha uma aparência melhor do que a minha. A sósia viajaria, a sósia daria entrevistas e eu ficaria escrevendo.»

«Há muito dinheiro associado ao Prêmio Nobel, mais de um milhão de dólares. A senhora não pensa, às vezes, que tendo tanto dinheiro já não precisa escrever mais?»

«Nenhum dinheiro vai substituir a força mágica, o tormento e a delícia de escrever», respondeu Szymborska, rindo.

O quartinho da gerente da Astoria foi transformado num estúdio de rádio, e lá a recém-ganhadora do Nobel respondia aos radiouvintes.

«Aqueles que me conhecem sabem que estou falando a verdade; eu não esperava o Nobel.»

«Dona Czesława, esse grande prêmio vai mudar alguma coisa?», perguntou o jornalista, nervoso.

«Wisława, Wisława», corrigiu Szymborska. «Antes preciso me acostumar com essa ideia. Por enquanto, tive apenas um segundo para tomar um Diazepam e beber água.»

Na conferência de imprensa, convocada às pressas no saguão, ela disse: «Espero que isso não me suba à cabeça».

«Sou cética por natureza. Especialmente em relação a mim mesma. Esforço-me para não pensar em mim, e isso não é fazer fita ou charme para o leitor — realmente não estou no centro dos meus próprios interesses. O mundo é tão interessante, as pessoas são interessantes, então não vale a pena se ocupar de si.»

EM ESTOCOLMO, FUMANDO COM O REI

Ela tentou almoçar, desceu para a sala de jantar, tomou sopa de endro, mas o telefone tocou de novo. Era Czesław Miłosz, que lhe deu parabéns e depois declarou que se compadecia dela, porque ele mesmo sabia o fardo que ela teria de carregar agora.

Até o fim de sua estadia na Astoria, a poeta era constantemente chamada ao telefone e nunca mais conseguiu tomar uma sopa quente.

Escritores e poetas costumavam assistir à televisão no salãozinho da Astoria, bebericar café e chá numa varanda semicircular e se sentar em grupos de quatro junto às mesinhas na sala de jantar. Havia apenas um telefone na recepção, e a maioria das pessoas telefonava na hora das refeições, pois sabia que nessas horas todos poderiam ser encontrados. Quantas vezes ao longo daqueles anos, quando ia para a Astoria, Szymborska desceu para o almoço, sentou-se à mesa e escutou chamarem alguém ao telefone? Será que ela não organizou aqueles nomes numa lista de presença literária peculiar? E também — o que era característico de seu jeito de pensar — numa lista de ausência? De uma forma ou de outra, se não tivesse ido para a pousada Astoria, onde ninguém se admirava da presença de escritores ou poetas, provavelmente este poema sobre Krzysztof Kamil Baczyński[1] não teria sido criado.

À pousada nas montanhas ele iria,
para o almoço na sala de jantar desceria,
para os quatro abetos de galho em galho,
sem sacudir deles a neve novíssima,
do banquinho sob a janela olharia.
[...]

---

1   Krzysztof Kamil Baczyński (1921-44): poeta polonês do tempo da Segunda Guerra, fazia parte do Exército Nacional e morreu como soldado no Levante de Varsóvia.

A cartilagem da orelha atingida de raspão pela bala
— quando a cabeça se inclinou no último instante,
«mas que sorte danada eu tive», repetiria.
[...]
Às vezes alguém da soleira chamaria:
«senhor Baczyński, telefone para o senhor»
e nisso nada de estranho haveria,
que é ele e que se levanta puxando o suéter
e sem pressa se move para o lado da porta.

A essa visão as conversas não cessariam
nem gestos nem respiros no meio congelariam
pois esse acontecimento comum, que pena, que pena,
como um acontecimento comum tratariam.

«Em plena luz do dia», *Gente na ponte*, 1986

Andrzej Klominek, num texto relembrando Adam Włodek, revelou um pequeno fragmento da realidade que, com o tempo, chegou a esse poema: eis que Włodek «tinha uma linha quase invisível na bochecha, onde uma bala alemã o esfolara, antes de perfurar suavemente o lóbulo da orelha, deixando uma pequena cicatriz».

«Em todos os lugares, de forma perfeitamente normal, meus colegas e eu desaparecíamos no pano de fundo — pessoalmente isso me agrada bastante. Seria o fim da picada se os refletores começassem a nos seguir... Bem, não parece que isso vá acontecer, graças a Deus. Os caçadores de estrelas, aqueles com câmeras e lâmpadas que brilham, têm assuntos mais importantes e pessoas mais importantes em mente. [...] Penso que a poesia deixou de ter qualquer coisa em comum com essas pessoas que conhecemos como 'extraordinárias', que se mostram no mercado, quiçá num pequeno mercado, despertam admiração e colhem aplausos», disse Szymborska a Aleksander Ziemny, sem suspeitar quão enganada estava.

Durante alguns anos, seu nome vinha aparecendo entre os candidatos ao Nobel. No entanto, em 1995, quando o irlandês Seamus Heaney ganhou o prêmio, a poeta respirou aliviada.

«Ela ficou satisfeita por terem passado longe dela», disse-nos Jan Józef Szczepański. «E, além disso, sentia-se segura. Quem poderia esperar que dariam o Nobel dois anos seguidos a poetas da Europa?»

«Entre os favoritos deste ano, a agência sueca de imprensa inclui o nome de Szymborska», escreveu o correspondente da *Gazeta Wyborcza*, Piotr Cegielski, um dia antes do anúncio do veredito em Estocolmo. «Suas chances diminuem pelo fato de que, no ano passado, Heaney ganhou, no entanto melhoram considerando que dois homens foram vencedores em anos consecutivos.»

Como enfatizou Stanisław Barańczak, parecia, entretanto, pouco provável que ganhassem o prêmio em dois anos seguidos «representantes de duas nações católicas, vitimadas pela história e que consomem uma grande quantidade de batatas (e seus derivados)».

Já no dia seguinte, Szymborska estava tão cansada pela constante presença da mídia que, em 5 de outubro, enviou um esclarecimento à Agência Polonesa de Imprensa: «Assim como todos os meus excepcionais predecessores, não tenho prática no recebimento de um Prêmio Nobel, por isso, também, à alegria causada por tão alta distinção junta-se o embaraço. [...] No meu entender, pelo menos ainda dois arquiexcepcionais poetas poloneses mereceriam esse prêmio. Prefiro, então, pensar nessa distinção dada ao meu trabalho como um reconhecimento a toda a poesia polonesa contemporânea, que, ao que parece, tem algo importante para dizer ao mundo inteiro. Decidi fazer esta declaração pública por razões muito prosaicas. Desde o momento do anúncio da decisão da Academia Real em Estocolmo, já dei centenas de respostas, depoimentos, entrevistas curtas e longas, e, já que minhas cordas vocais não foram programadas pela natureza para esse tipo de trabalho, estou escrevendo este pronunciamento com a esperança de que, mesmo que por pouco tempo, elas possam descansar. Ficaria muito agradecida aos meios de comunicação se essa minha declaração escrita lhes bastasse por enquanto. Antecipadamente, agradeço».

De qualquer forma, mesmo nessa declaração tão prosaica, ressoa algo de sua poesia. Basta comparar «nascemos sem prática»[lxxv] com «não tenho prática no recebimento de um Prêmio Nobel».

Dois dias depois, em 7 de outubro, Szymborska enviou de Zakopane uma carta para Jacek Kuroń: «Querido sr. Jacek. Desculpe-me por tratá-lo de modo tão familiar, mas é dessa forma que sempre penso no senhor. Conto muito com sua ajuda num assunto. Como se sabe, muito dinheiro está associado ao Prêmio Nobel, e, é claro, eu gostaria de partilhá-lo com alguma sabedoria. Tenho a intenção de manter a metade ou um pouco menos à minha disposição, com registro testamentário, para que seja transferido para tais e tais propósitos, que ainda não sei exatamente quais são, mas a outra metade eu gostaria de partilhar já em breve. [...] Quem melhor do que o senhor para saber a quem o dinheiro é mais necessário e que instituições vão usá-lo de forma proveitosa? Não gostaria que essas doações fossem para novos tapetes, figuras de santos ou drinques infindáveis».

Iniciaram-se as obrigações ligadas ao Prêmio Nobel: a poeta precisava compor o discurso e fazer a lista dos convidados que ela poderia chamar para a cerimônia em Estocolmo. Bogusława Latawiec, poeta, redatora-chefe da revista literária *Arkusz*, escreveu: «Szymborska escolheu críticos e poetas do seu círculo de amigos e começou o exaustivo processo para reduzir a lista de pessoas a dez, pois esse era o número de convidados que a ganhadora do Nobel poderia levar consigo. Todo esse processo me lembrava a brincadeira da 'rosa': 'vem a Rosa do quintal com o chapeuzinho vermelho, quem a Rosa vai cumprimentar com o chapeuzinho vermelho'».

Para proteger sua privacidade, Szymborska logo contratou um secretário, Michał Rusinek, que felizmente provou não apenas ser bem-educado, como também firme. Szymborska decidiu também que, já que deveria se doar um pouco, ela se mostraria de um jeito diferente, menos sério e menos pessoal. Tinha, afinal, consciência de que em Cracóvia, cidade orgulhosa de seu prêmio e explicitamente criada para a vida social, as aparições públicas não poderiam ser totalmente evitadas. Talvez por isso tenha aceitado a proposição do diretor-chefe da editora Znak, Jerzy Illg, conhecido pelas ideias divertidas para a «vida peri-literária», e, em 18 de novembro, apresentou-se no Teatro Velho, em Cracóvia, para um público de algumas centenas de pessoas (aqueles que ficaram de fora puderam assistir à apresentação em telões no saguão). Leu seis de seus poemas. Depois ainda respondeu com total seriedade a algumas perguntas de Teresa Walas (ficamos sabendo que ela nunca tinha sonhado com a fama, portanto não conseguiria se transformar de pessoa em personalidade) e mostrou claramente qual parte de si estava pronta para exibir publicamente.

Depois começou a brincadeira. O condutor da festa, Jerzy Illg, leu um limerique dedicado a ela: «Por certa poeta o Nobel aguardava,/ e a porta da casa ela sempre trancava./ E, em vez de voar para Estocolmo,/ escondeu-se numa cabana de colmo:/ 'Esse problema não é meu', sussurrava».

Os amigos de Wisława Szymborska subiam ao palco sucessivamente e liam os limeriques encomendados por Illg especialmente para aquela ocasião.

Bronisław Maj: «Seu nome é Wisełka, a globe-trotter famosa,/ a vida toda sonhou em viajar para Arosa./ E logo faz a mala, na porta passa a tramela,/ mas os suecos sabidos dão o Nobel para ela./ Estocolmo sorri e Arosa está toda chorosa».

Jacek Woźniakowski: «Em Cracóvia, uma linda Safo havia,/ que de autógrafo não gostava e corria,/ mas aos poucos acabou a antipatia,/ não só dá autógrafo hoje em dia,/ como dela tiram até fotografia».

A própria Szymborska também leu alguns limeriques de sua autoria, entre eles um escrito especialmente para Illg.

Na Znak, Jerzy Illg, o editor cem por cento,
No trabalho se pendurava num gancho a contento
E sentado atrás da mesa, eis o exausto paletó,
Para o autor apavorado exclamar num grito só:
— O manuscrito lhe mostro para o ano, miserento.

Dessa maneira, a brincadeira literária privada, do mesmo tipo que havia anos a poeta realizava no grupo de amigos, pela primeira vez foi apresentada à luz dos refletores, o que, num futuro próximo, teria importantes consequências para a corrente de poesia engraçada e de puro nonsense fracamente representada na Polônia.

Enquanto isso, o Nobel instigou parte da direita a relembrar, mais uma vez, alguns poemas de Szymborska escritos no período stalinista. O *Tygodnik Solidarność* [Semanário Solidariedade] publicou o texto *Nagroda daje do myślenia* [O prêmio dá o que pensar], no qual Krzysztof Dybciak, da Universidade Católica de Lublin, afirmou que Szymborska, como autora de poemas sobre Stálin e o Partido Operário Unificado Polonês, não podia ser considerada um modelo ético, e que sua poesia «não iniciou novas correntes ou tendências estéticas na nossa literatura, não causou nenhuma discussão intelectual».

O crítico literário Jacek Trznadel escreveu que, se o Nobel era concedido a poemas tão fracos, então «um lobby específico» estava por trás disso e dele participavam «círculos influentes». «O que fazer com os poemas stalinistas de Szymborska, da sua primeira coletânea de poesia?», perguntou com preocupação. «E o elogio ao ódio na crítica aos imperialistas americanos (no poema 'Da Coreia'), com a imagem de um coronel americano, 'um gaiato ignóbil, pagando ao torturador pela perfuração dos olhos de um menino coreano'. Lembro-me de que se riam daquele 'gaiato ignóbil' depois que o poema foi publicado.» (É interessante notar que o autor de *Hańba domowa* [Vergonha doméstica], que apelou para que o passado não fosse apagado, de alguma forma não se apressou em recordar que, em 1953 e 1954, ele escreveu duas resenhas entusiasmadas sobre os livros do realismo socialista de Szymborska e ficou particularmente comovido com o poema em que a poeta mostrava sua antipatia em relação ao coronel do exército americano na Coreia.)

Depois do Nobel, publicações polonesas como *Nossa Polônia*, *O Pensamento Polonês*, já revelavam seu conteúdo pelos títulos: «A alegria parece menor», «Se Herbert fosse mulher...», «Nobel do contexto, modelo moral?», «A outra face da laureada», «O Nobel é um lixo?» etc.

Os mais variados jornalistas de direita tomaram unanimemente aquela mesma linha de raciocínio. Se uma poeta polonesa ganhou o Nobel, isso significa que esse Nobel pertence à Polônia. E, uma vez que pertence, é necessário pensar a quem ele de fato deveria ter sido outorgado. E, realmente, não há o que pensar duas vezes, já que a questão é clara: «Este é um prêmio contra Zbigniew Herbert», foi sentenciado.

E assim explicaram aos leitores: a esquerda intelectual mundial que administra a distribuição dos prêmios foi incapaz de superar suas limitações e dar o prêmio Nobel a alguém que não se manchou com nada nos tempos do stalinismo e, então, decidiu premiar justamente Szymborska. Esclareceram que «a melhor recomendação para os acadêmicos suecos» foi o fato de ela ter incluído as crônicas mensais na *Gazeta Wyborcza* e também os poemas no *Tygodnik Powszechny*, *Odra*, *NaGłos* e outras mídias «pouco patrióticas».

Por sua vez, os autores do bizarro livro *Dwa oblicza Szymborskiej* [As duas faces de Szymborska], no qual os fatos comumente acessíveis da biografia da ganhadora do Nobel foram distorcidos, escreveram que seus poemas despertam a suspeita de que a poeta «não gosta muito de Deus», e que, quando se refere em seus poemas às Sagradas Escrituras, é sempre ao Antigo Testamento.

Voltou também à tona a questão do poema «Ódio». Criou-se a tese de que o chefe da *Gazeta Wyborcza* tinha encomendado a Szymborska um poema contra a investigação das relações dos políticos e funcionários públicos atuais com o antigo sistema comunista.

«Esse ataque traz um elogio oculto. Alguém imaginou que eu era tão capacitada a ponto de escrever um poema em algumas horas, e o poema era bastante longo», admirou-se a poeta, que, naquele mesmo período, junto com algumas dezenas de intelectuais, tinha submetido uma carta aos políticos: «Para o bem comum, apelamos para a decência em atos e palavras. O ideal do serviço público não pode ser destruído».

O leitmotiv constante nas conversas que tivemos com os conhecidos e amigos de Szymborska, no outono de 1996, era a compaixão que sentiam pela ganhadora do Nobel, atormentada pela súbita fama, pelo interesse da mídia e por ataques da direita. Eles se condoíam da «pobre Wisława» de todas as maneiras possíveis, e Bronisław Maj definiu a concessão do Nobel a ela como «a tragédia de Estocolmo». Apenas o professor Tadeusz Chrzanowski declarou com severidade: «Quando se escrevem poemas tão bons, é preciso contar com o Prêmio Nobel, e já se sabe que com ele estão associados vários deveres».

«O sr. Seamus Heaney escreveu para mim como era a vida depois do Nobel. Começam a aparecer amigos dos quais você se lembra com dificuldade, parentes dos quais nunca ouviu falar o visitam e, inesperadamente, algumas pessoas se tornam seus inimigos. É muita dor de cabeça com viagens, palestras etc. Ele resumiu: 'Pobre, pobre Wisława'», ela contou a Andrew Nagorski, da revista americana *Newsweek*. «Proferir uma palestra é tarefa tão exaustiva que eu gostaria de evitar. Talvez eu tenha dado três palestras em toda a minha vida, e todas as vezes foi um suplício.»

«Em Cracóvia», ela contou a Bogusława Latawiec, «eu já não abro a porta para ninguém, falo só pelo interfone: 'Minha irmã não está em casa'. Montes de cartas pedindo dinheiro estão espalhadas no chão. E eu ainda nem tenho nada.»

EM ESTOCOLMO, FUMANDO COM O REI 397

No aeroporto de Varsóvia, antes do voo para Estocolmo, um dos jornalistas perguntou como era pertencer ao panteão dos maiores da literatura mundial.

«Isso só o tempo dirá. Daqui a cem anos vamos voltar a nos falar», ela combinou com ele.

Szymborska já estava em Estocolmo quando a imprensa noticiou que ela apareceria nas cerimônias com trajes feitos pela tradicional Casa de Moda Telimena. Em sua mala havia quatro costumes, entre eles um cinza, um quadriculadinho e um na cor vermelho-borgonha, dois vestidos de noite e dois casacões. Ela recebeu o Nobel usando um vestido longo na cor marrom-tabaco, em cetim francês com lycra, e no baile no palácio do rei apresentou-se num vestido cor azul-cobalto com acabamento em renda na cor prata-velha. O resto da equipe — a poeta foi para Estocolmo com a assistência de um secretário e uma dezena de amigos — teve de se preocupar com os trajes por conta própria. O professor Tadeusz Chrzanowski nos contou que pegou emprestado um fraque do Teatro Słowacki, que foi usado na ópera *Eugene Onegin*. Teve de mandar ajustá-lo às pressas, e também pregou nele uma medalha e explicou que estava encobrindo uma marca de bala.

No avião, verificaram que no boletim editado pela linha aérea Scandinavian Airlines destacavam-se fotos coloridas de macacos, animais que sempre tiveram a simpatia da poeta. Então, arrancaram as páginas e deram à Szymborska, para que tivesse material para suas colagens (realmente, depois de voltar da Suécia, Rusinek recebeu de sua chefe um cartão-postal de colagem com a inscrição «Os doze macacos já estão em Cracóvia»). A ganhadora do Nobel também foi convidada a ir à cabine do piloto. Teresa Walas a acompanhou. Durante a viagem, elas se perguntavam se não podiam cometer um atentado terrorista contra a tripulação e conduzir o avião para o Sul, onde ficariam esperando em algum lugar da Riviera até que a cerimônia do Nobel terminasse.

398 QUINQUILHARIAS E RECORDAÇÕES

Quando perguntaram a Szymborska, ainda em Varsóvia, o que mais a apavorava, respondeu que eram os jornalistas. No aeroporto em Estocolmo, uma multidão de jornalistas e fotógrafos a esperava. E, então, tudo começou.

«O que a senhora pensa sobre a poesia do papa João Paulo ii?»

«O Santo Padre é infalível apenas nas questões da fé», respondeu. Mas também se esforçou para responder de maneira menos lacônica.

«Eu não evito as pessoas, gosto muito de me encontrar com elas, mas não mais do que uma dúzia por vez. Um número maior do que esse já se torna uma multidão para mim. Há dois meses estou rodeada por pessoas, pessoas e pessoas. E isso é mais terrível para mim do que para alguém que gosta de muita confusão em torno de si. Eu não gosto muito disso.»

«É verdade que a senhora escreveu o discurso mais curto na história do Nobel?»

«Estou bem preocupada com isso. Eu, em geral, tenho tendência para o aforismo e a brevidade, e essa é provavelmente uma questão incurável, não sei escrever discursos, não tenho talento nenhum para isso. Foi assim: eu estava escrevendo numas folhinhas bem pequenas; escrevia, aí riscava alguma coisa, de forma que eu não tinha a menor ideia de quanto havia escrito. Depois, durante alguns dias, tive medo de transcrever as notas para a máquina, porque eu escrevo à mão, e não diretamente no computador. Depois da transcrição, ficaram seis páginas e meia, nem uma linha a mais. Se os organizadores me permitirem, como acréscimo lerei três poemas que têm relação com o que vou falar.»

«Ewa Lipska se esqueceu de pôr na mala sua saia longa, Edward perdeu um botão ornamentado, o professor Chrzanowski, a condecoração da Águia Branca que adornava seu fraque; na recepção do Pen Club, alguém trocou o sobretudo preto de Ryszard Krynicki por uma jaqueta desgastada; a gravata-borboleta de Sommer se desprendeu dez minutos antes da ida para a Filarmônica; e Szymborska, no último instante, foi tomada de aversão pelo vestido de gala com o qual deveria receber o Nobel e, num piscar de olhos, trocou-o pelo marrom-tabaco, que, no fim, ganhou o segundo lugar no concurso de modelos femininos, depois do vestido da rainha da Suécia» — assim Bogusława Latawiec enumerou as chamadas tragédias menores de sua expedição conjunta a Estocolmo.

O programa oficial contava 22 pontos, ou seja, uma quantidade tal de compromissos que, num período normal, ela distribuiria certamente por alguns meses ou talvez até anos de sua vida.

6 de dezembro de 1996. Encontro privado com outros laureados e suas famílias no Grand Hotel de Estocolmo, que os hospedou.

7 de dezembro de 1996. Discurso na Academia Sueca, ou seja, o ponto mais alto do programa depois da própria cerimônia de entrega do Nobel na Filarmônica. Jantar oferecido pelos membros da Academia em honra dos laureados.

«Ao que parece, a primeira frase de um discurso é sempre a mais difícil. Pois bem, essa eu já deixei para trás...», ela começou. «Por isso valorizo tanto estas duas pequenas palavras: NÃO SEI. Pequenas, mas de asas poderosas que expandem nossa vida por espaços contidos em nós mesmos e espaços nos quais está suspensa nossa minúscula Terra. Se Isaac Newton nunca tivesse dito a si mesmo NÃO SEI, as maçãs do pomar poderiam ter caído como granizo diante dos seus olhos e ele, na melhor das hipóteses, teria se abaixado para pegar uma e a teria comido com apetite. Se minha conterrânea Maria Skłodowska-Curie não tivesse dito a si mesma NÃO SEI, provavelmente teria se tornado professora de química numa escola para moças de boa família e nesse emprego — aliás, perfeitamente respeitável — teria passado sua vida. [...] Imagino, por exemplo, em minha audácia, que posso ter uma conversa com Eclesiastes, o autor daquele lamento tão comovente sobre a vaidade de todas as ações humanas. Eu lhe faria uma profunda reverência, pois se trata de um dos poetas mais importantes — pelo menos para mim. Mas, depois, tomaria sua mão. 'Nada de novo sob o sol', escreveste, Eclesiastes. No entanto tu mesmo nasceste novo sob o sol. E o poema que criaste também é novo sob o sol, já que ninguém o escreveu antes de ti. E novos sob o sol são todos os teus leitores [...]. E, além disso, Eclesiastes, queria te perguntar o que de novo sob o sol tencionas escrever agora. [...] Não dirás decerto: 'Escrevi tudo, não tenho nada a acrescentar'. Nenhum poeta no mundo pode dizer tal coisa [...].

[...] o que quer que ainda pensemos sobre este mundo — ele é espantoso. Porém no termo 'espantoso' se esconde uma armadilha lógica. Espantamo-nos, afinal, com o que diverge de alguma norma conhecida e comumente aceita, de alguma obviedade à qual nos acostumamos. Mas a questão é que não há um mundo óbvio. Nosso espanto existe por si só e não resulta de nenhuma comparação com coisa alguma.»[lxxvi]

Szymborska dedicou à incerteza e ao espanto muitos poemas, porém nunca havia conversado com Eclesiastes antes. Quando mais tarde lhe perguntamos se ela havia usado no discurso justamente uma ideia de poema sobre uma conversa com Eclesiastes, ela acenou com a cabeça que sim.

Seu discurso (o então secretário da Academia Sueca, Sture Allén, disse que foi o maior poema que ele leu na vida) foi complementado, conforme anunciado, com três poemas — «Salmo», «Certa gente» e «Uma versão dos acontecimentos» — que ela leu em polonês e seu tradutor Anders Bodegård leu em sueco.

Se é que nos foi permitido escolher,
parece que ponderamos por muito tempo.

Os corpos propostos eram desconfortáveis
e se acabavam muito feios.

[...]
Concordamos com a morte,
mas não com todas as suas formas.
O amor nos atraía,
sim, mas o amor
que mantém as promessas.
[...]

Todos queriam ter uma pátria sem vizinhos
e viver a vida toda
nos intervalos entre as guerras.

Nenhum de nós queria tomar o poder,
nem se submeter a ele,
ninguém queria ser vítima
das ilusões próprias e dos outros,
não havia voluntários
para as multidões e desfiles,
sem falar das tribos em extinção
— sem isso, contudo, a história
não poderia de maneira alguma avançar
pelos séculos previstos.

«Uma versão dos acontecimentos», *Fim e começo*, 1993

8 de dezembro de 1996. Almoço na embaixada polonesa. Encontro com o poeta Tomas Tranströmer, que acabou também recebendo o Prêmio Nobel quinze anos depois.

9 de dezembro de 1996. A agenda de Szymborska era esta: de manhã, autógrafos de livros; depois o almoço com os representantes da vida cultural sueca e internacional; mais tarde a recepção oferecida

pela Fundação Nobel para todos os dez laureados do Nobel 1996 e, ainda à noite, um «encontro com o autor».

«A cada intervalo de poucas horas, todas as emissoras de tevê do mundo lançavam luzes em seu rosto, suas mãos, em toda ela», escreveu Bogusława Latawiec. «Eu me perguntava quanto tempo aquilo ia durar, ao ver seu rosto contraído no café da manhã, quando, por um segundo, ela acreditava que ninguém a estava olhando. 'Não consigo dormir nada, nem com remédios', queixou-se para mim, baixinho, como uma criança cansada, e, fechando os olhos, tragou avidamente o terceiro cigarro num período de alguns instantes. [...] Um dia antes da entrega do Nobel, os artifícios elaborados com tanto zelo começaram a desabar. Por trás dos buquês de flores em esferas cor de safira, das limusines, dos clarões dos flashes, por trás dos refletores, aparecia a face cansada de Wisława. Isso não tinha sido previsto. A rosa recém-escolhida deveria emanar de si uma felicidade sincera.»

«Somente agora compreendi o mito de Orfeu, que foi dilacerado pelas bacantes apaixonadas por sua arte», disse ela, passando a palma da mão pelo rosto, como se tivesse esperança de assim retirar dele aquela máscara opaca e espessa. «Acontece que isso não é nenhuma metáfora. [...] Eu preciso não olhar para ninguém por algumas horas, senão amanhã vou estragar tudo.»

Szymborska desistiu das atividades planejadas para o dia 9 de dezembro. Não foi à sessão de autógrafos na maior livraria de Estocolmo, para a qual acorreram multidões de moradores. A maioria recebeu com compreensão sua ausência, mas não faltaram os amargurados. O correspondente da *Gazeta Wyborcza* ouviu quando uma mulher se lamentou: «É de esperar que um laureado com o Nobel venha e dê autógrafos. Que exemplo para as crianças!», e um funcionário da livraria lhe disse: «Nunca nos tinha acontecido antes de um laureado do Nobel não vir. No ano passado, Seamus Heaney autografou seus livros, embora estivesse com febre alta».

EM ESTOCOLMO, FUMANDO COM O REI

Também não compareceu ao almoço. Apareceu por alguns minutos na recepção dada em sua homenagem no Grande Salão da Academia e posou para fotografias em grupo. Não compareceu também à leitura de poemas, à noite.

«Um pouco antes, o médico a examinou», relatou Bogusław Latawiec, «e disse que não era nada grave. Que era apenas a 'doença do Nobel', como a chamavam na Suécia. Todo ano alguém pega essa doença. Recomenda-se sossego total.»

No dia seguinte, Szymborska desceu para o café da manhã já com o humor melhor. «Hoje o rei vai me pedir a mão, porque já tenho dote», ela disse. E voltou para a moedeira.

Antes do meio-dia — ensaio geral da cerimônia principal na Filarmônica. «Oportunidade para espiar os laureados submetidos à ordem unida de conduta da corte.»

«Dez laureados do Nobel, três poltronas douradas com forro azul-celeste, 8 mil cravos em vários tons de amarelo e laranja, 1,2 mil lírios, mil gladíolos e 200 gérberas — só do aroma já se podia ficar tonto, mesmo as flores estando cobertas com filme plástico no ensaio geral», descreveu o correspondente da *Gazeta Wyborcza*.

O presidente da Fundação Nobel encarnou o papel do rei, para que cada laureado pudesse treinar como receber o diploma com a mão esquerda e com a direita apertar a mão do monarca. Depois ainda houve a sequência das reverências: primeiro o rei, depois a Academia e finalmente o público. Jerzy Illg descreveu que o presidente da Fundação Nobel, ao desempenhar suas funções de substituto do rei, corria de um laureado a outro para lhe tomar o diploma e a medalha, pois só havia um conjunto deles (à tarde, Szymborska divertiu e comoveu todos com suas mesuras fora do regulamento, curvando-se primeiro para o público e sem conseguir esconder a confusão com esse *faux pas*). O recebimento do prêmio pelas mãos do rei Carlos XVI Gustavo deu-se às quatro da tarde, e às sete da noite ocorreu a recepção nos salões da Prefeitura.

Havia 1250 convidados, 650 mesas, 305 garçons. Entrada — gelatina de lagosta com creme de couve-flor e caviar e um pãozinho chamado nobel, com quatro tipos de sementes; prato principal: galinha-d'angola guarnecida com batatas da Lapônia e legumes cozidos cobertos com molho de limão. «Os pratos foram unanimemente considerados horríveis, apesar de os nomes serem maravilhosos. A falta de conhaque para acompanhar o café também espantou», escreveu o correspondente da *Gazeta*, «além disso, havia um espetáculo no estilo pseudo-oriental.» No banquete, Szymborska sentou-se no lugar de honra, do lado direito do rei Carlos XVI Gustavo. Depois, ela disse à tevê sueca que tudo para ela tinha sido extraordinário e que nunca havia se sentado ao lado de um rei antes.

Szymborska, fumante inveterada havia anos, que evitava as cerimônias oficiais nas quais não se podia fumar, conseguiu tirar da recepção o próprio rei para fumarem um cigarro (numa das fotografias vê-se com que prazer a poeta solta para o alto circulozinhos de fumaça, mas a foto sofreu embargo, porque nela estava igualmente o rei, que não deveria escandalizar os súditos). Os opositores do tabagismo protestaram também contra a colocação nas bibliotecas públicas suecas de um cartaz de autoria de Joanna Helander mostrando Szymborska fumando um cigarro.

Edward Balcerzan, também presente em Estocolmo, contou-nos que a poeta, um dia, lhe perguntou: «O senhor deixou de fumar? Ah, isso significa então que o senhor não quer morrer?».

Certa vez ela escreveu: «Num mar de café nadou *A comédia humana*. Num lago de chá, *As aventuras do sr. Pickwik*. Na suspensão da fumaça do tabaco, nasceram *Pan Tadeusz, No coração das trevas, A montanha mágica*...». Ela repetiu, com todo o vigor, no filme de Lars Helander: «Quando me concederam o Prêmio Nobel, dei-me conta de que as obras dos meus excelentes antecessores, como Thomas Mann ou Herman Hesse, também surgiram nas nuvens de fumaça.

Eu duvido que a goma de mascar de nicotina fará um bem semelhante à literatura».

Agora só faltava isto para Szymborska fazer: encontro na
Faculdade de Filologia Eslávica da Universidade de Estocolmo e banquete no castelo real oferecido pelo casal real sueco em honra dos
laureados com o Prêmio Nobel (11 de dezembro), visita à Fundação
Nobel e excursão a Gotemburgo para um encontro na universidade
(12 de dezembro), visita à Universidade de Uppsala (13 de dezembro),
encontro em Estocolmo com a colônia polonesa local no prédio da
Academia Sueca e depois autógrafos de livros (14 de dezembro).

No encontro com a colônia polonesa, Leonard Neuger[2] estava pro-
ferindo o panegírico, quando a vencedora do Nobel o interrompeu:
«Leo, eu não sou assim tão dramática. O próprio Miłosz escreveu que
no meu mundo dá para viver».

Num dos inúmeros banquetes oferecidos aos ganhadores do
Nobel, calhou de ela se sentar ao lado de outro laureado, o professor Rolf Zinkernagel, premiado por suas conquistas no campo da
fisiologia, medicina e imunologia. Ela confessou a ele que preferiria
receber um Nobel no campo em que ele trabalhava. «Se a senhora
pensa assim», respondeu, «a senhora já tem um emprego garantido
comigo.» «Tudo bem, mas o que eu vou fazer?» perguntou. «No
começo a senhora vai lavar os frascos do meu laboratório.»

Szymborska insistia com seus convidados que foram a Estocolmo
para a cerimônia do Nobel para que não deixassem de ver o navio
dos Vasa transformado em museu, que ela havia conhecido em sua
visita anterior. Era para ser o orgulho da frota bélica sueca do século
XVII, mas não chegou até a Polônia, afundou depois de quarenta

---

2 Leonard Neuger (1947-): tradutor polonês, especialista em estudos eslavos, que mora
na Suécia desde 1983. Foi ativista do Solidariedade.

minutos de seu lançamento ao mar, em sua primeira viagem. Bogusław Latawiec anotou suas palavras: «É muito lindo quando, depois de um conflito bélico entre nações, resta apenas uma exposição num museu».

Alguns anos depois, quando saiu em sueco mais uma grande coletânea de poemas de Szymborska, na tradução de Bodegård, a poeta foi com Michał Rusinek ao recital de poesia em Estocolmo. «A guia nos levou a um restaurante numa casa onde trabalha o Comitê do Nobel, no andar superior», contou-nos Rusinek. «A guia disse ao garçom — pois não tínhamos reserva — que aquela senhora tinha um Nobel.» «De que ano?», perguntou o garçom. «De 1996», ela respondeu. «E de quê?» «De Literatura.» «Está bem, é a mesinha junto à janela, por favor.»

CAPÍTULO 20

A primeira poeta e seu primeiro secretário

O telefone em seu apartamento tocava quase sem parar, e a poeta estava cada vez mais em pânico. Tinha medo de atender o telefone, apavorava-a o pensamento de que teria de conversar com todas as pessoas, predominantemente estrangeiras, que lhe telefonavam de todo o mundo para, em diversas línguas, congratulá-la pelo Nobel, propor recitais, ou que ela abrilhantasse algum evento ou viajasse ao exterior, pedir uma entrevista, um autógrafo ou sua concordância em relação à tradução de poemas.

Ela já havia pensado em ter um secretário antes, pois havia muito se cansara de resolver assuntos oficiais, manter correspondências, ir ao correio e regularizar as contas. Mas agora o assunto tinha se tornado urgente. Teresa Walas indicou seu aluno. Szymborska, logo de cara, mostrou-lhe desesperada o telefone que não ficava quieto.

Michał Rusinek se inclinou sobre o aparelho e certificou-se de que não podia desligá-lo, porque a tomada estava atrás do armário e o armário estava preso à parede. Pediu uma tesoura e cortou o cabo. O telefone silenciou, a poeta ficou admirada e ele correu à loja para comprar uma secretária eletrônica. Instalou-a e gravou nela uma mensagem um tanto repulsiva, que desencorajou o contato com a ganhadora do Nobel por anos. Durante algum tempo a mensagem era assim: «Aqui é o número tal e tal. Favor deixar um curto recado ou se consultar com um médico ou farmacêutico», isso gerou, no entanto, tamanha ansiedade entre os amigos e conhecidos da ganhadora do Nobel, que a mensagem foi suavizada.

Teresa Walas nos contou que, desde o início, estava claro para ela que o secretário de Wisława teria de ser um rapaz jovem, porque «isso criaria entre ele e sua empregadora uma distância natural». «Um homem jovem e, além disso, leal, inteligente, com senso de humor, bem-educado, falando várias línguas... Considerei que Rusinek servia perfeitamente para a função. Fui sua orientadora na dissertação que ele tinha acabado de defender: *Deconstructio antiquitatis. Sobre as relações textuais em* Dii gentium, *de Maciej Kazimierz Sarbiewski.* O assunto foi decidido pela prova de fogo com o telefone.

Rusinek, no entanto, enfatizou com modéstia que se tornou secretário como comumente costuma acontecer na Polônia, isto é, por indicação. Com efeito, havia vários candidatos, mas aquela ideia de cortar o cabo foi espetacular! Infelizmente, um pouco depois de sua admissão no trabalho, ele partiu com sua esposa na viagem de núpcias que estava planejada havia muito tempo.

«Escondi isso de Wisława, porque, se ela soubesse que ele não estaria lá, justamente durante o tempo da maior tempestade e pressão, entraria em pânico», contou-nos Teresa Walas. «Eu a mantive com a convicção de que ele tinha viajado por um breve período e que a qualquer momento estaria de volta, e trabalhei no lugar dele. A vida mostrou que eu tinha razão em ter segurado aquele cargo para ele. Wisława sempre repetia: 'Se tem uma coisa que eu realmente agradeço a você é pelo Michałek'. Eu a conhecia e sabia que não ia querer ter uma instituição, isto é, secretaria, escritório, funcionários e tudo o mais; que ela precisaria de uma pessoa que lhe fosse útil também quando passasse aquele alvoroço em

A PRIMEIRA POETA E SEU PRIMEIRO SECRETÁRIO 409

torno do Prêmio Nobel. Michał satisfazia essa necessidade. Na relação entre um e outro não havia nenhum falso coleguismo; Wisława tinha facilidade de tratar as pessoas por você, mas com Michał era 'senhor' e 'dona'. O senso de humor parecido também os unia.»

Assim, quando Rusinek dizia pelo interfone que tinha chegado um ônibus cheio de japoneses, que estavam pedindo que ela descesse para tirar uma fotografia com eles no pátio, a poeta nem se embarricava no apartamento, porque sabia que era uma brincadeira. Mas os outros ele conseguia enganar. Quando Urszula Kozioł teve de receber um prêmio importante, convidou Szymborska, que ficou hospedada em sua casa, enquanto Rusinek foi para um hotel. No dia seguinte, ele contou que, quando voltou à noitinha para o hotel, não se sabe como, uma moça desconhecida segurando um chicote estava no quarto dele. «Como se chama esse hotel?», perguntou Kozioł, assustada. «Afrodite», ele respondeu sem piscar os olhos. Szymborska sabia desde o início que ele estava inventando, mas Kozioł começou a se explicar, que não tinha sido ela que reservara o hotel, que ela conhecia um «barato e decente».

Por vezes, no entanto, ele conseguia enganar até Szymborska. Certa vez ele gravou um recado na secretária eletrônica imitando a voz de Władysław Bartoszewski.[1] Ele se divertiu à beça quando ela telefonou perguntando — embora fosse 1º de abril — se sabia como localizar Bartoszewski, que tinha um assunto importante para falar com ela, mas que não disse onde estava hospedado em Cracóvia.

Rusinek voltou da viagem direto para o primeiro recital de sua empregadora, depois de ter recebido o Nobel, que ocorreu no Teatro Velho, e imediatamente escreveu um limerique em sua homenagem: «Quando o Nobel saiu de um lar cracoviano,/ o povo polonês se tornou

---

1 Władysław Bartoszewski (1922-2015): historiador polonês, cronista, jornalista, escritor, ativista político e diplomata.

szymborskiano./ Somente em Płock todo mundo pensou/ que foi a sexóloga Wisłocka que ganhou./ Um ato falho bem do tipo freudiano».

«A senhora sentiu à primeira vista que ele seria seu secretário?», perguntamos a Szymborska alguns anos mais tarde.

«Ah, sim. Ele era aluno de Tereska, o que significa que ela teve oportunidade de conhecê-lo em sua pior faceta. E se ela o convidou é porque sabia o que estava fazendo. Sem o sr. Michał, depois do Nobel, eu absolutamente não teria conseguido lidar com tudo. Sei que ele tinha algumas outras propostas de trabalho. Eu reparava nele em certas horas, e, depois de três meses, telefonei para sua mãe e dei-lhe os parabéns por ter educado seu filho tão bem.»

Rusinek, entretanto, gostava de contar uma piada que — como ele afirmou — tinha ouvido e não inventado. Eis que um pescador pescou um peixinho dourado, e este, em troca de ser libertado, prometeu ao pescador que realizaria cada desejo seu. Então, ele desejou uma mulher gentil, modesta, trabalhadora e rica. Voltou para casa e lá estava Szymborska.

No ano que se seguiu ao Nobel, entre outubro de 1996 e outubro de 1997, Szymborska deu quase vinte entrevistas, ou seja, mais do que durante toda a sua vida. Também deixou que tirassem algumas fotografias dela, apareceu em dois filmes documentais (para as tevês sueca e alemã), deu dezenas de autógrafos, respondeu a convites do Chile, da China, da Coreia e do Egito a respeito da escolha de um tradutor, resolveu formalidades sobre a transferência de doações em prol das crianças afetadas por leucemia, realizou alguns encontros com Jacek Kuroń, com relação à transferência de parte de seu prêmio com objetivos caritativos, doou à Universidade Jaguielônica sua medalha de ouro do Nobel (em Estocolmo, ela também ganhou uma cópia exata, tão exata que antes da saída para a universidade não conseguia se decidir qual delas levar e qual deixar). Decidiu também que mudaria de apartamento. Olhou alguns e, por fim, escolheu um apartamento um pouco maior, num bloco novo, não mais no quarto andar sem elevador, e a mudança começou.

A PRIMEIRA POETA E SEU PRIMEIRO SECRETÁRIO   411

«Eu adorava o apartamento dela na rua Chocimska», contou Elżbieta Zechenter. «Mas Wisława me disse que estava se mudando sem arrependimento, porque foi lá que ela recebeu a notícia da morte dos seus entes mais queridos: Adam, Kornel e Nawoja.»

«Estou rodando para cima e para baixo no meu Fiat 500, porque dona Wisława quer transferir as coisas aos pouquinhos, dois vasinhos, quatro tigelinhas, só o globo numa ida, porque, afinal, é grande. E assim durante toda a semana», escreveu Rusinek para Joanna Szczęsna (8 de novembro de 1997).

Da mesma forma, ele fez a mudança dos livros pessoalmente, em seu próprio automóvel e com a ajuda do cunhado.

«O sr. Michał arrumou os livros para mim», contou Szymborska, cuja biblioteca era relativamente pequena. «Ele sabe perfeitamente onde cada livro fica e consegue achar tudo imediatamente. E uma arrumação coerente da biblioteca não é de maneira alguma um assunto simples. Conversei sobre isso com Henryk Markiewicz,[2] que tem uma coleção de livros imensa. Concordamos que existem alguns livros que não pertencem a nenhuma categoria e não sabemos onde colocá-los, e alguns que pertencem a várias categorias e não sabemos onde colocá-los.»

Rusinek: «Perguntei onde deveria colocar o livro de René Girard, *Kozioł ofiarny* [Bode expiatório], e dona Wisława respondeu: 'Perto de Urszula Kozioł'».

Embora um arquiteto de interiores tenha sido contratado para decorar o apartamento, Szymborska conseguiu coagi-lo a fazer tudo de modo simples e trivial («disse que não queria absolutamente morar numa cenografia ou num set de filmagem»). E, apesar dos protestos dele, exigiu alguns

---

2   Henryk Markiewicz (1922-2013): filólogo polonês, professor de ciências humanas, teórico e historiador da literatura na Universidade Jaguielônica, além de redator por muitos anos do Polski Słownik Biograficzny [Dicionário biográfico polonês].

banquinhos duros (como dizia Ewa Lipska, os móveis na casa de Wisława não incentivam ninguém a «ficar sentado muito tempo»).

Entre as propostas bizarras que recebeu depois do Nobel, a lista era encabeçada, sem dúvida, pelo convite de Zdzisław Podkański, então ministro da Cultura do Partido Camponês da Polônia, para que ela comparecesse ao Senado e apresentasse aos parlamentares «uma amostra do seu trabalho». Mas não ficou muito atrás o convite para ir a Wieliczka por ocasião da Festa do Sal, quando teria de participar de um painel de discussões, ou pelo menos ler algum poema de seu livro *Sal*. Ou então a proposta de Edyta Górniak e da banda Budka Suflera, para lhes escrever letras de músicas, ou ainda o pedido de um grupo de canoístas, para que os ajudasse a abrir um clube.

Os editores de revistas de viagem se dirigiam regularmente à poeta perguntando se não tinha algum poema sobre este ou aquele lugar, e quando acontecia de não ter, perguntavam se não poderia escrever um. Finalmente, uma senhora da Prefeitura de Cracóvia (a Prefeitura estava combatendo a pornografia naquele momento) telefonou para Rusinek dizendo que sabia que a sra. Szymborska tinha se pronunciado a respeito da pornografia. Será que queriam citar: «Não há devassidão maior que o pensamento./ Essa diabrura prolifera como erva daninha»? «Provavelmente eles não sabiam do que tratava o poema», disse Rusinek. «Sugeri que eles dessem uma olhada em 'Opinião sobre a pornografia' e verificassem do que se tratava, mas me disseram que não tinham aquele poema à mão.»

Certa vez, em Sędziszów Małopolski, deram a uma das ruas o nome de Wisława Szymborska. Era preciso explicar que, na opinião da poeta, não se devem erguer monumentos a uma pessoa que está viva. Assunto delicado, porque a intenção era das melhores. Szymborska foi também, como disse Rusinek, uma das vítimas da reforma educacional, resultado da criação de novas escolas — ginásios — e de muitas delas terem decidido levar seu nome. Surgiu até um pedido para que ela aceitasse

A PRIMEIRA POETA E SEU PRIMEIRO SECRETÁRIO 413

ser madrinha da bandeira de certa escola (uma vez Rusinek se permitiu escrever uma carta cordial, igual à que ele realmente gostaria de enviar em resposta a várias propostas, que finalizava com o dístico: «Melhor se uma diarreia aguda tivesse/ que ter Szymborska como patronesse»).

«É preciso considerar os sentimentos das pequenas localidades que fazem convites», explicou Szymborska. «Digo 'não' e podem pensar que, se eles fossem de uma cidade grande, talvez eu não negasse. E, entretanto, eu não viajo nem para grandes cidades como Nova York, nem para cidades muito antigas como Istambul, que também me convidaram.»

« Na verdade, veio um convite de um editor turco, que garantiu um voo na classe business e um hotel de luxo. Ao responder, usei uma fórmula diplomática de praxe, mas, em vez de escrever que durante os três próximos meses a sra. Wisława estaria ocupada, escrevi que ela estava pronta para ir por três meses (não escrevi: *She will not be able to come to Istambul for the next three months*, mas: *She will be able to come for the next three months*). Responderam, educadamente, que ficariam muito felizes, mas indagaram se, nesse caso, seria possível alugar um hotel um pouco mais modesto. Depois, como castigo, eu tinha de abrir os potes de vidro», contou Rusinek. «Sempre que faço alguma coisa errada, tenho de passar um tempo abrindo potes de vidro, porque dona Wisława não lida muito bem com novidades do tipo *twist-off*.»

A poeta nos confidenciou que seu secretário tinha inventado uma fórmula ótima para uma resposta negativa, que infelizmente não poderia usar, pois não havia como garantir que a outra pessoa teria senso de humor: «Com prazer aceitarei o convite, assim que eu ficar mais jovem». O problema de como recusar educadamente devia, no entanto, incomodá-la com frequência. Ao fazer a resenha do livro *Einstein w cytatach* [Citando Einstein], nas *Leituras não obrigatórias*, descreveu como tinham sido enviadas a Einstein pilhas de trabalhos científicos com pedidos de avaliação e apoio. «Se ele quisesse ler aquilo tudo, já não teria tempo para mais nada. Finalmente, o cálice da paciência transbordou e ele ditou à secretária: 'No que concerne às publicações que o senhor enviou, o professor Einstein pede veementemente que o senhor, por algum tempo, o considere morto'.»

«Sempre há uma infinidade de assuntos diversos, é preciso se posicionar a respeito de mil questões, pensar em como formular uma recusa de maneira educada e hábil para não ofender ninguém. Infelizmente pensam em mim, com frequência, para assuntos sobre os quais não tenho nada a dizer. Certa vez recebi um convite para participar de uma ação de limpeza da Polônia. Tratava-se de eliminar o lixo das cidades e aldeias. A ideia era justa e nobre, mas o que eu podia fazer?»

«Tivemos a ideia de responder: 'Tenho uma vassoura, mas eu a uso apenas com objetivos de locomoção'», acrescentou Rusinek. «Dona Wisława inventa também os finais das cartas, por exemplo: 'Beijo-lhe os pés com os lábios do meu secretário'.»

«Michał é apenas o executor ou também a eminência parda?», perguntamos.

«Algumas coisas ele não faz sem mim, mas existem assuntos que ele mesmo decide e responde sem me consultar. Trata-se principalmente da concessão de títulos honoríficos, da participação em diversos comitês, de cortar fitas etc. A todas as proposições que eu poderia dar início, honrar ou subscrever, o sr. Michał responde. Ademais, ele tem intuição sobre o que não precisa me perguntar.»

Rusinek: «Em nenhum caso se pode dizer que eu decido alguma coisa. Não recorro à dona Wisława nas questões sobre as quais já temos um acordo há tempos, àquelas que respondo 'não'. Sei também quais assuntos devo resolver 'como tartaruga', ou seja, ficar esperando passar. Mas, diante de alguns convites, o correto é perguntar, mesmo que seja *pro forma*...».

«Se eu tivesse de aceitar todos os convites, estaria o tempo todo na estrada, quatro dias na Bolívia, cinco no Japão, uma semana na Austrália... Sr. Michał, alguém me convidou para ir à Austrália?»

«Ainda não.»

Em geral, era por meio de Michał Rusinek que a poeta se contatava com o mundo (o que, é claro, não se referia aos amigos). Ele assumia a função de um segurança, que devia impedir a passagem de vários convites. «Sim, porque senão», ele nos explicou, «dona Wisława deveria se confrontar pessoalmente com algum escritor misterioso, falando com sotaque oriental e se apresentando como Jesus Cristo ('O senhor não sabe quem eu sou!'). Muitas vezes fico entre o martelo e a bigorna: ora alguém chorava dizendo que aquilo era terrivelmente importante para ele e que dona Wisława estava resistindo. Eu sabia que seria maravilhoso se ela aparecesse aqui e ali para o bem da 'causa', mas como eu poderia explicar que ela, na verdade, não servia para uso público? Acho que muitas pessoas se zangavam comigo pelo fato de eu existir. Antes eles tinham um contato tão bom e agora existe alguém que regulamenta, limita. Mas o que fazer? Eu considerava que meu papel também dizia respeito a ser o policial mau, para que dona Wisława pudesse ser a policial boa. Eu dizia primeiro que 'não', e dona Wisława depois: 'Bem, mas neste caso, talvez excepcionalmente...'.»

Dirigiam-se a Szymborska para a subscrição a um apelo, uma petição ou protesto, pedindo apoio. Rusinek diz que não fazia nenhuma seleção. Ela subscrevia dezenas de cartas. Nós as apresentamos ao cientista político Aleksander Smolar, depois de retirarmos os sinais de identificação, pedindo o perfil político do autor. Ele respondeu: «Ideias muito liberais, não no sentido econômico ou político — nesses temas não vejo declarações —, apenas uma liberal no sentido moral e cultural. Fiel (há uma década) à falecida União da Liberdade e à Terceira República Polonesa. Não gosta de radicalismo, nem religioso nem político. Mas evita declarações definitivas. Eu diria que é uma representante bastante típica da *intelligentsia* da União da Liberdade'. Como convém a uma representante dessa formação, ela se refere a assuntos internacionais quando se trata de problemas dos direitos humanos. Penso que nunca foi a mentora, mas subscreveu cartas de caráter nobre ou que lhe foram apresentadas por pessoas nas quais confia».

É verdade, mas ela escolhia com cuidado o que assinar. Às vezes, no entanto, sucumbia à persuasão.

Joanna Szczęsna: «Fui testemunha de uma conversa que o dr. Marek Edelman[3] teve com ela: ele queria conseguir a assinatura dela para apoiar a candidatura a deputado do seu amigo da antiga União da Liberdade. Isto é, eu estava ao lado dele, que falava ao telefone, e eu escutava apenas seu discurso inflamado, no qual parecia que o destino da democracia polonesa estava nas mãos de Szymborska. Compreendi que Szymborska relutava, quando subitamente Edelman clamou: 'E esse Thomas Mann que a senhora adora é um simples deslumbrado que ganhou o Nobel, viajou para a Suíça e deixou a Alemanha nas patas de Hitler. A senhora não pode nos abandonar'. Quando ele me passou o fone, houve primeiramente um instante de silêncio, e depois a voz de Szymborska: 'Está bem, ao dr. Edelman não se pode recusar. Pode me subscrever naquilo que o senhor doutor considerar necessário'».

Ao apor sua assinatura, ela se guiava por aquilo que a motivava na vida — a fé nos amigos, a aversão às caças às bruxas políticas e suas convicções profundas. «No caso do aborto, não tinha dúvida de que precisava tomar a palavra», ela nos disse. «O aborto é uma solução ruim, mas incomparavelmente pior é jogar os recém-nascidos nas latas de lixo, enterrá-los nas florestas ou afogá-los num barril.» E assim ela subscreveu três cartas que defendiam o aborto.

---

3   Marek Edelman (1919 ou 1922-2009): cardiologista e famoso cirurgião judeu-polonês, ativista político, participou e foi sobrevivente do Levante do Gueto de Varsóvia. Foi cofundador do ŻOB, a Organização Judaica de Combate, movimento de resistência judaica durante a Segunda Guerra Mundial na Polônia ocupada.

A PRIMEIRA POETA E SEU PRIMEIRO SECRETÁRIO 417

Da mesma forma, Szymborska tinha sua posição firme contra a *lustracja*.[4] Ela nunca daria uma olhada em sua própria pasta do IPN,[5] mesmo que a levassem à sua casa: «Não, simplesmente não. Deixem as pessoas irem morrendo e, depois de algum tempo, deixem os historiadores começarem a lidar com isso. Nem os piores assassinos, terroristas ou estupradores são exibidos em público, e sua identidade é cuidadosamente delimitada pelo nome e apenas pela primeira letra do sobrenome. Entretanto, as pessoas verificadas pela *lustracja* não podem contar com esse luxo. De tempos em tempos a tevê mostra um fragmento de algum corredor do IPN atopetado pela atividade zelosa de alguns *ubek* — pastas, caixas e pacotes. Fico imaginando que, junto com a retirada de qualquer coisa dessas prateleiras, levantam-se nuvens de poeira, e essa poeira a sociedade é obrigada a respirar. Por quanto tempo ainda e para quê? Considero perigosas essas pessoas que sentem um prazer particular em acusar e julgar os outros. O brilho nos olhos, os sorrisinhos triunfantes, esfregando as mãos supostamente sempre limpas... Num livro hindu antigo figura esta frase, na verdade, um fragmento da frase: 'e que o juiz não encontre alegria no julgamento'. Sim, os juízes, tanto os profissionais quanto os autoproclamados, deveriam ser tristes. Com esse estado de espírito a justiça se faz mais facilmente».

O endereço oficial do escritório da ganhadora do Nobel era o local da Associação dos Escritores Poloneses na rua Kanonicza, mas, na

4 *Lustracja*: A lustração é a investigação e posterior desqualificação de pessoas que detêm cargos públicos no regime pós-comunista, mas que estiveram associadas no passado a aparelhos de repressão do regime comunista.

5 IPN: Trata-se do Instituto da Memória Nacional (Instytut Pamięci Narodowej), que por meio da Comissão para o julgamento de crimes contra a nação polonesa age como promotoria de justiça para crimes de guerra. O Instituto investiga os crimes cometidos entre 1939 e 1989 por nazistas e soviéticos e divulga os resultados ao público.

verdade, seu escritório era o computador, o telefone celular e o fax de Rusinek. Todo dia às dez da manhã eles se telefonavam, discutiam sobre o que estava acontecendo e que assuntos precisavam ser resolvidos. Encontravam-se costumeiramente duas vezes por semana para — como dizia Szymborska — arrastar papéis.

«Meu trabalho evoluía devido ao desenvolvimento tecnológico», contou-nos Rusinek. «Quinze anos atrás eu passava muito tempo no correio, comprava bobinas para o fax. O fax era um animal completamente estranho para dona Wisława. Achava divertido que as cartas saíssem daquela máquina, uma após a outra, sob a forma de verdadeiros rolos de pergaminhos medievais.»

Szymborska dizia que seu secretário constantemente insistia que ela usasse alguns aparelhos modernos que iriam melhorar sua vida, mas ela resistia. Por fim, no entanto, capitulou e decidiu usar um celular. Porém, durante muito tempo, isso lhe causou problemas. Quando telefonou pela primeira vez de seu celular para Rusinek, ficou admirada quando ele imediatamente disse: «Bom dia, dona Wisława». «Como o senhor sabe que sou eu?», perguntou. Ele respondeu que estava vendo. Ela se apavorou: «Ui ui ui, e eu estou sem roupa!».

Embora ela se esforçasse como podia para desencorajar os contatos, os telefones não paravam de tocar, e o fluxo de cartas, telegramas e faxes não parava de fluir. Certo alemão bem prático enviou muitas folhas em branco num envelope com um pedido para que fossem autografadas. «Estou curiosa para saber por quantos autógrafos meus pode-se conseguir uma assinatura de Andrzej Gołota»,[6] ela se perguntou, na presença de Rusinek.

---

6 Andrzej Gołota (1968-): boxeador polonês, quatro vezes campeão polonês de peso-pesado e ganhador das medalhas de bronze na Olimpíada de Seul e no Campeonato Europeu em Atenas. Competiu como profissional de 1992 a 2013.

A PRIMEIRA POETA E SEU PRIMEIRO SECRETÁRIO 419

Algum tempo depois, em março de 1997, encontravam-se lado a lado — ela e o campeão de peso-pesado Gołota — numa das páginas da revista pop cultural *Machina*, ambos premiados com um «Machiner», por «êxitos que de maneira significativa conquistaram as mentes dos poloneses».

Nas cartas ela era intitulada: «Professora[7] Wisława Szymborska», «Presidente da Associação de Literatos Poloneses», «Rainha da Poesia Polonesa» e «Mãe Polaca». Michał Rusinek teve de desistir da ideia ambiciosa de responder cada carta em nome dela. Ele trazia a correspondência já selecionada por alto.Para lhe facilitar de alguma forma a orientação naquela avalanche, organizava as cartas em categorias: 1. congratulações; 2. congratulações e propostas; 3. propostas de editoras; 4. vários; 5. avariados. Aí ficavam discutindo o que responder a quem.

Respondiam a maioria das cartas de acordo com certo modelo. Mas, às vezes, era necessário pensar por um momento. Ao presidente do Senado Marek Borowski, que enviou congratulações por ocasião de seu aniversário, Szymborska respondeu que ela era a favor da transparência na vida pública, exceto divulgar a data de nascimento no caso das mulheres.

«Isso que o sr. Michał e eu fazemos é um trabalho terrivelmente difícil», disse Szymborska. «Sempre nos despedimos assim: 'É, de novo tivemos uma trabalheira daquelas e que não vai ser útil para ninguém'.»

Durante os três primeiros anos depois do Nobel, ela não escreveu nenhum poema. Quando finalmente deu a Rusinek «Baile» e «Um pouco sobre a alma» para serem transcritos, ele ficou tão animado que começou a lê-los na presença dela. E ouviu: «Sr. Michał, não leia perto

---

7   Na Polônia, o tratamento «professor» é normalmente um título acadêmico concedido a um profissional da área de ensino que tenha conquistado realizações científicas e didáticas importantes em universidades e institutos de pesquisa. Pode ser também outorgado excepcionalmente como título honorífico a pessoas sem curso universitário completo, como foi o caso de Szymborska.

de mim. E, quando o senhor for ler mais tarde, por favor, não diga nada sobre isso. Se o senhor elogiar, não vou acreditar, e, se o senhor criticar, vou ficar chateada». Quando certa vez disse que algo o encantara, foi advertido: «Existe um acordo e o senhor deve mantê-lo».

«E que acordo era esse?»

«Era simples: eu não podia dizer nada sobre seus versos sérios. A única coisa que eu me permitia eram tímidas sugestões para usar vírgulas aqui e ali. Normalmente ela concordava com minhas sugestões. Nos novos volumes de poemas, mais ou menos a metade das vírgulas é minha. Tanto que estou planejando algum dia publicar *Przecinki wybrane* [Seleta de vírgulas], como minha contribuição para a literatura polonesa.»

Infelizmente, durante o período em que Szymborska não escreveu poemas, alguém fez isso por ela e, tanto na Polônia quanto no exterior, começaram a circular os versinhos «Jak ja się czuję» [Como eu me sinto], que tratavam da velhice e de como suportá-la com dignidade, sem dar importância aos incômodos («Dizem que a velhice é um período de ouro feito/ sempre penso nisso quando na cama me deito...»). O poeminha apareceu pela primeira vez num jornal dos combatentes do Exército Nacional. A poeta publicou nas páginas da *Gazeta Wyborcza* uma retificação desesperada: «Dói-me existirem leitores que aceitam esses versinhos de boa-fé. Afinal, acho que não escrevo tão estúpida e ineptamente assim, não é?». E, referindo-se à citação: «asma, o coração me incomoda e falando me falta o ar», ela afirmou: «E nem tem relação com a realidade, pois assim tão enferma, por enquanto, ainda não estou».

O poema falso, porém, marcou-se por uma incrível vitalidade. Sabemos de uma tradução para o francês, da qual alguém traduziu para o hebraico; tentamos impedir a publicação no último momento. E mesmo assim, nos «Cadernos de História» parisienses, um professor idoso de física, conhecido por popularizar a ciência, ao ser perguntado por um entrevistador como se sentia, citou aquele poema na certeza de que estava citando Szymborska.

A PRIMEIRA POETA E SEU PRIMEIRO SECRETÁRIO   421

«O tempo todo nos informavam», disse Rusinek, «que o poeminha estava pendurado em algum ambulatório ou hospital na ala geriátrica. Toda essa questão deixou dona Wisława tão preocupada, que eu nem mencionava mais quando alguém pedia concordância para traduzi-lo para o português ou o japonês.»

Ainda no outono de 2011, Krystyna Krynicka o viu nos quartos dos pacientes do sanatório em Busko. Ela tentou sem sucesso convencer a direção de que era uma falsificação.

Quando surgiu o ganhador do Nobel seguinte, Szymborska respirou aliviada. Gustaw Herling-Grudziński[8] ficou indignado, porque o mais sério prêmio literário coube a alguém que, em sua opinião, não era nem um pouco sério, Dario Fo — um provocador anticlerical de esquerda, que encenava suas farsas nas ruas das cidades italianas. Herling-Grudziński dirigiu-se a Wisława Szymborska e Czesław Miłosz, para que em sinal de protesto renunciassem ao prêmio. Mas a poeta não se sentia nem um pouco ofendida com a escolha de Dario Fo. Afirmou que, na verdade, nunca o lera, mas que, de acordo com o costume, tinha escrito uma carta de congratulações para o novo laureado e lhe avisou que teria um ano pesado pela frente. Em seguida, disse que invejava o curto sobrenome dele, porque lhe acontecia de ter cãibra na mão durante a sessão de autógrafos, e que ela levaria uma hora para autografar tantos livros quantos Fo autografaria em alguns minutos.

Embora a poeta se queixasse das obrigações pós-Nobel (por muito tempo ainda recebia dezenas de livros, livretos e grossos volumes digitados com solicitação de leitura e resenha por carta, e somente cerca de 1% disso ela tinha lido), o Prêmio Nobel tinha, na verdade, mudado

---

8   Gustaw Herling-Grudziński (1919-2000): notável escritor, jornalista e ensaísta polonês. Lutou na Segunda Guerra Mundial e foi um exilado político, contrário ao sistema comunista na Polônia. Morreu na Itália.

pouco seus costumes. Ela lia os poemas dos amigos e, além disso, como antigamente —, coisas nada óbvias, tais como *Drogi i bezdroża ewolucji mięczaków* [Caminhos e descaminhos na evolução dos moluscos], no qual aprendeu que o molusco «já participa há 500 milhões de anos da série aterrorizante, porém impressionante, chamada evolução»; que a belíssima Vênus de Botticelli está numa concha de vieira, e o pintor em nada exagerou, pois existem exemplares ainda maiores.

Rastros dessas leituras podem ser encontrados nas *Leituras não obrigatórias*, que voltou a escrever algum tempo depois do Nobel e publicou na *Gazeta Wyborcza* até 2002.

Jan Cywiński, editor da *Gazeta Wyborcza*: «Foi em 1999 ou talvez em 2000. Como em todos os meses, esperávamos na redação da *Gazeta Świąteczna* pela entrega da crônica de Wisława Szymborska do ciclo *Leituras não obrigatórias*. Eu tinha de relembrar isso ao secretário dela, Michał Rusinek. Fui incumbido da tarefa pelo chefe da seção, que disse categoricamente: 'Ligue somente para Rusinek, aqui está o número do telefone. Pelo amor de Deus, para Szymborska, não. Não podemos perturbá-la'. Telefonei. Do outro lado alguém atendeu e eu ouvi a voz de Szymborska: 'Alô?' (Já que é só com Rusinek, então, com Rusinek.) Apresentei-me: 'Bom dia, quem está falando é o fulano da *Gazeta*. Gostaria de falar com Michał Rusinek'. Aí, uma voz ao telefone: 'Sou eu. [Pausa] No que posso ajudar?'. E eu: 'Eu gostaria de pedir para comunicar à dona Szymborska que estamos esperando pela crônica'. A voz: 'Claro, vou comunicar à dona Szymborska'. Dois dias depois a crônica chegou à *Gazeta*».

Rusinek nos contou que ela quase já não procurava ler literatura de ficção. Se tinha vontade de ler prosa, voltava-se para os livros de Mann ou Proust. Das publicações, ela lia regularmente *Odra*, *Kwartalnik Artystyczny*, *Literatura na Świecie*, *Zeszyty Literackie*, *National Geographic*, *Polityka* e, às quintas, sextas e sábados — a *Gazeta Wyborcza*. Além disso, assistia à tevê. Gostava do Discovery e Reality TV. No canal Mezzo,

A PRIMEIRA POETA E SEU PRIMEIRO SECRETÁRIO

assistia às óperas. Marcava no catálogo semanal da televisão tudo o que queria assistir; por exemplo, alguns antigos filmes policiais baseados nos romances de Agatha Christie ou Sherlock Holmes. Quando perguntamos se ela havia se apegado a um seriado como antes à *Escrava Isaura*, Rusinek disse que, para ele, aquele amor declarado e bastante intenso parecia uma espécie de piada, de mistificação, semelhante à adoração popularmente declarada por Gołota, que era afinal alusão ao poema.

Musa, não ser um boxeador é literalmente não existir.
Nos recusaste a multidão ululante.
Uma dúzia de pessoas na sala,
Já é hora de começar a fala.
Metade veio porque está chovendo,
O resto é parente. Ó Musa.

«Recital da autora», *Sal*, 1962

A frequência de seus recitais e dos encontros com os leitores não mudou, aumentou apenas o número de convites recusados. A média foi de cerca de um encontro por ano. Não podia negar aos editores (publicava alternadamente os livros de poemas na Wydawnictwo a5 e na Znak), então participava da promoção de seus livros (não apenas dos livros, coletâneas de poemas e antologias que vieram a seguir, como também das *Leituras não obrigatórias* e do *Correio literário*, e até das memórias do avô, intituladas *Burzliwe fortuny obroty* [Tempestuosas reviravoltas da fortuna]).

«Quando se realizavam alguns raros encontros no museu Manggha, em Cracóvia, nos quais ela lia poemas», contou Rusinek, «chegávamos normalmente no último minuto, passando por multidões de pessoas que se moviam na mesma direção. Ao ver aquilo, ela dizia: 'Oh, deve ter um jogo em algum lugar'. E não se tratava de coquetismo, ela realmente não acreditava que pudesse atrair multidões. Ela era míope, então, às vezes, não se dava conta completamente do número de pessoas reunidas.»

«Às vezes, ela aceitava algum convite, porque tinha vontade de encontrar os amigos e conhecidos», ele nos disse. «Mas se queixava depois que todos os encontros acabavam em autógrafos de livros, e, quando ela terminava de autografar o último exemplar, quase sempre acontecia de os amigos já terem ido para casa havia tempos. Além de aparecer nos recitais de poesia, ela se mostrava publicamente lá aonde sempre ia: nos não anunciados encontros de escritores de vários de seus colegas, na Associação dos Escritores Poloneses. Ela preferia categoricamente participar de encontros não dedicados a si mesma.»

No ano pós-Nobel, ela participou de alguns eventos em Cracóvia (geralmente a pedido de pessoas amigas); por exemplo, na noite de limeriques por ocasião da publicação de *Liber limericorum*, uma coletânea de obras escritas pela secreta «Loja Limeriquiana de Cracóvia» (à qual, afinal, ela mesma pertencia). Foi justamente num encontro da Loja Limeriquiana, alguns meses antes do Nobel, que Michał Rusinek conheceu Wisława Szymborska. «Na ocasião, eu era recém-casado e lembro que, quando ela chegou, pensei que com ela eu também poderia me casar. E, de certa forma, acabou sendo assim», contou Rusinek.

Compareceu também ao chá de casa nova de Ewa Lipska, que mudou de apartamento depois de voltar de Viena, mas o novo também não comportava todos os amigos, então a Wydawnictwo Literackie disponibilizou o Salão Mehoffer, em sua sede. Ao chá compareceu a publicação *NaGłos*, à qual Szymborska estava ligada desde o início de sua existência. E ela também participou na promoção da primeira edição de nosso livro, em Cracóvia. «Estou protagonizando aqui o papel de matéria-prima», ela disse. «Mas, como o livro já saiu há alguns meses, pode ser, então, até como material reciclável.»

Nossos primeiros contatos com Rusinek estavam associados justamente com o trabalho da primeira edição do livro. Szymborska prometeu

A PRIMEIRA POETA E SEU PRIMEIRO SECRETÁRIO

lê-lo, completá-lo e também autorizar suas declarações. O editor estava nos pressionando, então enviávamos o livro aos poucos pelo correio expresso. Rusinek recebia a encomenda, entregava para a chefa e depois pegava de volta e nos enviava com seus comentários. Certa vez, por conveniência, enviamos um capítulo por e-mail. Ele respondeu: «A encomenda chegou—stop—perdeu as letras polonesas no *attachment*— stop—eu as recoloquei com o *replace* e à mão—stop—que droga—stop. Seu muito diacrítico M. R.».

Desde março de 1997, quando uma de nós—Joanna—começou a se corresponder com ele, foram trocadas bem mais de mil correspondências. De tempos em tempos, a «Chefa» aparecia nelas. Graças a isso tínhamos a relação das viagens pelo país e pelo exterior e estávamos atualizadas a respeito de diversos detalhes da vida e da obra de Szymborska.

«A Chefa pediu», Rusinek escreveu, «que dissesse a vocês que o sonho da vida dela se realizou e que esteve em Neandertal, onde tirou uma foto junto à placa na estrada. Disse que não ficaria mal no fim do livro de vocês» (30 de abril de 1997).

«Basia e eu presenteamos dona Wisława no Natal com uma mão falsa que parece viva (bom, um pouco morta, porque está cortada). Ela ficou feliz e começou a inventar maneiras de utilizá-la. Acabou por se revelar uma coisa indispensável como objeto doméstico. É bom dar presentes práticos» (23 de dezembro de 1997).

«Eis um limerique que hoje dona Wisława compôs especialmente para vocês: 'Quando a poeta W. Szymborska/ foi pescar em Krynica Morska,/ os peixes que a viram, pobrezinhos,/ na água se contorciam, coitadinhos,/ como se alguém lhes fizesse cosca'.» (30 de novembro de 1998).

«E aqui o relato da missão especial a Pcim e Lubomierz. Liga a Chefa e diz: 'Sr. Michał, vamos para Pcim'. Acontece que lá existe uma loja de acessórios de jardim, onde ela viu um garçom em tamanho natural feito de gesso, e seus vizinhos em Lubomierz, os Czyż, gostaram muito dele. Portanto, temos de comprá-lo e — não é só isso — colocá-lo secretamente no jardim. Infelizmente o garçom sofreu um acidente e tem as mãozinhas lascadas. É uma pena porque é lindo: a cara de um criminoso prestativo, careca no alto, atrás uns cabelinhos engordurados, um fraque justo e um pouco curto, nas mãozinhas a bandejinha e a toalhinha. Era o último exemplar, o fabricante parou a produção, porque ninguém comprava (quinhentos zlótis). Por sorte a Chefa pôs os olhos numa ovelhinha em tamanho natural, com os olhos tristes olhando ao longe (114 zlótis). Adquirimos e levamos de carro para Lubomierz. A Chefa a todo momento pronta para mergulhar debaixo do banco do carro e eu de óculos escuros. Pulei a cerca e coloquei no lugar. Mais tarde nos comunicaram que a ovelhinha causou uma impressão eletrizante nos donos da casa» (17 de agosto de 2000).

«Minha Chefa inventou um novo gênero de limerique, chamado de cemiterial. Em vez da localidade, colocam-se os sobrenomes encontrados nas lápides: 'Aqui descansa Simão Piolhim Oliva/ e ao lado dele a esposa respectiva./ Como se vê, pelas datas comparadas,/ foram por anos suas mortes separadas/ — a falecida ficou por mais tempo mais viva'.» (2 de setembro de 2001).

«Em Lubomierz, dona Wisława está adicionando novas versões para 'melhor buchada que nada': 'melhor um marido alienado que o proletariado', 'melhor se entalar com um fatacaz que ter um amante incapaz'.» (13 de julho de 2002).

«Não acho que dona Wisława vá processá-las onde quer que seja. No máximo vai mandar seu secretário escrever nos muros: 'Melhor se cortar com um facão de mato que com Michnik manter contato'.» Foi assim que Rusinek nos tranquilizou em resposta à nossa correspondência com o pedido para que Szymborska assinasse retroativamente a concordância para que seu poema fosse usado numa propaganda de rádio da *Gazeta Wyborcza*, o que o departamento de promoção esqueceu de pedir a tempo (14 de maio de 2003).

A PRIMEIRA POETA E SEU PRIMEIRO SECRETÁRIO

«Hoje em Zakopane nasceu um limerique inteiramente novo, que não tem nada a ver com a região das montanhas Tatra: 'Um patologista de Amsterdã/ é contrário ao uso do sutiã./ Por isso, já no portal tocaiando,/ das damas os vai arrancando/ — a não ser que o prendam no barbacã'.» (7 de outubro de 2003).

«Joanna, dona Wisława mandou que eu te enviasse. Ela mandou, então enviei: 'Em Metz à noitze no terratzo/ muitas meretritzes no bagatzo/ para cometzar logo o servitzo/ — Kazimierz Kutz afiantzou itzo —/ Cantarolam: Ria, Palhatzo!'.» (18 de setembro de 2004).

«Acabei de voltar da casa da minha Chefa, que demorou muito para abrir, embora tivéssemos um encontro marcado. Por fim, abriu e disse: 'Desculpe, não escutei quando o senhor tocou, porque estava assistindo a um filme mudo'.» (14 de novembro de 2005).

«Eu disse à dona Wisława que sabia o que a unia a Michael Jackson. Para ser mais preciso, fiquei sabendo que ele também gostava de asinhas quentes do Kentucky Fried Chicken. E nisso ela disse: 'Está vendo o senhor? Dá para dizer algo bom de todas as pessoas'.» (26 de agosto de 2009).

«Eu não gostaria de descrever meu relacionamento com a Chefa usando a palavra 'amizade', prefiro 'relacionamento amigável'», disse-nos Rusinek. «Penso que dona Wisława tinha uma confiança crescente em mim, sabia que eu a protegeria e não a envolveria em nada ruim. Houve algumas situações assim, em que ela concordou em sair com uma pessoa amiga, de forma privada, e ao chegar ao local descobriu que havia expectativas nada privadas em relação a ela, e no local teria de se expor e celebrar alguma coisa. Isso realmente lhe custava muito. Depois, durante a semana, se isolava, simplesmente tinha de se recuperar. Estando em contato com Wisława Szymborska, o tempo todo tenho de lidar com alternâncias, ora poesia, ora uma piada de puro nonsense. Certa vez cheguei e vi que ela tinha acabado de passar o aspirador. Perguntei se tirava os sapatos, mas disse que também poderia passar voando até o quarto, para não sujar. E ela disse: 'O senhor deixe os voos para a eternidade'.»

428 QUINQUILHARIAS E RECORDAÇÕES

Perguntamos a Rusinek qual foi a mais estranha ordem recebida no trabalho.

«Dona Wisława me mandou sair para lhe comprar sapatos, levando um pauzinho de madeira como medida do pé dela e a recomendação de que deveriam ser confortáveis.»

«Alguma coisa mais substancial?»

«Peço que lembrem que eu não era um secretário literário, não vasculhava as bibliotecas, não colecionava materiais, talvez para isso um escritor fosse mais necessário. Bem poucas vezes fiz algo realmente substancial como, por exemplo, verificar uma palavrinha grega necessária para um poema. Certa vez dona Wisława telefonou para perguntar quantas marchas um carro tinha. Fiquei um tanto admirado, até que li o poema 'Não leitura' e seus dois últimos versos: 'Já nós em quinta marcha/ e — bate na madeira — saudáveis'.»

Para Szymborska era importante que ele não se contentasse apenas em ser seu secretário.

«Qualquer um gostaria de ter o sr. Michał como secretário», ela dizia, enfatizando com orgulho que ele trabalhava para ela. Porém, ao mesmo tempo, ele defendeu o doutorado e publicou-o no livro *Entre a retórica e o retoricismo*, o que significa que ela não lhe tomava muito tempo com seus assuntos.

Como não conseguia escrever poemas, por causa da confusão pós--Nobel, ela se jogava com vontade crescente na corrente da criação sem seriedade. Suas brincadeiras literárias — e as dos amigos reunidos em torno dela — por anos ocorriam na intimidade, no refúgio do lar. No entanto, agora, foram trazidos à luz e ganharam ímpeto. Para dizer a verdade, nós contribuímos para isso ao divulgá-los nas páginas da revista da *Gazeta Wyborcza*.

E assim, durante um de nossos encontros, Wisława Szymborska tirou umas folhas amareladas de uma pasta, com uma brincadeira deliciosa parodiada de certo slogan de propaganda da época do governo

A PRIMEIRA POETA E SEU PRIMEIRO SECRETÁRIO

de Gomułka: «Poupando o trabalho da sua senhora/ macarrão pronto adquira agora».

«Essa brincadeira pode continuar infinitamente», ela disse. E leu para nós mais de uma dúzia de dísticos, nos quais, como esclareceu, não se trata tanto da propaganda quanto de apelar para os estratos de altruísmo adormecidos em nós.

«Para poupar a labuta da amada/ tome chá na xicrinha não lavada.»

«Em vez de roubar o leite da vaca lactante,/ ordenhe o ser humano, que é seu semelhante.»

«Prolongue a curta vida do ratinho./ Vá lá no canto e coma o chumbinho.»

«Chatear boticário e doutor, que despautério./ Encontre sozinho o caminho pro cemitério.»

Certa vez mencionamos na *Gazeta Wyborcza* uma brincadeira em que os quatro versos do poeta do século XIX Rajmund Suchodolski eram parodiados, mudando-se as nacionalidades, as igrejas e as maneiras de maltratar o delinquente: «Quem disser que os moscovitas/ dos polacos são irmãos/ irá pra forca maldita/ no claustro de santo Adão». Divertiam-se muito com isso nos «aposentos dos escritores» na rua Krupnicza na virada dos anos 1940 e 1950, mas nada foi preservado daquela época.

«Infelizmente», disse-nos Szymborska, participante das brincadeiras por anos, «não anotávamos nada, como se a vida fosse durar para sempre e como se tivéssemos não sei quanto tempo. E, agora, ninguém mais se recorda. Uma pena que na época ninguém sonhasse ainda com um gravador.»

Logo depois da publicação de nosso artigo, ela nos enviou «*Rymowaną rozprawę o wyższości Sarmatów nad inszymi nacjami tudzież o słusznej karze na zatwardziałych, którzy tego poglądu nie podzielają*» [Discussão rimada sobre a superioridade dos sármatas sobre as demais nações e sobre a punição correta para os impenitentes, que não compartilham dessa visão], com a nota: «Escrito especialmente para Ania Bikont e Joasia Szczęsna, mas para uso privado, porque ainda não cansei de viver» (no entanto, conseguimos convencê-la a publicar, e ela mesma recitou algumas de suas estrofes no jubileu da editora Znak).

Quem disser que os japinhas
seu chá tomam conversando
picarei em rodelinhas
na cripta de São Fernando.

Quem afirmar que os chinos
são filhos da evolução
levarei como inquilino
para o hospício de São João.

Quem alegar que os italianos
são uma nação laboriosa,
quer jorrar sangue nos canos
da Ordem de Santa Rosa.

Abaixo da última (décima sétima) estrofe de *Discussão*, ela escreveu: «E fim, mas apenas pela falta de boas expressões que rimem, porque não sou Barańczak...». Convocado dessa maneira ao quadro-negro, Stanisław Barańczak, ao qual mandamos o texto por fax, ficou à altura da tarefa, enviando mais de uma dúzia de novas estrofes: «Quem cicia: Ei, chinecinho!/ Você sabe se safar da muriçoca! —/ Esse vou ceifar com meu foicinho/ na sé de São Cecílio na Mooca!».

A publicação daquele duelo versificado iniciou uma verdadeira mania — dia após dia chegavam à redação da *Gazeta Wyborcza*, por

A PRIMEIRA POETA E SEU PRIMEIRO SECRETÁRIO   431

faxes, e-mails e cartas, dezenas de «Moscovinas» (pois tal nome gracioso apareceu na correspondência com Rusinek para a paródia de Suchodolski). Além disso, a mesma coisa aconteceu também antes, quando escrevemos na revista da *Gazeta Wyborcza* sobre a paixão cracoviana por escrever limeriques. Joanna Szczęsna, que da nossa dupla é quem tem alma de colecionadora, contou certa vez a Szymborska que precisou comprar um móvel especial com gavetas para a correspondência dos leitores entusiasmados com as brincadeiras literárias.

«Ah, vejo que a senhora também aprecia uma gaveta», alegrou-se a poeta. «Para mim essa é uma das invenções mais importantes da humanidade. Deveria ser erguido um monumento para o inventor anônimo da gaveta. Tenho em casa agora 56 gavetas. Pode verificar [realmente eram 56]. Por favor, escrevam que eu exijo monumentos para o inventor da gaveta. Pelo menos ninguém vai derrubar ou trocar a cabeça das estátuas depois de uma mudança do sistema.»

Um momento depois acrescentou que erigiria outro monumento para o cara que inventou a tosa do poodle «à moda leão».

Durante os primeiros anos depois do Nobel, ela escrevia versinhos lúdicos com o sentido de «em vez de». Mas também depois, quando já tinha voltado a escrever poemas, não desistiu desse prazer. Quando, por ocasião da conversa sobre o livro *Instante*, perguntamos se tinha aparecido algo novo naquele campo, Szymborska deu uma olhada numa gaveta e tirou um arquivo com papéis.

«Ah, sim. Por exemplo, um ciclo alcoólico baseado na forma do ditado 'da vodcazinha, a inteligência curtinha', por exemplo: 'Da pinga de quintal — se perde a vertical', 'Do álcool maltado, QI prejudicado', 'Da tequila, o talento se ani...ik!..ila'.»... Estudou a folha e continuou: «Tenho de descartar algumas coisas, limpar. Tenho um conhecido que tem senso de humor, porém raramente ri. Leio para ele, e, se ele não começa a rir, risco. Essa é minha prova de fogo. Assim esses poeminhas variados devem ainda passar pela prova do riso».

432 QUINQUILHARIAS E RECORDAÇÕES

Estes aparentemente passaram no teste e foram reimpressos como uma advertência no livro lançado em 2009, *Dependência. Origem, tratamento e recuperação da saúde* (nós os encontramos também na imprensa feminina, como ilustração de artigos sobre a excepcional nocividade do álcool para o organismo feminino).

Da palinca, de calhordice se brinca.
Do marasquino, tchau pra mulher e o menino!
Do slivovitz destilado, o porão todo vomitado.
Do drinque agora, depois a negra hora.
Do xerez, quatro pernas de uma vez.

«Ah, e aqui tem uma brincadeira que foi inspirada pela visita com uns amigos a um restaurante nas cercanias de Cracóvia», disse-nos a seguir. «Dou uma olhada no cardápio e o que vejo? Alguém tinha escrito com a mão trêmula ao lado da buchada: 'horrível'. Decidi me juntar àquela advertência aos consumidores, e para isso o mais adequado é um poeminha curto, que o ouvido pega fácil.»

Melhor a mordida de um buldogue/ que comer nesse bar o pierogue.
Melhor levar surra na luta/ que me servir aqui de truta.
Melhor a prisão, senhor usuário,/ que o arenque oleoso desse armário.

Szymborska decidiu publicar os limeriques, as moscovinas, as melhoríadas, as dasvodcas, as altruitinhas e as escutações no livrinho *Rymowanki dla dużych dzieci* [Riminhas para crianças grandes]. Para promovê-lo, Rusinek preparou uma pequena preleção com o título «Dwupak» [Pacote duplo]. Lá ele demonstrou que, no exemplo da obra de Szymborska, «a oposição seriedade e não seriedade é no fundo falsa», e apelou para que seus poemas sérios e engraçados fossem lidos em paralelo (propondo à editora que fossem vendidos num pacote duplo), pois assim se revela a coerência

A PRIMEIRA POETA E SEU PRIMEIRO SECRETÁRIO 433

interna de sua poesia. No fim, declarou: «Melhor mastigar torradas quei-madinhas,/ que conhecer apenas as *Riminhas*», e também: «Melhor o cia-nureto depressa comer,/ que as *Riminhas* ainda não conhecer».

«Dona Wisława permitia que eu criticasse sua obra burlesca», disse Rusinek. «Por exemplo, me irritava que o último verso num de seus limeriques fosse — contrário às regras do gênero — mais curto que os anteriores, e disse-lhe isso. E ela disse que queria assim.»

O secretário apoiou fielmente a poeta em suas brincadeiras lite-rárias (foi ele, ademais, que inventou os nomes dos gêneros *lepieje* [melhoríadas] e *odwódki* [dasvodcas], e até aconteceu de escreverem limeriques em parceria.

E justamente quando Szymborska convidou para o jantar Clare Cavanagh, a tradutora de sua poesia para o inglês junto com Stanisław Barańczak, desenrolava-se do outro lado do oceano o espetáculo midiá-tico com o presidente Clinton e Monica Lewinsky nos papéis principais. Um tema dos sonhos para um limerique, que foi criado aos olhos da tradutora encantada. Além de Rusinek, também contribuíram para sua criação os convidados lá presentes, a professora Marta Wyka e o pro-fessor Julian Kornhauser.

Certa Mônica de Washington
não se atinha ao bom-tom
e por isso no salão oval,
atuou no sentido oral
acompanhada de bom som

Szymborska não só apoiava o trabalho criativo de seu secretário como também o promovia. Certa vez, em seu recital, ela leu três de seus pró-prios limeriques e um de Rusinek: «Certo greguinho do Peloponeso/ bebia, bebia até ir preso./ Dois bardos da Hélade antiga/ compuseram para ele duas cantigas:/ (divergentes como olhos de vesgo surpreso)».

Porém o feito mais espetacular de Rusinek no campo das rimas foi a ousada conquista do primeiro prêmio (um automóvel ocidental) no concurso da British Petroleum. Era preciso finalizar a frase que começava com as palavras: «O meu novo automóvel...». Rusinek escreveu:

O meu novo automóvel,
Se ao Ocidente nos igualamos,
Exijo ser mais que aceitável,
Porque na OTAN *estamos.*
O polonês na Europa vive,
E quer viver bem, inclusive,
E dessa situação, meus senhores,
Os polacos não são merecedores.
Ainda a vida de mágoa está cheia,
Pois só têm carro chamado Sereia...
Para esse mal que merece um epicédio,
A British Petroleum já tem o remédio,
Se ganharmos o carro sem falta,
Esqueceremos a traição de Ialta.

Se houvesse calculado quanto ganhou por cada verso, poderia resultar que seu poema tenha sido mais lucrativo financeiramente do que os da laureada com o Prêmio Nobel. Ele, no entanto, afirma que quem tem razão é Woody Allen — o único gênero literário cuja prática realmente compensa são as cartas com pedido de resgate.

As mais diversas brincadeiras literárias — as antigas, que existem há anos, e as novas, predominantemente inventadas por Szymborska — se tornaram um tema constante do programa das revistas de cabaré, promoções, recitais poéticos, jubileus etc. organizados em seguida pelo editor-chefe da editora Znak — Jerzy Illg. Outro centro de diversões literárias era o café Nowa Prowincja, em Cracóvia, na rua Bracka, na qual Maryna Turnau organizava alegres encontros poéticos, e os três livretos que ela publicou numa edição bibliofílica são hoje aves raras.

Szymborska tanto arrumava um pretexto qualquer para recusar a participação em algum evento sério quanto de bom grado aderia às brincadeiras literárias. Na noite de Finados, no Nowa Prowincja, escutou, morrendo de rir, seu próprio epitáfio, autoria de Grzegorz Turnau: «Aqui repousa W. S./ Enterrinho sem estresse./ A rádio Zet disse ainda,/ Na tumba só tem uma guimba./ Mas a *Gazeta* se ufana —/ São duas as baganas». E, para resistir aos ataques contra Leszek Balcerowicz,[9] participou do encontro *Apologia Balceroviciana*, também no Nowa Prowincja, onde o convidado de honra era Balcerowicz. Ela foi uma das autoras dos dísticos para a «Balcerofobia Aplicada»: «Antes no quarto tinha um leito, hoje tem um beliche,/ De quem é a culpa? Do Balcerowicz, vixe!»; «Se pinga na varanda do telhado, culpa do diretor do banco, coitado»; «As lojas Pewex fecharam? Não tem *bony*,[10] não?/ Leszek e a mulher têm de ir para a prisão».

«Nós, os filólogos ligados ao café cracoviano Nowa Prowincja, queríamos homenagear de alguma forma os oitenta anos de dona Wisława», contou Michał Rusinek ao jornalista esportivo da *Gazeta Wyborcza*, Radosław Leniarski. «Ela passa ao largo dos aniversários, então não poderia ser nada cerimonioso. Inventamos uma farsa, que consistia em dizer que tínhamos achado o livro de Andrzej Gołota. Isso coincidiu com uma série de derrotas dele mais ou menos

---

9 Leszek Balcerowicz (1947-): economista polonês e professor de economia, foi responsável pelo controverso plano econômico polonês de transformação em 1990, conhecido como «Plano Balcerowicz».

10 *Bony*: era uma espécie de moeda equivalente ao dólar emitida pelo governo comunista, que servia exclusivamente para fazer compras nas lojas Pewex, locais que vendiam artigos importados e de qualidade superior, frequentados por pessoas de melhor poder aquisitivo. As lojas Pewex só aceitavam dólares e *bony*.

436 QUINQUILHARIAS E RECORDAÇÕES

espetaculares. O poeta Bronisław Maj espalhou por Cracóvia que se sabia o porquê de Gołota estar perdendo as lutas. Ora, porque ele era um lírico delicado e não um punho sem alma. Maj conseguiu até enganar algumas pessoas. Escrevemos o livro — *Sobie a guzom*[11] — e pronto, nós o publicamos numa edição pequena, organizamos uma promoção. Wojciech Malajkat[12] leu, Maj fez uma introdução, eu apresentei um esboço filológico e histórico. Só que mudamos o sobrenome — o autor do livro tinha dois 'ł' (Gołłota). Consultamos também um advogado por via das dúvidas. Bom, como boxeador, do ponto de vista legal ele não pode nos fazer nada, mas sempre pode nos espancar.»

Os vinte e poucos poemas contidos no livro *Sobie a guzom* (uma estilização imitando a série da Biblioteca Nacional) são uma obra-prima do pastiche e da paródia. A poeta, que os ouviu pela primeira vez somente no Nowa Prowincja, alternadamente sorria, ria, dava risadinhas, gargalhava, punha as mãos na cabeça...

O que mais a divertiu foi o poema de Bronisław Maj, do ciclo «W lubomirskim chruśniaku»[13] [Na brenha de Lubomierz]:

11 *Sobie a guzom*: arremedo da conhecida referência ao primeiro verso do poema «Muza», do poeta Jan Kochanowski (ver nota 12 no Capítulo 9, p. 159): «Sobie śpiewam a Muzom» [Canto a mim e às Musas]. Em vez de «Muzom» (às Musas), o parodista escreveu «Guzom» (de *guz*: tumor, calombo, hematoma), o que combinava melhor com o título do suposto livro escrito por um boxeador, surgindo daí a comicidade da frase. No fraseologismo polonês, *sobie a muzom* é muito usado na expressão *robić coś sobie a muzom*, significando «fazer alguma coisa somente para si, não se importando se tal coisa agrada os outros ou é útil para alguma coisa».

12 Wojciech Malajkat (1963-): ator polonês de teatro, cinema e televisão, apresentador televisivo, diretor, pedagogo e professor universitário.

13 «W lubomirskim chruśniaku» [Na brenha de Lubomierz]: título que parodia o poema

A PRIMEIRA POETA E SEU PRIMEIRO SECRETÁRIO

Dou minha corda, meu calção e a pátria amada
por aqueles minutinhos
em que tua lingerie tiro amornada,
a boina e os sapatinhos!
[...]
Dou-te a vida, a glória de boxeador,
a ribalta e a pobreza —
Dou-te tudo, Wisława, meu amor...
menos a grana, princesa.

Joanna Szczęsna: «No verão de 2009, a redação me enviou para Lubomierz, onde Wisława Szymborska passava parte das férias todos os anos. Seu livro *Aqui* tinha acabado de ser indicado para o Prêmio Nike,[14] e a *Gazeta Wyborcza* contava com que eu pudesse conseguir uma entrevista com a poeta. 'Penso que cada pessoa tem um limite de honras e prêmios', ela me explicou sua recusa, 'e eu já exauri esse limite inteiramente. É lamentável que eu estivesse entre os vinte candidatos para o Nike, ocupando o lugar de alguém que o merecesse mais. Espero que os jurados aceitem meu ponto de vista e que eu não passe para a etapa seguinte'.

«Em vez de uma conversa, tive então de descrever uma visita.

«Fui para Lubomierz junto com Michał Rusinek, e lá os vizinhos e amigos — Elżbieta Turnau, sua filha Maria (conhecida como Cinia) e

---

de Bolesław Leśmian (1877-1937), «W malinowym chruśniaku» [Na brenha de framboesas].

14 Nagroda Literacka Nike [Prêmio Literário Nike]: prêmio instituído pelo jornal *Gazeta Wyborcza* e pela Fundação Agora em 1997 para promover a literatura polonesa contemporânea. É o mais prestigiado prêmio literário da Polônia.

seu marido Wiesław Czyż — deram um almoço em nossa homenagem. O menu cuidadosamente preparado dava uma prévia das brincadeiras com as quais a poeta se deleitava em Lubomierz. Os nomes dos pratos eram tão refinados que eu nunca tinha ouvido falar da maioria deles. Por sorte, eles foram riscados no cardápio e pudemos nos contentar com uma sopa caseira de ervilhas com bacon e um assado de carne bovina servida com bolinhos de batata com requeijão e beterrabas (aliás, deliciosos). Na sobremesa — além do bolo e dos morangos silvestres que ela mesma colheu —, Szymborska pegou no pé de uma das irmãs e contou que um vigia de estacionamento desdentado, morador de uma cidadezinha vizinha, tinha se apaixonado por ela. Ela, ruborizada, tirou da gaveta um envelope onde estava escrito 'Cartas do vigia' e começou a ler (eu dei uma olhada por cima do ombro e reconheci a letra de Szymborska). Quando comecei a rir, a poeta com severidade fez com que eu me comportasse: 'O amor não correspondido é uma verdadeira tragédia'.

«Depois me mostrou um caderno intitulado 'Lista de presença', nos quais assinavam os convidados que vinham a Lubomierz. Lá havia vários comentários de Szymborska: 'Certa jornalista deu uma notícia pelo rádio que, obviamente, ela própria considerava uma sensação: W. S. está passando o verão no interior, longe das pessoas. Disso resulta uma clara conclusão: as pessoas com as quais convivo em Lubomierz não são seres humanos. Nesse caso, quem são elas? Wiesław Czyż, mestre da mistura de álcool com álcool; Cinia Czyżowa, sua esposa conhecida como 'braçal'; sua irmã Elżbieta Turnau conhecida como 'intelectual'; Grzegorz Turnau, que vive cantando; sua esposa Ultramaryna, no banho, Aquamarina; sua filha Antosia, moça do sexo feminino; Jerzy Illg, semelhante a Zeus, mas não quer falar em grego conosco; sua esposa Joanna, um ser de santa paciência; Clare Cavanagh, tradutora do polonês para o inglês americano; Bronisław Maj, capaz em tudo; Bogusia, sua esposa, também extremamente paciente; Krystyna e Ryszard Krynicki, que moram num canto da casa dos seus gatos; Michał Rusinek, primeiro secretário [...]. Declaro com toda a seriedade que foi muito bom ficar com essas pessoas e agora, com pesar, estou pensando na minha volta para Cracóvia, ou seja, para os seres humanos. W. S.'

«Parecia que ela ficava se divertindo muito por lá, mas Rusinek depois nos fez perceber que, nos últimos anos, foi justamente em Lubomierz (e talvez ainda em Zakopane) que ela compôs mais poemas. Em 2011, ela passou lá as férias de verão, e no outono — como de costume —viajou para Zakopane.

«Quando ficou doente, em novembro de 2011, Michał Rusinek foi uma das poucas pessoas que ela permitia que a visitasse no hospital e também depois, quando voltou para casa. Szymborska também o nomeou executor do seu testamento, no qual ela o comissionou para ser membro do conselho e presidente da Fundação criada por força de testamento.»

CAPÍTULO 21

Dois ganhadores do Nobel na mesma Cracóvia

Em 1º de agosto de 1998, indo para Varsóvia ao enterro de Zbigniew Herbert num táxi alugado, Szymborska e Miłosz pararam um pouco num bosque da região de Kielce. Szymborska estava encantada com os pinheiros, porque eram bem retorcidos e firmemente cravados na terra, e Miłosz disse: «O pinheiro não é uma árvore. O carvalho é uma árvore. Ou a faia».

«A viagem de ida e volta durou umas dez horas», contou-nos Michał Rusinek, que se lembra dessa cena. «Szymborska passou o tempo todo se esforçando para falar de coisas leves e engraçadas, e Miłosz, ao contrário, discorria sobre questões do tipo: 'as relações polaco-bielorrussas' ou 'a Bielorrússia como uma Irlanda polonesa'. Depois contou que entrou certa vez numa livraria para comprar autores poloneses que fossem verdadeiros nacionalistas, adquiriu alguns livros, leu-os e compreendeu: 'Wisława, não há salvação para nós'».

A primeira vez que a poeta encontrou Czesław Miłosz foi em 31 de janeiro de 1945, numa matinê poética, na inauguração da vida literária na recém-libertada Cracóvia. «Foi Miłosz que me causou a melhor das impressões», ela nos contou. «A maioria dos poetas leu com uma dicção terrível, eles se enganavam, tartamudeavam, e, além disso, foi tudo feito sem microfone e era difícil de ouvir. E, de repente, ele entra, tem a aparência de um querubim zangado, a voz perfeitamente impostada. Lembro que pensei: é um grande poeta. É claro que não ousei me aproximar.»

Szymborska descreveu esse primeiro encontro com Miłosz e sua poesia na crônica «Onieśmielenie» [Acanhamento]: «Os nomes que se apresentavam não me diziam nada. Eu lia prosa com certa frequência, mas meu conhecimento de poesia se igualava a zero. Mas olhava e escutava. Nem todos foram felizes na leitura, alguns recitavam com uma afetação insuportável, outros tinham a voz entrecortada e as folhas tremiam nas mãos. Em certo momento, anunciaram alguém de sobrenome Miłosz. Leu seus poemas sem medo do palco e sem exagero declamatório. Assim como se estivesse pensando alto e nos convidasse àquele pensamento. 'Taí', disse a mim mesma, 'essa é uma poesia verdadeira e esse um verdadeiro poeta.' Com certeza estava sendo injusta. Havia lá dois ou três poetas que mereciam atenção excepcional. Mas a excepcionalidade tem níveis. A intuição me dizia que no futuro veríamos Miłosz numa posição elevada».

Miłosz, é claro, lembrava-se daquela matinê. Ao perguntarmos se estava ciente de que se distinguia tanto dos outros, respondeu: «Meus pensamentos estavam muito distantes de uma pergunta assim, se eu tinha causado sensação. Todos nós éramos umas criaturas estranhas saídas das tocas, vestidos com roupas esquisitas».

Miłosz mal passou por Cracóvia, já em novembro de 1945 assumiu um posto em Nova York. Mas aquele único encontro ficou gravado na memória de Szymborska. E isso porque seu encantamento foi posto à prova. E aconteceu num restaurante de verdade, onde se encontrava pela primeira vez na vida. Olhou em volta da sala e o que viu? «Na mesinha ao lado, Miłosz estava sentado, acompanhado. O garçom lhe trouxe escalopes de porco com repolho e ele os devorava com apetite. Lembro que aquela cena — um poeta inspirado, um querubim, com um

DOIS GANHADORES DO NOBEL NA MESMA CRACÓVIA

escalope de porco na boca — me aterrorizou profundamente. Eu sabia que os poetas, às vezes, também precisam comer, mas uma refeição tão comum? Não me conciliei com a ideia assim de imediato. Logo comecei a ser uma leitora assídua de poesia, e quando li 'Ocalenie' [Salvação] e seus poemas na imprensa, meu acanhamento cresceu ainda mais.»

Quando perguntaram a Miłosz quando ele tinha tomado conhecimento de Szymborska, afirmou que havia sido na primavera de 1945, na Krupnicza: «Mostraram-me uma das poetas que pertenciam ao Círculo dos Jovens como sendo a mais talentosa, e era provavelmente ela».

Mas seria isso possível? Szymborska tinha acabado de estrear no *Dziennik Polski*, mas ainda não se distinguira da multidão de estreantes do pós-guerra.

Szymborska nunca ousou escrever ou falar publicamente sobre a poesia de Miłosz. Escreveu apenas uma vez sobre o poeta, na crônica já citada aqui: «Escrever sobre a poesia de Miłosz nas *Leituras não obrigatórias*? Ora, todas as pessoas estão acostumadas a pensar na poesia dele como leitura obrigatória, ou pelo menos assim deveria ser. Então não vou falar dela aqui. Tenho uma ideia muito pior: vou escrever sobre mim, ou mais precisamente, sobre meu acanhamento perante esse autor e sua obra».

E assim, no outono de 1957, não teve coragem de se dirigir a ele quando o encontrou por acaso num café parisiense: «Ele estava andando entre as mesas, provavelmente tinha um encontro com alguém. Era a oportunidade de chegar e dizer — o que ele então provavelmente ouviria com prazer — que, apesar de tudo, seus livros proibidos eram lidos na Polônia, transcritos de exemplares únicos contrabandeados pela fronteira. E aqueles que queriam muito, mais cedo ou mais tarde encontravam acesso a eles». Ela mesma era então autora de três livros, incluindo *Chamando por Yeti*, da época do degelo.

Também não encarou um encontro com Miłosz quando, em abril de 1981, já laureado com o Prêmio Nobel, ele veio à Polônia visitar Cracóvia

444 QUINQUILHARIAS E RECORDAÇÕES

e se encontrou com os colegas escritores na Associação dos Literatos Poloneses: «Quando apareceu na Krupnicza, onde esperávamos por ele em grande número, quase não dava para vê-lo na nuvem de fotógrafos com flashes e microfones. Quando finalmente, com muita dificuldade, saiu dali exaurido, os caçadores de autógrafos o cercaram. Faltou-me coragem para incomodá-lo naquela turba, apresentar-me e também pedir um autógrafo».

Em outra ocasião, acrescentou que se compadecia de Miłosz, porque parecia que ele tinha colidido com um ninho de marimbondos.

Conheceram-se pessoalmente quando Miłosz veio à Polônia, em 1989, receber o doutorado *honoris causa* na Universidade Jaguielônica. Ao dar então uma entrevista para a revista *NaGłos*, declarou: «Neste momento a literatura polonesa é uma literatura mundial». E, num fôlego só, citou os nomes de Białoszewski, Herbert, Różewicz, Wat, Zagajewski e Szymborska.

A poeta imediatamente inscreveu Miłosz entre as pessoas para as quais enviava suas colagens. Como Miłosz encarava aquela loucura das colagens? Será que o divertia, fazia rir, emocionava, irritava? Não se sabe, ele não quis comentar sobre isso conosco. À pergunta sobre seus contatos mútuos, ele escreveu: «Há alguns anos envio para Wisława pequenas curiosidades, por exemplo, insetos de plástico, fotografias de animaizinhos, mas não sei se servem para as colagens».

Miłosz tomou conhecimento dos poemas dela bastante tardiamente. Não lembrava qual livro chamou sua atenção, mas o primeiro traço documentado de seu interesse provém do ano de 1965. Na época, apareceu sua tradução de um poema dela na antologia *Postwar Polish Poetry*, que ele redigia:

Estou perto demais para ele sonhar comigo
Não pairo sobre ele, não fujo dele
sob as raízes das árvores. Estou perto demais. [...]

Nunca de novo morrerei tão leve,
tão além do corpo, tão inconsciente
como outrora no seu sonho.

***, *Sal*, 1962[lxxvii]

Miłosz já tinha discutido antes esse poema erótico, perturbador e metafísico com os estudantes do seminário de tradução que ele conduzia na universidade de Berkeley.

«Eu não podia ignorar Szymborska nessa antologia», ele nos disse, «pois já conhecia alguns dos seus livros e sua posição na poesia polonesa. Mas, no entanto, é uma antologia estranha, testemunha do sexismo do seu redator. Nela estão apenas duas mulheres: Szymborska, com o poema 'Estou perto demais', e Urszula Kozioł, com 'Larum'. Os livros da Polônia chegavam para mim com atraso, então isso poderia ser minha justificativa.»

E acrescentou que seus pontos de vista sobre a hierarquia na poesia tinham evoluído. Em 1983, na terceira edição da antologia, já são oito poemas de Szymborska. «Simplesmente minha perspectiva mudou», continuou, «e me livrei dos odiosos hábitos machistas. Não sei se o Prêmio Nobel mudou muito isso, pois, como se vê, eu já tinha reconhecido a importância de Szymborska antes.»

Sabe-se que em vários recitais de poesia americanos ele lia os poemas de Szymborska em inglês — «o brilho intelectual dos poemas, que oculta seu importante conteúdo, é compreendido e aplaudido predominantemente pelo público jovem». Alguns anos antes do Nobel, num encontro em Berkeley, o poema que mais agradou aos ouvintes foi «Elogio à irmã». Quando ouviram: «Minha irmã não escreve poemas/ e acho que nem vai de repente começar a escrever poemas», riram-se tão contagiosamente que até ele começou a rir. «Comecei a suspeitar que pelo menos a metade dos presentes tinha a consciência pesada

446 QUINQUILHARIAS E RECORDAÇÕES

por escrever poemas, por isso aquilo tanto os divertiu», relembrou no *Tygodnik Powszechny*.

«Minha relação com a poesia de Szymborska também pode ser vista pela participação dos seus poemas na antologia *Wypisy z ksiąg użytecznych* [Excertos de livros úteis]», disse-nos Miłosz, que, dos poetas poloneses, somente colocou ali: Józef Czechowicz, Ryszard Krynicki, Zbigniew Machej, Bronisław Maj, Tadeusz Różewicz, Anna Świrszczyńska,[1] Aleksandr Wat[2] e Adam Zagajewski.

Quando Miłosz recebeu a cidadania honorária da cidade de Cracóvia, em 1993, e começou a passar lá os meses de verão, começou também a frequentar a casa de Szymborska nos pequenos jantares ou loteriazinhas. Às vezes trazia prendas (por exemplo, uma cômoda em miniatura com gavetinhas), às vezes ganhava (por exemplo, um aspersório).

Quando Szymborska ganhou o Nobel, Miłosz continuava ainda morando em Berkeley, na Califórnia (mas os cracovianos também querem acreditar que a Academia Sueca, além do mais, com toda a razão, premiou com o Nobel dois poetas cracovianos). De lá telefonou para o Astoria para congratulá-la.

Szymborska lembrava que Miłosz foi uma das primeiras pessoas que a cumprimentaram pelo Nobel em outubro de 1996. «Ele ria muito», ela contou. «E disse que se compadecia, porque sabia o fardo que eu ia carregar então.»

---

1 Anna Świrszczyńska (1909-84): poeta, dramaturga e prosadora polonesa, conhecida nos países anglo-saxões como Anna Swir, participou do Levante de Varsóvia, e as experiências daquela época foram transportadas para os sensíveis poemas de seu livro *Budowałam barykadę*, que recebeu tradução no Brasil de Piotr Kilanowski e foi publicado pela editora Dybbuk, em 2017, com o título *Eu construía a barricada*.

2 Aleksandr Wat (1900-67): escritor e poeta polonês de ascendência judaica, pertenceu ao círculo dos futuristas. Foi também tradutor do inglês, francês, alemão e russo.

DOIS GANHADORES DO NOBEL NA MESMA CRACÓVIA

«Miłosz», disse-nos Illg, «sente-se como um patrono, o patrono da poesia polonesa, e fez muito pela sua popularização nos Estados Unidos. E afinal foi assim que ele disse na introdução do livro *Wypisy*: 'Sempre tive a sensação de participar ativamente no patronato da poesia polonesa'. Por isso, como bom patrono, estava orgulhoso do Nobel de Szymborska.»

Esse orgulho se reflete no artigo que publicou depois do Nobel de Szymborska no *Tygodnik Powszechny*. Ele o intitulou alegremente de «Eu não disse?»: «Eu disse que a poesia polonesa era poderosa e que se distinguia por certas características no pano de fundo da literatura mundial. Essas características podem ser encontradas na obra de alguns dos mais excepcionais poetas poloneses, entre eles, Wisława Szymborska. Seu Prêmio Nobel é tanto seu triunfo pessoal quanto o estabelecimento do lugar da 'escola polonesa' [...]. Para mim Szymborska é acima de tudo uma poeta da consciência».

Perguntada sobre o caminho percorrido por ela e Czesław Miłosz para o Prêmio Nobel, ela disse: «O caminho de Miłosz foi extremamente difícil, e o meu, completamente inesperado».

Da Califórnia, Miłosz queria persuadir Szymborska a concordar em assumir, junto com ele, o patronato do ano de 1997, na Polônia, como «ano da poesia», como iniciativa no âmbito do programa *Cracóvia 2000*. A princípio Szymborska impôs uma condição — como nos informou Jacek Woźniakowski: ela queria que fosse atestado em cartório que ela não teria de organizar nada nem representar ninguém. Na recepção inaugural na Willa de Decjusz, em janeiro de 1997, ela alertou que aquele seria um patronato acima de tudo espiritual. «Escolheram duas pessoas nascidas no signo de Câncer. Nunca ouvi dizer que algum canceriano tivesse sido um bom organizador», explicou. Andrzej Wajda comparou seu discurso a outro proferido por Jacek Malczewski para os estudantes da Academia de Belas-Artes de Cracóvia, e que terminava com a sentença: «Talvez esse discurso seja a única atividade pedagógica que vou assumir nessa escola».

448 QUINQUILHARIAS E RECORDAÇÕES

Os dois ganhadores do Nobel apareceram publicamente juntos pela primeira vez no Salão Dourado do Zamek Królewski, em Varsóvia. Estávamos lá: a atmosfera rígida da pompa palaciana, uma multidão de fotorrepórteres, um coro cantando em latim. «Szymborska estava morrendo de vergonha e Miłosz majestosamente estufava o peito», descreveu Tomasz Jatrun.[3] «Depois os laureados não conseguiam se decidir sobre quem se sentaria de que lado da antiga mesa. Da impossibilidade de tomar essa decisão, foi criado um 'poema', não no estilo de Miłosz nem no tom de Szymborska, mas no estilo de Białoszewski: Aqui fico eu e lá você fica, não eu lá e você aqui.»

Na realidade, ocorreu que a acústica era ruim e mal dava para se ouvir. Miłosz estava sentado de tal forma que as perguntas lhe chegavam ao ouvido com o qual ele escutava pior, e Szymborska tentava de algum jeito remediar o problema. Teresa Walas e Marek Zaleski, conduzindo a conversa, também salvaram a situação. Eles cuidaram para que Miłosz se sentisse confortável e repetiam algumas questões especialmente para ele, e também tentaram desarmar a oficialidade daquele encontro.

«Penso que, acima de tudo, os poetas existem na tradição e na língua», disse Miłosz. «Iossif Brodski (Joseph Brodsky) disse que não escrevia para nossos sucessores, mas para nossos antecessores, para lhes dar prazer. Os poetas poloneses, então, escrevem para dar prazer a Krasicki, Trembecki ou Mickiewicz.»

«Eu escrevo ainda para Kochanowski», acrescentou Szymborska. «Ele criou uma nova entonação na poesia polonesa: áspera e ao mesmo tempo fluente.»

Quando começaram a ler os poemas, ela propôs que se guardassem as devidas proporções entre a imensa produção de Miłosz e a dela —

---

3   Tomasz Jatrun (1950-): poeta polonês, escritor, cronista, crítico literário e colaborador da revista *Kultura*, de Paris.

DOIS GANHADORES DO NOBEL NA MESMA CRACÓVIA   449

numericamente modesta. No entanto, ele se recusou a ler mesmo que
só um poema a mais que ela.

«Wisława e Czesław Miłosz formavam um casal de um modo natural, e Miłosz assumiu e criou essa relação, porque ela mesma não se
atreveria», explicou-nos Teresa Walas. «Wisława enfatizava com todo
o seu comportamento que aquela era uma união emocional assimétrica:
ele, um grande vate, ela, uma poeta modesta, e que essas grandezas
assimétricas se tornaram em alguma medida falsamente igualadas
com a ajuda do Nobel. Ela assim chamava o sr. Czesław: 'Vate' — uma
brincadeira, com certeza, mas ela definia assim sua relação para com
Miłosz. Nos dísticos engraçados rimados sobre os colegas escritores de
Cracóvia, ela lhe dedicou estes dois versos: 'Aqui Czesław Miłosz — rosto
preocupado,/ Reze o 'Pai-Nosso' aqui ajoelhado'.»

Jerzy Illg afirmou que quando Miłosz ouviu isso não parecia de
nenhum modo ter se divertido.

Conhecendo Szymborska, aquela poderia ter sido sua primeira e
última aparição conjunta em público, mas uma dupla de laureados com
o Nobel, poetas e moradores na mesma cidade, querendo ou não, tinha
de ser lembrada pelos principais organizadores de eventos e também
pelos autores de cartas, protestos e apelos. Não apenas na Polônia.

Em 4 de maio de 2004, na estação de metrô de Westminster, o
ministro britânico para assuntos europeus descerrou um cartaz com
o poema de Czesław Miłosz «Ale książki» [E ainda os livros] (na tradução para o inglês, «And yet the books»). Depois de quatro semanas,
Miłosz foi trocado por Wisława Szymborska. A tradução inglesa de
seu poema «Dois macacos de Bruegel» foi pendurada, no entanto,
não na estação, mas nos vagões do metrô, como parte da iniciativa
«Poems on the Underground», cujo objetivo era popularizar a poesia
na Grã-Bretanha.

É verdade que Szymborska, de fato, engajava-se em várias coisas
somente por causa de Miłosz, ao qual — como ela mesma admitia — não

conseguia recusar nada. A seu pedido, leu seus poemas na sinagoga Tempel durante os Encontros de Poetas Orientais e Ocidentais, que foram organizados em outubro de 1997, como parte do *Cracóvia 2000*.

«Enquanto ela estava autografando seus livros no café de Noworolski, junto com Miłosz e Zagajewski, formou-se uma fila de quase 2 mil pessoas», contou Rusinek. «Em certo momento, quando Szymborska já estava esgotada, os seguranças contratados pelos organizadores, de cabeças raspadas e fones nos ouvidos, com muito profissionalismo, tiraram-na da multidão de amantes da poesia que exigiam autógrafos, conduziram-na a um táxi e, depois disso, eles mesmos lhe empurraram livros para serem autografados.»

Em 15 de junho de 1994, no Dworek Łowczego, sede da editora Znak, ela tomou parte na promoção da antologia poética de Czesław Miłosz, *Wypisy z ksiąg użytecznych*, lendo o poema «Elogio à má opinião sobre si», que Miłosz incluiu em sua antologia na seção «Sobre a natureza».

> *O gavião-pedrês não tem do que se acusar.*
> *A pantera-negra não sabe o que são escrúpulos.*
> *As piranhas não duvidam da legitimidade de suas ações.*
> *A cascavel aprova-se sem reservas.*

«Elogio à má opinião sobre si», *Um grande número*, 1976

Na mesma seção incluiu também o poema «Visto do alto» , com seu comentário: «O poema de Wisława se refere ironicamente à nossa indiferença às pequenas criaturas que morrem perto de nós, todos os nossos companheiros na existência terrena. [...] Adotamos uma convenção para nos dividir entre os humanos e o resto, para nos protegermos por essa convenção como se com um escudo».

DOIS GANHADORES DO NOBEL NA MESMA CRACÓVIA 451

Um besouro morto num caminho campestre.
Três pares de perninhas dobradas sobre o ventre.
Ao invés da desordem da morte — ordem e limpeza.
O horror da cena é moderado,
o âmbito estritamente local, da tiririca à menta.
A tristeza não se transmite.
O céu está azul.

Para nosso sossego, os animais não falecem,
morrem de uma morte por assim dizer mais rasa

«Visto do alto», *Um grande número*, 1976 [lxxviii]

«Depois desse encontro, me aproximei de Szymborska», relembra a cenógrafa Krystyna Zachwatowicz-Wajda. «Eu lhe disse: 'Não tem muito tempo nosso cachorro nos deixou'. E ela: 'Que bom que a senhora fale assim. Porque em polonês os animais simplesmente *zdychają*,[4] em outras línguas eles morrem, como as pessoas'. Ela entendia os animais completa e excepcionalmente. Seu poema sobre o gato no apartamento vazio me aperta a garganta toda vez que o leio. Nós temos muitos gatos, e Szymborska, até onde sei, nunca teve nenhum, mas sabia tudo sobre eles. O gato, quando voltamos de viagem, não nos saúda contente como um cachorro. O gato fica ofendido e profundamente magoado porque o deixamos.»

---

4 O verbo *zdychać* (que poderia ser traduzido como «deixar de estertorar») é usado em polonês para a morte de animais. Esse verbo carrega uma conotação pejorativa quando usado em relação a um ser humano, como se aquela pessoa não passasse de um «animal», entendendo-se aqui «animal» como um ser inferior e até desprezível.

Foi nesta reunião em Dworek Łowczego — Elżbieta Zechenter testemunhou — que brindaram ao seu *bruderschaft*.[5]

«Miłosz gostava de conversar sobre assuntos graves, política e poesia, e Wisława não só não dizia nada sobre seu trabalho, como também provavelmente ficava desconfortável numa situação em que estivessem falando sobre seus poemas na sua presença», contou Teresa Walas. «Lembro-me de um jantar na casa dos Błoński: era um intervalo antes do postre, e, nesse momento, Miłosz tira um caderninho com capa preta, de oleado, lê um poema e espera pelo comentário dos convidados. Não imagino Wisława numa situação dessas. Com ela, falar a respeito da narrativa nas *Aventuras do sr. Pickwick* já se configurava uma conversa íntima. Embora me lembre de que, certa vez, no trem para Viena, ela falou lindamente sobre a prosa narrativa. Me arrependo de não ter anotado aquilo, mas, por outro lado, como anotar uma conversa tão amistosa?»

Certa vez, num jantar na casa de Szymborska, no qual estavam presentes Czesław Miłosz e sua esposa Carol, a conversa foi parar no poema que tinha acabado de ser publicado nos *Zeszyty Literackie*, sobre a menininha que puxa a toalha da mesa, descobrindo dessa maneira a lei da gravidade.

Miłosz declarou que o poema levantava várias questões essenciais, as quais o filósofo Lev Shestov e também Fiodor Dostoiévski já tinham enfrentado. A poeta tentava se opor, dizendo que era simplesmente uma história sobre uma menininha que tinha descoberto a lei da gravidade, mas Miłosz apenas balançava a mão (nós mesmas vimos) e depois disso, não convencido, desenvolveu suas teses no *Dekada Literacka*, no texto «Szymborska i Wielki Inkwizytor» [Szymborska e o Grande Inquisidor], por ocasião do aniversário da poeta. Lá ele argumentou que, por trás

---

5   Ver nota 14 no Capítulo 9, p. 161.

DOIS GANHADORES DO NOBEL NA MESMA CRACÓVIA

do experimento da protagonista do poema, ocultavam-se questões fundamentais relativas à necessidade e limitações da vontade divina, que regulavam nossa vida, e que o poema não era de nenhum modo tão inocente como poderia parecer à primeira vista: «Sob o poema inocente, oculta-se um abismo, no qual podemos nos embrenhar quase infinitamente, um labirinto escuro, que, querendo ou não, visitamos durante nossa vida».

Referindo-se à poesia de Szymborska em *Wypisy ksiąg użytecznych*, ele escreveu: «Eu diria que o que distingue a poesia da segunda metade do nosso século de, por exemplo, sua antecessora nos tempos de Leśmian é sua propensão para o ensaio filosófico». Mas Szymborska mantinha o que tinha dito a Krystyna Nastulanka[6] nos anos 1970: «Não faço grande filosofia, apenas poesia modesta».

Ryszard Krynicki também considerava que ambos eram sensíveis a questões metafísicas e filosóficas: «Só que Miłosz passava isso abertamente, enquanto Wisława fingia que de fato não se tratava disso».

Jerzy Illg, que chama Miłosz de «Investigador da Essencialidade», disse que ele desejava exclusivamente conversas sérias, e que as conversas leves e frívolas o fatigavam: «O fato de nós, em Cracóvia, nos absorvermos com a organização de eventos frívolos, com um happening promocional ou uma revista de cabaré, despertava seu espanto; para ele era uma ociosidade incompreensível. Ele era um homem muito sério e gostava de analisar temas derradeiros. E Wisława falava das coisas mais importantes casualmente, de brincadeira».

Ele não se deixou envolver pela escrita de limeriques, moscovinas, dasvodcas etc., com o que se divertia a sociedade de Cracóvia. Embora tenha tentado. Um vestígio disso existe no livrinho *Liber*

---

6   Krystyna Nastulanka (1921-99): jornalista e roteirista polonesa, trabalhou para a revista *Polityka* fazendo entrevistas com escritores e cientistas.

Limericorum, composto de limeriques escritos pelos amigos de Teresa Walas e a ela dedicados. Lá também estão várias pequenas obras de Szymborska. Miłosz também compôs uma, mas não concordou com sua publicação. «O limerique de Miłosz só ocorre na natureza em sua versão oral», lemos lá. «Não queremos perturbar esse estado e emaranhar essa obra-prima única no seu gênero desde os tempos pré-homéricos — pois inescrita — nas armadilhas ontológicas que a escrita carrega.»

«Os poeminhas jocosos de autoria de Szymborska são para mim, muitas vezes, motivo de inveja», Miłosz nos esclareceu gentilmente. «Eu simplesmente não consigo escrevê-los, o que, espero, não significa falta de senso de humor.»

E acrescentou que o aspecto lúdico de suas relações sempre foi mantido por Szymborska.

Para Miłosz, era claro que a poesia tinha a obrigação de redimir as pessoas. Ele escreveu no poema «Przedmowa» [Prefácio], do volume *Ocalenie*, publicado em 1945:

> *Que é a poesia que não salva*
> *Nem as nações nem a gente?*
> *Uma trama de mentiras oficiais,*
> *Uma canção de bêbados cujas gargantas podiam ser*
> *cortadas de repente.*
> *Uma leitura para meninas de colégio.*[7]

---

7 O poema «Prefácio» encontra-se no livro *Quatro poetas poloneses*, com tradução e prefácio de Henryk Siewierski e José Santiago Naud, publicado em 1994 pela Secretaria de Estado da Cultura do Governo do Paraná, com apoio do Consulado Geral da República da Polônia e do Ministério da Cultura da República da Polônia.

DOIS GANHADORES DO NOBEL NA MESMA CRACÓVIA

Quando perguntaram a Szymborska se um poeta poderia consertar o mundo, ela respondeu que não sabia, e que era melhor que outras pessoas se pronunciassem a esse respeito: «Escrevemos para pessoas comuns. Escrevemos para o leitor que é ainda tão benevolente, que arranja tempo, vontade e um pouco de silêncio para ler um poema. É sempre um destinatário único. Será que isso, em suma, conserta o mundo? Não sei».

Numa outra ocasião, ela disse: «Não creio que a poesia possa mudar o mundo. É claro que é preciso fazer de tudo para alcançar esse objetivo, mas o cosmos se governa por leis que não têm nada a ver com a criação dos poetas. Os verdadeiros autores do mal, que existem e continuarão a existir na Terra, não leem poesia».

«Você tem talvez alguma esperança de que, mesmo que o diabo carregue esse nosso mundo material, a literatura guarde algo do seu valor, do seu sentido?», perguntaram Anna Rudnicka e Tadeusz Nyczek.

«É preciso se esforçar. Tenho a sensação de que estou salvando ao menos um fragmento mínimo desse mundo. Mas há os outros. E espero que cada um salve um fragmentozinho assim.»

«Certa vez estive na casa de Miłosz em companhia de dona Wisława», contou Rusinek. «Ele trouxe o caderninho em que havia escrito novos poemas, leu alguns e perguntou o que ela pensava deles. Miłosz tinha sempre a necessidade do comentário de um parceiro em relação àquilo que escrevia.»

Os secretários dos poetas — Agnieszka Kosińska e Michał Rusinek — estavam sempre em contato. Mais de uma vez ocorreu de alguém inventar, por exemplo, um filme sobre os ganhadores poloneses do Prêmio Nobel, e então telefonava para Rusinek e dizia que já tinha o consentimento de Miłosz, e, para Kosińska, dizendo que já tinha o consentimento de Szymborska.

«No que concerne às aparições em público», dizia Miłosz, «minha secretária entra em contato com o secretário de Szymborska para saber como Wisława tenciona agir. Mas geralmente já sabemos de antemão como o outro agirá.»

«Às vezes apareciam publicamente ou jogavam seu voto na balança de alguma questão: o imposto VAT sobre os livros, a guerra da Chechênia ou a marcha de apoio aos gays e lésbicas de Cracóvia. Para Miłosz, era claro que ele era um grande poeta e que assim deveria ser tratado; ela, ao contrário, fugia daquilo, mas, se o assunto era a curiosidade sobre o mundo, eles tinham mentes parecidas. Ademais, não eram de modo nenhum tão diferentes assim, como poderia parecer à primeira vista. Por fim, os dois eram poetas nascidos sob o signo de Câncer», disse--nos Ryszard Krynicki, ele próprio também nascido sob aquele signo. «É muito estranho que as simpatias e antipatias poéticas não rara-mente ocorram de acordo com os signos. Miłosz apreciava muito Miron Białoszewski, escreveu um texto lindo depois da sua morte, Szymborska em muitas ocasiões se lembrava dele. E Białoszewski era canceriano.»

Szymborska gostava de falar de comum acordo com Miłosz. «Ele era uma das raríssimas pessoas que poderiam exercer uma pressão efetiva sobre Szymborska. O que ele dizia era um argumento importante para ela, embora não determinante. Numa das eleições presidenciais, Miłosz, como muitos intelectuais de Cracóvia, apoiou Andrzej Olechowski. Szymborska coerentemente apoiava a União da Liberdade.»

Ela queria se livrar da viagem a Vilnius para o debate «O futuro do passado», mas, quando escutou no telefone: «Wisława, quero te mostrar minha Vilnius», concordou no ato.

«Os lituanos queriam organizar o encontro de três ganhadores do Nobel: Günter Grass, Szymborska e eu», disse Miłosz. «A mim coube o papel de obrigar Wisława a participar. Ficamos no mesmo hotel e eu realmente lhe mostrei a casa no Zaułek Literacki [Beco Literário] na qual eu tinha morado.»

Wisława Szymborska nos contou: «Foi um encontro de ganhado-res do Nobel no âmbito da coexistência das nações. Grass e Miłosz, e

DOIS GANHADORES DO NOBEL NA MESMA CRACÓVIA

também Venclova,[8] falaram sobre isso. Eu não tenho exatamente essas experiências como eles, então li o poema 'Ódio'. Depois vi uma apresentação dos meus poemas num teatro experimental. Os atores entraram em cena usando uns trapos e botas de borracha, com mochilas — como uns refugiados, e cantaram meu poema 'Certa gente' em lituano. Uma coisa horrível».

Certa gente fugindo de outra gente.
Em certo país sob o sol
e algumas nuvens.

Deixam para trás certo tudo o que é seu
campos semeados, umas galinhas, cães,
espelhos nos quais agora se fita o fogo.

Trazem às costas trouxas e potes
quanto mais vazios tanto mais pesados a cada dia.

No silêncio alguém cai de exaustão,
na algazarra alguém rouba de alguém o pão
e o filho morto de alguém é sacudido.
[...]

Viria a calhar certa invisibilidade,
uma parda rochosidade
ou melhor ainda a inexistência
por um tempo breve ou talvez longo.

8 Tomas Venclova (1937-): poeta lituano, ensaísta, cronista, estudioso e tradutor de literatura. Emigrou para os Estados Unidos, onde lecionou na Universidade de Berkeley.

Algo ainda vai acontecer, mas onde e o quê.
Alguém vai lhes barrar o caminho, mas quando, quem,
em quantas formas e com que intenções.
Se tiver escolha,
talvez não queira ser inimigo
e os deixe com alguma vida.

«Certa gente», *Instante*, 2002 [lxxix]

Jerzy Illg descreveu aquela apresentação no teatro da rua Pohulanka: «A atriz interpretou um monodrama em lituano. Wisława estava irada e sibilava para nós: 'Meus poemas não são para cantar, não são para dançar, não são para fazer monodramas, são para escutar e pensar'. Depois ficou preocupada: 'Vou ter de ir aos bastidores agradecer'. Mais tarde perguntei: 'E o que você disse?' — 'Nunca poderia imaginar que se poderia fazer algo semelhante com meus poemas'».

«Certa vez, Szymborska e Miłosz foram dar uma volta juntos», contou-nos Rusinek, «e ninguém teve coragem de se juntar a eles. Nem o fotógrafo Adam Bujak, que tirava fotos lá.»

Miłosz falava muito dos lugares mágicos de sua infância e juventude. Quando alguém relembrou que de Vilnius para Verkiai circulavam barcos duas vezes por dia, ele se lembrou de seus nomes — *Kurier* e *Śmigły* [Mensageiro e Célere]. Szymborska tinha sido agraciada com um tipo de memória completamente diferente, não épica e linear, mas focada no detalhe.

«Eram amigos ou conhecidos?», perguntava-se Ewa Lipska. «Amizade não era exatamente uma palavra para a relação deles. Mas conhecidos também não, pois essa designação é, por sua vez, bastante fria. Miłosz, desde que ganhou o Nobel, era como um monumento que fala e para o qual se faziam peregrinações, e Wisława não era uma estátua.»

DOIS GANHADORES DO NOBEL NA MESMA CRACÓVIA

«Não sei se eles chamariam aquilo que os unia de amizade, mas certamente o que sucedeu a eles foi uma simpática dádiva do destino», disse Teresa Walas.

«Quanto às nossas relações pessoais», contou-nos Miłosz, «elas são amigáveis, mas nossas conversas privadas quase nunca abordam assuntos sobre nossa visão de mundo. Ambos nos comportamos com discrição a esse respeito. De tempos em tempos conversamos sobre a qualidade de algumas criações poéticas, mas muito raramente.»

Miłosz, quando perguntado sobre a amizade poética, disse a Irene Grudzińska-Gross[9] que ela é mais necessária aos jovens poetas e que ele conheceu esse tipo de amizade em sua juventude em Vilnius: «Quando o poeta fica mais velho, ele precisa menos dessas ligações de amizade, os caminhos divergem muito. Os jovens são muito semelhantes entre si, porque andam numa só manada. Mas depois esses animais selvagens se separam e cada um tem seu reino».

A própria Szymborska se sentiu um pouco em pânico quando perguntamos se ela sentia ser amiga de Miłosz.

«Não, não, não posso dizer isso», ela respondeu assustada, como se temesse que alguém pudesse suspeitar que ela queria se gabar de ter intimidade com um homem famoso. «Mas, no geral, nós nos gostamos. Quer dizer, espero que ele goste de mim.»

Szymborska resumiu os mais de dez anos de amizade com Miłosz da seguinte forma: «[durante esses anos] muita coisa mudou, mas, sob certo ponto de vista, nada mudou. Na verdade tive muitas oportunidades de conversar com ele, encontrá-lo em grupos comuns de amigos, até de aparecer com ele em vários eventos e sofrermos juntos nas festividades

---

9 Irene Grudzińska-Gross (1946-): escritora, historiadora da literatura, ensaísta e cronista polonesa residente nos Estados Unidos, onde lecionou e foi pesquisadora em algumas universidades.

oficiais — e, no entanto, até hoje não encontrei um jeito de entrar em comunhão com tão Grande Poeta. Meu acanhamento em relação a ele permaneceu tão forte como antigamente. Mesmo que, às vezes, façamos brincadeiras um com o outro e brindemos com nossas taças cheias de uma boa vodcazinha gelada. E mesmo que até tenhamos uma vez pedido a mesma coisa num restaurante — escalopes de porco com repolho».

Apesar de ambos concordarem que, na verdade, não falavam sobre poesia, às vezes algo escapava em suas conversas. Certa vez Miłosz confidenciou a Szymborska que sempre começava a escrever um poema do começo, do primeiro verso, e que depois «a coisa ia». Ela retribuiu com sua confissão de que às vezes lhe vem à cabeça o último verso e depois «com dificuldade escalava até o início do poema».

Teresa Walas: «Estávamos de visita na casa de Miłosz e seu *Traktat teologiczny* [Tratado teológico] tinha acabado de sair. Ele disse: 'Wisława, diga-me o que você acha realmente do meu *Tratado*'. Wisława não se acostumava com essas situações, ela mesma nunca faria tais perguntas. Por fim, suspirou profundamente e disse: 'Sabe, Czesław, realmente acho que essa última parte dedicada à Mãe de Deus deveria estar no meio. Esse final estraga o efeito desse grande tratado'. Miłosz se enfiou na poltrona, pensou e depois de um momento disse: 'Não'. Saímos, a porta se fechou. Wisława disse para mim: 'Botões! Como assim botões na Mãe de Deus?'. No *Tratado*, na última parte, a voz do poeta fala sobre a visão das crianças, a quem a Mãe de Deus aparece numa matéria imaterial, e apenas se podiam distinguir os botões da sua veste. Wisława: 'Afinal de contas a Mãe de Deus não poderia ter nenhum botão!'. Não sei se ela entendia de teologia, mas certamente dominava a história dos botões».

Michał Rusinek: «Uma vez fiz uma brincadeira boba: que Miłosz levava a melhor, porque *o daimonion* lhe sussurrava os poemas ao ouvido, então ele não tinha de se esforçar. Ela não riu, sei que era uma piada idiota. Ela disse apenas que tinha sonhos estranhos, que ela sonhava com vozes e palavras».

DOIS GANHADORES DO NOBEL NA MESMA CRACÓVIA

Quando Miłosz vinha visitar Szymborska, ela geralmente servia bife rolê de lombo com trigo sarraceno (normalmente ela quase não tinha ambições culinárias, mas nesse caso, como dizia, «ela subia no salto como uma perfeita dona de casa»). A tradição começou quando Miłosz veio da Califórnia para Cracóvia como convidado, e era preciso haver um toque polonês.

«A última vez que nos vimos», contou Szymborska a Piotr Najsztub,[10] «ele ainda se sentava, ainda estava com suas roupas. Depois, quando ficava somente deitado, cochilando, sem nenhum contato mais profundo, eu não queria visitá-lo, porque acho que ele também não ia querer que as pessoas olhassem para aquele Miłosz sem contato profundo; então, a última vez que o vi, estava em boa forma e é assim que me lembro dele, e na ocasião nem se pensava em despedida.»

Nessa mesma entrevista, quando lhe perguntaram como ela tinha reagido a todo o burburinho em torno do enterro de Miłosz,[11] Szymborska respondeu: «Ficamos muito chocados com o fato de algo assim sair das pessoas, o vírus se reavivou, porque todo esse

---

10 Piotr Najsztub (1962-): jornalista e cronista polonês.

11 Depois da morte de Miłosz, muitos não queriam que ele fosse enterrado na cripta da igreja de Santo Estanislau na Skałka, em Cracóvia, onde estava o Panteão Nacional, local reservado ao sepultamento de alguns dos mais importantes cidadãos poloneses. Alegavam que ele expressava falta de polonidade em sua obra publicada no exílio, que em suas declarações desprezava e hostilizava, entre outras coisas, o culto a Nossa Senhora de Częstochowa (a Rainha dos Poloneses) e as obras de poetas que estavam enterrados no Panteão e que, além disso, tinha sido um simpatizante do comunismo em seus anos de juventude, inclusive como diplomata representante do governo comunista no Exterior. Por fim, apesar da grande confusão gerada e das discussões na imprensa, acabou sendo sepultado no Panteão Nacional, em 27 de agosto de 2004.

antissemitismo, nacionalismo, clericalismo do tipo da Antiga Polônia é na verdade um vírus, ele fica morando, dorme nas pessoas».

Relembrando as cenas escandalosas que ocorreram depois da morte de Miłosz, deu instruções claras: o enterro dela deveria ser laico, o corpo cremado e colocado no túmulo da família — ao lado dos pais — no cemitério Rakowicki.

Sua última aparição pública estava ligada a Miłosz. Jerzy Illg a convenceu a tomar parte no segundo Festival Literário Czesław Miłosz («A ele você não pode recusar»). E não pôde recusar, mesmo depois da morte dele.

E assim, na igreja Bożego Ciała, em 14 de maio de 2011, leu dois poemas, ainda não publicados na época —«O espelho» e «A mão».

CAPÍTULO 22

Sobre a morte sem exagero e os poemas inacabados

Nos quinze anos que se passaram desde o Prêmio Nobel, Wisława Szymborska publicou três pequenos volumes de poemas — *Chwila, Dwukropek e Tutaj* [Instante, Dois pontos e Aqui] — e conseguiu dar por terminados mais treze poemas, que compuseram o livro publicado postumamente *Wystarczy* [Chega]. Juntos são 72 poemas, seis por ano, ou seja, mais ou menos o número a que chegava sua média, talvez até um pouco mais (levando em consideração que de 1996 a 1999 não escreveu nenhum).

Encontramos neles aqueles mesmos temas, motivos, argumentos, perguntas e dúvidas em torno dos quais girava seu pensamento havia mais de meio século. Entre eles estava também a morte, tratada a propósito sem a devida seriedade, escrevia sobre ela com sua habitual moderação e nem sempre a chamava pelo nome.

Em vez da volta das lembranças
na hora de morrer
quero ter de volta
as coisas perdidas.

Pela porta, janela, malas,
sombrinhas, luvas, casaco,
para que eu possa dizer:
Para que tudo isso.
[...]
Vai aparecer também um balãozinho
levado pelo vento,
para que eu possa dizer:
Aqui não há crianças.

«Natureza-morta com um balãozinho», *Chamando por Yeti*, 1957[lxxx]

Sob seus poemas aparentemente serenos, em geral fervia o desespero; entretanto, gostava de colocar os temas obscuros entre os parênteses da ironia, da figura retórica e da estilização. Era assim que ela sentia: «se há alegria, é com um misto de aflição,/ se há desespero, nunca é sem um fio de esperança».[lxxxi] Ela tinha formulado o fim de sua própria vida anos antes num epitáfio brincalhão, um gênero com auxílio do qual, há séculos, domesticamos a morte.

Antiquada como uma vírgula, aqui jaz
a autora de uns versos. A terra se apraz
em lhe dar o descanso, apesar de a finada
de grupos literários não ser afiliada.
Mas também não há nada melhor no túmulo
além dessa riminha, da coruja e do húmulo.

«Epitáfio», *Sal*, 1962

SOBRE A MORTE SEM EXAGERO E OS POEMAS INACABADOS

Em vários poemas ela observava a morte dos mais variados pontos de vista, declinando de várias maneiras a frase preferida de Horácio: «*Non omnis moriar* — uma aflição prematura»;[lxxxii] «Morrerei com asas, sobreviverei com garras práticas. *Non omnis moriar* de amor»;[lxxxiii] «De um lado a garganta, de outro o riso,/ Leve, logo sufocado./ Aqui o coração pesado, lá *non omnis moriar*».[lxxxiv]

Não há propriamente um livro no qual não voltasse àquele tema, se não acordada, então ao menos em sonho.

Fico feliz de sempre poder acordar
pouco antes de morrer.

«Elogio dos sonhos», *Todo o caso*, 1972[lxxxv]

Meus sonhos — nem eles são como deveriam, habitados.
Neles há mais solidão do que multidões e alarido.
Às vezes aparece por momentos alguém há muito falecido.
Move a maçaneta uma mão solitária.

«Um grande número», *Um grande número*, 1976[lxxxvi]

Na resenha de *Gente na ponte*, Julian Kornhauser escreveu: «O tema principal do novo livro de Szymborska é a morte». E listou poema a poema, primeiro aqueles aos quais ela aludia à morte abertamente, como «A curta vida de nossos antepassados», «Funeral», «Conluio com os mortos» e acima de tudo «Sobre a morte sem exagero» (os franceses começaram a publicar Szymborska somente depois do Nobel, e, quando Fayard propôs que o título de toda a grande coletânea de seus poemas se chamasse *De la mort sans exagérer*, a princípio a poeta se opôs, pois não queria a morte no título, mas por fim cedeu ao argumento de que o título captava maravilhosamente a essência de sua poesia, na qual tudo era justamente sem exagero):

Não entende de piadas,
de estrelas, de pontes,
de tecer, minerar, lavrar a terra,
de construir navios e assar bolos.
[...]
Não sabe sequer as coisas
diretamente ligadas ao seu ofício:
nem cavar uma cova,
nem fazer um caixão,
nem arrumar a desordem que deixa.

Ocupada em matar,
o faz de modo canhestro,
sem método nem mestria
como se em cada um de nós estivesse aprendendo.
[...]
Quem afirma que ela é onipotente
é ele mesmo a prova viva
que onipotente ela não é.

Não há vida
que pelo menos por um momento
não tenha sido imortal.

A morte
chega sempre atrasada àquele momento.

Em vão força a maçaneta
de uma porta invisível.
A ninguém pode subtrair
o tempo alcançado.

«Sobre a morte sem exagero», *Gente na ponte*, 1986[lxxxvii]

Depois Kornhauser listou aqueles poemas onde a morte aparecia ao fundo, como um episódio, uma reflexão sobre a passagem, o lado avesso da vontade de viver e sobreviver, o medo sem nome, a obviedade biológica e histórica, para constatar que, dos 22 poemas de *Gente na ponte*, apenas um não tratava da morte; em seu lugar há «uma polêmica jocosa com a imagem coloquial do papel do poeta», do qual se espera magia, páthos e habilidades proféticas. Mas a poeta não quis, nem no poema nem na vida, conhecer o futuro.

Que seu coração tenha o dom da perseverança,
e que sua mente fique alerta e alcance longe.

Mas não tão longe
que ele veja o futuro.
Poupem-no desse dom, poderes celestiais.

«A história iniciada», *Gente na ponte*, 1986

Quando Szymborska nos contou sobre sua família, recordou a figura de seu tio-avô materno Maurycy Rottermund, na casa de quem passava as férias, no vicariato de Szaflary: «No verão de 1931, meu tio-avô ficou sabendo que tinha câncer. Quem lhe escreveu sobre o diagnóstico foi um colega do seminário, com o qual tinha feito um pacto na juventude, de que um informaria ao outro sobre seu verdadeiro estado de saúde, para que o enfermo pudesse se preparar bem para o encontro com a morte. Quando o tio-avô Maurycy leu a verdade, ficou arrasado e logo depois morreu». Ela queria algo diferente e declarou isso num poema.

> *Prefiro conversar sobre outra coisa com os médicos.*
> *[...]*
> *Prefiro bater na madeira.*
> *Prefiro não perguntar quanto tempo ainda e quando.*

«Possibilidades», *Gente na ponte*, 1986[lxxxviii]

Desde o volume *Gente na ponte*, a morte tinha vindo para ficar na poesia de Szymborska.

> *Quantos dos que conheci*
> *(se de fato os conheci)*
> *homens, mulheres*
> *(se esta divisão ainda é válida)*
> *cruzaram esta soleira*
> *(se é uma soleira)*
> *atravessaram esta ponte*
> *(se chamarmos isso de ponte) —*
> *[...]*
> *se encontraram na outra margem*
> *(se é que se encontraram*
> *e se a outra margem existe) —*
>
> *Não me é dada a certeza*
> *de seu destino posterior*

«Cálculo elegíaco», *Fim e começo*, 1993[lxxxix]

SOBRE A MORTE SEM EXAGERO E OS POEMAS INACABADOS

Fim e começo é um livro no qual ela se despede de Kornel Filipowicz em dois poemas, «Gato num apartamento vazio» e «Despedida de uma vista». Discretamente anônimo, ele vai aparecer em todos os livros subsequentes, até no último.

Tudo está aparentemente conforme.
Forma da cabeça, traços do rosto, altura, silhueta.
Mesmo assim, não é semelhante.
Quem sabe em outra posição?
Com outro colorido?
Talvez mais de perfil,
como se procurasse algo?
Como se segurasse algo nas mãos?
Um livro seu? Ou de alguém?
Um mapa? Binóculos? Uma vara de pescar?
E se ele vestisse uma roupa diferente?
O uniforme de setembro? As listras do campo de concentração?

«Retrato da memória», *Aqui*, 2009

Difícil imaginar Wisława Szymborska no papel da viúva desesperada, ela não fazia esse gênero (quando ganhou de presente um carimbo com os dizeres «*Wdowa-sierota*»,[1] ela o usou para carimbar com prazer os livros

---

1 *Wdowa-sierota* [viúva-órfã]: são as palavras polonesas que equivalem em português às expressões «linha viúva ou quebrada» e «linha órfã», que são usadas em tipografia e correspondem respectivamente à última linha de um parágrafo que é impressa sozinha na parte superior de uma página e à primeira linha de um parágrafo que é impressa sozinha na parte inferior de uma página. Obviamente, o presente recebido fazia uma brincadeira com o fato de Szymborska ser viúva e órfã.

de poemas com dedicatórias para os amigos). Filipowicz era sua alma gêmea. Ela dizia sobre seus contos: «Em sua prosa ele não gostava de uivar para a lua e rasgar suas roupas. Preferia pensar cinco vezes antes de escrever qualquer coisa sobre seus próprios sentimentos. [...] Era um homem forte e reservado. Depois das experiências da ocupação e do campo de concentração, começaram a desaparecer da sua área de visão as pessoas que tiveram sucesso, que se deram bem, e no seu lugar surgiram as pessoas que não se deram bem, que não cumpriram as tarefas que a vida lhes impôs. Nos seus contos aparecem a velhice, a doença e a morte».

Ela selecionou e preparou para publicação dois livros com os contos dele e escreveu seus prefácios. São eles: *Rzadki motyl* [Borboleta rara] («O enredo aqui desempenha um papel mínimo e ademais o escritor, com o passar dos anos, se afastou gradativamente dos esquemas 'clássicos' de enredo em favor de uma confissão direta dos seus sentimentos, meditações e aventuras espirituais») e *Cienie* [Sombras] («O tema são os judeus — aqueles que o autor conheceu pessoalmente ou aqueles aos quais ligava uma amizade de muitos anos ou, talvez, um momento extraído do fundo das suas próprias recordações ou de recordações alheias. Todos eles estão há tempos no Reino da Sombra, ao qual somente a literatura tem acesso»).

Ela visitava Cieszyn, a cidade natal de Filipowicz. Esteve lá, entre outras ocasiões, no aniversário de noventa anos do nascimento dele, na cerimônia de descerramento de uma placa comemorativa em homenagem a ele, e ainda, um ano antes de morrer, viajou para uma mostra cinematográfica, pois estavam exibindo filmes baseados em contos de Filipowicz.

Nos aniversários subsequentes às mortes de Włodek e Filipowicz, organizava sempre um encontro dos amigos que se lembravam deles. Foi nesses encontros que também nasceu a ideia de publicar livros dedicados a eles. Para *Godziny dla Adama. Wspomnienia, wiersze, przekłady* [Hora para Adam. Recordações, poemas, traduções], ela escreveu sobre recordações afetuosas e elaborou uma coletânea de seus poemas. Participou também na preparação do livro *Byliśmy u Kornela. Rzecz o Kornelu*

Filipowiczu [Estávamos no Kornel. Sobre Kornel Filipowicz], fez uma seleção de fragmentos de seu diário e poemas e escreveu as legendas para a maioria das fotografias. Esse livro foi publicado no vigésimo aniversário da morte de Filipowicz.

Em 1997, quando lhe pedimos emprestadas as fotos de família, verificamos que elas não estavam legendadas. Agora, quando examinamos as caixas e envelopes de fotografias, vimos que a maioria, principalmente aquelas que vieram das coleções dos pais, estava legendada com sua letra cuidadosa e legível.

Michał Rusinek contou que quando a conheceu ela não tinha mais família (a irmã Nawoja morreu alguns meses depois do Nobel) e ela passava os feriados religiosos sempre sozinha: «Era uma escolha dela. Sozinha, mas não solitária». Szymborska não comemorava seu dia onomástico nem o aniversário, não telefonava para os amigos para cumprimentá-los. «Como ela dizia, dos aniversários e dias onomásticos dela e das pessoas próximas, ela passava ao largo. Acho que é assim com as pessoas que não precisam de ciclicidade.»

Ela escreveu no poema: «Prefiro [...] os aniversários não marcados, para celebrá-los todos os dias».

Então Rusinek se tornou um pouco sua família substituta, mas não era forçado a nenhum papel estipulado. «Às vezes alguém dizia: 'Ah, é como se fosse sua mãe'. Não, não era mesmo, talvez como a vovó, porém mais em relação à geração, mas eu nunca definiria nossa relação dessa maneira. Certa vez uma mulher escreveu para ela: 'Eu queria ter uma avó assim como a senhora', ao que ela respondeu: 'Duvido que você iria querer'.»

Nove anos tinham se passado desde o último livro e seis desde o Nobel, quando *Instante* foi publicado em 2002, e nele alguns poemas deslumbrantes, nos quais a crítica literária percebeu uma semelhança com alguns poemas tardios de Adam Mickiewicz, não se sabe se finalizados, não se sabe se destinados à publicação, os quais ficaram conhecidos com «Liryki lozańskie» [Líricas de Lausanne], embora fosse mais apropriado o nome «Dumania w Lozannie» [Meditações em Lausanne], mas por algum motivo não quiseram adotar esse nome. Felizmente, sabe-se que Szymborska os considerava uma obra-prima, especialmente «Gdy tu mój trup» [Quando aqui estiver o meu cadáver].

No poema «Nuvens», ela se referia diretamente a outra obra do ciclo — «Nad wodą wielką i czystą» [Sobre a água grande e limpa] —, aos seus últimos versos: «Skałom trzeba stać i grozić,/ Obłokom deszcze przewozić,/ Błyskawicom grzmieć i ginąć;/ Mnie płynąć, płynąć i płynąć!...». [É necessário encarar as rochas e ameaçá-las,/ Às nuvens, as chuvas carregá-las,/ Aos raios, trovejar e expirar/ E a mim, navegar, navegar e navegar!...].

> *Para descrever as nuvens*
> *necessitaria ser muito rápida —*
> *numa fração de segundo*
> *deixam de ser estas, tornam-se outras.*
> *[...]*
> *Que as pessoas vivam, se quiserem,*
> *e em sequência que cada uma morra,*
> *as nuvens nada têm a ver*
> *com toda essa coisa*
> *muito estranha.*
>
> *Sobre a tua vida inteira*
> *e a minha, ainda incompleta,*
> *elas passam pomposas como sempre passaram.*
>
> *Não têm a obrigação de conosco findar.*
> *Não precisam ser vistas para navegar.*

«Nuvens», *Instante*, 2002[xc]

SOBRE A MORTE SEM EXAGERO E OS POEMAS INACABADOS

Sobre as nuvens, ela contou: «As nuvens são uma coisa maravilhosa, um fenômeno tão sensacional que deveria se escrever sobre elas. Afinal, são um happening eterno no céu, uma apresentação absoluta; algo inesgotável em formas e ideias, uma invenção impressionante da natureza». Antes ela já tinha sugerido («ile to chmur nad nami bezkarnie przepływa»)[quantas nuvens flutuam impunemente], agora ela fez delas uma testemunha silenciosa e indiferente da vida humana.

Sobre o parentesco de outro poema com o ciclo de Lausanne, podemos ler em Michał Głowiński,[2] que viu o drama iminente sob a superfície idílica de uma imagem das férias.

Estávamos proseando
E de repente calamos.
No terraço entrou uma moça,
ah, que linda,
linda demais
aqui para a nossa estadia tranquila.
[...]
Eu pensei: vou ligar para você,
não venha — direi — por enquanto,
estão anunciando alguns dias de chuva.

Somente Agnieszka, a viúva,
a cumprimentou com um lindo sorriso.

«Das recordações», *Instante*, 2002

---

2 Michał Głowiński (1934-): filólogo polonês, professor de ciências humanas, historiador e teórico da literatura, escritor e autor de livros didáticos.

474 QUINQUILHARIAS E RECORDAÇÕES

Na brilhante análise desse aparentemente simples poeminha, Głowiński provou que a «Linda», que interrompe tão de repente o idílio do feriado, é a «Morte».

Entre *Instante* e *Dois pontos*, Wisława Szymborska fez seu testamento. Desde o momento em que ganhou o Nobel, sabia o que a esperava, que devia tomar providências a respeito do que aconteceria com seu dinheiro, que — apesar de ela durante todo o tempo apoiar discretamente várias causas e financiar várias iniciativas culturais — parecia não acabar. Na verdade, não mudou seu modo de vida depois do Nobel, permaneceu uma pessoa modesta, que não valorizava o luxo.

«Acho que essa soma do prêmio era astronômica para dona Wisława e nunca pensou que merecesse. Em vez disso, queria que, graças ao dinheiro, alguma coisa boa fosse feita» disse Rusinek.

A viagem a Israel em 2004, quando justamente estava ocorrendo a segunda rebelião palestina, foi um bom pretexto para ir ao cartório.

«Apesar de o testamento não ser o gênero literário predileto de dona Wisława, eu encontrei muitos deles», disse-nos Rusinek. «Pelo menos três, de várias épocas, literariamente belos, só que inválidos, porque estavam escritos à máquina e não à mão.»

Ela se desculpou com Rusinek, dizendo que de fato se sentia sem jeito ao falar com ele sobre aqueles assuntos, mas que não havia saída, que era preciso. «É importante, o senhor sabe, eu me sinto uma pessoa nascida em Poznań».[3] Assim, ela preparou um testamento com um advogado e também o estatuto da Fundação. Sendo uma pessoa que nunca suportou nenhum assunto burocrático, ela se preocupava com a quantidade de coisas que seu secretário teria de resolver depois de sua morte.

---

3   Refere-se aqui ao pragmatismo, que costuma ser associado às pessoas nascidas em Poznań, a cidade principal perto da pequena Kórnik, onde ela realmente nasceu.

«Quando ela adoeceu», contou-nos ainda Rusinek, «quis que um tabelião fosse ao hospital e fez algumas pequenas alterações. E também queria acrescentar que, depois da sua morte, os amigos organizassem um sorteio e o destino decidiria o que cada um ganharia dela de lembrança. Mas acontece que a lei de heranças não prevê a instância do sorteio, então não puderam acrescentar aquilo ao testamento.»

Sobre o livro *Dois pontos*, Małgorzata Baranowska escreveu: «No livro inteiro a morte ronda ora mais perto, ora mais longe, a morte dos outros, a nossa, nunca nomeada». E Tadeusz Nyczek percebeu que o protagonista de muitos poemas é o tempo. «Szymborska fala sobre a morte delicadamente, como se a evitasse de longe, sem provocar um duelo direto, pois sabe que não tem chance com ela. Prefere se concentrar em momentos concretos e vivos, pois somente eles dão garantia de que Dona M. não vai dar uma olhada por aqui.»

Espera-se que a manhã seja fria e enevoada.
Do oeste,
nuvens de chuva começarão a se deslocar.
A visibilidade será fraca.
As estradas escorregadias.
[...]
O dia de amanhã
promete ser ensolarado,
embora, para os ainda vivos,
seja útil um guarda-chuva.

«O dia de amanhã — sem nós», *Dois pontos*, 2005

Dois pontos está separado do livro seguinte, *Aqui*, por três anos e tem dezenove poemas. «Szymborska realizou uma inovação grande demais em sua obra poética para que pudéssemos exigir dela outras inovações.

Pelo contrário, cada variante seguinte, cada verso, estrofe e mesmo cada nota para cada inovação merecem até mais atenção arguta», resenhou Jerzy Pilch. «Quando o fenômeno conhecido como vida perde sua obviedade, quando a mesa, a cadeira, a xícara, sem falar naqueles abismos como a tristeza ou a sensibilidade, tornam-se subitamente fenômenos terrivelmente estranhos, quando as coisas mais simples caem da coloquialidade no pavor — as pessoas enlouquecem. Se tal aberração pega alguém talentoso no arranjo das palavras, alguém que consiga organizar o medo e o caos na arte literária — poderá criar um protocolo confiável da existência na superfície do planeta.»

Desde o poema titular de abertura «Aqui», que realmente protocola nossa existência na Terra («aqui na Terra tem um bocado de tudo./ Aqui se fabricam cadeiras e tristezas»),[xci] até o poema que finaliza o livro, «Metafísica» («Foi-se, acabou-se./ Foi-se, então, acabou-se./ Numa sequência sempre irreversível,/ Pois essa é a regra desse jogo perdido»).[xcii] Szymborska se despede de nós e — como diriam os psicanalistas — «faz um fechamento».

Eis seu registro incompleto:

— uma olhada na prática da natureza («talvez cansada do trabalho incessante/ repete suas antigas ideias/ e nos coloca rostos/ já usados um dia»)[xciii] e o encantamento por suas criações mais estranhas («um cemiteriozinho comovente/ de descansos eternos/ ou seja,/ admiráveis, emergindo do mar,/ do mar azul, as brancas rochas»);

— como sempre o sonho («conseguimos voar depenados,/ iluminamos os negros túneis com nossos olhos,/ conversamos fluentemente numa língua desconhecida/ e não com qualquer um, mas com os mortos»);

— encontro com sua própria pessoa do passado («tanto nos diferenciamos»);[xciv]

— mostrando mais uma vez a banalidade do terrorismo («dias inteiros eles ficam pensando/ como matar, para matar»);[xcv]

SOBRE A MORTE SEM EXAGERO E OS POEMAS INACABADOS

— como de costume, olha para algo óbvio, como o divórcio, com uma perspectiva inesperada («Para os móveis, escadas, rangidos, leva ou não leva./ Para a parede, quadrados brancos depois de retirados os quadros./ Para os vizinhos do térreo, um assunto, uma pausa no tédio»);[xcvi]

— a coexistência com a velhice não designada pelo nome («Sou um péssimo público para a minha memória./ Ela quer que eu ouça sua voz incessantemente»).[xcvii]

Ela conseguiu viver em seu próprio ritmo quase até o fim: trabalhar, encontrar-se com os amigos, fumar cigarros, beber uma vodcazinha. E escrever poemas.

«A literatura não tem o monopólio de despertar deslumbramentos», ela disse numa entrevista depois da publicação do livro *Aqui*. «A vida normal e comum sempre cria uma oportunidade para eles. Na ciência e na técnica há sempre algo novo e surpreendente acontecendo. Tantas coisas que nem conseguimos acompanhar. A cada nova descoberta, admiramo-nos cada vez por menos tempo, não dando o devido valor, como merecido, à sua singularidade. Parece-me que, antes, o balão dos irmãos Montgolfière causou uma sensação muito mais intensa e foi relembrada por mais tempo que a aterrissagem das pessoas na Lua. E no entanto, enquanto nossos deslumbramentos são de curta duração, nossos terrores são duradouros.»

Ela sempre procurava algum consolo.

Para todos algum dia alguém querido morre,
entre ser ou não ser
foi obrigado a escolher o segundo.
[...]
Mas essa é a lei e a contralei da natureza.
[...]
E só às vezes
uma pequena cortesia de sua parte —

478 QUINQUILHARIAS E RECORDAÇÕES

*nossos entes queridos mortos
ela joga em nossos sonhos.*

«Para todos algum dia», *Chega*, 2012

«Wisława, Nawoja, aquela foi uma educação de grandes damas», disseram-nos Elżbieta e Jan Pindel. «Wisława já sabia havia alguns anos que tinha um aneurisma aórtico, mas não queria se operar, queria que ele estourasse, porque, como dizia, seria rápido, um fim fácil. Ela queria dirigir a própria morte, para que fosse sem sofrimento e rápida.»

Em outubro de 2011, como sempre, Wisława Szymborska foi para Zakopane. Quando Krystyna e Ryszard Krynicki e Anders Bodegård a visitaram lá, foram almoçar num pequeno restaurante em Kiry, perto da entrada para Dolina Kościeliska. E lá o dono a reconheceu, saiu para cumprimentá-la e disse que seu avô tinha comprado aquele terreno do pai dela.

Os Pindel foram também a Zakopane para trazer Szymborska de volta para Cracóvia (eles frequentemente lhe serviam de motoristas e assumiram de certa forma o papel de Nawoja, desde que ela faleceu: pelo menos uma vez por mês, cozinhavam comida caseira e levavam para ela nos vidros, cuidavam também do apartamento durante sua ausência e enchiam a geladeira de comida quando ela estava para voltar). No caminho visitaram o túmulo do tio-avô Maurycy Rottermund.

Em 24 de novembro de 2011, a Polskie Radio anunciou: «Wisława Szymborska passou por uma operação há dois dias num dos hospitais de Cracóvia e está se recuperando sob cuidados médicos. Não sabemos ao certo o que os médicos cracovianos trataram nem em que hospital a escritora se encontra em recuperação. O secretário da ganhadora do Nobel, Michał Rusinek, se recusou a dar detalhes mais precisos, porque — como ele enfatizou — a própria paciente pedira isso. Rusinek apenas

SOBRE A MORTE SEM EXAGERO E OS POEMAS INACABADOS 479

falou que o procedimento tinha transcorrido sem problemas e que o estado de saúde de Szymborska estava melhorando».

Ela não queria falar de sua doença. Rusinek nos disse: «Ela estava animada porque do hospital iria para casa, disse que íamos fazer algumas arrumações. Eu temia que ela fosse querer jogar fora, por exemplo, alguns desenhos ou poemas da juventude, mas não. 'Ah, trata-se de algumas coisas do passado, cartas', ela disse. Por fim, não teve tempo de fazer isso».

A última viagem tinha sido em setembro de 2011, para Wrocław. Bogdan Zdrojewski a convidou para jantar, realizava-se então o Congresso Europeu da Cultura. Michał Rusinek a levou de carro. Primeiro Szymborska se encontrou com Urszula Kozioł e foram juntas visitar o túmulo de seu marido Feliks Przybylak. Depois do jantar, no qual estiveram ainda Krystyna Zachwatowicz, Andrzej Wajda e Zygmunt Bauman, acompanhados de sopa e bom vinho, voltaram para Cracóvia depois da meia-noite.

O último filme visto foi *Meia-noite em Paris*, de Woody Allen (na companhia de Teresa Walas).

As últimas novas anotações em seu caderninho com radicais de poemas apareceram no outono de 2011. Uma frase para um poema sobre o homem de Neandertal era assim: «Quando morre/ já acredita no além-mundo». E ainda: «É fácil escrever sobre a morte. Sobre a vida é mais difícil. A vida tem mais detalhes. Nada geral é interessante». «Eu já estava prestes a chorar», lembra Michał Rusinek, «quando caiu do caderninho um pequeno papel escrito por ela, provavelmente tinha escutado aquilo de algum comentarista esportivo: 'É um desses joga-dores a quem a bola não incomoda durante o jogo'.»

A última vez que apôs sua assinatura foi em novembro de 2011, junto com Mario Vargas Llosa, Yoko Ono, Sting, Jimmy Carter, Lech Wałęsa, entre outros, no apelo pela mudança mundial na política das drogas: «Hora de descriminalização, tratamento e profilaxia».

O último pequeno texto que escreveu foi uma notinha na aba do livro *Osobliwy gość* [*The doubtful guest*, no original], de Edward Gorey, livro de humor negro traduzido por Michał Rusinek: «Há pessoas que são viciadas em mau humor. Graças a Gorey estão se reabilitando» (antes, é claro, ela leu a tradução de seu secretário e propôs algumas melhorias).

A última quadra engraçada que compôs tinha relação com seu estado pós-operatório. Ela entregou este manuscrito a Rusinek: «Os holandeses são uma nação sabida/ quando cessa o *respiramento* natural/ sabem o que fazer da vida».

O último poema ela mandou para a *Gazeta Wyborcza* (chegou em janeiro de 2012):

Na melhor das hipóteses,
meu poema, você será lido atentamente,
comentado e lembrado.

Na pior da hipóteses
somente lido.

Terceira possibilidade —
embora escrito,
logo jogado no lixo.

Você pode se valer ainda de uma quarta saída —
desaparecer não escrito
murmurando satisfeito algo para si mesmo.

«Para o meu próprio poema», *Chega*, 2012

SOBRE A MORTE SEM EXAGERO E OS POEMAS INACABADOS

Morreu em 1º de fevereiro de 2012, em casa, dormindo.

No dia do funeral, em 9 de fevereiro, bem ao meio-dia, em vez do toque de chamada,[4] o trompetista tocou a melodia para seu poema mais conhecido, por ter sido popularizado por Łucja Prus, Maanam e Kora, e os que passavam pelo Rynek de Cracóvia levantaram a cabeça em direção ao campanário da Igreja Mariana, de onde chegavam os acordes de «Nic dwa razy».

Nada acontece duas vezes
nem acontecerá. Eis nossa sina.
Nascemos sem prática
e morreremos sem rotina.

«Nada duas vezes», *Chamando por Yeti*, 1957[xcviii]

«Fico me perguntando o que a senhora tem a dizer sobre isso tudo», disse Michał Rusinek junto à urna com as cinzas da poeta durante seu funeral laico no cemitério Rakowicki. «Certamente a senhora suporia que todas essas pessoas estão aqui por acaso, que apenas alguma coisa as deteve no caminho para o jogo.»

Dos alto-falantes fluía a canção «Black Coffee», com Ella Fitzgerald, sobre quem havia tempos Szymborska queria escrever um poema, e conseguiu somente no último livro.

Rezava para Deus,
rezava com fervor

---

4 O toque de chamada é executado a cada hora por um trompetista no alto da torre da Basílica de Santa Maria na praça principal do centro de Cracóvia, relembrando um fato histórico ocorrido durante uma invasão dos mongóis em 1241.

para que fizesse dela
uma menina branca feliz.

«Ella no céu», *Aqui*, 2009[xcix]

«A maravilhosa e incomparável Ella», Szymborska nos disse. «Se ela se encontrasse realmente no céu, suponho que os coros angelicais se esforçariam para fazer intrigas e tirá-la de lá.»

Lembrou-se dela no filme de Lars Helander: «Uma voz que era um presente de Deus. Ela cantava assim como se apenas respirasse. Em cada letra de música, não importa se triste, alegre ou muito dramática, ela ficava meio apartada e não entregava a assim chamada alma inteira. Eu valorizo muito isso. Não quero me comparar com essa grande cantora, mas me parece que eu também fico assim um pouquinho apartada. Em qualquer assunto, mesmo o mais dramático, eu me esforço para ficar ligeiramente afastada e dar uma olhada nele. E ela fazia o mesmo ao cantar. Talvez eu tenha aprendido alguma coisa com ela».

«Um pouco antes de morrer, a senhora dizia que teve uma vida longa, boa e interessante, e sorte com as pessoas, com os amigos», continuou Rusinek, e a neve polvilhava todos nós que estávamos em pé no cemitério. «A senhora estava agradecida pelo destino e conciliada com o que ia acontecer. Gostaria de saber o que a senhora está fazendo agora. A senhora supunha que na versão mais pessimista iria ficar sentada em alguma mesa escrevendo dedicatórias. E na versão mais otimista? Bem, no céu provavelmente está sua preferida Ella Fitzgerald, então com certeza a senhora a está escutando agora, fumando um cigarro e bebendo café. Mas ao mesmo tempo — felizmente para nós — a senhora ainda continua conosco. A senhora nos deixou muitas coisas para ler e muitas para pensar.»

CADERNO DE IMAGENS

Antoni Szymborski, avô de Wisława. Final do século XIX.

A bisavó de Wisława, Natalia Psarska, com seu neto, pai de Wisława, Wincenty Szymborski. Final do século XIX.

Karolina Rottermund, avó de Wisława. Anos 1930.

Anna Maria Rottermund (1911) e Wincenty Szymborski (*c.* 1918), futuros pais de Wisława.

Família Rottermund. À esquerda, sentados: o avô de Wisława Szymborska, Jan Rottermund e sua esposa Karolina. Ao lado deles, seus dois filhos; a seus pés está sentada a filha, futura mãe da poeta, conhecida como Andzia. O segundo da direita para a esquerda, sentado, é o padre Maurycy Rottermund, tio-avô materno de Wisława. Cracóvia, início do século XX.

Casa em Kórnik, na qual nasceu Wisława Szymborska
e onde morou durante os primeiros dois anos de vida.

Wisława (no carrinho) com a irmã Nawoja. Kórnik, 1924. Szymborska
costumava dar de presente esta foto, com variadas dedicatórias,
aos amigos. Este é o registro na foto para Joanna Szczęsna: «W. S.
na época mais feliz da sua vida». Ao lado, sua irmã, já não tão feliz,
porque logo irá para a escola.

O casal Szymborski com a filhinha Wisława e sua babá. Kórnik, inverno de 1923-24. «Essa era uma da série de minhas babás», comentou Szymborska ao ver essa foto. «Eu nasci nervosa e chorava muito na infância, e as babás suportavam isso com dificuldade.»

Nawoja e Wisława. Toruń, 4 de setembro de 1926.

Wisława e Nawoja com os pais. Toruń, 4 de setembro de 1926.

Wisława e Nawoja com a mãe no Planty de Cracóvia, *c.* 1930.

Wisława e Nawoja com os pais, *c.* 1934-35.

Wisława (à esquerda) com as amigas da escola, Małgorzata Stanisławska e Danuta Nowakowska. Linha A-B, entre a rua Sławkowska e Floriańska. Cracóvia, 1935.

Wisława em seu uniforme de gala. «Lembro-me de que na infância nunca usei tranças», disse-nos. Cracóvia, 1935.

Anos 1940.

Adam Włodek, futuro marido de Wisława Szymborska. No verso da fotografia, a dedicatória: «Querida Wisełka! — já desde 1940 pressenti que você iria se apaixonar por macaquinhas, Adam, 26 XI 69».

Anos 1950.

Stefan Otwinowski, Leszek Herdegen, Kazimierz Barnaś, Zygmunt Greń, Władysław Błachut. Fotograma da Crônica Cinematográfica Polonesa, por ocasião do décimo aniversário de criação do jornal. Janeiro de 1961.

Com a chimpanzé Cziki, no zoológico de Cracóvia. Anos 1960.
«O diretor do zoológico emprestou-a a mim para a sessão fotográfica»,
contou-nos Szymborska. «Eu a levei pela mão e ela não gostou disso,
ficou nervosa, e tinha força nos braços e a barriga dura como um coco.
Quando a sentaram no banco, eu tentei abraçá-la, mas então ela me
mordeu a mão. Dei um grito, ela olhou para mim e falou, bom,
talvez não tenha falado, mas estendeu a pata, arrancou umas folhas
e entupiu minha boca com elas. Será que ela queria que eu não gritasse?
Ou queria me pedir desculpas?»

Na redação do *Życie Literackie*. Fotograma da Crônica Cinematográfica
Polonesa por ocasião do décimo aniversário do jornal. Janeiro de 1961.

Em seu apartamento conhecido como «gaveta», na rua 18 Stycznia. Cracóvia, abril de 1966.

Ao lado de Wisława Szymborska, à esquerda, Julian Przyboś e, à direita, Zbigniew Herbert. No apartamento de Jan Brzękowski. Paris, outono de 1967.

Da esquerda para a direita: Ewa Lipska, Wisława Szymborska, Kornel Filipowicz, Adam Włodek. «Nos anos 1970 criamos o grupo biprostal», contou-nos Barbara Czałczyńska. «Podiam pertencer a ele aqueles que moravam nas proximidades da torre da firma de engenharia e consultoria biprostal. Adam Włodek posa na foto apenas pela amizade, porque morava em outro lugar. Depois uns se mudaram, outros viajaram, e nenhum vestígio escrito do grupo restou.» «Em certo momento, o Serviço de Segurança se interessou por nós», completou Szymborska. s/ data.

Kornel Filipowicz. s/ data.

Com Kornel Filipowicz.
Kazimierz, em Cracóvia,
primavera de 1972.

Cracóvia, agosto de 1970.

Junto às suas escrivaninhas,
cada um em seu apartamento, em 1984.

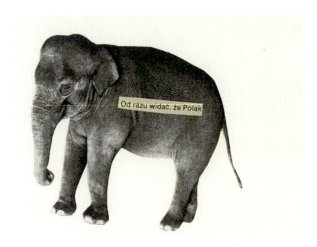

Cartão para Anna e Stanisław Barańczak, em 3 de agosto de 1993.
No cartão está escrito: «Vê-se logo que é polonês».

Cartão-postal para Joanna
Szczęsna, de dezembro de 1999.

Cartão para Irena Szymańska e Ryszard Matuszewski.
No cartão está escrito: «Infelizmente não posso fazer
nada a respeito disso». s/ data.

Cartão-postal para
Michał Rusinek,
de dezembro de
1996. No cartão está
escrito: «Os doze
macacos já estão
em Cracóvia».

Cartão-postal para Wiktor Woroszylski, de 11 de março de 1995. No cartão está escrito: «Não telefone se você não tiver dezoito anos».

Cartão para Ewa Lipska, de 28 de maio de 1994. No cartão está escrito: «Senhorita de vida fácil».

Cartão-postal para Aleksander Ziemny em 16 de dezembro de 1970. No cartão está escrito: «Eis minha última fotografia».

Com Vlasta Dvořáčková, tradutora de Wisława Szymborska em tcheco. s/ data.

Com Maria Kalota-Szymańska
nas escadas da Astoria de Zakopane. s/ data.

Com seu secretário Michał Rusinek, em 2009.

Com Barbara Rusinek segurando no colo a sua filha Natalia, em 1999.

Com Ewa Lipska.
Perchtodsdorf, Viena,
7 de maio de 1995.

Com Teresa Walas.
Alemanha, abril de 1997.

Com Joanna e Jerzy Illg.
Veneza, primavera de 2000.

Com Michał Rusinek e Krystyna Krauze, no Museu Kampa. Praga, maio de 2000.

Com Katarzyna Kolenda-Zaleska. Em primeiro plano, Jarosław Mikołajewski. Sicília, abril de 2008.

Com Michał Rusinek e Katarzyna Kolenda--Zaleska. Irlanda, julho de 2008.

Depois de ser informada do recebimento do Prêmio Nobel.
A primeira à esquerda é Teresa Walas. Casa do Trabalho
Criativo Astoria, Zakopane, 3 de outubro de 1996.

Wisława Szymborska e seu
tradutor para o alemão Karl
Dedecius, final dos anos 1990.

Anos 1990.

Cerimônia de entrega
a Wisława Szymborska
do título de doutora
honoris causa. Poznań,
maio de 1995.

Estocolmo, 1996.

Anos 2000.

Ao proferir o discurso no Prêmio Nobel. Estocolmo, 7 de dezembro de 1996.

Estocolmo, 1996.

No funeral de Zbigniew Herbert. Cemitério de Powązki, Varsóvia, 10 de agosto de 1998.

Encontro por ocasião da publicação *NaGłos*, dedicada a Czesław Miłosz. Cracóvia, Pałac Pugetów, 21 de outubro de 1992.

O trio de ganhadores do Nobel em Vilnius: Czesław Miłosz, Wisława Szymborska e Günter Grass. Vilnius, outubro de 2000.

Na promoção de seu último livro publicado em vida, *Aqui*. Ópera de Cracóvia, 27 de janeiro de 2009.

Na cerimônia de recebimento da Ordem da Águia Branca.
Cracóvia, janeiro de 2011.

BIBLIOGRAFIA PESSOAL

Livros de Wislawa Szymborska publicados na Polônia

1952

Dlatego żyjemy [Por isso vivemos]. Varsóvia: Czytelnik.

1954

Dlatego żyjemy [Por isso vivemos], segunda edição. Varsóvia: Czytelnik.

Pytania zadawane sobie [Perguntas que me faço]. Cracóvia: Wyd. Literackie.

1957

Wołanie do Yeti. Wiersze [Chamando por Yeti. Poemas]. Cracóvia: Wyd. Literackie.

1962

Sól [Sal]. Varsóvia: PIW.

1964

Wiersze wybrane [Poemas selecionados]. Varsóvia: PIW.

1967

Sto pociech. Wiersze [Muito divertido. Poemas]. Varsóvia: PIW.

Poezje wybrane. Wybór i wstęp Autorki [Antologia poética. Seleção e prefácio da autora]. Varsóvia: LSW (Biblioteca dos Poetas do século XX).

1970

Poezje. Przedm. J. Kwiatkowski [Poesia. Prefácio de J. Kwiatkowski]. Varsóvia: PIW (Biblioteca dos Poetas).

Wybór poezji [Seleta de poesia]. Varsóvia: Czytelnik.

1972

Wszelki wypadek [Todo o caso]. Varsóvia: Czytelnik.

1973

Lektury nadobowiązkowe [Leituras não obrigatórias]. Cracóvia: Wyd. Literackie.

Wybór wierszy [Seleta de poemas]. Varsóvia: PIW (Biblioteca da Literatura dos 30 anos).

528   QUINQUILHARIAS E RECORDAÇÕES

1975

Wszelki wypadek [Todo o caso], segunda edição. Varsóvia: Czytelnik.

1976

Wielka liczba [Um grande número]. Varsóvia: Czytelnik.

Tarsjusz i inne wiersze [Társio e outros poemas]. Varsóvia: Czytelnik.

1977

Poezje. Przedm. J. Kwiatkowski [Poesia. Prefácio de J. Kwiatkowski], segunda edição. Varsóvia: PIW.

Wielka liczba [Um grande número], segunda edição. Varsóvia: Czytelnik.

1979

Wybór wierszy [Seleta de poemas], segunda edição ampliada. Varsóvia: PIW (Coleção da Literatura Polonesa Contemporânea).

1981

Lektury nadobowiązkowe [Leituras não obrigatórias], Parte 2. Cracóvia: Wyd. Literackie.

1983

Poezje wybrane II. Wyboru dokonała Autorka [Antologia poética II. Seleção da autora]. Varsóvia: LSW (Biblioteca dos Poetas).

1986

Ludzie na moście [Gente na ponte]. Varsóvia: Czytelnik.

1987

Poezje. Przedm. J. Kwiatkowski [Poesia. Prefácio de J. Kwiatkowski], terceira edição. Varsóvia: Alfa.

1988

Ludzie na moście [Gente na ponte], segunda edição. Varsóvia: Czytelnik.

1992

Lektury nadobowiązkowe [Leituras não obrigatórias]. Cracóvia: Wyd. Literackie.

Wieczór autorski. Wybór, wstęp W. Ligęza [Recital de poesia. Seleção e prefácio W. Ligęza]. Varsóvia: Anagram.

1994

Wiersze [Poemas]. Zduńska Wola: Fast [publicação sem acordo com a autora].

BIBLIOGRAFIA PESSOAL

1996

Widok z ziarnkiem piasku. 102 wiersze [Paisagem com grão de areia. 102 poemas]. Poznań: Wyd. a5.

Lektury nadobowiązkowe [Leituras não obrigatórias]. Cracóvia: Wyd. Literackie.

Życie na poczekaniu. Lekcja literatury z Jerzym Kwiatkowskim i Marianem Stalą [A vida na hora. Lição de literatura com Jerzy Kwiatkowski e Marian Stala]. Cracóvia: Wyd. Literackie.

2000

Poczta literacka czyli jak zostać (lub nie zostać) pisarzem. Wybór i układ tekstów Teresa Walas [Correio literário ou como se tornar (ou não) um escritor. Seleção e organização Teresa Walas]. Cracóvia: Wyd. Literackie.

Wiersze wybrane. Wybór i układ Autorki [Poemas selecionados. Seleção e organização da autora]. Cracóvia: Wyd. a5.

2002

Chwila [Instante]. Cracóvia: Wyd. Znak.

Nowe lektury nadobowiązkowe 1997-2002 [Novas leituras não obrigatórias 1997-2002]. Cracóvia: Wyd. Literackie.

2003

Rymowanki dla dużych dzieci [Riminhas para crianças grandes]. Cracóvia: Wyd. a5.

W. Szymborska, Wiersze; E. Hołoweńko-Matuszewska, Zielniki [Poemas e herbários. W. Szymborska e E. Hołoweńko-Matuszewska]. Olszanica: Bosz.

2004

Wiersze wybrane. Wybór i układ Autorki [Poemas selecionados. Seleção e organização da autora], nova edição ampliada. Cracóvia: Wyd. a5.

2005

Dwukropek. [Dois pontos]. Cracóvia: Wyd. a5.

2006

Zmysł udziału. Wybór wierszy [Senso de participação. Seleta de poemas]. Cracóvia: Wyd. Literackie.

2007

Miłość szczęśliwa i inne wiersze. (Wyb. R. Krynicki) [Um amor feliz e outros poemas. Seleção R. Krynicki]. Cracóvia: Wyd. a5.

Wiersze wybrane. Wybór i układ Autorki [Poemas selecionados. Seleção e organização da autora], nova edição ampliada. Cracóvia: Wyd. a5.

2009

Tutaj [Aqui]. Cracóvia: Wyd. Znak.

2010

Wiersze wybrane. Wybór i układ Autorki [Poemas selecionados. Seleção e organização da autora], nova edição ampliada. Cracóvia: Wyd. a5.

2011

Milczenie roślin. Wyb. wierszy i fot. J. Gromek-Illg [O silêncio das plantas. Seleção dos poemas e fot. J. Gromek-Illg]. Cracóvia: Wyd. Znak emotikon.

2012

Wystarczy [Chega]. Cracóvia: Wyd. a5 (W).

Livros de Wislawa Szymborska publicados no Brasil

2011

Poemas de Wisława Szymborska. Seleção, tradução e prefácio de Regina Przybycien. São Paulo: Companhia das Letras.

2016

Um amor feliz. Seleção, tradução e prefácio de Regina Przybycien. São Paulo: Companhia das Letras.

2018

Riminhas para crianças grandes. Tradução e organização de Piotr Kilanowski e Eneida Favre, prefácio de Piotr Kilanowski. Belo Horizonte-Veneza: Âyiné.

BIBLIOGRAFIA PESSOAL

Livros de Wislawa Szymborska com publicação prevista no Brasil

Correio literário ou como se tornar (ou não) um escritor. Tradução de Eneida Favre. Belo Horizonte-Veneza: Âyiné.

CRONOLOGIA

1923

2 de julho: Em Kórnik, perto de Poznań, nasce a segunda filha de Anna Maria, em solteira Rottermund, e Wincenty Szymborski, administrador do patrimônio do conde Zamoyski.

2 de setembro: A filha do casal Szymborski recebe no batismo o nome de Maria Wisława Anna.

1924

Depois de se aposentar, Wincenty Szymborski se muda para Toruń com sua esposa, a filha mais velha Maria Nawoja e a mais nova, Maria Wisława.

1929

A família se estabelece definitivamente em Cracóvia, na rua Radziwiłłowska, num casarão comprado por Wincenty Szymborski.

1930

Wisława, conhecida como Ichna, vai para o segundo ano da Escola Fundamental Józefa Joteyko, na rua Podwale.

1935

Inicia seus estudos no Ginásio das Irmãs Ursulinas na rua Starowiślna.

1936

Wincenty Szymborski morre aos 66 anos.

1941

Na primavera, Wisława faz os exames finais do curso médio numa escola clandestina.

1942

28 de fevereiro: O primeiro poema preservado de Wisława Szymborska leva esta data e foi intitulado «Topielec. Poemat epiczny w II pieśniach» [Afogado. Poema épico em II cantos].

1943

Wisława Szymborska se emprega como funcionária pública na ferrovia, escapando assim da deportação para trabalhar na Alemanha.

1944

Wisława Szymborska considera alguns dos poemas escritos nesse ano bons para serem publicados depois da guerra.

1945

14 de março: Estreia nas páginas de *Walka* — um caderno adicional do *Dziennik Polski* — com o poema «Szukam słowa» [Procuro uma palavra], que a editoria considerou excessivamente cheio de palavras e cortou pela metade.

Outono: Inicia seus estudos na Universidade Jaguielônica, primeiro na polonística e depois na sociologia. Não terminou nenhuma das faculdades.

1947-1948

Trabalha como secretária de redação do quinzenário educacional *Świetlica Krakowska*, faz ilustrações para livros.

1948

Abril: Casa-se com Adam Włodek, poeta, tradutor, crítico literário, e muda-se da casa de sua família para a Casa dos Literatos, na rua Krupnicza nº 22, onde os escritores foram agrupados depois da guerra.

1950

Entra para o Partido Operário Unificado Polonês.

1952

É publicado o livro *Dlatego żyjemy* [Por isso vivemos] (Czytelnik; tiragem de 1140 exemplares). Por esse motivo Wisława Szymborska foi aceita na União dos Literatos Poloneses. Em suas coletâneas posteriores, a poeta não inclui nenhum dos poemas desse livro.

O poema desse livro «Quando a velha operária se acerca do berço da Constituição do Povo para relembrar» é premiado num concurso do Ministério da Cultura e Arte, União dos Literatos Poloneses e Associação dos Jornalistas Poloneses.

CRONOLOGIA

1953

Janeiro: Torna-se chefe da seção de poesia do semanário *Życie Literackie*.

Fevereiro: Assina a resolução dos membros da União dos Literatos Poloneses, censurando os padres («traidores da Pátria»), condenados por espionagem numa farsa jurídica na Cúria de Cracóvia.

Março: Depois da morte de Josef Stálin, foi publicado num número especial do *Życie Literackie* o poema de Szymborska «Ten dzień» [Aquele dia], pelo qual durante anos seria ferozmente atacada na Polônia livre. «Escrevi-o com toda a sinceridade, o que não dá para se entender hoje em dia», ela diz, lembrando aquele tempo.

1954

Divorcia-se de Adam Włodek, do qual continua amiga até a morte dele.

Primavera: Participando de um intercâmbio cultural, viaja pela primeira vez na vida para o exterior — para a Bulgária. Durante sua estadia de duas semanas, sua cicerone foi Blaga Dimitrova, tradutora e, nos anos 1990, vice-presidente da Bulgária.

É publicado o livro *Pytania zadawane sobie* [Perguntas que me faço] (Wydawnictwo Literackie), com tiragem de 1175 exemplares.

É publicada a segunda edição do livro *Dlatego żyjemy* (Czytelnik; tiragem de 2101 exemplares).

Recebe o Prêmio Literário da Cidade de Cracóvia pelos dois livros publicados.

1955

Pelo livro *Pytania zadawane sobie*, recebe uma distinção num Prêmio Estatal.

Outono: Participando de um intercâmbio cultural, viaja à Eslováquia num encontro de escritores locais.

Recebe a Cruz de Ouro do Mérito por «seus feitos no campo da literatura e da arte».

1957

Outono: Viaja pela primeira vez para o Ocidente — com uma bolsa de estudos para Paris.

É publicado o livro *Wołanie do Yeti* [Chamando por Yeti] (Wydawnictwo Literackie), com tiragem de 1135 exemplares.

1958

10 de janeiro: Decide-se por uma ação corajosa e, junto com Jan Józef Szczepański e Sławomir Mrożek, visita Jerzy Giedroyc, editor da revista parisiense *Kultura*, em Maisons-Laffitte, nos arredores de Paris.

1960

Começa a dirigir no *Życie Literackie* (junto com Włodzimierz Maciąg) a seção «Poczta literacka» [Correio literário], na qual responde às cartas enviadas para a redação com manuscritos de jovens aspirantes a escritores.

Viaja com a delegação dos escritores poloneses para Moscou, Leningrado e Sucumi, na Geórgia.

Anna Maria Szymborska morre, aos 71 anos.

1962

É publicado o livro *Sól* [Sal] (Państwowy Instytut Wydawniczy), com tiragem de 1750 exemplares.

1963

14-17 de agosto: Participa de encontros de escritores poloneses e dinamarqueses na Universidade Popular de Kragerup, perto de Copenhague.

Outono: Deixa o colcoz literário da rua Krupnicza e se muda para uma quitinete no quinto andar de um bloco na esquina da rua 18 Stycznia (hoje Królewska) com a rua Nowowiejska, que por causa de seu tamanho ela chamava de «gaveta».

Novembro: Viaja com um grupo de escritores para a Iugoslávia. Visita a Dalmácia, vai à Macedônia e visita a Escópia, recentemente destruída por um terremoto.

Recebe o Prêmio do Ministro da Cultura e da Arte, grau II, pelo livro *Sól*.

1964

Junto com algumas centenas de membros da União dos Literatos Poloneses, assina uma carta de retaliação contra os signatários da chamada «Carta dos 34», que protestava contra a censura e a limitação da liberdade da palavra. Nunca mais ficou do mesmo lado das autoridades.

CRONOLOGIA

É publicado o livro *Wiersze wybrane* [Poemas selecionados] (Państwowy Instytut Wydawniczy), com tiragem de 4290 exemplares.

1965

No Festival Internacional da Canção em Sopot, Łucja Prus interpreta a canção «Nic dwa razy się nie zdarza» [Nada acontece duas vezes], com a letra do poema de Szymborska (pela primeira vez a poeta deu o consentimento para a execução de uma canção para seu poema, mesmo havendo mudança do segundo verso. Assim, em vez de «Nic dwa razy się nie zdarza/ i nie zdarzy. Z tej przyczyny...» [Nada acontece duas vezes/ nem acontecerá. Por esse motivo...], Łucja Prus canta: «Nic dwa razy się nie zdarza/ i zapewne z tej przyczyny» [Nada acontece duas vezes/ e provavelmente por esse motivo...].

1966

Wisława Szymborska devolve sua carteira do partido num gesto de solidariedade a Leszek Kołakowski, que é expulso do Partido Operário Unificado Polonês, e assim ela perde seu posto de chefe da seção de poesia e o trabalho em período integral no *Życie Literackie*.

1967

11 de junho: É publicada no *Życie Literackie* a primeira crônica do ciclo *Lektury nadobowiązkowe* [Leituras não obrigatórias], que escreverá — com intervalos mais ou menos longos e variada frequência — até 2002. Nelas (num só parágrafo do tamanho da folha) discute livros que hoje em dia chamaríamos de «fora do mainstream», geralmente esquecidos pelos resenhistas.

Outono: Estadia em Paris e no sul da França e na Espanha.

É publicado o livro *Sto pociech* [Muito divertido] (Państwowy Instytut Wydawniczy), com tiragem de 3225 exemplares.

É publicada a coletânea *Poezje wybrane* [Antologia poética] (Ludowa Spółdzielnia Wydawnicza, série Biblioteka Poetów XX Wieku), com tiragem de 10320 exemplares e com seleção e prefácio da autora.

1968

Verão e outono: Por causa de uma ameaça de doença pulmonar, Wisława Szymborska passa alguns meses num sanatório para profilaxia de tuberculose.

538   QUINQUILHARIAS E RECORDAÇÕES

1969

Nos álbuns de Kornel Filipowicz, nos quais durante toda a vida colou fotografias, as fotos de Szymborska começam a aparecer em 1969. Ficaram ligados um ao outro até a morte de Filipowicz em 1990.

12 de junho: Pela primeira vez desde sua partida em 1924, Wisława Szymborska visita sua cidade natal Kórnik, a convite de Ryszard Krynicki, na época funcionário da biblioteca local.

1970

Viaja à Bélgica para a Bienal da Poesia em Knokke, próximo a Oostende.

É publicado *Poezje* [Poesias] (Państwowy Instytut Wydawniczy, série: Biblioteka Poetów), com tiragem de 5260 exemplares e prefácio de Jerzy Kwiatkowski.

É publicada uma coletânea de poesia (Czytelnik, série: Poeci Polscy), com tiragem de 15290 exemplares.

1972

É publicado o livro *Wszelki wypadek* [Todo o caso] (Czytelnik), com tiragem de 8280 exemplares.

Wisława Szymborska viaja com Kornel Filipowicz para a Feira do Livro em Frankfurt.

1973

Abril: Viaja com Kornel Filipowicz para recitais de poesia na Alemanha e na Holanda.

16 de maio: Esta data — «Dia 16 de maio de 1973» — é o título de um poema do livro *Koniec i początek* [Fim e começo]: «Uma dessas muitas datas,/ que já não me dizem nada./ Aonde fui nesse dia,/ o que fiz — não sei».

É publicada a primeira edição em livro das *Leituras não obrigatórias*, por muitas vezes retomada e complementada com novas crônicas nos anos seguintes.

É publicado o livro *Wybór wierszy* [Seleta de poemas] (Państwowy Instytut Wydawniczy, série: Biblioteca da Literatura dos 30 anos), com tiragem de 20290 exemplares.

1974

Wisława Szymborska recebe a Cruz do Cavaleiro da Ordem da Polônia Restituta.

CRONOLOGIA

1975

Wisława Szymborska assina um memorial para o Senado da República Popular da Polônia — conhecida como a «Carta dos 59» — sobre a questão das mudanças na Constituição. Os intelectuais protestam contra a inscrição na Constituição de uma aliança com a União Soviética e o papel de liderança do Partido Operário Unificado Polonês.

É publicada a segunda edição de *Wszelki wypadek* (Czytelnik) com a tiragem de 10 265 exemplares.

1976

Como parte da repressão por ter assinado a «Carta dos 59», o Serviço de Segurança notifica o escritório de passaportes que é necessário «embargar todas as viagens da indivídua [Wisława Szymborska] para países capitalistas. Isso inclui tanto as viagens privadas quanto as de trabalho».

É publicado o livro *Wielka liczba* [Um grande número] (Czytelnik), com tiragem de 10 280 exemplares.

É publicada uma coletânea bibliofílica da poesia de Szymborska — *Tarsjusz i inny wierze* [Társio e outros poemas] (Krajowa Agencja Wydawnicza), com tiragem de 860 exemplares numerados. O livrinho contém poemas nos quais aparecem animais (ornitorrinco, gorila, beija-flor, sépia, louva-a-deus, urso, polvo, centopeia, társio, zebra, besouro).

1977

É publicada a segunda edição de *Wielka liczba* (Czytelnik), com tiragem de 10 290 exemplares.

É publicada a segunda edição de *Poezje* (Państwowy Instytut Wydawniczy, série Biblioteka Poetów), com tiragem de 10 290 exemplares.

1978

Szymborska assina a declaração de fundadora da Sociedade de Cursos Científicos, instituição ligada ao Comitê de Defesa dos Trabalhadores, que dá palestras independentes sobre história, literatura e economia.

1979

É publicada a segunda edição de *Wybór wierszy* ((Państwowy Instytut Wydawniczy, série Biblioteka Literatury XXX-lecia), com tiragem de 30 315 exemplares.

1980

Não se inscreve no Niezależny Samorządny Związek Zawodowy «Solidarność» [Sindicato Independente Autônomo «Solidariedade»] («Não tenho sentimentos coletivos», dirá mais tarde).

Novembro: Assina a carta para o Conselho de Estado com um apelo para atenuar as penas no caso dos irmãos Kowalczyk, condenados a muitos anos de prisão por terem explodido o auditório da Faculdade de Pedagogia, em Opole.

1981

Passa a colaborar com o novo mensário literário de Cracóvia *Pismo*, no qual o vice-redator é Kornel Filipowicz.

Dezembro: Depois do anúncio do estado de sítio, rompe sua colaboração com o *Życie Literackie* e seu sobrenome desaparece definitivamente da relação de colaboradores.

1982

Outono: Muda-se para um apartamento de dois cômodos num bloco da rua Chocimska (quarto andar, sem elevador).

1983

Com o poema «Schyłek wieku» [Ocaso do século], inicia-se sua colaboração com o *Tygodnik Powszechny*.

4 de dezembro: Na sede do Clube da Inteligência Católica de Cracóvia, a poeta inaugura, com um discreto elogio da conspiração, com o poema «Głos w sprawie pornografii» [Opinião sobre a pornografia], a primeira edição da publicação falada *NaGłos*, independente da censura, com a qual dali em diante colaboraria. Duas edições especiais foram dedicadas a Wisława Szymborska no *NaGłos* impresso: em 1993 (nº 12) e em 1996 (nº 24).

CRONOLOGIA

É publicada a segunda edição de *Poezje wybrane* com seleção da autora (Ludowa Spółdzielnia Wydawnicza), com tiragem de 10 330 exemplares.

1985

Maio: Szymborska publica na *Kultura* parisiense e no jornal clandestino *Arka*, com o pseudônimo de Stańczykówna, o poema «Dialektyka i sztuka», que nunca mais incluiu em nenhuma coletânea de seus poemas.

1986

27 de janeiro: Morre Adam Włodek, ex-marido e um dos amigos mais próximos de Wisława Szymborska.

Depois de dez anos de intervalo, é publicado um novo volume de poemas: *Ludzie na moście* [Gente na ponte] (Czytelnik), com tiragem de 20 320 exemplares. O livro é honrado com o Prêmio Cultural clandestino do Solidariedade e com o prêmio do mensário *Oder* (a poeta recusa o prêmio ministerial do Fundo Literário).

1987

É publicada a terceira edição de *Poezje wybrane* (Państwowy Instytut Wydawniczy, série Biblioteka Poetów), com tiragem de 50 200 exemplares.

1988

Wisława Szymborska está entre os fundadores da Associação de Escritores Poloneses, que reúne escritores ligados à oposição.

É aceita como membro do Pen Club.

É publicada a segunda edição de *Ludzie na moście* (Czytelnik), com tiragem de 20 mil exemplares.

1989

É publicado o livro *Poezje. Poems* [Poesias. Poemas] (Wydawnictwo Literackie), edição polono-inglesa.

1990

28 de fevereiro: Morre Kornel Filipowicz.

Wisława Szymborska recebe o Prêmio Zygmunt Kallenbach (falecido presidente da Fundação Kościelski), concedido pelo júri do Prêmio Kościelski, pelo livro *Ludzie na moście*, reconhecido como o livro mais notável da década.

1991

28 de agosto: Na igreja de São Paulo, em Frankfurt, realiza-se a cerimônia de entrega a Wisława Szymborska do prestigiado Prêmio Goethe, cujos laureados anteriores foram, entre outros, Sigmund Freud, Karl Jaspers, Hermann Hesse e Thomas Mann.

Wisława Szymborska viaja a Praga para um encontro de autores organizado pelo Instituto Polonês local e pela embaixada. A viagem de carro na rota Cracóvia-Bratislava-Praga, junto com o cônsul (e poeta) Zbigniew Machej, ganhou a denominação de «viagem mítica dos limeriques», porque durante toda a viagem os dois compuseram limeriques.

1992

10 de setembro: Viaja a Poznań para um recital poético como parte das Quintas Literárias, no palácio Działyński. Visita sua cidade natal Kórnik.

21 de outubro: Participa do recital de poesia do *NaGłos* dedicado a Czesław Miłosz, no palácio Puget, em Cracóvia.

1993

Maio: Viaja a Estocolmo para um recital de poesia no Teatro Dramático real.

27 de outubro: Participa em Poznań de um recital do *NaGłos* dedicado a Stanisław Barańczak.

Viaja a Londres para um encontro de autores organizado pelo Instituto Polonês.

Publica o livro *Koniec i początek* [Fim e começo] (Wydawnictwo a5), e nele o poema trenodia escrito depois da morte de Filipowicz «Kot w pustym mieszkaniu» [Gato num apartamento vazio].

1995

Maio: Recebe em Poznań o doutorado *honoris causa* da Universidade Adam Mickiewicz. O professor Edward Balcerzan diz em seu panegírico: «A poesia de Wisława Szymborska é a poesia das grandes perguntas. Os críticos encontram nela inspirações filosóficas; além disso, é uma filosofia sem limites e restrições, que não se resume à exegese da língua, que não se reduz às dimensões do ato da definição, amplamente aberta à metafísica, empreendendo um debate sobre a existência do mundo».

CRONOLOGIA

Wisława Szymborska se torna membro da Academia Polonesa de Habilidades (no ano anterior perdera na votação quando foi desenterrado seu «passado stalinista»).

Recebe o Prêmio Herder austríaco. O panegírico é pronunciado pelo professor da Universidade de Göttingen, Reinhard Lauer, que diz: «Sua poesia mantém em suspense, não é possível lê-la até ficar saciado. E, enquanto a lemos, a mente se refresca e se ilumina, não há jeito de não descobrir que o *esprit polonais* é do gênero feminino».

1996

Janeiro: É publicada a coletânea de contos de Kornel Filipowicz *Rzadki motyl* [Borboleta rara], com seleção e prefácio de Wisława Szymborska.

30 de setembro: Wisława Szymborska ganha o Prêmio do Pen Club pelo conjunto de sua obra poética.

É publicada a coletânea de poemas *Widok z ziarnkiem piasku* [Paisagem com grão de areia] (Wydawnictwo a5).

3 de outubro: A Academia Sueca honra Wisława Szymborska com o Prêmio Nobel de literatura. Na justificativa lemos: «Sua poesia com ironia precisa desvenda as leis da biologia e os acontecimentos da história em fragmentos da realidade humana».

10 de novembro: A poeta participa do encontro de autores no Grande Palco do Teatro Velho, em Cracóvia, que é uma promoção de sua coletânea de poemas *Widok z ziarnkiem piasku* e da coletânea publicada pela editora Znak dos textos mais importantes da crítica sobre sua poesia, *Radość czytania Szymborskiej* [A alegria de ler Szymborska].

6 de dezembro: Wisława Szymborska viaja para uma estadia de uma semana em Estocolmo para as cerimônias relacionadas com o recebimento do Prêmio Nobel (10 de dezembro). Em seu discurso no Nobel, diz: «Por isso valorizo tanto estas duas pequenas palavras: 'não sei'. Pequenas, mas de asas poderosas».

1997

Abril: Visita em Darmstadt seu tradutor para o alemão Karl Dedecius. Viajam para Frankfurt e Berlim para um encontro com leitores.

544 QUINQUILHARIAS E RECORDAÇÕES

9 de maio: Participa — junto com Czesław Miłosz — dos «Dias Varsovianos de Literatura». O encontro dos dois ganhadores do Nobel com o público ocorre no Castelo Real.

18 de junho: Morre a irmã de Szymborska, Nawoja.

4-6 de outubro: Junto com Czesław Miłosz, Szymborska patrocina o Encontro de Poetas do Oriente e Ocidente em Cracóvia.

5 de outubro: É a anfitriã da noite de poesia na sinagoga Tempel, onde — junto com poetas de várias partes do mundo — lê seus poemas. Entre os poemas, Tomasz Stańko faz improvisações no trompete. A partir de então, a poeta o convidará para tocar em seus recitais.

6 de outubro: No Teatro Słowacki, na noite de despedida de seus encontros, Szymborska lê seus limeriques.

Novembro: Muda-se para um apartamento de três cômodos num bloco moderno da rua Piastowski.

1998

31 de janeiro: Envia para a *Gazeta Wyborcza* uma declaração afirmando que o poema «Jak ja się czuję» [Como eu me sinto], que circula pela Polônia, não é de sua autoria.

11 de março: Numa sessão especial do Conselho da Cidade, é homenageada com o título honorário de cidadã de Cracóvia «pelas conquistas no desenvolvimento da linda língua polonesa e por tornar famosa a cultura polonesa e a cidade de Cracóvia».

27-29 de outubro: Participa da conferência «Życie i twórczość Kornela Filipowicza» [Vida e obra de Kornel Filipowicz], na Faculdade de Pedagogia, em Cracóvia.

1999

22 de outubro: No Centro de Cultura Judaica, participa da divulgação do livro de Joanna Helander *Gdyby ta Polka była w Szwecji* [Se essa polonesa estivesse na Suécia] — um álbum com o registro fotográfico de sua visita à Suécia nas cerimônias de entrega do Prêmio Nobel.

CRONOLOGIA

2000

Maio: É publicado o livro *Wiersze wybrane* [Poemas selecionados] (Wydawnictwo a5), com seleção e prefácio da autora. Outras edições complementares serão publicadas nos anos seguintes.

Wisława Szymborska viaja a Veneza por uma semana com Joanna e Jerzy Illg e Maria Makuch.

Outubro: É publicado o diário do avô de Wisława, Antoni Szymborski — *Burzliwe fortuny obroty* [Tempestuosas reviravoltas do destino] (Znak) —, que quando adolescente participou da Revolta da Grande Polônia, mais tarde recebeu a patente de oficial, sob comando do general Bem, na Hungria, e finalmente tomou parte no Levante de Janeiro. Durante esse tempo, vagava por toda a Europa e foi até garimpeiro de ouro na Califórnia.

3 de outubro: Wisława Szymborska participa do encontro de ganhadores do Nobel em Vilnius. Czesław Miłosz e Günter Grass (e também Tomas Venclova) lá participam de um debate sobre as relações internacionais na Europa Central e Oriental; Szymborska lê seu poema «Nienawiść» [Ódio].

17 de outubro: Junto com Czesław Miłosz e também com os ministros das Relações Exteriores Władysław Bartoszewski e Joschka Fischer, Wisława Szymborska abre o ano polonês na Feira Internacional do Livro em Frankfurt.

27 de outubro: Toma parte no encontro na Escola Superior Estatal de Teatro de Cracóvia, onde é promovido o livro de seu avô Antoni («não tive a oportunidade de conhecê-lo, pois nasci quarenta anos depois da sua morte»).

Novembro: É publicado o livro *Poczta literacka, czyli jak zostać (lub nie zostać) pisarzem* [Correio Literário ou como se tornar (ou não) um escritor] (Wydawnictwo Literackie) — preparado por Teresa Walas, coletânea das respostas mais engraçadas da seção que Szymborska conduziu por quase dez anos no *Życie Literackie*.

10-13 de novembro: Wisława Szymborska e Czesław Miłosz patrocinam o Segundo Encontro de Poetas «Poesia entre a canção e a oração».

10 de novembro: Participa na noite de poesia na Igreja Santa Catarina e lê seus poemas.

546 QUINQUILHARIAS E RECORDAÇÕES

10 de dezembro: Participa na noite promocional de *Poczta literacka*, que se realiza no Salão Mehofferowski da Wydawnictwo Literackie.

Por iniciativa de Wisława Szymborska, é publicado *Godzina dla Adama* [Hora para Adam] (Wydawnictwo Literackie), livro em memória de Adam Włodek. Wisława Szymborska — além de escrever as recordações — fez a escolha dos poemas para essa publicação.

2001

Wisława Szymborska recebe a distinção de membra honorária da Academia Americana de Arte e Literatura. «Normalmente, eu tento evitar todas as distinções, honrarias e títulos, porque eles me deixam embaraçada», disse durante a cerimônia de entrega do diploma no consulado americano em Cracóvia. «Mas desta vez a vaidade venceu.»

2002

Agosto: É publicado o livro *Chwila* [Instante] (Znak), o primeiro depois do Nobel.

14 de setembro: Wisława Szymborska viaja a Varsóvia para a promoção de *Chwila*, no programa de rádio Studio Agnieszka Osiecka.

Setembro: Sai o novo (sexto) volume de crônicas *Nowe lektury nadobowiązkowe* [Novas leituras não obrigatórias] (Wydawnictwo Literackie).

18 de setembro: No Salão Mehofferowski da Wydawnictwo Literackie, realiza-se a noite promocional das crônicas de Szymborska, na qual os críticos convidados resenham as crônicas da poeta.

24 de outubro: Wisława Szymborska toma parte num recital de poesia na Escola Superior Estatal de Teatro e lê os poemas de *Chwila*.

2003

Maio: Viaja a Estocolmo para a promoção da nova coletânea de seus poemas traduzidos por Anders Bodegård.

Recebe a indicação para o Prêmio Nike pelo livro *Chwila*, que se encontra entre os sete finalistas.

É publicada a coletânea de poeminhas engraçados da laureada com o Nobel *Rymowanki dla dużych dzieci* [Riminhas para crianças grandes] (Wydawnictwo a5), com gêneros clássicos como o limerique e o epitáfio, mas também com criações

CRONOLOGIA

da própria Szymborska (moscovinas, melhoríadas, dasvodcas, altruitinhas e escutações).

9 de junho: Noite poética de Wisława Szymborska no Museu de Arte e Técnica Japonesa Manggha, em Cracóvia, junto com a publicação das *Rymowanki dla dużych dzieci* (Wydawnictwo a5).

27 de outubro: Wisława Szymborska vai a Cieszyn para a cerimônia de descerramento da placa em homenagem a Kornel Filipowicz, por ocasião do nonagésimo aniversário de seu nascimento.

7 de novembro: Viaja à Itália para um recital organizado por Jarosław Mikołajewski, diretor do Instituto Polonês de Roma.

É publicado o livro em edição bibliofílica: *W. Szymborska, Wiersze; E. Hołoweńko-Matuszewska, Zielniki* [Poemas e herbários. W. Szymborska e E. Hołoweńko-Matuszewska] (Wydawnictwo Bosz).

2004

9-16 de dezembro: Convidada para as comemorações dos setecentos anos da comunidade judaica de Cracóvia, Wisława Szymborska passa uma semana em Israel.

2005

Maio: Viagem a Turim e Gênova para um encontro de autores.

14 de setembro: Como parte dos encontros «Zawsze Poezja» [Sempre poesia], Jerzy Illg organiza uma noite poética na sinagoga Tempel, na qual tomam parte Yusef Komunyakaa, Edward Hirsch e Ryszard Krynicki. Wisława Szymborska lê seus mais novos poemas, que sairão no livro *Dwukropek* [Dois pontos]. O fundo musical da noite fica a cargo do Janusz Muniak Quartet.

Outubro: Wisława Szymborska é honrada com a Medalha de Ouro «Zasłużony Kulturze Gloria Artis» [Mérito Cultural Gloria Artis].

Novembro: É publicado o livro de poemas *Dwukropek* (Wydawnictwo a5).

17 de dezembro: No Museu de Arte e Técnica Japonesa Manggha, em Cracóvia, realiza-se o recital de Wisława Szymborska, juntamente com a promoção do livro de Tadeusz Nyczka *Tyle naraz świata. 27 × Szymborska* [Duma vez tanto mundo. 27 x Szymborska](Wydawnictwo a5).

548 QUINQUILHARIAS E RECORDAÇÕES

2006

Maio: *Dwukropek* recebe indicação para o Prêmio Nike.

Setembro: *Dwukropek* ganha o Prêmio Nike na votação dos leitores da *Gazeta Wyborcza.*

2007

Maio: Wisława Szymborska viaja à Itália para um encontro de autores. Visita Siena e Pisa, na Toscana, e Roma.

É publicada a coletânea de contos de Kornel Filipowicz sobre judeus, com seleção e prefácio de Wisława Szymborska.

Sai a edição polaco-alemã da coletânea *Sto wierszy — sto pociech* [Cem poemas — cem alegrias] (Wydawnictwo Literackie).

2008

É publicada a coletânea de poesia *Miłość szczęśliwa i inne wiersze* [Um amor feliz e outros poemas] (Wydawnictwo a5).

14 de fevereiro: No Dia dos Namorados (Dia de São Valentim), no Museu de Arte e Técnica Japonesa Manggha, em Cracóvia, realiza-se a noite da poesia de amor, na qual Wisława Szymborska lê seus poemas.

Abril: A convite do Instituto Polonês em Roma, Wisława Szymborska viaja à Sicília para recitais poéticos em Palermo e Catânia.

Julho: Visita a localidade de Limerick, na Irlanda, e vai a Amsterdã e Haia, onde vê nos museus locais quadros do querido Vermeer, e tudo é gravado por Katarzyna Kolenda-Zaleska para um documentário sobre a ganhadora do Nobel.

Novembro: É publicado o álbum biográfico *Wisławy Szymborskiej dary przyjaźni i dowcipu. Teksty i wyklejanki poetki z kolekcji Ryszarda Matuszewskiego* [Os dons de amizade e comicidade de Wisława Szymborska. Textos e colagens da poeta da coleção de Ryszard Matuszewski] (Oficyna Wydawnicza AURIGA), com tiragem de 4 mil exemplares.

2009

Janeiro: É publicado o livro *Tutaj* [Aqui] (Znak).

27 de janeiro: No prédio da Ópera de Cracóvia, realiza-se um recital por ocasião da publicação do livro *Tutaj*. A poeta foi acompanhada ao trompete por Tomasz Stańko.

CRONOLOGIA

Março/abril: Em Bolonha e Údine se realizam recitais da poeta.

23 de outubro: O recital poético de Wisława Szymborska, Seamus Heaney e Tomas Venclova inaugura a primeira edição do Festival Literário Czesław Miłosz.

2010

Maio: Wisława Szymborska viaja a Praga, para a Feira do Livro.

4 de maio: Viaja a Cieszyn para a mostra de filmes «Kino na Granicy» [Cinema na Fronteira], para participar da projeção dos filmes baseados nas adaptações dos contos de Kornel Filipowicz.

O livro *Tutaj* é indicado para o prêmio literário Nike. A poeta apela ao júri para que a desconsiderem.

Setembro: É publicado um álbum de quatro DVDs pela Wydawinictwo Agora, com as gravações de Wisława Szymborska lendo seus poemas (41 criações) e também com canções que nove cantores cantam para seus poemas, assim como o filme de Katarzyna Kolenda-Zaleska *Chwilami życie bywa znośne — przewrotny portret Wisławy Szymborskiej* [Às vezes a vida é tolerável — um retrato perverso de Wisława Szymborska].

27 de outubro: Realiza-se um recital de Wisława Szymborska transmitido ao vivo no programa Studio Agnieszka Osiecka, dentro da programação do Klub Trójki.

Por iniciativa de Wisława Szymborska é publicado o livro *Byliśmy u Kornela. Rzecz o Kornelu Filipowiczu* [Estávamos no Kornel. Sobre Kornel Filipowicz] (Wydawnictwo Literackie), e nele seu poema «Portret z pamięci» [Retrato de memória].

2011

Wisława Szymborska é honrada com a mais alta condecoração do país — a Ordem da Águia Branca.

14 de maio: Última aparição pública de Wisława Szymborska: durante a segunda edição do Festival Literário Czesław Miłosz, ela lê poemas na igreja do Corpo de Deus, junto com Julia Hartwig, Lars Gustafsson e Ashok Vajpeyi.

Setembro: É publicada uma coletânea de poemas de Wisława Szymborska, *Milczenie roślin* [O silêncio das plantas], com fotografias de Joanna Gromek-Illg (Znak).

2012

1º de fevereiro: Wisława Szymborska morre durante o sono em seu apartamento.

Abril: É publicado o livro de poemas *Wystarczy* [Chega] (Wydawnictwo a5).

Elaboração
Joanna Szczęsna

AGRADECIMENTOS

Para a publicação deste livro contribuíram muitas pessoas, conhecidos e amigos de Wisława Szymborska, que conversaram e compartilharam conosco fotografias e cartões-postais de colagens de suas coleções. Ficarão todos em nossa memória com gratidão.

Stanisław Balbus, Edward Balcerzan, Jacek Baluch, Małgorzata Baranowska, Stanisław Barańczak, Jacek Bocheński, Anders Bodegård, Tamara Fizek-Borkowicz, Wiktor Borisow, Tadeusz Chrzanowski, Michał Cichy, Barbara Czałczyńska, Karl Dedecius, Vlasta Dvořáčkova, Błaga Dimitrowa, Asar Eppel, Ziemowit Fedecki, Jerzy Ficowski, Maria e Aleksander Filipowiczowie, Maria Fizek, Jan Paweł Gawlik, Jerzy Giedroyc, Anna Godzicka, Zygmunt Greń, Irena Grudzińska-Gross, Julia Hartwig, Joanna Gromek-Illg e Jerzy Illg, Joanna Helander, Lars Helander, Tomasz Jastrun, Hanna Jedlicka, Maria Kalota-Szymańska, Piotr Kamiński, Ryszard Kapuściński, Janina Katz, Wanda Klominkowa, Leszek Kołakowski, Teresa Korczak e Jerzy Korczak, Jan Kosiński, Andrzej Koszyk, Aniela Kott, Urszula Kozioł, Hanna Krall, Kazimierz Krawiarz, Krystyna e Ryszard Krynicki, Tadeusz Kwiatkowski, Bogusława Latawiec, Stanisław Lem, Ewa Lipska, Jerzy Lisowski, Krzysztof Lisowski, Włodzimierz Maciąg, Bronisław Maj, Tomasz Majeran, Henryk Markiewicz, Gabriela Matuszek, Ryszard Matuszewski, Izabella Michalska, Danuta Michałowska, Adam Michnik, Artur Międzyrzecki, Teresa Miętta-Mikołajewicz, Czesław Miłosz, Krystyna e Leszek A. Moczulski, Małgorzata Musierowicz, Anatolij Najman, Leon Neuger, Zdzisława Noskowiak e Jerzy Noskowiak, Danuta Nowakowska-Kowal, Grzegorz Nurek, Tadeusz Nyczek, Anna Otrębska, Antoni Pawlak, Jan Pieszczachowicz, Jerzy Pilch, Elżbieta e Jan Pindel, Anna Polony, Irena Ptak, Michał Radgowski, Biserka Rajčić, Joanna Ronikier, Andrzej Rottermund, Tadeusz Rottermund, Stanisław Różewicz, Anna Rudnicka, Michał Rusinek, Michał Rymsza, Joanna Salamon, Lech Siuda, Maciej Słomczyński, Magdalena Smoczyńska, Marian Stala, Robert Stiller, Jerzy Surdykowski, Jan Józef Szczepański, Małgorzata Szerchowa, Irena Szymańska,

Witold Turdza, Grzegorz Turnau, Jerzy Turowicz, Wacław Twardzik, Andrzej Wajda, Teresa Walas, Rafi Weichert, Dawid Weinfeld, Janina Woroszylska, Jacek Woźniakowski, Marta Wyka, Krystyna Zachwatowicz, Adam Zagajewski, Elżbieta Zagórska, Krystyna Zaleska, Elżbieta Zechenter, Aleksander Ziemny e Katarzyna Zimmerer.

Agradecemos à nossa editora Joanna Gromek-Illg — sem seu auxílio e engajamento, uma publicação tão ágil do livro seria impossível, e também pela ajuda competente de Anna Szulczyńska, Irena Jagocha e Artur Czesak.

Agradecemos também a Anna Dodziuk e Piotr Bikont, que redigiram a primeira versão deste livro.

E mais uma vez nossos agradecimentos especiais a Michał Rusinek por tudo.

NOTAS DE FIM

i *Poemas*, p. 81. [Com exceção deste poema, traduzido por Eneida Favre, e do poema da nota lxi, todos os poemas das notas de fim foram traduzidos por Regina Przybycien.]

ii *Um amor feliz*, pp. 133, 135.

iii *Um amor feliz*, pp. 113, 115.

iv *Um amor feliz*, pp. 233, 235.

v *Um amor feliz*, p. 149.

vi *Poemas*, p. 38.

vii *Poemas*, pp. 100, 102.

viii *Poemas*, p. 47.

ix *Um amor feliz*, p. 219.

x *Um amor feliz*, pp. 67, 69.

xi *Um amor feliz*, p. 113.

xii *Um amor feliz*, pp. 25, 27.

xiii *Poemas*, p. 30.

xiv *Um amor feliz*, p. 326.

xv *Um amor feliz*, p. 47.

xvi *Poemas*, p. 38.

xvii *Um amor feliz*, p. 35.

xviii *Poemas*, pp. 27-9.

xix *Poemas*, p. 30.

xx *Um amor feliz*, p. 109.

xxi *Poemas*, p. 87.

xxii *Um amor feliz*, p. 143.

xxiii *Um amor feliz*, p. 183.

xxiv Títulos dos livros de acordo com a tradução de Regina Przybycien.

xxv *Um amor feliz*, pp. 105-7.

xxvi *Poemas*, p. 44.

xxvii *Poemas*, pp. 63-4.

xxviii *Um amor feliz*, p. 327.

xxix *Um amor feliz*, pp. 61, 63.

xxx   *Poemas*, p.56.

xxxi   *Poemas*, p. 60.

xxxii   *Um amor feliz*, p. 95.

xxxiii   *Poemas*, p. 31.

xxxiv   *Um amor feliz*, p. 127.

xxxv   *Um amor feliz*, pp. 171, 173.

xxxvi   *Um amor feliz*, pp. 75, 77.

xxxvii   *Um amor feliz*, pp. 153, 155.

xxxviii   *Um amor feliz*, p. 299.

xxxix   *Um amor feliz*, pp. 317, 319.

xl   *Poemas*, p. 91.

xli   *Poemas*, p. 87.

xlii   *Um amor feliz*, p. 323.

xliii   *Poemas*, pp. 36-7.

xliv   *Poemas*, p. 50.

xlv   *Poemas*, pp. 52-3.

xlvi   *Poemas*, pp. 33, 35.

xlvii   *Um amor feliz*, p. 219.

xlviii   *Um amor feliz*, p. 293.

xlix   *Um amor feliz*, p. 223.

l   *Um amor feliz*, pp. 251, 253.

li   *Um amor feliz*, pp. 211, 213.

lii   *Um amor feliz*, p. 299.

liii   *Poemas*, p. 92.

liv   *Um amor feliz*, p. 147.

lv   *Um amor feliz*, p. 215.

lvi   *Um amor feliz*, p. 163.

lvii   *Poemas*, p. 95.

lviii   *Poemas*, p. 38.

lix   *Poemas*, p. 73.

lx   *Poemas*, pp. 48-9.

lxi   Tradução de Piotr Kilanowski.

lxii   *Poemas*, p. 85.

lxiii   *Poemas*, p. 75.

lxiv   *Um amor feliz*, p. 181.

lxv   *Poemas*, p. 32.

NOTAS DE FIM

lxvi   *Poemas*, p. 54.

lxvii   *Poemas*, p. 58.

lxviii   *Poemas*, p. 65.

lxix   *Poemas*, pp. 85-6.

lxx   *Poemas*, pp. 77-8.

lxxi   *Um amor feliz*, pp. 197, 199.

lxxii   *Poemas*, p. 92.

lxxiii   *Um amor feliz*, p. 191.

lxxiv   *Poemas*, pp. 100-2.

lxxv   *Um amor feliz*, p. 31.

lxxvi   *Um amor feliz*, pp. 321-7.

lxxvii   *Um amor feliz*, p. 99.

lxxviii   *Um amor feliz*, p. 157.

lxxix   *Poemas*, pp. 105, 107.

lxxx   *Um amor feliz*, pp. 51, 53.

lxxxi   *Poemas*, p. 72.

lxxxii   *Poemas*, p. 52.

lxxxiii   *Um amor feliz*, p. 71.

lxxxiv   *Um amor feliz*, p. 145.

lxxxv   *Poemas*, p. 49.

lxxxvi   *Poemas*, p. 53.

lxxxvii   *Um amor feliz*, pp. 175, 177.

lxxxviii   *Poemas*, pp. 87-88.

lxxxix   *Um amor feliz*, p. 201.

xc   *Poemas*, pp. 103-4.

xci   *Um amor feliz*, p. 261.

xcii   *Um amor feliz*, p. 301.

xciii   *Um amor feliz*, p. 267.

xciv   *Um amor feliz*, p. 275.

xcv   *Um amor feliz*, p. 289.

xcvi   *Um amor feliz*, p. 287.

xcvii   *Um amor feliz*, p. 279.

xcviii   *Um amor feliz*, p. 31.

xcix   *Um amor feliz*, p. 297.

CRÉDITOS DAS IMAGENS

Arquivo Fundação Wisława Szymborska 489-493, 494(2), 495, 496(2), 497-501, 503(1), 504(1), 505, 514(2), 516(1), 516(2), 519

Foto de Joanna Helander 487, 508, 509, 520(1)

Foto de Andrzej Żak 488, 504(2)

Fragmento da capa do livro de Antoni Szymborski, *As tempestuosas reviravoltas do destino. Memórias de 1831-1881*, Znak, Cracóvia 2000, por Agnieszka Bartkowic. 494(1)

© Łukasz Cynalewski/Agencja Gazeta 496(1)

Agência de Imprensa Polaca 502(1)

Crônica Cinematográfica Polonesa, Filmoteca Nacional, Arquivo de Filmes 1 Chełmska 502(2), 503(2)

Arquivo de Aleksander Filipowicz 506(1)

Foto de Ewa Lipska 506(2)

Foto de Henryk Hermanowicz 507

Arquivo do Instituto Polonês de Praga 514(1)

Foto de Tomek Sikora 515(1)

Foto de Michał Rusinek 515(2)

Foto de Maria Makuch 516(3)

Arquivo Michał Rusinek 517

© Foto de Adam Golec/Agencja Gazeta 518(1), 520(2), 524

© Wojciech Druszcz/Reporter/East News 518(2)

© AP Photo/Eric Roxfelt/East News 521

© P. Grzybowski/SE/East News 522(1)

Foto de Andrzej Stawiarski 522(2)

Foto de Jerzy Illg 523

DAS ANDERE

1 Kurt Wolff – Memórias de um editor
2 Tomas Tranströmer – Mares do Leste
3 Alberto Manguel – Com Borges
4 Jerzy Ficowski – A leitura das cinzas
5 Paul Valéry – Lições de poética
6 Joseph Czapski – Proust contra a degradação
7 Joseph Brodsky – A musa em exílio
8 Abbas Kiarostami – Nuvens de algodão
9 Zbigniew Herbert – Um bárbaro no jardim
10 Wisława Szymborska – Riminhas para crianças grandes
11 Teresa Cremisi – A Triunfante
12 Ocean Vuong – Céu noturno crivado de balas
13 Multatuli – Max Havelaar
14 Etty Hillesum – Uma vida interrompida
15 W. L. Tochman – Hoje vamos desenhar a morte
16 Morten R. Strøksnes – O Livro do Mar
17 Joseph Brodsky – Poemas de Natal
18 **Anna Bikont e Joanna Szczęsna – Quinquilharias e recordações**
19 Roberto Calasso – A marca do editor
20 Didier Eribon – Retorno a Reims

Este livro foi composto nas fontes Lyon Text e
GT Walsheim e impresso pela gráfica Formato
em setembro de 2020 em Belo Horizonte.